21世纪高等院校经济学规划教材

政治经济学

（社会主义部分）

（第三版）

叶祥松 主 编
崔建华 喻卫斌 副主编

东北财经大学出版社
Dongbei University of Finance & Economics Press
大连

图书在版编目（CIP）数据

政治经济学（社会主义部分）/ 叶祥松主编. —3版. —大连：东北财经大学出版社，2017.1（2018.8重印）
（21世纪高等院校经济学规划教材）
ISBN 978-7-5654-2458-8

Ⅰ. 政… Ⅱ. 叶… Ⅲ. ①政治经济学-高等学校-教材②社会主义政治经济学-高等学校-教材 Ⅳ. F0

中国版本图书馆CIP数据核字（2016）第193474号

东北财经大学出版社出版
（大连市黑石礁尖山街217号 邮政编码 116025）
网 址：http：//www.dufep.cn
读者信箱：dufep@dufe.edu.cn

大连雪莲彩印有限公司印刷 东北财经大学出版社发行

幅面尺寸：170mm×240mm 字数：371千字 印张：18.25
2017年1月第3版 2018年8月第7次印刷

责任编辑：蔡 丽 责任校对：蓝 海
封面设计：张智波 版式设计：钟福建

定价：32.00元

教学支持 售后服务 联系电话：（0411）84710309

如有印装质量问题，请联系营销部：（0411）84710711

第三版前言

在我们把《政治经济学（社会主义部分）》这本教材奉献给读者之际，有必要对本书的编写目的、指导思想、结构体系及特点作几点说明。

一、编写目的

《政治经济学（社会主义部分）》是为了适应高校政治经济学课程教学需要而编写的。随着我国社会主义市场经济体制的逐步建立，我国的各项建设事业和改革开放正在进一步发展，丰富多彩的社会主义经济的实践活动必然在社会主义经济理论上得到反映，实践和理论的发展对高等学校政治经济学的教学提出了更高、更新的要求。编写一本既能反映时代特点，又能体现最新理论研究成果，同时适应社会主义政治经济学教学的新教材，是我们力求达到的目的，也是我们编写这本书的真正意图。本着这种想法，在构建该教材的结构体系及内容时，我们试图使本书具有鲜明的特色，使其有别于其他的社会主义政治经济学教材。

二、指导思想

在本书的编写过程中，我们力求以马克思主义的基本原理及邓小平理论为指导，贯彻科学发展观，以社会主义经济实践为立足点，并注意吸收当今理论界的最新研究成果，借鉴西方经济学的有关理论，系统分析和阐述社会主义的经济制度和经济体制、经济运行机制和经济发展中的重大问题。

长期以来，社会主义政治经济学研究偏重社会主义生产关系，即偏重本质研究，而忽视经济运行、经济发展等重大现实问题，弱化了政治经济学对经济运行和经济发展的指导作用。诚然，社会主义政治经济学要研究生产关系，但社会主义政治经济学的任务不仅是研究生产关系，探求社会主义所有制关系、分配关系、交换关系和消费关系，而且要为资源的有效配置、为经济改革与建立社会主义经济体制和运行机制、为解决社会主义经济改革和经济发展中存在的重大的理论问题和现实问题提供理论指导。因此，社会主义政治经济学的研究对象应该拓宽，它既包括社会主义生产关系的质的规定及实现形式的研究（这方面不能削弱），也包括社会主义条件下的资源配置方式、经济体制及运行机制的完善、经济增长与经济发展等重大理论和现实问题的研究。

基于以上认识，在构建本书的体系结构时，我们克服了传统社会主义政治经济学理论构建存在的三个突出缺陷：（1）理论上的封闭性。这种理论只是把马克思主义经典作家关于社会主义经济的分析和设想作为唯一的理论来源，拒绝其他各种经济理论、经济流派和经济政策主张，特别是拒绝从现实的经济生活中汲取营养，拒绝根据已经改变了的经济条件来发展和完善社会主义政治经济学理论。（2）体系上的因果性。这种理论的整个体系都是以生产资料公有制为基础，从生产资料公有制出发，来推出社会主义的生产、分配、交换和消费关系，并且引申出社会主义的基本经济规律、有计划发展规律和按劳分配规律，而这些推论和引申又都是为论证社会主义经济制度优越性这个宗旨服务的。（3）内容上是“基本理论+经济改革”。改革开放以来，我国出版了数百种社会主义政治经济学教材，基本上都是每一章先论述某一基本理论，再论述这一领域改革的历史过程和如何完善改革的模式，缺乏理论上的系统性和内容上的完整性。以上缺陷必然使研究概念化、抽象化，从而失去其丰富的内容，特别是缺乏社会主义政治经济学对现实经济问题的解释力。建立科学的社会主义政治经济学的完整体系，必须改变上述状况，现实地研究现阶段社会主义经济运行的内在规律。本教材体系的构建是围绕社会主义经济制度、经济体制、经济运行和发展而进行的。

三、结构体系

本书在结构体系的安排上，以分析中国现行的经济制度和体制为出发点，以研究中国经济发展为归宿，以微观经济运行和宏观经济运行为中间环节，全书贯穿经济制度的变迁和体制改革这条主线。本书由四部分构成：

第一编“社会主义经济制度和体制”，共分三章。第一章介绍社会主义经济制度的建立和社会主义初级阶段理论，作为分析现阶段社会主义经济制度和经济体制的出发点。第二章阐述社会主义生产资料所有制和分配方式。首先分析了生产资料所有制、所有制结构的含义，我国以公有制为主体的多种所有制经济结构；然后论述了社会主义公有制的实现形式是国家所有制、集体所有制，区分了公有制及其实现形式，分析了非公有制经济；最后论述了社会主义的分配制度是以按劳分配为主体、多种分配形式并存，按劳分配与按生产要素分配相结合的分配方式，分析了我国现阶段个人收入差距及其调节问题。本章分析的是社会主义基本经济制度。第三章分析社会主义市场经济体制。首先对经济制度和经济体制的关系进行了简要分析，然后对市场经济的一般规定性及社会主义市场经济的特征、功能进行了阐述，最后论述了如何建立社会主义市场经济体制。

第二编“社会主义微观经济运行”，共分三章，分别介绍了社会主义微观经济运行中的三个微观主体。第四章介绍了社会主义市场经济中的企业，论述了企业的性质和类型、现代企业制度、企业管理体制与经营机制、企业的经济行为。第五章介绍了社会主义市场经济中的农户，论述了农村家庭承包制及农户作为经济运行主体的特征、农户的经济行为和农村经济组织。第六章介绍了社会主义市场经济中的居民，论述了居民的储蓄投资行为、居民的收入行为和居民的消费行为。

第三编“社会主义宏观经济运行”，共分两章。第七章首先介绍了国民收入的决定、国民经济的核算和国民收入的分配；然后考察了社会保障制度的内涵、我国社会保障制度的形成和发展、社会保障制度的改革以及如何完善我国的社会保障制度。第八章分析了社会主义市场经济的宏观调控。首先介绍了社会总供给和社会总需求以及供求平衡等主要概念及内容；然后论述了社会主义宏观调控的必要性；最后分析了社会主义宏观调控体系，分别论述了宏观调控的体系、模式、目的、手段以及如何完善我国宏观经济的调控体系。

第四编“社会主义经济发展”，共分三章。第九章首先介绍了经济增长的标准，分析了影响经济增长的因素，论述了经济增长的周期性；然后介绍了经济增长的两种基本类型，论述了转变经济增长方式的必要性以及转变经济增长方式的途径；最后分析了经济增长和经济发展的关系，介绍了衡量经济发展的指标体系，论述了经济发展模式与发展战略、经济发展方式的转变与可持续发展等主要观点，重点论述了科学发展的基本理论。第十章分别分析了社会主义经济结构中的产业结构、区域经济结构、二元经济结构等三大经济结构。首先介绍了产业结构的内涵和分类、产业结构演变规律、产业结构的调整和升级，论述了如何调整和优化我国的产业结构；然后介绍了区域经济结构的含义、我国现阶段区域经济结构存在的问题以及如何优化我国的区域经济结构；最后介绍了二元经济结构的含义和特征，分析了二元经济结构对我国经济发展的影响以及如何调整和优化我国的二元经济结构。第十一章论述我国社会主义经济的对外开放。首先论述了经济全球化和国际分工理论，然后论述了社会主义国家对外开放的几种主要形式，最后论述了我国对外开放的战略。

四、本书的主要特点

1．突出对社会主义经济运行、经济增长和经济发展的分析

本书用了3/4的篇幅来阐述以上问题。传统社会主义政治经济学基本内容的突出缺陷，是缺乏对社会主义经济运行、经济增长和发展的分析。从某种意义上讲，传统社会主义政治经济学实际上是经济范畴学、经济政策学、本质经济学和对改革的描述。社会主义政治经济学当然要研究经济范畴，但不能从范畴到范畴，脱离对现实经济世界的解释。经济学也应该研究经济政策，经济政策是经济理论和实践的中间环节，是把经济理论应用于实践、指导实践的桥梁。问题是，传统社会主义政治经济学只是单纯地为经济政策唱赞歌，而不是具体分析经济政策的实际运用及效用，不分析经济政策本身的科学性和局限性；只是从抽象的角度来研究经济政策，而不是从运用的角度来研究经济政策，更多的是从阐述社会主义经济制度优越性的角度来研究经济政策。社会主义政治经济学也应该研究经济关系的本质，但经济关

系的本质是对现实经济关系的抽象，而不能脱离现实经济关系，不能从传统的定义出发来研究本质。社会主义政治经济学研究改革也无可厚非，但研究改革的目的是通过完善改革来揭示社会主义经济的本质和社会主义经济运行的规律，而不应该仅仅把改革的过程和出现的问题描述一番。本书克服了上述缺陷，力争从现实角度出发，研究社会主义经济中的基本理论和现实经济问题。

2.充分吸收最新的理论成果，并运用它来研究社会主义市场经济中重大的现实问题

这主要体现在：第一，本书及时反映了全面建成小康社会的精神，体现党关于完善社会主义市场经济体制的要求，以科学发展观为指导。第二，把学术界最新的理论动态纳入本书，如我国的新兴工业化道路、“三农”和城市化问题、科学发展观、“一带一路”等。第三，结构体系新。本书在分析社会主义经济关系和市场经济理论的基础上，强调对社会主义经济运行及经济发展问题的研究，这是本书同以往教材的主要区别。第四，我国正处于经济体制急剧演变和经济高速增长时期，为及时反映这种变化，编者尽力采用最新的统计数据，许多数据截至成书前一两年。

3.本书对理论现实的论述深入浅出

本书适合于高校经济管理专业本科和专科学生、成人教育高校经济管理类学生作为教材使用，也可以作为党政干部和企事业单位干部的培训教材，还可以作为对社会主义经济理论感兴趣的读者的参考书。

本书由广州大学经济与统计学院叶祥松院长和广东财经大学经济学教研室教师集体编写，由叶祥松教授拟定大纲，并经全体编写人员反复讨论确定。参加编写的人员有（按章节顺序）：叶祥松（前言、第六章）、喻卫斌（第一、三章）、崔建华（第二、四章）、徐忠爱（第五、十章）、康中周（第七、八章）、宁军明（第九、十一章）。本书由叶祥松、崔建华、喻卫斌统稿，最后由叶祥松总纂定稿。本书的编写历时半年，每一章节都数易其稿才最终完成。第二版修订主要更新了部分数据，增加了党的十八大报告中与本教材内容相关的部分。第三版修订主要是更新了统计数据（尽量更新到2015年）和资料（如“一带一路”内容等），适当补充了党中央的新的会议精神，删除了营业税等过时内容。在部分章后面设置了二维码，以“读本视窗”的形式节选了与本章内容相关的习近平总书记系列重要讲话内容。

在编写过程中，我们参考了国内大量相关文献资料和教材，在此表示衷心感谢。同时，感谢东北财经大学出版社对本书编写的大力支持。由于我们水平有限，书中的缺点和错误在所难免，恳请广大读者批评指正。

编　者

2016年11月

目　录

第二编 社会主义微观经济运行

第三编 社会主义宏观经济运行

第一编
社会主义经济制度和体制

第一章 社会主义经济制度的建立与社会主义初级阶段

学习目标

◆ 重点掌握社会主义初级阶段的含义、特征，社会主义初级阶段的理论依据，社会主义初级阶段的主要矛盾，社会主义的本质。

◆ 掌握社会主义制度代替资本主义制度是历史发展的必然趋势、社会主义经济制度建立的途径、社会主义初级阶段的主要任务。

◆ 了解马克思、恩格斯关于共产主义社会形成过程的三个阶段的思想，运用科学的方法对共产主义社会进行科学的预测。

第一节 社会主义经济制度的建立

一、马克思、恩格斯关于共产主义社会发展阶段的思想

（一）马克思关于共产主义社会形成过程的三个阶段的思想

马克思对未来社会的预测有一个发展过程，并逐步走向成熟。在《1848年经济学哲学手稿》中，马克思就已经摆脱了用实验手段去建立共产主义的空想，而是从社会历史发展的必然性中理解共产主义的实现。在《德意志意识形态》中，马克思、恩格斯揭示了资本主义社会的根本矛盾，而这个矛盾的解决就意味着私有制度的消灭和共产主义的实现，资本主义社会为共产主义提供了生产力的准备，创造了

共产主义的物质前提。《共产党宣言》进一步论证了共产主义的历史必然性，指出资本主义制度必将被适合新生产力发展的共产主义制度所替代，这是任何人的意志都不能更改的历史发展规律。在《资本论》中，马克思不仅进一步研究了共产主义代替资本主义的历史必然性，而且对未来社会作了大量的论述。他指出："生产资料的集中和劳动的社会化，达到了同它们的资本主义外壳不能相容的地步。这个外壳就要炸毁了。资本主义私有制的丧钟就要响了。剥夺者就要被剥夺了。"①他还说，资本主义生产方式"有利于更高级的新形态"的各种要素的创造，在这个"更高级的新形态"的阶段上，"社会上的一部分人靠牺牲另一部分人来强制和垄断社会发展（包括这种发展的物质方面和精神方面的利益）的现象将会消灭"；同时，"这个阶段又会为这样一些关系创造出物质手段和萌芽，这些关系在一个更高级的社会形态内，使这种剩余劳动能够同一般物质劳动所占用的时间较显著的缩短结合在一起"。②

在《哥达纲领批判》中，马克思系统地论述了从资本主义向共产主义发展的三个阶段：从资本主义向共产主义的革命转变时期（过渡时期）、共产主义社会第一（低级）阶段、共产主义社会第二（高级）阶段。

马克思、恩格斯科学地预见到，无产阶级革命胜利，取得政治上的统治以后，将经历一个由资本主义社会向共产主义社会过渡的历史时期。马克思指出："在资本主义社会和共产主义社会之间，有一个从前者变为后者的革命转变时期。同这个时期相适应的也有一个政治上的过渡时期，这个时期的国家只能是无产阶级的革命专政。"③

之所以要有这样一个过渡时期，是因为无产阶级革命胜利以后，取得了政治上的统治，但是社会主义经济制度并没有建立起来。而社会主义经济制度是以生产资料公有制为基础的，这一经济制度是不可能在旧社会内部产生的，而是无产阶级取得政权以后，运用政权的力量建立起来的。

马克思认为，过渡时期完成之后，就进入了共产主义社会。他把共产主义社会划分为两个阶段：共产主义社会第一（低级）阶段、共产主义第二社会（高级）阶段。

关于共产主义社会第一阶段，马克思指出："我们这里所说的是这样的共产主义社会，它不是在它自身基础上已经发展了的，恰好相反，是刚刚从资本主义社会中产生出来的，因此它在各个方面，在经济、道德和精神方面都带着它脱胎出来的那个旧社会的痕迹。"④"这些弊病，在经过长久阵痛、刚刚从资本主义社会产生出

---

① 马克思．资本论［M］//马克思，恩格斯．马克思恩格斯全集：第23卷．中共中央马克思恩格斯列宁斯大林著作编译局，译．北京：人民出版社，1982：831-832.

② 马克思．资本论［M］//马克思，恩格斯．马克思恩格斯选集：第25卷．中共中央马克思恩格斯列宁斯大林著作编译局，译．北京：人民出版社，1974：926.

③ 马克思．哥达纲领批判［M］//马克思，恩格斯．马克思恩格斯选集：第3卷．中共中央马克思恩格斯列宁斯大林著作编译局，译．北京：人民出版社，1995：314.

④ 马克思．哥达纲领批判［M］//马克思，恩格斯．马克思恩格斯选集：第3卷．中共中央马克思恩格斯列宁斯大林著作编译局，译．北京：人民出版社，1995：304.

来的共产主义社会第一阶段，是不可避免的。”①

关于共产主义社会第二阶段，马克思指出：“在共产主义社会高级阶段，在迫使个人奴隶般地服从分工的情形已经消失，从而脑力劳动和体力劳动的对立也随之消失之后；劳动已经不仅仅是谋生的手段，而且本身成了生活的第一需要之后；在随着个人的全面发展，他们的生产力也增长起来，而集体财富的一切源泉都充分涌流之后——只有在那个时候，才能完全超出资产阶级权利的狭隘眼界，社会才能在自己的旗帜上写上：各尽所能，按需分配！”②

马克思、恩格斯关于共产主义社会形成过程的三个阶段的思想中，他们对社会主义社会、共产主义社会的预测和分析，完全是建立在发展的观点上的，他们对社会主义社会、共产主义社会特征的认识和分析，也从不把它看成一成不变的东西，而是看成经常变化和改革的社会。他们不可能也没有提出一个一劳永逸的方案让后人照搬照抄。恩格斯明确地指出：“无论如何应当声明，我所在的党没有提出任何一劳永逸的现成方案。”③“我认为，所谓‘社会主义社会’不是一种一成不变的东西，而应当和任何其他社会制度一样，把它看成经常变化和改革的社会。”④这种思想，对我们研究和运用马克思主义，对我们现在所进行的有中国特色社会主义的建设，都有极为重要的指导意义。

（二）共产主义社会形成过程三个阶段的经济特征

1.从资本主义社会向共产主义社会的过渡时期

马克思、列宁所讲的从资本主义社会向共产主义社会的过渡，实际上是指从资本主义社会向社会主义社会的过渡。它是指在无产阶级夺取政权、建立了无产阶级专政的国家政权之后，建立社会主义经济制度的时期。这个时期主要的经济特征是社会主义经济与资本主义经济并存。尽管存在资本主义经济、社会主义经济以及小私有制经济等多种经济成分，但最主要的是两种经济形式的并存和斗争，其斗争的结局是消灭资本主义经济和建立社会主义经济制度。列宁指出：“在资本主义和共产主义社会之间隔着一个过渡时期，这在理论上是毫无疑义的。这个过渡时期不能不兼有这两种社会经济结构的特点或特征。这个过渡时期不能不是衰亡着的资本主义与生长着的共产主义彼此斗争的时期，换句话说，就是已被打败但还未被消灭的资本主义和已经诞生但还非常脆弱的共产主义彼此斗争的时期。”⑤社会主义经济制度建立起来，过渡时期就结束了，人类社会就步入了社会主义社会。

---

①　马克思．哥达纲领批判［M］//马克思，恩格斯．马克思恩格斯选集：第3卷．中共中央马克思恩格斯列宁斯大林著作编译局，译．北京：人民出版社，1995：305.

②　马克思．哥达纲领批判［M］//马克思，恩格斯．马克思恩格斯选集：第3卷．中共中央马克思恩格斯列宁斯大林著作编译局，译．北京：人民出版社，1995：305-306.

③　恩格斯．书信(之五)［M］//马克思，恩格斯．马克思恩格斯选集：第36卷．中共中央马克思恩格斯列宁斯大林著作编译局，译．北京：人民出版社，1975：419.

④　恩格斯．书信(之六)［M］//马克思，恩格斯．马克思恩格斯选集：第37卷．中共中央马克思恩格斯列宁斯大林著作编译局，译．北京：人民出版社，1971：443.

⑤　列宁．无产阶级专政时代的经济和政治［M］//列宁．列宁选集：第4卷．中共中央马克思恩格斯列宁斯大林著作编译局，译．北京：人民出版社，1972：84.

2. 共产主义社会第一（低级）阶段

共产主义社会第一阶段，通常称为社会主义社会。关于这一阶段的经济特征，马克思、恩格斯的设想是：

第一，实行全社会范围内的生产资料公有制，即整个社会占有全部生产资料，消灭了生产资料的私有制，消灭了剥削。

第二，社会生产由国家统一地、有计划地组织。

第三，商品货币关系已经不再存在。马克思、恩格斯认为："一旦社会占有了生产资料，商品生产就将被消除。""社会生产内部的无政府状态将为有计划的自觉的组织所代替。"[①]"在一个集体的、以生产资料公有为基础的社会中，生产者不交换自己的产品；用在产品上的劳动，在这里也不表现为这些产品的价值，不表现为这些产品所具有的某种物的属性，因为这时，同资本主义社会相反，个人的劳动不再经过迂回曲折的道路，而是直接作为总劳动的组成部分存在着。"[②]这也就是说，在商品货币关系退出历史舞台的同时，市场也不存在了。

第四，个人消费品的分配以劳动为尺度在全社会范围内实行按劳分配。在马克思看来，由于共产主义第一阶段是刚刚从旧社会脱胎出来的，还是不成熟的、不完善的共产主义社会，在各方面还不可避免地保留着它脱胎出来的那个旧社会的痕迹，主要是生产力水平还不高，旧的社会分工、资产阶级的思想影响和旧的传统观念还存在，因而还不可能在全社会范围内实行各尽所能、按需分配，只能实行按劳分配。同时，马克思还认为，每个劳动者从社会方面领得一份劳动证书，凭证书再从社会方面领取应得的生活资料。按劳分配是与资本主义分配方式完全不同的崭新的分配方式，它消灭了剥削关系，真正体现了劳动者的平等权，是历史的进步。但是，在共产主义第一阶段，由于劳动还没有完全成为人们生活的第一需要，三大差别存在，人们还不能完全超出资产阶级权利的狭隘眼光，因此，以劳动为同一尺度的平等权利还不能消除劳动者之间分配上事实的不平等。

3. 共产主义社会第二（高级）阶段

马克思所说的共产主义社会第二阶段，通常称为共产主义社会。这是人类最理想的社会制度，是成熟的共产主义阶段。按照马克思的分析，共产主义社会与社会主义社会在经济上的共同点是：都实行生产资料公有制，消灭了剥削。其重大区别集中体现在分配方式上。共产主义社会个人消费品的分配原则是各尽所能、按需分配。在共产主义社会，个人消费品的分配不再以人们向社会提供的劳动量作为分配的依据，而是以人们的合理需要作为分配的依据，从而消除了人们生活方面事实上的不平等。这是因为，共产主义社会的生产力已高度发达，产品已极大丰富，旧的社会分工已经消除，人们的道德水平已大大提高，劳动已从谋生的手段成为生活的

---

① 恩格斯．社会主义从空想到科学的发展［M］//马克思，恩格斯．马克思恩格斯选集：第3卷．中共中央马克思恩格斯列宁斯大林著作编译局，译．北京：人民出版社，1995：633.

② 马克思．哥达纲领批判［M］//马克思，恩格斯．马克思恩格斯选集：第3卷．中共中央马克思恩格斯列宁斯大林著作编译局，译．北京：人民出版社，1995：303.

第一需要。

二、社会主义经济制度的建立

中国社会主义经济制度的建立，不能照搬马克思、恩格斯的模式，而必须结合中国自己的实际情况，走有中国特色的社会主义道路。

旧中国是一个半殖民地半封建性质的社会，在帝国主义、封建主义和官僚资本主义“三座大山”的压迫和剥削下，中国社会的生产力发展受到严重阻碍，生产力水平极其低下，机器生产的现代化工业在国民经济中只占10%左右，还有90%左右是落后的、分散的个体农业经济和手工业经济，经济十分落后。虽然随着近代生产力的发展，资本主义经济成分也有了一定的发展，但是中国近代的历史证明了在帝国主义时代，半殖民地半封建的旧中国不可能通过走发展资本主义的道路来解放生产力。旧中国的社会主要矛盾是无产阶级和广大劳动人民同“三座大山”的矛盾，以推翻压在中国人民头上“三座大山”为目标的革命，在性质上属于资产阶级民主革命的范畴。旧中国的经济状况及相应的社会阶级特点，决定了只有中国工人阶级才能肩负起中国民主革命的领导责任，进行以推翻“三座大山”和建立人民民主专政的新中国为目标的新民主主义革命，在新民主主义革命取得胜利之后的适当时机，再转变为社会主义革命。因此，旧中国的经济落后和特殊的社会性质决定了中国革命必须分两步走：第一步是新民主主义革命，推翻“三座大山”，改变旧中国半殖民地半封建的社会性质，使之变成新民主主义社会；第二步是社会主义革命，建立社会主义制度。1949年10月1日中华人民共和国成立，标志着我国进入了新民主主义社会。而从新民主主义社会到社会主义社会必须经过一个过渡时期，这一时期的基本任务是把以生产资料私有制占统治地位的多种经济成分改变为以社会主义公有制为主体的经济结构，从而在全国范围内建立起社会主义经济制度。

（一）社会主义全民所有制的建立

社会主义全民所有制是社会主义公有制的一种主要形式，在中国，社会主义全民所有制是在没收官僚资本主义企业和改造民族资本主义企业的基础上，采取国家所有制的形式建立起来的。

官僚资本属于国家垄断资本主义，它控制着旧社会的国民经济命脉。新中国成立前，官僚资本掌握了我国全部工业资本的大约2/3和全国工矿、交通运输业固定资产的80%。中国的官僚资本是在半殖民地半封建社会中产生的一种极端腐朽的资本主义生产关系，它依附帝国主义，并和封建主义相勾结，严重地阻碍了生产力的发展。新中国成立后，实行了没收官僚资本的政策，把它转变为社会主义全民所有制经济，为建立社会主义经济制度奠定了基础。同时，对于帝国主义在华的资本及特权，我国也采取各种措施予以消灭，为国家的独立和进一步掌握国家经济命脉提供保障。

对民族资本的社会主义改造是通过赎买的方式实现的。中国民族资本主义经济在由新民主主义向社会主义过渡的时期中具有两面性，既有有利于国计民生的一面，如可以提供一部分工业品供应人民和国家建设；又有不利于国计民生的一面，如投机倒把和哄抬物价。相应地，中国民族资产阶级在这一过渡时期也具有两面性：既有剥削工人阶级取得利润的一面，又有拥护宪法、愿意接受社会主义改造的一面。所以，我国工人阶级同民族资产阶级的矛盾属于人民内部矛盾，他们之间的阶级斗争一般属于人民内部的阶级斗争。在当时我国经济基础薄弱的情况下，完全有必要允许民族资本在一定时期内存在和在一定范围内得到某些发展。因此，我们对民族资本实行利用、限制和改造的政策，即利用它的积极作用，从活动范围、税收政策、市场价格和劳动条件等方面限制它的消极作用，通过赎买政策逐步把它改造成社会主义全民所有制经济，实现民族资本的社会主义国有化。同时，对民族资本家实行团结、教育和改造的政策，把他们由剥削者改造成为自食其力的劳动者。这样做对社会主义革命和社会主义建设都是有利的。

（二）社会主义集体所有制的建立

在中国，社会主义集体所有制的建立是分别通过对农业和手工业实行社会主义改造来完成的。

对农业和手工业中的个体私有制采取合作化的方式。我国土地改革后，小农经济或个体私有制经济在数量上占绝对优势。但是我国小农经济规模小，既不能合理使用土地和劳动力，又无力采用先进技术和机械设备，劳动生产率低下，抵御自然灾害的能力差，扩大再生产能力极其有限，这种情况严重地束缚生产力的发展。对小农经济这种落后的生产关系，必须进行社会主义改造，才能使社会主义经济制度建立、巩固和发展。小农经济的主体一方面是私有者，另一方面又是劳动者，这一特点决定了我国对小农经济只能采取合作化的方法，使其走上社会主义集体经济的道路。

我国农业合作化运动，是在自愿互利、典型示范和国家帮助的原则下，通过带有社会主义萌芽性质的农业生产临时互助组和常年互助组、半社会主义性质的初级农业生产合作社和完全社会主义性质的高级农业生产合作社三种逐渐递进的形式进行的。到1956年底，参加高级农业生产合作社的农户占全国总农户的88%，标志着我国农业中的生产资料社会主义改造基本完成。

与个体农业相比，个体手工业的性质同小农经济一样，所以，对它实行社会主义改造的原则同对小农经济的改造也是一样的。不过，个体手工业是一种纯粹的小商品经济，与市场的联系比较密切，因此，对它的改造从流通渠道入手，具体是先组织手工业供销合作小组，然后进一步形成供销合作社，最后在生产上逐步组织起来，发展成为手工业生产合作社。到1956年，参加手工业生产合作社的人数占全国手工业从业人数的92.2%，基本上完成了对手工业的社会主义改造。

需要指出的是，像任何一次伟大的革命都难免会产生一些这样或那样的缺点一样，我们在社会主义改造中，也出现过一些缺点甚至错误。例如，在社会主义改造的时间安排上急于求成，改造工作过急、过快，任务、目标脱离了中国国情等，这些均遗留了一些问题。但整体说来，对于像我国这样一个有着几亿人口、经济基础薄弱的大国，通过复杂和深刻的社会变革，建立起社会主义经济制度，这不能不说是一个伟大的历史性胜利。

第二节 社会主义的本质

社会主义制度是人类历史上崭新的社会制度，从理论和实践的结合上揭示社会主义的本质，对于认识和发挥社会主义优越性、自觉地坚持社会主义、具有重要意义。邓小平同志明确指出："社会主义的本质，是解放生产力，发展生产力，消灭剥削，消除两极分化，最终达到共同富裕。"[①]对社会主义本质的这个科学概括，是建设有中国特色社会主义理论的重要内容。这个论述突破了单纯从生产关系方面来认识社会主义的本质的局限，从生产力和生产关系相统一方面来认识社会主义的本质。社会主义的本质集中反映了社会主义经济制度的基本特征，既体现了社会主义经济制度的优越性，又是衡量是否真正搞社会主义的客观标准。

一、社会主义社会的根本任务是解放和发展社会生产力

（一）社会主义社会主要矛盾的解决要求解放和发展社会生产力

社会主义革命取得胜利后，无产阶级首先必须利用手中的政权力量来建立社会主义的生产关系。因此，过渡时期的社会主义主要矛盾是无产阶级和资产阶级、社会主义和资本主义的矛盾。当然，即使在这一时期，也必须十分重视恢复和发展生产力。我国社会主义经济制度建立以后，社会主义生产关系已经占据统治地位，但是社会生产力水平还很低，这时社会的主要矛盾是人民日益增长的物质文化需要同落后的社会生产之间的矛盾。矛盾的主要方面是解决落后的社会生产问题，必须把发展生产力摆在首要位置，以经济建设为中心，推动社会全面进步。

发展生产力是最为重要的，但只有解放生产力，才能发展生产力。在以私有制为基础的社会，生产关系与生产力之间的矛盾运动必然导致代表新生产力的革命阶级通过革命斗争，摧毁旧生产关系，建立起新生产关系，从而使生产力获得解放。革命是解放生产力的方式之一。我国通过民主革命和生产资料私有制的社会主义改造，解放了生产力。但是，实践证明，在社会主义制度建立之后，随着独立的、比

① 邓小平．邓小平文选：第3卷［M］．北京：人民出版社，1993：373.

较完整的工业体系和国民经济体系的建立，传统的、僵化的经济体制束缚社会生产力发展的弊端日益显露，不改革旧的经济体制，建立适合生产力发展要求的新的经济体制，生产力仍不可能健康发展。我国总结了几十年来国内外社会主义实践经验，特别是总结了党的十一届三中全会以来改革开放的经验，明确地提出，社会主义基本制度确立以后，还要从根本上改变束缚生产力发展的传统经济体制，建立起充满生机和活力的新的社会主义经济体制，促进生产力的发展。所以，改革也是解放生产力的方式之一。我国改革开放以来取得巨大经济成就，生产力飞跃发展，就是有力的证明。过去，只讲在社会主义条件下发展生产力，没有讲还要通过改革来解放生产力，这是不完全的，应该把解放生产力和发展生产力统一起来。由此可见，为了解决社会主义社会的主要矛盾，党和国家的工作重点必须转移到以经济建设为中心的社会主义现代化建设上来。解放和发展社会生产力，这是社会主义社会的根本任务。

（二）社会主义物质基础的建立要求解放和发展社会生产力

任何一种社会生产关系，都必须具有与其相适应的物质基础。一定社会生产关系的物质基础是指与这种生产关系相适应的物质条件和技术条件，也就是该社会生产力发展的状况。社会主义生产关系是在资本主义社会化大生产基础上产生的，所以，社会主义生产关系的物质基础应当是在资本主义已经达到的物质基础之上建立起来的高度社会化的现代化工业、农业和科学技术。列宁在他所处的历史时代曾对社会主义的物质基础作过表述："社会主义的物质基础只能是同时也能改造农业的大机器工业。"①随着资本主义的发展，特别是20世纪70年代以来，科学技术革命发展迅猛，当前又发展到了信息时代，使社会生产力的发展水平达到了一个新的高度。这表明建立社会主义物质基础的要求和标准比列宁生活的时代大大地提高了。对一些发达的资本主义国家来说，其生产力已有了较高的发展水平，因而这些国家在社会主义革命胜利后，就已基本具备了同社会主义生产关系相适应的物质基础。而生产力水平比较低的国家，在取得社会主义革命胜利后，还必须用极大的努力来发展社会生产力，建立起社会主义社会的物质基础。

无产阶级取得革命胜利后，通过解放和发展社会生产力来建立社会主义的物质基础具有十分重要的意义：第一，它是巩固和发展社会主义经济制度、最终战胜资本主义制度的客观要求。第二，它是提高和改善劳动人民物质和文化生活的条件。第三，它是从经济上保证社会主义国家的独立自主和巩固国防的物质基础。第四，它是消灭工农差别、城乡差别、脑力劳动和体力劳动差别的物质条件。第五，只有生产力高度发展，才能为将来过渡到共产主义社会创造物质条件。

---

① 列宁．关于俄共策略的报告提纲［M］//列宁．列宁选集：第4卷．中共中央马克思恩格斯列宁斯大林著作编译局，译．北京：人民出版社，1995：542.

二、社会主义的根本经济特征是通过实现生产资料公有制和按劳分配，消灭剥削和消除两极分化

社会主义经济制度与以往一切以私有制为基础的社会经济制度的根本区别在于，它要消灭剥削和消除两极分化。为此，必须建立生产资料公有制和实行按劳分配。

马克思和恩格斯在《共产党宣言》一书中曾庄严地宣告："共产党人可以把自己的理论概括为一句话：消灭私有制。"[①]一切剥削制度的深刻经济根源在于生产资料私有制，要消灭剥削，使广大劳动者摆脱受剥削、受奴役的地位，首先要铲除剥削制度赖以存在的基础——生产资料私有制。

所谓剥削，就是一部分人凭借生产资料的私人占有，无偿地占有他人的劳动或劳动成果。私有制是人剥削人的经济根源。正是由于奴隶主、封建主和资本家阶级的私有制的存在，广大劳动人民便处在被剥削、被压迫的地位，他们劳动创造的社会财富绝大部分被少数剥削者无偿地占有，广大劳动人民处于贫困境地。当然，在我国社会主义现阶段，由于生产力水平低、不平衡和多层次，决定了我国的所有制结构是以公有制为主体、多种所有制经济共同发展。非公有制经济是我国社会主义市场经济的重要组成部分，所以，在我国社会主义现阶段，在私营经济和外资企业中，还不可避免地存在着一定范围内和一定程度的剥削。这种情况的存在，是同我国现阶段生产力状况相适应的，因而对生产力的发展是有利的。但是，在发展非公有制经济的同时，应当坚持以公有制为主体，因为公有制是保证消灭剥削、消除两极分化、达到共同富裕的根本经济条件。

社会主义经济制度的另一个重要经济特征是实行按劳分配。在社会主义公有制经济范围内，个人消费品的分配采取有利于劳动者的分配制度，以人们劳动的数量和质量作为分配个人消费品的尺度，实行按劳分配原则。按劳分配与公有制一起，体现了消灭剥削、消除两极分化和实现分配公平及走向共同富裕的社会主义要求。

两极分化是一切以私有制为基础的社会经济制度中普遍存在的现象。剥削阶级凭借其私人占有的生产资料，把自身的富裕建立在劳动人民的贫困之上，而且其发展趋势总是富者愈富、贫者愈贫，两极分化日益严重。在资本主义制度下，两极分化则更为严重。随着社会主义公有制的建立和按劳分配的实现，在社会主义公有制范围内，既使资产阶级失去通过获取剩余价值、实行资本积累而聚敛社会财富的社会条件，又使广大劳动者摆脱了受剥削的地位和贫穷的命运，从而消除了两极分化产生的经济根源。但是我们应看到，在社会主义现阶段，还存在着以私有制为基础的商品经济，在这里，价值规律的作用仍然可能产生两极分化。同时，在社会主义现阶段，存在着个人收入分配的多种形式以及分配不公，也可能在一部分人中间产

---

① 马克思，恩格斯．共产党宣言［M］//马克思，恩格斯．马克思恩格斯选集：第1卷．中共中央马克思恩格斯列宁斯大林著作编译局，译.北京：人民出版社，1995：286.

生贫富的两极分化。对这些局部范围内的两极分化的可能性，社会主义国家必须通过宏观调控，运用经济、法律和行政手段加以防止。

三、社会主义的根本目的是实现共同富裕

社会主义经济制度以社会主义公有制为基础，劳动人民用共同占有的生产资料进行联合劳动，创造的社会物质财富归劳动人民共同占有和支配，并按照劳动人民的共同利益来使用和分配。因此，社会主义生产必须服从劳动人民共同的利益，社会主义的生产目的就是满足全体劳动人民的物质文化生活需要，实现共同富裕。邓小平指出："社会主义的目的就是要使全国人民共同富裕，不是两极分化。"①社会主义的生产目的是由社会主义公有制所决定的，具有客观必然性，体现着社会主义生产的实质是满足全体劳动人民的物质文化生活需要，这也是社会主义基本经济规律的客观要求。

社会主义不仅要最终达到共同富裕的目的，而且为实现这一目的提供了可能。社会主义革命的胜利和通过改革而建立起具有生机和活力的社会主义市场经济体制，极大地解放了生产力，从而实现了生产力的巨大发展，为劳动人民走上共同富裕的道路创造了前提，提供了实现共同富裕的充分可能性。贫穷不是社会主义，少数人富裕、多数人贫穷也不是社会主义，社会主义要消灭贫穷，实现劳动者的共同富裕。

我国是一个经济比较落后、经济发展不平衡的大国，实现共同富裕不可能一蹴而就、同步达到，而是允许和鼓励一部分地区、一部分企业和一部分人，依靠诚实劳动与合法经营先富起来，并提倡先富帮助和带动后富。共同富裕不等于完全平均和同步富裕，否则势必导致共同贫穷。由于一部分人先富起来而产生的富裕程度不同的差别，是全体社会成员在共同富裕道路上有先有后、有快有慢的差别，而不是少数人变成剥削者、大多数人陷于贫穷的两极分化。

正确认识社会主义的本质，对于建设有中国特色的社会主义具有重要意义。首先，明确了判断社会主义的客观标准。坚持社会主义，必须以实现社会主义的本质要求为目标。其次，明确了社会主义的本质，就可能依据社会主义本质的要求，坚持改革开放，吸收和借鉴人类所创造的一切文明成果，探索和研究社会主义建设中出现的新问题，从而更好地建设有中国特色的社会主义。最后，正确认识社会主义的本质，使我们更加自觉地、坚定地贯彻执行党的基本路线，紧紧抓住经济建设这个中心任务，解放生产力，发展生产力，早日把我国建设成为社会主义现代化强国。

---

① 邓小平．邓小平文选：第3卷［M］．北京：人民出版社，1993：110-111．

第三节　社会主义社会的初级阶段

一、社会主义初级阶段理论的提出

（一）社会主义初级阶段理论提出的背景

马克思在《哥达纲领批判》中把共产主义社会划分为两个阶段，即共产主义第一阶段和共产主义高级阶段。共产主义第一阶段即通常所说的社会主义社会。至于社会主义社会在其发展过程中还要经过哪些阶段，特别是经济文化落后的国家建设社会主义要经过哪些阶段，马克思主义没有也不可能作出具体的回答。列宁在领导俄国社会主义革命和建设的实践中，曾特别注意考察经济落后国家社会主义发展道路和发展阶段上表现出来的与历史常规不同的特殊性，提出了“初级形式的社会主义”、“发达的社会主义”或“完全的社会主义”等概念，但他并没有准确判断俄国社会主义究竟处于什么发展阶段上。社会主义制度在一些国家先后建立以后，这些国家的执政党对本国社会主义发展阶段作出的判断，大都是把马克思主义结论教条化和把本国社会主义现实理想化。

1956年，对生产资料私有制的社会主义改造基本完成，标志着社会主义经济制度在我国的建立。社会主义改造基本完成之后，我国开始转入全面的、大规模的社会主义经济建设。在这样的情况下，毛泽东在《关于正确处理人民内部矛盾的问题》一文中指出，我国的社会主义制度还没有完全建成，还不完全巩固，还需要一个继续建立和巩固的过程。其后，从1957年至“文化大革命”前夕，我们积极进行社会主义经济建设，取得了很大的成就。但是，在这一时期也发生了脱离国情、超越社会主义发展阶段的一些严重错误。例如，1958年的“大跃进”和人民公社运动，使人们头脑发热起来，以为单凭政治热情和人的主观愿望就可以迅速提高生产力，就可以很快建成社会主义；在意识形态领域，片面强调阶级斗争，严重干扰了经济建设，并导致了1966年至1976年的灾难性的“文化大革命”，使全国遭受了一场大灾难，造成生产力停滞不前的状况。

1978年党的十一届三中全会的召开使我国恢复了实事求是的思想路线，并实现了我国中心任务的转移。在总结实践和理论发展的基础上，1981年党的十一届六中全会通过《关于建国以来党的若干历史问题的决议》，第一次指出：“我们的社会主义制度还处于初级阶段”，1982年党的十二大报告再一次指出：“我国的社会主义社会现在还处在初级阶段，物质文明还不发达。”1987年召开的党的十三大则比较系统地论述了我国社会主义初级阶段理论，指出“正确认识我国社会现在所处的历史阶段，是建设有中国特色社会主义的首要问题，是我们制定和执行正确路线和政策的根本依据。对这个问题，我们党已经有了明确的回答：我国正处于社会主义的初级阶段。”1997年党的十五大进一步强调我国现在处于并长期处于社会主义初级阶段，指出了准确把握这一基本概念的极端重要性，进一步论述了社会主义初级阶段的主要特征、主要矛盾和根本任务，提出了党在社会主义初级阶段的基本纲领。党的十六大继续强调指出我国正处于并将长期处于社会主义初级阶段，并提出了全面建设小康社会的奋斗目标。党的十八大报告指出：“我们必须清醒认识到，我国仍处于并将长期处于社会主义初级阶段的基本国情没有变，人民日益增长的物质文化需要同落后的社会生产之间的矛盾这一社会主要矛盾没有变，我国是世界最大发展中国家的国际地位没有变。在任何情况下都要牢牢把握社会主义初级阶段这个最大国情，推进任何方面的改革发展都要牢牢立足社会主义初级阶段这个最大实际。党的基本路线是党和国家的生命线，必须坚持把以经济建设为中心同四项基本原则、改革开放这两个基本点统一于中国特色社会主义伟大实践，既不妄自菲薄，也不妄自尊大，扎扎实实夺取中国特色社会主义新胜利。”十八大报告还首次正式提出全面建成小康社会。

我国在对社会主义进行了几十年的探索后，提出了社会主义初级阶段的科学范畴，并作出了中国仍处于并将长期处于社会主义初级阶段的论断。这是依据我国的基本国情提出来的，是对马克思主义科学社会主义理论的丰富和发展。

（二）社会主义初级阶段的含义和特征

社会主义初级阶段不是泛指任何国家进入社会主义都要经历的起始阶段，而是特指在我国生产力落后、商品经济不发达条件下建设社会主义必然要经历的阶段，即从1956年我国进入社会主义到基本实现现代化的整个历史阶段。

社会主义初级阶段包括两层含义：第一，我们已经进入社会主义社会，必须坚持而不能离开社会主义。从社会性质上看，社会主义初级阶段属于社会主义性质，它不仅与资本主义不同，而且与过渡时期也有本质区别。第二，我国的社会主义还处于初级阶段，还没有从根本上摆脱贫穷落后的不发达状态。我们必须从这个实际出发，而不能超越这个阶段。从发展程度上看，社会主义初级阶段与社会主义发达阶段是性质相同而发展程度不同的两个阶段。

关于社会主义初级阶段的基本特征和历史任务，党的十三大报告作过一个概括。经过多年的实践，党的十五大报告进一步从九个方面进行了论述。该报告指出，社会主义初级阶段指：一是逐步摆脱不发达状态，基本实现社会主义现代化的历史阶段；二是由农业人口占很大比重、主要依靠手工劳动的农业国，逐步转变为非农业人口占多数、包含现代农业和现代服务业的工业化国家的历史阶段；三是由自然经济半自然经济占很大比重，逐步转变为经济市场化程度较高的历史阶段；四是由文盲半文盲人口占很大比重，科技、教育、文化落后，逐步转变为科技、教育、文化比较发达的历史阶段；五是由贫困人口占很大比重、人民生活水平比较低，逐步转变为全体人民比较富裕的阶段；六是由地区经济文化很不平衡，逐步转变为通过有先有后的发展缩小差距的历史阶段；七是通过改革和探索，建立和完善比较成熟的充满活力的社会主义市场经济体制、社会主义民主政治体制和其他方面体制的历史阶段；八是广大人民牢固树立建设有中国特色社会主义共同理想，自强不息，锐意进取，艰苦奋斗，勤俭建国，在建设物质文明的同时努力建设精神文明的历史阶段；九是逐步缩小同世界先进水平的差距，在社会主义基础上实现中华民族伟大复兴的历史阶段。其中，第一条和第九条是这一阶段基本特点和历史任务的总概括，其他七条是对基本特点和历史任务在经济、政治、文化等各个方面的展开。这九条体现了社会主义初级阶段是一个发展过程，是一个从不发达的社会主义国家向富强、民主、文明的社会主义现代化国家转变的过程。

（三）中国处于社会主义初级阶段的客观必然性

我国在社会主义发展过程中必须经历一个特殊的初级发展阶段，这绝非人们主观意识的产物，它具有客观必然性。

首先，这是由我国生产力发展状况决定的。在一个落后的半殖民地半封建国家，没有经过资本主义的充分发展而直接走上社会主义道路，这是马克思主义的基本原理同中国实际相结合而取得的重大历史性胜利。我国社会主义脱胎于半殖民地半封建社会，底子薄，生产力水平远远落后于发达的资本主义国家，这一历史事实决定了我国在生产资料私有制的社会主义改造基本完成以后相当长的历史时期内，生产力的落后仍然是主要的问题。从1956年进入社会主义初级阶段以后，虽然经过几十年的发展，我国的生产力有了很大的提高，各项事业有了很大进步，综合国力大为增强，人民生活明显改善，但是从根本上讲，同世界发达国家相比，我国还没有摆脱贫穷落后与不发达的状况。我国的生产力和科技、教育水平还比较落后，实现工业化和现代化还任重道远；经济增长方式比较粗放，劳动生产效率、经济效益、经营管理水平不高；城乡二元经济结构还没有得到根本改变，地区差距继续扩大，贫困人口还不少；生产社会化程度低，市场经济不发达，自然经济、半自然经济还占相当比重；产业结构不合理，第三产业比重远低于发达国家；生态环境、自然资源和经济社会发展的矛盾日益突出；中国仍然面临发达国家在经济、科技等方面占优势的压力；我国市场经济体制和其他方面的管理体制还不完善；在社会主义民主法制建设和思想道德建设方面还存在不容忽视的问题。这些都说明我国在相当长的时期内只能处于社会主义初级的、不发达的阶段。

其次，这是由我国的生产关系和上层建筑的性质决定的。从生产关系来看，经过长时间的努力，作为社会主义基本特征的生产资料公有制和按劳分配的主体地位已经确立，这使我国实现共同富裕、避免两极分化的社会主义目标有了根本保证，并由此确立了我国经济的社会主义性质。但是，我国对于公有制的实现形式、公有制的生产资料与劳动者的结合方式、按劳分配的具体实现形式以及如何处理好效率与公平的关系等问题的认识还有待加深。由于生产力总体水平不够高及多层次、不平衡发展，在相当长的历史时期，我们还必须允许和鼓励多种非公有制经济成分的发展，允许某些非劳动要素参与分配过程，从而不可避免地存在某些分配不公、居民收入差距过大的问题，所有这些都还需要长期继续探索。从上层建筑来看，社会主义的上层建筑已经确立，社会主义基本政治制度已占社会统治地位，劳动人民成为国家的主人，由此确立了我国的社会主义性质。但是，我们的政治体制还有待改革，民主和法制两个方面都有待进一步完善。在具体的领导制度、组织形式和工作方式上，还存在一些缺陷，官僚主义、封建残余思想、腐败现象还时有发生，有时还相当严重。这些都说明，完善社会主义民主，健全社会主义法制，改革上层建筑中不适应经济基础的部分，任务还是长期的、繁重的。

二、社会主义初级阶段的主要矛盾

中国共产党从中国社会主义初级阶段的基本国情出发，制定了建设有中国特色社会主义的基本路线，这就是：领导和团结全国各族人民，以经济建设为中心，坚持四项基本原则，坚持改革开放，自力更生，艰苦创业，为把我国建设成为富强、民主、文明的社会主义现代化国家而奋斗。历史和现实都告诉我们，只有毫不动摇地坚持党的基本路线，才能保证改革开放和社会主义现代化建设的顺利进行。

党的基本路线的提出，来自我们党对我国社会主义初级阶段主要矛盾的正确分析和认识，来自我们党对社会主义建设历史经验的深刻思考和总结。对于什么是社会主义初级阶段的主要矛盾，从党的八大到十一届三中全会，我们经历了一个曲折的认识过程，付出了沉重的代价。1956年党的八大指出：我国社会主义改造已经取得决定性胜利，无产阶级同资产阶级之间的矛盾已经基本上解决，国内的主要矛盾已经是人民对于经济文化迅速发展的需要同当前经济文化不能满足人民需要的状况之间的矛盾。后来发生的阶级斗争扩大化和绝对化的“左”的错误，特别是像“文化大革命”那样的全局性错误，从根本上说，是背离了党的八大关于主要矛盾的正确认识，作出了阶级矛盾是主要矛盾的错误判断。1978年党的十一届三中全会认真总结了历史经验教训，作出把工作重点转移到社会主义现代化建设方面来的战略决策。邓小平指出：什么是目前时期的主要矛盾，也就是目前时期全党和全国人民所必须解决的主要问题或中心任务，由于党的十一届三中全会决定把工作重点转移到社会主义现代化建设方面来，这个问题实际上已经解决了。我们的生产力发展水平还很低，远远不能满足人民和国家的需要，这就是我们当前时期的主要矛盾，解决这个主要矛盾就是我们的中心任务。1981年邓小平主持起草的《关于建国以来党的若干历史问题的决议》，对我国社会主义改造基本完成以后的社会主要矛盾作出了科学的表述。该决议指出，由于国内的因素和国际的影响，阶级斗争还将在一定范围内长期存在，在某种条件下还有可能激化，但是，在剥削阶级作为阶级被消灭以后，阶级斗争已经不是主要矛盾；我国所要解决的主要矛盾，是人民日益增长的物质文化需要同落后的社会生产之间的矛盾。此后，党的十二大至十八大都坚持和重申了这一科学论断。关于我国社会主义初级阶段主要矛盾的论断，是我们党制定基本路线的主要依据。改革开放以来我们所取得的巨大成就，都是与正确认识和解决这一主要矛盾分不开的。

三、社会主义初级阶段的根本任务

社会的主要矛盾决定了一个国家在相当长时期内的主要任务，是执政党制定方针和政策的主要依据。由社会主义初级阶段的主要矛盾所决定，社会主义初级阶段的根本任务是大力发展生产力。

一种新的社会制度较之旧的社会制度优越，归根到底在于新社会制度能够创造更高的劳动生产率，能够更好地满足广大人民群众不断增长的物质文化需要。资本主义制度优于封建专制制度是如此，我们说社会主义制度优于资本主义制度也是如此。社会主义制度为解放和发展生产力创造了有利条件，使其在发展速度上可以更快一些，在发展水平上可以更高一些，并且可以将生产力发展的效果更多地用于改善和提高人民群众的物质文化生活。我国社会主义制度是在半殖民地半封建的经济、文化比较落后的基础上起步的，相对于发达资本主义国家，我们的生产力发展水平、经济文化的发展水平和人民群众的物质文化生活水平都较低，改变这种状况需要一个相当长的历史时期。我国社会主义制度的建立，虽为缩短这个时期提供了可能性，但仍需要几代人的艰苦努力。为改变这种状况，唯一的途径就是大力发展生产力。只有生产力发展了，才能使社会主义制度的潜在优越性变成现实优越性，并最终为战胜资本主义制度创造雄厚的物质基础。

四、明确中国社会主义社会所处发展阶段的意义

社会主义初级阶段理论的提出，是我们党对马克思主义的继承和发展，是把马克思主义普遍真理同我国实际相结合的产物，是对社会主义建设实践经验和教训的总结，因而具有重大的理论意义和实践意义。

第一，社会主义初级阶段的理论丰富了马克思主义对社会主义的认识。马克思主义对社会主义的认识离不开一定的社会实践和时代特点。马克思、列宁、毛泽东等对社会主义革命和社会主义建设的认识及有关论述，正是在他们的革命实践的基础上和当时的历史条件下提出来的。由于受实践和时代条件的限制，他们都没有提出社会主义划分阶段的理论，因而对社会主义的认识比较笼统，有某些理想化、定型化的成分。邓小平认真总结了我国社会主义建设和改革实践中的经验教训，从实际出发，得出了我国处于社会主义初级阶段的科学判断，这就把对社会主义的认识进一步具体化、精细化。党的十五大报告指出："在党的纲领中明确提出社会主义初级阶段的科学概念，这在马克思主义历史上是第一次。"这是对社会主义初级阶段理论对马克思主义的贡献的高度评价。

第二，社会主义初级阶段的理论是我们制定各项方针、政策的可靠依据。一个

国家不论是搞革命还是搞建设，都要从本国的实际出发，这样革命和建设才能够成功，为此，就要科学地认识国情，全面、准确地把握国情。在中国革命的过程中，我们党科学地判定了旧中国半殖民地半封建的性质，制定了新民主主义革命的理论及相应的斗争策略，终于取得了中国革命的最后胜利。在社会主义建设时期，对于我国的国情，不同的人从不同的角度作出了许多不同的概括，如“地大物博、历史悠久”“人口多、底子薄”“一穷二白”“社会发育程度低”等。这些概括都有一定的真理性，都从某一个侧面反映了中国国情；同时，这种概括又都不全面，只反映了某一方面的实际情形。我国处于社会主义初级阶段的科学判断，把我们对国情的认识提升到了一个全新的阶段，从更高的层次上对我国国情作出了全面、科学的把握。而这一点，为党制定正确的方针、政策提供了可靠的依据，从而成为在改革开放和社会主义现代化建设中取得成功的根本保证。邓小平指出：“社会主义本身是共产主义的初级阶段，而我们中国又处在社会主义的初级阶段，就是不发达的阶段。一切都要从这个实际出发，根据这个实际来制订规划。”“从一九五七年下半年开始，我们就犯了‘左’的错误。总的来说，就是对外封闭，对内以阶级斗争为纲，忽视发展生产力，制定的政策超越了社会主义的初级阶段。”[①]这就是社会主义初级阶段理论最大的现实意义。

第三，社会主义初级阶段理论有助于人们坚持“解放思想、实事求是”的思想路线。我国处于社会主义初级阶段这一科学判断，是实事求是的思想路线的产物。社会主义初级阶段理论的提出和学习、贯彻，从方法论看，又有助于我们更好地坚持“解放思想、实事求是”的思想路线，帮助人们按“初级阶段”的基本估计去深刻分析本地区、本部门的实际情况，从而找到既解放思想又切合实际的工作思路和措施，做好自己的本职工作。同时，明确我国处于社会主义初级阶段，还有助于我们克服贪图安逸、追求享受、大手大脚、奢侈浪费等错误思想，继续发扬勤俭建国、艰苦奋斗的作风，自觉地抑制享乐主义、拜金主义、极端个人主义和各种腐败现象。

第四，社会主义初级阶段理论是克服急于求成弊端的有力保障。社会主义初级阶段是一个相当长的历史进程，至少需要一百年时间。因此，社会主义初级阶段理论有助于使我们对社会主义事业的长期性和艰巨性有清醒的认识。必须承认，我国现阶段生产力还比较落后，不仅与发达国家相比，即使与某些发展中国家相比，也还有较大差距，所以，我们要加快改革和建设发展的步伐。但是，我们也要量力而行，这就是说，我们既要强调加快改革步伐，也要强调不能不顾条件而急于求成。

---

① 邓小平. 邓小平文选：第3卷［M］. 北京：人民出版社，1993：252，269.

主要概念

社会主义初级阶段　社会主义的本质　社会主义经济制度　社会主义全民所有制　社会主义经济体制

基本训练

一、单项选择题

1.马克思、恩格斯对未来社会形态进行预测之方法的主要内容是（　　）。

A.从现实出发预测未来社会

B.预测未来社会诸方面的细节

C.描述共产主义制度的具体特征和主要内容

D.未来社会将采取哪些具体措施将由那个社会中的人自己来决定

2.马克思关于共产主义社会形成过程的三个阶段是（　　）。

A.社会主义初级阶段、社会主义高级阶段、共产主义社会

B.过渡时期、共产主义社会第一（低级）阶段、共产主义社会第二（高级）阶段

C.社会主义第一阶段、社会主义高级阶段、向共产主义过渡阶段

D.社会主义过渡时期、社会主义初级阶段、社会主义高级阶段

3.从资本主义社会向共产主义社会的过渡时期（　　）。

A.社会主义经济、小私有制经济等多种经济成分发展非常缓慢

B.是在无产阶级夺取政权但还没有建立无产阶级专政的国家政权的时期

C.主要经济特征是资本主义经济一统天下

D.是向共产主义第一阶段，即通常所说的社会主义社会的过渡

4.共产主义社会第一（低级）阶段（　　）。

A.通常被称为社会主义社会

B.实行全社会范围内的生产资料集体公有制

C.整个社会占有绝大部分生产资料，消灭了生产资料的私有制，消灭了剥削

D.社会生产由各级地方政府统一地、有计划地组织

5.共产主义社会第二（高级）阶段（　　）。

A.劳动成为人们谋生的主要手段

B.在分配方式上实行各尽所能、按劳分配的原则

C.通常被称为共产主义社会

D.旧的社会分工已经消除，人们的道德水平已大大提高，但社会产品还未能满足人们的需求

6.马克思分析了资本主义社会的矛盾运动，其基本矛盾是（　　）。

A.生产社会化与生产资料资本主义私人占有制之间的矛盾

B.无产阶级与资产阶级的矛盾

C.个别企业生产的有组织性和整个社会生产的无政府状态之间的矛盾

D.高度发达的生产力和个别企业生产的有组织性之间的矛盾

7.列宁关于社会主义首先在一国胜利的理论（　　）。

A.对马克思、恩格斯的社会主义理论的不足之处提出了批判

B.是俄国十月社会主义革命胜利的经验总结

C.说明社会主义道路不是一帆风顺的

D.扩大了对社会主义制度及运行规律的现实认识

8.社会主义全民所有制（　　）。

A.是社会主义公有制的一种形式

B.是在没收官僚资本主义企业和改造民族资本主义企业的基础上，采取国家所有制的形式建立起来的

C.是社会主义生产力得到极大发展的重要体现之一

D.为共产主义制度的建立创造了重要条件

9.社会主义社会的根本任务是（　　）。

A.建立社会主义的雄厚物质基础

B.在经济发展的基础上实现共同富裕

C.消灭贫困、剥削和两极分化

D.解放和发展社会生产力

10.社会主义的根本目的是（　　）。

A.建立社会主义生产资料公有制　　B.解放和发展社会生产力

C.实现共同富裕　　D.建立社会主义的雄厚物质基础

二、多项选择题

1.社会主义的经济特征有（　　）。

A.通过实现生产资料公有制和按劳分配，消灭剥削和消除两极分化

B.实行按劳分配

C.按要素分配

D.鼓励多种经济成分共同发展

E.通过宏观调控，运用经济、法律和行政手段防止产品分配中的两极分化

2.社会主义社会初级阶段的含义和特征包括（　　）。

A.社会主义初级阶段是泛指任何国家进入社会主义都要经历的起始阶段

B.生产力落后，商品经济不发达

C.我们已经处于社会主义社会，我们必须坚持而不能离开社会主义

D.我国的社会主义还处于初级阶段，还没有从根本上摆脱贫穷落后的不发达状态

E.实现生产资料的社会主义公有制和按劳分配

3.我国处于社会主义初级阶段的依据是（　　）。

A.共产主义社会不可能在一国单独实现，有赖于世界各国人民的共同奋斗

B.社会主义的实践、选择和认识的过程是一个无法预知的漫长过程

C.社会主义国家大多是在经济文化落后的基础上建立起来的

D.我国社会主义脱胎于半殖民地半封建社会

E.我国底子薄，生产力水平远远落后于发达的资本主义国家

4.社会主义本质是（　　）。

A.解放生产力，发展生产力

B.消灭剥削，消除两极分化

C.解放和发展生产力，最终达到共同富裕

D.允许一部分人、一部分地区通过合法经营和诚实劳动先富起来

E.建设有中国特色社会主义理论的重要内容

5.社会主义社会初级阶段的主要任务是（　　）。

A.实现工业化和城市化，使大量过剩的农业人口向城市转移

B.以经济建设为中心，不断解放和发展生产力

C.建立社会主义市场经济体制，发挥市场在资源配置中的基础性作用

D.消灭剥削，消除两极分化，最终达到共同富裕

E.发展社会主义民主，健全社会主义法制

三、判断分析题

1.我国实现共同富裕需要一个长期的历史过程。（　　）

2.社会主义的本质要求我们必须重视发展生产力，发展才是硬道理。（　　）

四、简答题

1.马克思、恩格斯关于共产主义社会发展三个阶段的思想的内容是什么？

2.社会主义经济制度的建立为什么要经历一个过渡时期？

3.什么是社会主义初级阶段？社会主义初级阶段具有哪些主要特征？

4.社会主义初级阶段的主要矛盾和根本任务是什么？

五、论述题

1.试述中国处在社会主义初级阶段的理论依据。

2.如何理解社会主义的本质？

读本视窗1-1

第二章　社会主义生产资料所有制和分配方式

学习目标

◆ 重点掌握公有制的本质和我国所有制结构、按劳分配与按生产要素分配的关系。

◆ 掌握生产资料所有制、生产资料所有制结构、公有制、公有制的实现形式、按劳分配等概念。

◆ 了解公有制的本质特征、社会主义初级阶段按劳分配的新特点、生产资料所有制与个人收入分配方式的关系。

第一节　社会主义生产资料所有制及其结构

一、生产资料所有制的界定

个人、集团、阶级和国家要进行生产、经营活动，必须有一定的物质条件，即能够占有或者使用生产资料，但是这些生产资料不一定都是属于他们自己所有的。它们可能是向生产资料的主人租借来的，而生产资料的主人，由于利益的比较或能力、时间的限制，也不一定都自己占有和使用属于他们所有的生产资料。在获得一定利益补偿的条件下，把它们租给从事生产的其他人，让生产者去占有、支配、使用生产资料，可能更合适。这样，在生产过程中，人们在占有、支配、使用生产资料时，便不仅同生产资料、同物发生某些关系，而且也通过生产资料，彼此发生一定的经济关系。即使是生产资料所有者自己占有和使用自己的生产资料，也存在人们在生产资料方面的经济关系。这是因为：第一，生产资料所有者有时不是单独的个人，而是许多人联合起来才成为共同的所有者的，这些人之间在共同所有条件下，可能存在不同的占有、支配、使用生产资料的关系，或者共同使用，或者由一部分共同所有者使用，这些都是人们之间在生产资料方面的关系。第二，即使在个体经济条件下，生产者个人自己占有、使用属于自己所有的生产资料，也会存在一定的经济关系，他要排斥别人对自己生产资料的侵犯，维护自己对生产资料的各种权利。在这里，所有者和非所有者之间存在一定的关系。可见，对生产资料的所有、占有、支配、使用不单纯是人与物的关系，而且涉及人与人的关系，是社会经济关系的一个组成部分。所谓生产资料所有制，是指个人、集团、阶级、国家在生产资料上或者通过生产资料形成和建立的相互经济关系。这些关系得到社会的承认和共同遵守，在国家和法律出现以后，则得到法律的保护。生产资料所有制除了生产资料归谁所有的关系以外，还包括生产资料归谁占有、归谁支配、归谁使用以及运用这些权利得到的物质利益归谁占有和支配的关系。

生产资料所有制是一定社会生产关系的基础和总和。生产资料所有制在社会生产关系中的地位十分重要，其不仅决定着生产资料的归属，而且决定着人们在社会生产中的地位和相互关系，以及产品的分配关系。从劳动者同生产资料的结合过程看，生产资料所有制关系实际上是全部生产关系的总和；从在社会生产关系中的地位和作用看，它是社会生产关系诸因素中的决定性因素，是社会生产关系的基础。

撇开劳动者，单从生产资料所有者的权利方面看问题，是不能正确认识生产资料所有制的。单讲生产资料归谁所有，实际上只是明确了生产资料的所有权人。生产资料所有制的核心和本质是劳动者与生产资料结合的社会方式，是生产资料所有者与使用生产资料的劳动者之间的关系，而不是生产资料归谁所有。

按照社会性质的不同，生产资料所有制可划分为社会主义社会生产资料所有制、资本主义社会生产资料所有制、封建社会生产资料所有制、奴隶社会生产资料所有制和原始社会生产资料所有制；按照拥有生产资料主体的不同，可划分为个人所有制、集体所有制和国家所有制；按照生产资料性质不同，可划分为生产资料公有制和生产资料私有制。

二、生产资料所有权的含义

生产资料所有制在权利关系或法律上的反映，就是生产资料所有权，具体而言，它包含狭义的所有权（归属权）、占有权、支配权和使用权四项权能。当它们相互分离、处于相对独立的状态时，生产资料所有权的基本含义有以下几点：

1.所有权

这是指把生产资料当作自己的专有物，排斥别人随意加以侵夺的权利。这种关系得到社会或法律的承认，使它的担当者成为生产资料的合法主人。具体地说，所有权指：第一，表明对生产资料的归属关系。第二，可在生产资料上设置法律许可的权利，如决定生产资料的其他权能是否让渡、让渡给谁、让渡方式、让渡条件及让渡期限等。第三，可以凭借所有权获取一定的经济利益。必须注意，这里讨论的所有权是狭义的，它的范围比较小。为了便于区别，可以将所有权称为归属权或领有权。

2.占有权

这是指实际地或直接地掌握、控制或管理生产资料，并对它施加实际的、物质的影响的权利。

所有权与占有权的区别主要表现在两个方面：首先，所有权有时指广义的、完整的所有权，即包括上面所说的归属意义的、狭义的所有权、占有权、支配权及使用权。而占有权则仅仅是主体的一项权利。所以，它们的不同首先是整体和局部之间的差别。其次，所有权有时指已经同其他主体权能相分离的单纯的、狭义的所有权。这时，它仅仅表示归属或领有关系，而不包括其他的主体权利，也即这种单纯的、狭义的所有者并不直接掌握、管理在法律上属于他的生产资料。而占有权则是在事实上掌握、控制或管理着生产资料。

3．支配权

支配权又称为处理权、处分权、处置权。在我国，经济理论界多数按照列宁对“四权”的提法，将它叫作“支配权”，而《中华人民共和国民法通则》和其他一些法律、法规等则沿用传统的译法，即处分权。其实它们界定的都是相同的关系。支配权有两个含义或者两个层次：第一，它是指在事实上或法律上决定如何安排、处置生产资料的权利，比如拥有支配权的工厂主可以决定把生产设备出售、赠予、抵押给别人，也可以自己使用或干脆闲置。第二，它是指安排和决定生产资料使用方向的权利，如拥有支配权的农场主，可以决定土地用来耕种或挖塘养鱼或用作牧场、停车场，可以决定土地是休耕、轮耕或连作，可以决定怎样耕作、种植什么等。在社会主义国家，政府过去直接安排国有企业的生产，现在仍有权决定企业的开设和关、停、并、转，决定在企业中进行什么样的改革。企业则有权决定如何具体处置、使用国家交给企业经营的资产。这些都是不同层次的支配权的表现。由于支配权涉及的范围比较广（当产权主体规模很大时尤其如此），在实施中可能会根据具体情况进行某种分割。比如在我国的经济体制改革中，国家所有制的支配权就按不同的层次，分别由国家和企业去行使。《中华人民共和国全民所有制工业企业法》规定，企业对国家授予其经营管理的财产享有占有、使用和依法处分的权利。该法特地将企业的支配权规定为“依法处分”。使用“处分”的一般提法，表明企业只能根据国家的规定分享国有资产的部分支配权，还有一部分支配权仍然掌握在国家手中。

4．使用权

使用权就是利用、改变或消费生产资料的权利。这里包括三种情况：一是利用、使用而不改变生产资料的原有状态；二是改变生产资料的某些状态，而不改变其根本性质或物质存在形式；三是消费生产资料，即消灭它的原有物质形态，转换它的存在形式。至于人们经常说到的收益权（或称受益权、用益权），则是实施、行使上述各种权能而获得经济利益的权利，它基本上是与“四权”联系在一起，由“四权”衍生的。所以，科学的理论归纳只需要讲“四权”而不必讲“五权”。在实际生活中，生产资料的所有权、占有权、支配权和使用权，往往不以相互分离的状态存在，而是以复杂多样的形式组合在一起。当经济关系还不发达、所有制范围还比较狭窄的时候，几种权能一般都统一由所有者拥有和实施。但随着经济关系的发展、所有制规模的扩大以及社会分工的细化，所有者要同时拥有所有的权能越来越困难，他们可能根据自己的能力、时间和事业扩展的情况以及对预期经济利益的衡量，在取得一定收益的条件下，把一部分权能让渡给别人。例如，工厂主若无足够的精力自营，或者自营收益差，就可能将部分设备租给别人使用，收取租金；或者委托别人经营，把经营权让渡给受托人，同时让予受托人一定的利润。在所有制主体范围很大的情况下，如生产资料全民所有，则根本无法由全体人民直接参加经营管理，只能将全民资产分别交给主体的一部分或委托别人去经营。可见，所有权（或产权）可以统一于一个主体，全部归一个主体去实施，也可以被分割，互相分离，独立出去，还可以重新组合为统一权能，如占有权、使用权和部分支配权结合成为经营权。总之，生产资料所有权各项权能的统一和分离存在着不同状态，表现出不同的组合和配置格局。

三、生产资料所有制与所有权的关系

这里所说的所有权，是指生产资料的所有权或财产的所有权。一般而言，财产就是归人们所占有、所支配的物，如自耕农的土地、手工业者的工具、资本家的资本等。财产表现为一种物，但其实质是一种经济关系，是社会经济生活中客观存在的人对物的排他性的占有关系。马克思说："财产最初无非意味着这样一种关系：人把他的生产的自然条件看作是属于他的，看作是自己的，看作是与他自身的存在一起产生的前提。"①

排他性占有的产生，从根本上说，在于自然资源的稀缺性，即资源供给的有限性和人类需求的无限性之间的矛盾。为了解决这一矛盾，人们就要通过社会契约或暴力，建立起一种排他性的占有关系，财产的范畴也就由此出现了。可是，稀缺性是一种物转化为财产的先决条件，非稀缺性的资源，如空气、阳光等，是不会成为财产的。稀缺性是排他性占有产生的一般条件，但不是唯一的条件，除此之外还有社会的和经济制度原因。首先，占有关系是一个历史的范畴，它随着社会经济增长和市场制度的发展而变化。最初是原始公社的公共占有制，后来才出现了私人占有和私人财产，而且私人财产的内容和占有形式也在不断变化。其次，占有关系总是需要社会组织和社会制度加以保护，无论是靠家庭或氏族的武力，还是靠国家政权及法律制度。这说明，财产关系的确立是需要社会成本或制度成本的，而且这种成本应小于它所带来的收益。如果这一成本超过了确立财产关系带来的收益，这种财产制度就是无效率的，人们就会自动放弃建立财产关系的愿望和行动，或者设法建立新的有效的财产制度。

所有权与所有制是两个密切相关的不同范畴：所有制是指生产资料归谁所有的

---

① 马克思．经济学手稿［M］//马克思，恩格斯．马克思恩格斯全集：第46卷上．中共中央马克思恩格斯列宁斯大林著作编译局，译．北京：人民出版社，1972：491.

经济制度，是个经济范畴；所有权是指财产归谁所有的法律制度，是个法律范畴。所有制体现人在生产资料方面形成的经济关系，它是生产关系的基础与核心；生产资料的所有权则是所有制的法律形态。对于所有制来说，有决定意义的是排他性的占有，而“只是由于社会赋予实际占有以法律的规定，实际占有才具有合法占有的性质，才具有私有财产的性质”。[①]

就历史顺序而言，所有制先于所有权而存在。因为所有制即生产资料的占有关系是社会生产的前提，“一切生产都是个人在一定社会形式中并借这种社会形式而进行的对自然的占有”。但这种占有并非一开始就采取了法权形式，在原始社会中，只有占有，而没有所有权。国家的出现才使生产资料的占有关系法权化。

一般说来，所有制是所有权的经济基础，一定的所有制决定一定的所有权。马克思说，民法不过是所有制发展的一定阶段，即生产发展的一定阶段的表现。当然，所有权反过来又积极作用于所有制，具有维护、巩固和发展所有制的重要功能。另外，所有权并不是所有制的简单模拟。马克思指出：“虽然一定所有制关系所特有的法的观念是从这种关系中产生出来的，但另一方面同这种关系又不完全符合。”[②]这是因为，所有权是生产资料所有制的表现，同时，所有制在马克思主义经济学中已成为具有特殊经济含义的经济范畴，它不仅反映生产资料的占有关系，还包括人们在整个生产过程的全部生产关系、分配关系和交换关系等。

四、生产资料所有制结构的界定

生产资料所有制结构是指在一定社会经济形态中，各种类型的生产资料所有制形式的组合状况及它们在社会经济中的地位和相互关系。这可从两个方面理解：一是一个社会或国家（地区）存在多种所有制形式，是一个所有制的多元系统；二是系统内的各种所有制的地位和作用不同，因而它们之间的关系也不同。具体来说，它包含两个层次的内容：第一层次是宏观的所有制结构，是指一个社会或国家（地区）各种所有制形式的构成状况及发展变化趋势：①哪种所有制形式（公有制还是私有制）占主体地位；②占主体地位的所有制形式中有哪几种具体形式；③除主体成分之外，还有哪几种所有制形式；④各种所有制形式间的相互关系、不同作用、数量比例是怎样的。第二层次是微观的所有制结构，是指企业内部的所有制的构成，即混合所有制企业内部各种所有制的构成、地位及相互关系。

研究所有制结构主要有两个方面的意义：一是确定一个社会经济的基本性质，其是由这个社会中占主体地位或主导地位的所有制形式所决定的；二是为合理配置所有制结构提供理论基础和分析工具，并通过调整所有制结构来提高一个社会的资

---

① 马克思．黑格尔法哲学批判［M］//马克思，恩格斯．马克思恩格斯全集：第1卷．中共中央马克思恩格斯列宁斯大林著作编译局，译．北京：人民出版社，1972：382.

② 马克思．马克思致斐·拉萨尔［M］//马克思，恩格斯．马克思恩格斯全集：第30卷．中共中央马克思恩格斯列宁斯大林著作编译局，译．北京：人民出版社，1974：608.

源配置效率。

五、以公有制为主体、多种所有制经济共同发展的所有制结构

以公有制为主体、多种所有制经济共同发展的所有制结构是我国社会主义初级阶段的基本经济制度。我国社会主义初级阶段的所有制结构体现了以社会主义公有制为主体，所有制形式多样化、公有制形式多样化、公有制实现形式多样化的特点。

（一）我国以公有制为主体、多种所有制经济共同发展的所有制结构确立的原因

党的十五大明确了“公有制为主体、多种所有制经济共同发展”，党的十八大报告重申“完善公有制为主体、多种所有制经济共同发展的基本经济制度”，这反映了我们党对社会主义建设和发展规律认识的深化，为进一步完善所有制结构指明了方向。把“公有制经济为主体，多种所有制经济共同发展”用“制度”固定下来，更具有稳定性、可靠性。

这一制度的确立，是由社会主义性质和初级阶段的基本国情决定的，是思想解放的产物，是对所有制问题认识的深化。我们将其确立为一项基本经济制度，主要有以下几个原因：第一，社会主义公有制是社会主义经济的基础，我国是社会主义国家，必须坚持以公有制作为社会主义经济制度的基础，但是，初级阶段的基本国情决定我们又不能实行单一的公有制。第二，初级阶段生产力发展的状况，概括地说，是总体水平较低，生产社会化程度不高，发展很不平衡，呈现多层次性。生产关系一定要适合生产力状况，因而需要在以公有制为主体的条件下发展多种所有制经济。第三，初级阶段的主要矛盾决定我国现代化建设要以经济建设为中心，集中力量发展社会生产力，因而一切符合“三个有利于”的所有制形式都可以而且应该用来为社会主义服务。

评价一种生产资料所有制形式是否优越，评价一种所有制结构是否合理，不能抽象地以公有化程度的高低为标准，而是要看它是否适合生产力发展要求，是否促进生产力的发展。现阶段各种所有制形式在一定范围内都有其不可替代的作用。以公有制经济为主体、多种经济成分共同发展，有利于调动劳动者的积极性、主动性和创造性，有利于充分利用人力、物力和财力，有利于通过竞争繁荣和搞活经济，有利于扩大就业和提高人民生活水平，这是我们必须长期坚持的基本经济制度。

（二）社会主义初级阶段公有制主体地位的主要体现

在我国社会主义初级阶段，公有制的主体地位主要体现在：第一，公有资产在社会总资产中占优势。这种优势不仅要有量的优势，更应该注重质的提高。第二，国有经济控制国民经济的命脉，对经济发展发挥主导作用主要体现在控制力上。1978年，工业企业所有制结构为全民所有制企业和集体所有制企业构成的单一公有制结构。其中，全民所有制工业企业数量占24.0%，工业总产值占77.63%；集体

所有制工业企业数量占76.0%，工业总产值占22.37%。随着国有经济布局的战略性调整，逐步从制造业、纺织业等一般竞争性领域退出，进一步向关系国家命脉的重要行业和关键领域集中。一批长期亏损、资不抵债、扭亏无望的企业被关闭，公有制企业面多量广、过于分散的状况得到很大改观，在工业经济中的数量和产值比重均明显下降。2015年，在全国规模以上工业中，国有及国有控股企业数量仅占5.86%，集体企业数量占0.69%。2015年，在全国规模以上工业中，国有及国有控股企业工业增加值比上年增长1.4%；集体企业比上年增长1.2%；国有及国有控股企业利润总额为10 944亿元，比上年下降21.9%；集体企业利润总额为508亿元，比上年下降2.7%。

今后，随着多种所有制经济的进一步发展，国有经济的比重还可能会减少一些，但这不会改变公有制经济的主体地位。当然，公有制经济在整个国民经济中占主体地位是就全国而言的，有的地方、有的产业可以有所差别。国有经济掌握着国民经济命脉，拥有雄厚的经济实力和先进的技术设备，是我国社会主义经济制度的最主要经济基础。

国有经济的主导作用主要表现在：第一，它对整个国民经济沿着社会主义方向发展起着领导作用。在我国存在着多种所有制经济形式的条件下，它是保证集体所有制经济沿着社会主义方向发展，保证个体经济、私营经济及其他经济形式作为社会主义经济的积极的建设力量的决定性条件。第二，国有经济拥有现代化的大工业、比较先进的科学技术和设备。它的巩固和发展，可以为整个国民经济的技术改造和加快我国的现代化建设提供强大的物质技术基础。第三，国有经济对经济社会发展的贡献不断扩大。改革开放以来，随着所有制结构的不断调整和完善，出现了公有制实现形式多样化和多种经济成分共同发展的局面。国有经济占国民经济的比重有所下降，但国有经济对国民经济的贡献不断扩大。国有企业积极履行社会责任，在稳定物价、保障供给、保护环境和资源节约方面发挥表率作用。

总之，国有经济是我国社会主义经济的主导力量，对于保证社会主义方向和整个经济的稳定发展起着决定性的作用。

国有经济起主导作用体现在控制力上，包括两个方面的含义：一是指国有经济控制国民经济命脉；二是指国有经济成分在大型企业和企业集团控股，或者国有企业出售部分股权，用同样的资本投入，可以扩大国有经济的影响和作用。为了增强国有经济的控制力和竞争力，更好地发挥国有经济的主导作用，必须从战略上调整国有经济的布局，调整与完善所有制结构。

第一，国有经济的主导作用和控制力主要体现为在关系国民经济命脉的重要部门和关键领域占支配地位。要从战略上调整国有经济布局，适当集中国有资产，重点加强那些关系国民经济命脉的行业和领域，提高国有经济的整体质量。在此前提下，国有经济的比重可以减少一些，不会影响我国的社会主义性质。

第二，要着眼于搞好整个国有经济，抓好大的，放活小的，对国有企业实施战略性重组。长期以来，我国在所有制问题上超越了生产力的发展阶段，搞“一大二公”，使国有经济范围过宽，比重过大，影响了生产力的发展。为了发挥国有经济的主导作用，首先，国有经济必须从过于宽泛的一些竞争性行业和一般性行业中有选择地退出，国有资产通过资产重组和结构调整，加强重点，提高国有资产的利用效益。其次，国有企业之间通过兼并、联合以及破产等形式，围绕优势企业，以资本为纽带，通过市场组建具有较强竞争力的跨地区、跨行业、跨所有制、跨国经营的大企业集团，以实现规模生产，获得规模效益，提高企业的竞争力。

第三，对小型国有企业放开搞活。采取改组、联合、兼并、租赁承包经营和股份合作制、出售等形式，使大量的中小企业获得新的生机和发展，以满足社会的多样化物质文化生活需要。这些措施都会提高国有资产整体质量，使国有资产得到更加有效的利用，从而更好地坚持国有经济的主体地位。

第二节　社会主义公有制经济及其实现形式

一、社会主义公有制经济的本质

社会主义公有制，是生产资料归社会劳动者共同占有和支配的一种新型的所有制。党的十五大明确指出：“我国是社会主义国家，必须坚持公有制作为社会主义经济制度的基础。”这是因为：第一，生产资料公有制决定了全体劳动者在生产资料的占有关系上处于完全平等的地位，在生产资料面前都是平等的主人；第二，公有制决定了劳动者之间在社会生产和社会经济生活中形成一种互助互利的新型合作关系；第三，公有制决定了社会生产的目的和生产成果分配的性质，社会产品归劳动人民共同所有，个人消费品要按照每个劳动者提供的劳动量进行分配。可见，生产资料公有制，是社会主义生产关系的基础和最根本的特征，是社会主义生产力迅速发展的重要保证，是全体劳动人民物质文化生活水平不断提高的基本条件。

对公有制经济的含义要有一个全面认识。在我国，公有制经济包括国有制经济和集体所有制经济，还包括混合所有制经济中的国有成分和集体成分。公有制的不同形式，只是公有化范围不同，不存在高级形式和低级形式之分。国有制和集体所有制以及混合所有制经济中的国有成分和集体成分，共同构成社会主义经济制度的基础。

公有制区别于私有制的本质特征，表现在“剩余”的归属上。不论是私有制经济还是公有制经济，劳动者的必要劳动所创造的那部分产品或价值，必须归劳动者所有，用于劳动力的再生产。能成为生产资料所有者的收益来源的，只是劳动者的剩余劳动所创造的剩余产品或其价值形态。在私有制的场合，“剩余”归生产资料所有者个人所有，成为可以由他个人任意支配的收益，而在公有制的场合，“剩余”不归个人所有，而归劳动者集体所有，用来为劳动者集体谋福利。在私有制企业里，所有者是个人，不管人数多少，是一个人（独资企业）、几个人（合伙企业）或成千上万人（股份制企业），他们或是个人独占企业的剩余，或是很多人分享企业的剩余，这种以所有者身份获得的收益，是一种资本所得，是非劳动收入。在公有制企业里，所有者是劳动者群体，人数可多可少，少到组成一个高级合作社的3户农民，多到全民所有制企业的十多亿人民。劳动者从公有制企业里所得到的工资、工分或奖金等个人收入，是劳动所得，是他的必要劳动所创造的必要产品。公有制企业的“剩余”不归个人而只归劳动者群体占有和支配，用于扩大再生产，增加储备，增加集体福利，归根到底，也是为创造这种“剩余”的劳动者服务的，但它不是一开始就量化到个人，如像私有制企业中所有者那样。所以，社会主义公有制与私有制相区别的本质特征在于：私有制使生产资料的所有者可以单纯凭借生产资料所有权不劳而获地取得一份收益；社会主义公有制的主体不是个人而是劳动者群体，劳动者个人无权以生产资料所有者的身份索取不劳而获的收益。牢牢把握这一本质特征，就可以把社会主义公有制同形形色色的私有制区别开来。

在现阶段，正确认识社会主义公有制的本质特征具有重要的理论意义和现实指导意义。这是因为，在我国社会主义初级阶段，公有制经济与非公有制经济同时存在、共同发展，这种情况容易使人们对社会主义公有制经济和非公有制经济的性质混淆不清，或者认为，可以“不问姓社姓资”“冲破姓公姓私”。确实，在我国现阶段，凡是一切有利于生产力发展的经济成分，都应该允许其存在和鼓励其发展，不应用“姓社姓资”“姓公姓私”的框框来束缚它。但是，这绝不是说，可以不去分辨各种经济成分的本质属性，更不可把非公有制经济、非社会主义经济说成是公有制经济、社会主义经济；否则，就会偏离中国特色社会主义道路，稀里糊涂地走上私有制市场经济道路，葬送社会主义事业。

二、社会主义全民所有制经济

（一）全民所有制的含义和特点

全民所有制是指由全体社会成员共同占有生产资料的公有制形式。它同较高水平的社会化大生产相适应，基本上实现了劳动者在生产资料所有制关系上的平等。我国现阶段的全民所有制经济的生产资料由国家代表全体人民所有，采取国家所有制形式，所以称为国有经济。国有经济是社会主义公有制经济的主要形式，掌握着国民经济的命脉，是国民经济的领导力量，在国民经济中一直起着主导作用。

社会主义全民所有制的主要特点包括：一是生产资料属于代表全体劳动人民的社会主义国家所有，全体劳动人民都是全民所有制生产资料的主人，都享受应有的权力和利益；二是全社会的劳动人民组成一个整体，成为全民所有制生产资料的共同所有者，任何社会集团或个人都不得瓜分全民所有制财产并将其据为己有；三是全民所有制经济组织生产的产品，根据全体劳动人民的利益进行分配，部分用于劳动者的公共需要，部分实行按劳分配，用于其个人及其家庭成员的生活需要。马克思、恩格斯曾经指出："无产阶级将利用自己的政治统治，一步一步地夺取资产阶级的全部资本，把一切生产工具集中在国家即组织成为统治阶级的无产阶级手里。"[①]恩格斯又说："无产阶级将取得国家政权，并且首先把生产资料变为国家财产。"[②]

（二）全民所有制的实现形式

我国全民所有制采取国家所有制形式，属于全民所有的生产资料归代表全民利益的国家所掌握，由社会主义国家作为社会中心发挥职能，代表全体劳动人民行使生产资料的所有权。

国有制不是社会主义所特有的，自从国家产生以来就有。由于国家所体现的阶级关系和生产关系不同而形成不同的所有制形式。在奴隶制度下，国有制体现为奴隶主所有制。在封建制度下，国有制体现为封建地主所有制。在资本主义制度下，国有制体现为国家作为资本家代表的"总资本家"所有制，"它愈是把更多的生产力据为己有，就愈是成为真正的总资本家"[③]。在我国社会主义初级阶段，社会主义国有制是全民所有制的实现形式。社会主义全民所有制采取国有制是所有制的内容和形式。这是所有制范畴，不是体制范畴。我国现阶段的全民所有制之所以采取国家所有制形式，从根本上说，是由全民所有制和社会主义国家的性质、特点以及生产力的发展要求决定的。

第一，社会主义全民所有制是以社会化大生产为基础而建立起来的，各个部门、各个企业之间存在着相互制约、彼此依赖的密切联系，组成一个有机的社会化生产体系。这就在客观上要求形成一个掌握宏观管理和调控权力的社会中心，统一指挥和协调各个部门和企业的生产经营活动，使它们能够克服盲目性，避免社会生产的无政府状态，保证社会化大生产能够按照国民经济发展的总体要求顺利进行。

第二，全民所有制的生产资料归全体劳动者共同所有，不归个别劳动者或部分劳动者所有，也不是每个劳动者都单独占有一份生产资料。属于全民所有的生产资料必须由一个代表全体劳动者利益的社会机构来行使所有权，这个社会机构在现阶段就是社会主义国家。在社会主义时期，只有社会主义国家才能代表全体劳动人民的共同利益和意愿，承担起这种社会中心的职能，因而全民所有制采取了国家所有制的形式。

第三，社会主义国家是全体劳动人民共同的根本利益的代表者，通过社会主义国家掌握属于全民所有的生产资料，能够保证全民所有制的生产资料真正属于全民所有，服务于全体劳动人民的利益，把劳动人民的长远利益和目前利益、整体利益

---

① 马克思，恩格斯．共产党宣言［M］//马克思，恩格斯．马克思恩格斯选集：第1卷．中共中央马克思恩格斯列宁斯大林著作编译局，译．北京：人民出版社，1995：272.

② 恩格斯．反杜林论［M］//马克思，恩格斯．马克思恩格斯选集：第3卷．中共中央马克思恩格斯列宁斯大林著作编译局，译．北京：人民出版社，1995：320.

③ 恩格斯．反杜林论［M］//马克思，恩格斯．马克思恩格斯选集：第3卷．中共中央马克思恩格斯列宁斯大林著作编译局，译．北京：人民出版社，1995：318.

和局部利益有机地结合起来，真正为全体劳动者的共同的根本利益服务。社会主义全民所有制采取国家所有制的形式，并不意味着必须由国家机构直接占有、支配和使用属于全民所有的生产资料，也不意味着必须由国家在全社会范围内直接组织具体的生产活动。社会主义经济理论和实践证明，全民所有制经济的所有权和经营权可以而且应当分离，即必须把全民所有制生产资料的占有权、使用权和具体经营的支配权交给企业，形成法人财产权利，并且保障企业行使这些权力并获得一部分经济利益。这是因为：

①全民所有制企业的数量众多、规模庞大，企业之间的经济关系错综复杂，企业的内部条件又千差万别，而且社会的需求又是复杂多变的。在目前的信息传递条件下，作为全民代表的国家不可能完全了解和适应这种复杂多变的情况，也不可能由全社会来直接组织生产和微观经营管理。因此，企业必须要有独立的经营自主权，才能使企业成为独立的商品生产者、经营者，在市场经济条件下成为法人主体和市场竞争主体。各个企业根据自己的特点和市场的需求机动灵活地组织生产和经营，更好地满足社会的需要。

②全民所有制企业是劳动者联合起来进行生产经营活动的基本单位。赋予企业必要的自主经营权利，有利于劳动者真正当家做主，发挥创造性和主动精神，根据企业的实际情况安排生产和经营，充分挖掘企业潜力，合理地利用人力、物力和财力，提高经济效益。

③在全民所有制内部存在着国家、企业和劳动者个人三者利益关系，只有把具体经营权交给企业，承认企业的特殊经济利益，明确国家和企业的责任、权力、利益，使企业和职工的经济利益同企业的生产经营成果紧密联系起来，才能充分调动企业和职工的社会主义积极性，推动企业改善经营管理，促进国民经济的发展。

三、社会主义集体所有制经济

（一）集体所有制的含义、形式和作用

集体所有制是专指生产资料归集体所有的一种所有制形式，是指部分劳动群众共同出资入股、共同劳动、共同拥有生产资料、共同享有劳动成果的一种公有制形式。在集体所有制经济中，生产资料是集体的财产，劳动者在集体范围内平等地占有生产资料，集体企业内的个人不再拥有对企业生产资料的所有权。在社会主义社会中，集体所有制经济是社会主义的经济，它在集体组织范围内实现了劳动者、生产资料所有关系的平等，劳动者之间建立了平等互助的合作关系。集体经济对国民经济发展起着极其重要的作用，是农村的主要经济形式，同时，在城镇的工业、交通运输业、商业、服务业等领域中也占较大的比重。它符合共同致富的原则，是生产力容量很大的灵活的经济形式。改革开放以来，我国集体经济有了长足的发展，在工业总产值中占了一定的比重。发展集体经济是我国的一

项长期的基本政策。

我国现阶段的集体所有制经济存在着多种具体形式。农村集体所有制经济是我国现阶段农村中的主要经济形式，农村集体经济经营管理组织形式必须与现有农业生产力水平相适应。我国广大农村普遍实行多种形式的农业生产责任制，其中家庭联产承包责任制已经成为主要形式。家庭联产承包责任制是在土地、水利设施等基本生产资料公有制的基础上，使生产经营的责、权、利相结合，兼顾国家、集体和个人三方面利益关系，使劳动者的收益同劳动成果直接挂钩的一种经营组织形式。在家庭联产承包责任制下，基本的生产资料，如土地、重要的自然资源和农田水利设施，仍归集体所有。各个农户运用归自己所有的部分生产资料，如农具、运输工具等，根据与集体订立的合同，按照集体的要求承包一定的生产任务。劳动成果除了按合同上缴一部分给集体以外，全部归自己所得。家庭联产承包责任制把集体的统一领导和家庭的分散经营结合起来，有利于发挥集体经济的优越性和农民的积极性。

我国的城镇集体所有制经济，一部分是在20世纪50年代对个体手工业、个体商贩进行社会主义改造时建立起来的，大部分城镇集体所有制经济是改革开放以后发展起来的。它们广泛存在于轻工业、手工业、建筑业、运输业、商业、服务业等领域。这种集体所有制的生产资料属于部分劳动者集体共同所有，在企业、集体范围或统一经营单位内独立核算、自负盈亏，生产资料归集体支配、使用，除了照章缴纳税金以外，企业的劳动产品、收入全部归集体所有，实行按劳分配。集体所有制的这些特点，使企业具有比较完整的自主经营权，能够比较灵敏地反映社会需求，灵活进行布点，迅速调整生产经营方向，经营效果比较好。同时，它能够使企业劳动者的经济利益与企业生产成果紧密结合，有利于调动劳动者的积极性。在现阶段，我国必须进一步壮大集体所有制经济，要继续支持、鼓励城乡各种形式集体经济的发展。

集体所有制经济是公有制经济的重要组成部分。在我国现阶段，必须十分重视城乡集体经济的发展。我国现阶段还存在着多层次的生产力，在资金短缺、就业困难、某些社会需要还得不到充分满足的情况下，更多地发展集体所有制经济，既可以充分地调动广大群众的人力、物力、财力，广泛吸收社会分散资金，根据市场需要，提供商品和服务，满足人民群众物质文化生活多方面的需要，又可以增加社会财富和国家税收，促进社会生产力和整个国民经济的发展。

（二）传统城镇集体所有制经济的主要缺陷

由于计划经济时期深受苏联模式的影响，我国传统集体所有制基本上按全民所有制模型设计，实质上是一定范围内的劳动群众的“全民”所有制。其缺陷与国有企业如出一辙，主要表现为：（1）在产权关系上，将集体财产与职工个人割裂开来，完全否定职工个人产权，生产资料虽属集体所有，却人人有份，人人无权处置。（2）在企业内部管理上，实行厂长经理上级任命制和经营管理厂长经理个人决策制，出资者无权管理，不出资者掌握着集体企业的人、财、物生死大权，基本否定职工民主管理。（3）在收益分配上，实行平均主义的工资制度，否定按股分红。（4）在管理体制上，政府对各类集体企业的主管部门不尽一致，政出多门，政策不一。

集体企业是政府行政机关的附属物，这种传统的微观的经营机制和企业治理结构造成集体企业激励不足和生产效率低下的弊端。（1）政府直接干预，企业难以成为真正的自主经营、自负盈亏的经济实体。（2）所有者虚置与经营者不承担经营风险和责任并存，企业缺乏真正的有效监督。（3）企业没有自主权，其激励机制与约束机制难以建立，经营者和劳动者缺乏足够的创新动力和激励热情，其管理效率日见低下。

总之，产权不清、责任不明、分配不公、政企不分成为传统集体所有制的主要矛盾和问题。

（三）现阶段城镇集体所有制经济的发展特征

改革开放以来，在国家政策引导和支持下，各地在改革实践中，不断创新和采用了形式多样的新的企业组织形式和经营方式，具有以下三个特点：

第一，企业模式选择的多样化，即原来笼统被称为具有合作性质的集体所有制企业或合作经济组织，可以采用合伙企业、股份合作企业、有限责任公司、股份有限公司或真正的合作社等企业组织形式以及承包、租赁、托管、委托经营、兼并、收购、出售等经营方式，尤其是股份合作制已成为国有小企业和集体所有制经济重要的资本组织形式和经营方式。

第二，企业形态确定标准的市场化。原有的集体所有制企业形态已不再固守传统的标准，而是按照资本构成、出资者地位、责任形态等市场经济标准确定其具体形态，使企业能够真正成为市场经济主体。

第三，企业性质确定的多元化。凡是符合集体占有生产资料、共同劳动、按劳分配或按股分红、民主管理等四项基本规定的企业，不论以何种形式存在，都属集体所有制企业。从广义范围看，也包括了在集体所有制以及混合所有制企业里的国有、集体所有制经济成分。

集体经济组织的多种形式的产权变革和企业形态多元化的发展，实现了对计划经济体制下单一的公有制实现形式的扬弃。原来的集体所有制观念乃至集体企业观念已不能容纳市场经济体制下集体企业改革，已不能作为一种统一的具有内在规定性的独立的所有制形态和企业模式。改革为多种经济成分的发展腾出了空间。

四、混合所有制经济

混合所有制经济是指不同所有制经济以控股、参股等不同方式投资形成法人财产，由企业法人进行经营的企业。其主要类型有股份制企业、跨所有制组成的企业及企业集团、中外合资和中外合作企业等。这些企业中的国有股份和集体股份，最终所有权属于国家和集体，国家和集体行使所有者的权利，所以它们属于公有制经济。

混合所有制经济这一科学概念的提出，是对所有制实现形式理论的重大突破。第一，混合所有制经济概念突破了对公有制含义的僵化理解。第二，混合所有制经济突破了两种公有制实现形式的固定模式。第三，混合所有制经济是实现公有制主体地位的重要方式。首先，混合所有制经济是公有制经济在竞争性行业中存在的主要方式。其次，混合所有制经济是增强公有制经济的控制力的重要方式。

随着经济体制改革的深入、社会主义市场经济的发展、现代企业制度的建立，今后混合所有制经济中的公有成分在整个公有制经济中的比重将越来越大，发挥的作用也越来越重要。

五、社会主义公有制的实现形式

所有制的实现形式与所有制或所有制形式是不同的，它们是既相互联系又相互区别的概念。从一般意义上讲，所有制是指生产资料或资产归谁所有：归社会主义国家所有，就是国家所有制即全民所有制；归部分劳动群众集体所有，就是集体所有制。这两种公有制也称作两种公有制形式，即全民所有制形式和集体所有制形式，这里所说的“形式”不是公有制的“实现形式”，而是公有制自身的具体形式。而所有制的实现形式则是指一定所有制经济采取的经营方式和组织形式。一定的所有制可以采取多样化的实现形式，不同的所有制也可以采取相同的实现形式。

公有制与公有制实现形式是两个既相互联系又相互区别的概念。公有制是就所有制的性质而言，是对联合起来的劳动者共同占有生产资料的抽象概括，是一个以生产资料社会归属性质为中心的经济关系体系。而公有制的实现形式则是指公有财产的具体组织形式和经营方式。公有制内部多种权利的相互组合方式，涵盖出资关系、财产组合、支配方式、治理结构等方面的内容，它侧重于反映权利组合与经济效率的联系，主要用于公有制内部经济当事人的具体权益、义务、责任的区别或确定。公有制的实现形式有两个鲜明特点：其一是具有多样性、交错性和渗透性，同一所有制可以有不同的实现形式，不同的所有制可以有相同的实现形式；其二是与企业的具体组织形式、资本的组合方式、资产的经营方式交织在一起，体现社会化生产的一般要求。公有制与公有制的实现形式是内容和形式的辩证关系。能否找到好的公有制实现形式，关系到公有制优越性的发挥及在市场竞争中的地位和作用。

社会主义公有制实现形式可以而且应当多样化，并且还应随着生产力发展要求的变化而不断调整，公有制实现形式的单一化或凝固化，不利于社会主义经济的发展。公有制实现形式的选择应当符合生产力的发展要求，一切反映社会化生产规律的经营方式和组织形式都可以利用。随着改革的深化、多种所有制经济的发展、投资主体的多元化，公有制的实现形式一定会更加多样化。只有采用多样化的公有制实现形式，才能有力地推动社会生产力的发展。

在改革开放的实践中，我国已探索出公有制的多种实现形式。其中，国有经济的实现形式多种多样，主要有国家所有、国家直接经营和股份所有、股份经营以及企业拥有独立产权、实行承包经营等三种主要实现形式。此外，还有企业所有、租赁经营、全民所有、集体经营、合作经营、联合经营等实现形式。在社会主义市场经济中，股份制是公有制一个很好的实现形式：（1）股份制有利于所有权和经营权的分离，但并不改变最终的所有权关系。（2）股份制可以实现多种所有制经济的融合发展，有利于提高企业和资本的运作效率。（3）股份制对公有制的实现还表现在它能够更迅速、更稳妥地进行资产重组和资本集中，扩大公有资本的支配范围，组建大企业集团。

总之，我们对公有制的改革绝不是改变公有制的性质，而是要变革它的具体实现形式。公有财产在经济利益上可以有多种实现形式，同样，不同的财产权利也可以采用同一种实现形式。在改革实践中，通过承包、租赁、破产、兼并、委托经营、出租转让等方式创造公有财产的各种实现形式，都是适应我国生产力发展的客观要求的。

第三节　社会主义社会中的非公有制经济

党的十八大对我国的非公有制经济作的定位为“毫不动摇鼓励、支持、引导非公有制经济发展，保证各种所有制经济依法平等使用生产要素、公平参与市场竞争、同等受到法律保护”。这是又一次突破陈规、解放思想的大胆创新，也反映了现代生产力发展的趋势和要求。

一、非公有制经济在社会主义经济中的地位和作用

我国的非公有制经济主要包括私有制经济和“三资企业”。私有制系指财产所有权归属私人的一种制度。在目前的企业体系中，包括个体、私营产权制度。“三资企业”主要是指中外合资经营企业、中外合作经营企业和外商独资企业等。非公有制经济的最大优点是产权归属清晰，所有者对自己所拥有资产的形态、产权量大小、所有者权益多少非常清楚，由产权引起的责、权、利非常对称，这样，所有者对其拥有的产权非常珍惜，有一种强烈的使资产保值增值的动机。

发展非公有制经济的意义和作用主要有以下方面：（1）为社会创造了大量财富；（2）扩大就业；（3）促进社会主义市场经济体制的建立和完善；（4）创造了改革国有经济的条件。

二、非公有制经济的主要形式

1.个体经济

个体经济是指生产资料归劳动者个人所有，以个体劳动为基础，劳动成果归劳动者个人及其家庭成员直接占有和支配的一种经济形式。个体经济具有资金少、规模小、工具设备简单、操作方便、经营分散灵活等特点，因而在发展生产、活跃市场、方便生活、积累资金、换取外汇、拾遗补阙、扩大就业等多方面都发挥着重要作用。这种经济形式在人类社会发展的各个历史阶段上，一方面始终保持着独立的经济形式；另一方面它始终没有取得过统治地位，而是一种依附于一定社会，在一定时期中占主导地位的经济形式，并且受主导经济的影响和制约。它可以为不同的社会经济发展服务，不属于社会基本制度的范畴，其本身并不具有社会性质的属性。就我国现阶段的个体经济而言，它在我国的所有制结构中不再是作为生产力的消极因素而存在，而是作为必不可少的有利于我国所有制结构的整体优化、促进我国生产力发展的积极因素而存在，已经成为我国社会化大生产的重要组成部分。尽管个体经济本身不具有某种社会性质的属性，但是由于受我国公有制经济这种主导经济形式的影响和制约，其已从属于我国的公有制经济，因而我国的个体经济已有了中国特色。

2.私营经济

私营经济，是以生产资料私人占有和雇佣劳动为基础，以获取利润为生产经营目的的私有制经济。在私营经济中，生产资料归私营企业主占有、支配，生产过程由私营企业主通过雇佣劳动来实现，劳动产品也归私营企业主占有和支配。

私营经济在我国现阶段产生并非偶然，具有其存在的客观经济条件。首先，公有经济在现阶段还没有覆盖整个经济领域；其次，一批个体劳动者在发展过程中积累了较多的货币资金，要求扩大经济规模，必然要雇用更多的劳动者；最后，随着一系列社会经济改革措施的推行，城市有大量下岗工人和需要安排工作岗位的适龄青年及其他闲散劳动力，农村中存在大批过剩劳动力，需要转向非农产业。在这种情况下，私营经济的发展可以吸收一部分劳动者就业，为国分忧；有利于实现劳动力向非农产业的转移；有利于充分利用人力、物力、财力，发展生产，搞活市场。

在我国现阶段存在的私营经济这种经济关系中，最为重要的就是私营经济中生产资料的所有者与生产资料的使用者相分离，生产资料和生产成果归生产资料的占有者所有，使劳动者成为雇佣劳动者。正是在这种意义上，我国现阶段的私营经济从本质上讲无疑是一种资本主义性质的经济，但是它又不同于典型的资本主义经济。这是因为：现阶段我国的私营经济是由社会主义国家控制和管理的特殊的资本主义经济形式，其存在和发展要受到我国法律、政策等规范的制约、引导和管理，要朝着有利于社会主义经济的方向发展，要受到社会主义公有制经济的制约和影响，使其内在本质中不利于社会主义的消极因素受到抑制，而有利于社会主义经济的积极因素将得到发展。因此，现阶段我国以公有制为主体前提下的私营经济已不是那种纯粹的资本主义经济，而是有了中国特色，打上了社会主义烙印的私营经济。

3.外资经济

外资经济包括中外合资经营企业、中外合作经营企业中的外商投资部分以及外商独资企业。中外合资经营企业是指我国同外商共同投资、共同经营、共负盈亏、共担风险的企业。中外合作经营企业一般是指由外商出资金、设备，我方出土地、劳动力，双方合作经营的企业。在这种企业中，外商在合同期内可用提取折旧费的办法收回投资，并分享企业利润，合同期满后所有财产归我方所有。外商独资企业是指外商经我国批准，在我国境内租赁土地、独自投资、独自管理、自负盈亏的企业。外资经济已成为我国社会主义市场经济的重要组成部分。

在一定范围内发展外资经济，对于加速我国的现代化建设具有重大意义。它可以弥补我国资金的相对不足，建设一批国民经济急需项目；可以引进外国先进技术和科学的管理方法，提高我国的生产技术和经济管理水平；可以增加国家、地方的财政收入，积累建设资金；还可以扩大就业，提高人民生活水平，扩大出口，增加外汇收入等。

外资经济是典型的资本主义经济，因此外资经济的存在和发展也会带来一些消极作用。要加强对外资经济的监督和管理，限制它的消极作用，充分发挥它的积极作用，使之为我国社会主义现代化建设服务。

三、我国非公有制经济发展的障碍分析

我国非公有制经济在发展过程中遇到了一些障碍，既包括思想认识方面的障碍，又包括非公有制经济自身发展中的障碍，还包括政府服务方面的障碍。

第一，对非公有制经济发展的认识不到位。改革开放以来，我国在解放思想方面取得了很大进步。但不可否认，思想观念的现有水平与我国非公有制经济的发展要求相比还有很大差距，尤其是在思想相对保守的地区。由于改变落后的思想观念需要社会各界的共同努力和一定的时间，因此，我国尚未在整体上形成全面推动非公有制经济快速发展的强大舆论导向和社会氛围，大多数人只认识到非公有制经济在经济发展中的作用，没有看到它在政治、社会、文化、法制建设等方面的作用。部分人对非公有制经济还存在着某些偏见和误解，甚至将社会上的一些丑陋现象同非公有制经济，特别是与个体经济、私营经济相联系。部分政府工作人员思想转变不够，有的政府基层部门对非公有制经济缺乏主动服务的意识，这使得非公有制经济在生产经营中遇到了较多的障碍和限制。

第二，非公有制经济自身发展中的障碍。一些非公有制企业在经营管理和企业运行等方面取得了显著的成绩，但也存在很多问题。一是产权单一、不清晰。大多数企业以家庭占有生产资料为特征，即使注册为股份制的企业也有的以家属成员挂

名注册，产权没有真正社会化，家族化现象严重。二是法人治理结构不健全。尽管很多企业都发展到现代公司制阶段，但是普遍存在着缺乏健全和完善的法人治理结构或者即使有公司治理结构也名存实亡的现象，集中表现为权力分配与制衡机制的缺失。三是没有自己的企业家队伍，管理水平低下。这表现为基本管理制度不健全，公司决策不科学，往往是个人决策，缺乏科学和民主决策；战略管理落后，缺少长期发展的战略思考，短期行为严重。四是缺乏具自身特色的企业文化，很多企业照抄照搬其他企业的文化，甚至模仿计划经济下的企业文化，缺乏非公有制企业文化的特点。

第三，政府对非公有制经济管理职能定位不准。随着我国市场经济体制的不断完善，政府职能必须及时作出调整，在促进非公有制经济发展方面发挥更大的作用。我国近年来对政府职能进行了较大力度的改革，为经济发展发挥了重要作用。但也必须承认，我国一些政府部门在职能定位方面仍存在不少问题：一是政府机构设置不合理。许多政府机构的设置缺乏相互沟通与支持，缺乏促进非公有制经济快速发展的统一、协调、高效的办事机制。二是管理角色错位。市场经济要求政府对企业的管理由直接管理变为间接管理，管理手段由以行政管理为主变为以经济手段和法律手段为主。但不少政府部门政企分开工作滞后，管企业具体事务多，抓宏观协调少。三是政府的支持与引导意识、服务意识、协调与控制意识、监督意识淡薄，使政府与非公有制经济的关系不顺，宏观调控乏力。四是政府对非公有制经济的法律、财产保护、政治地位等方面的制度安排滞后。五是服务监督体系不健全。在一些地区仍存在乱摊派、乱收费现象，部分政府官员作为个人还在增加企业的负担。

四、我国非公有制经济未来的发展趋势

进入21世纪以来，我国经济发展进入由加速发展向稳定发展的过渡时期，经济增长进入到由追求速度向追求速度和追求质量并重的时期。与我国经济发展进入新阶段的特征相适应，非公有制经济出现了新的发展趋势，具体表现在以下几个方面：

1. 非公有制经济的地位将进一步得到提升

经过几十年的改革实践，非公有制经济在满足市场需要、促进市场繁荣、优化经济结构、推动科技创新、缓解就业压力和维护社会稳定等方面，发挥着越来越重要的作用，奠定了其“重要组成部分”的地位，党的十六大到十八大都明确提出了“两个毫不动摇”，即“毫不动摇地巩固和发展公有制经济，毫不动摇地鼓励、支持、引导非公有制经济发展”，为此，未来非公有制经济发展应在拓展经营范围、加强自身管理、明晰产权关系、规范运营机制、健全组织结构、建立企业文化、推进企业创新等方面进一步上台阶和上档次。因此，在新的经济发展阶段，非公有制经济的地位将进一步得到提升。

2. 非公有制经济的产业结构与区域结构将进一步优化

在新的经济发展阶段，非公有制经济成为我国社会主义市场经济的重要组成部分，其发展得到了国家的大力支持，允许进入的领域也被逐渐放宽，涉及国民经济发展的各个领域，同时各级政府也将出台相关政策，支持非公有制经济在西部欠发达地区的发展。未来非公有制经济的经营领域将进一步拓宽，逐步形成合理的产业结构。非公有制经济不但在发达地区而且在欠发达地区都将得到更大发展，其地区发展的布局结构也将进一步优化。

3. 非公有制企业的国际化水平将进一步提高

我国经济已融入世界经济体系之中，非公有制企业面临着与国际接轨以及在国际规则下与国外企业和跨国公司进行更加激烈的市场竞争的状况。但是我国非公有制企业由于受体制制约，起步比较晚，在企业规模、经营管理、技术水平等方面与竞争对手相比都有较大差距。另外，在国际化分工的产业链条中，非公有制企业大多处于附加值低、利润低的中间加工环节。为了赢得竞争中的优势，非公有制企业必将在管理理念和管理模式等方面与国际接轨，提高其国际化水平。首先，非公有制企业将实现发展观念的国际化，即树立国际化经营与竞争的意识，在统一的国际规则和市场规则下，将企业的发展放到国际化的大市场中来考虑。其次，非公有制企业将实现在管理上的国际接轨。这主要是指在管理理念、管理体制、管理手段和管理方式上与国际接轨，尤其实现从非规范的管理向现代企业的科层制管理的转变。在公司治理结构方面，建立健全现代企业制度，完善以“三会一层”（董事会、股东会、监事会以及经理层）为依托的，所有者、经营者、职工、监督者之间的一整套责、权、利相结合的制度安排；在企业管理方面，要通过合理的制度设计，充分调动员工的积极性，有效发挥各种生产要素在非公有制企业发展中的作用，降低企业交易费用，优化企业资源配置。最后，非公有制企业将实现发展战略的国际化。要改变当前在国际分工中的不利地位，制定有针对性的发展战略，促进企业技术创新、管理创新，提高企业核心竞争力，在全球产业价值链中抢占高端地位。

4. 非公有制经济的经营管理水平将进一步提高

伴随着我国市场经济体制由建立阶段进入完善阶段，非公有制经济既要按照市场经济要求，重新设计自己的发展方向，进行内部机制的重新构造与运行机制的新调整，又要实现自身竞争力的提升，按照市场经济微观体制完善的要求，把自己建设成为规范的市场经济运行主体，培育企业竞争力，实现可持续发展。首先，非公有制企业将会按照现代企业制度的要求，引进和完善法人治理结构，不断健全股东会、董事会、监事会等治理机构，将非公有制经济的所有权与经营权分开，健全决策机制，完善权力制衡机制和工作组织机制。对于那些家族式企业和以人身信用为基础组建的合伙企业，将通过产权界定，进行股份制改革，使产权多元化，将“人合公司”变为“资合公司”，建立以资本为纽带的现代企业，提高生产经营者对企业资产的关切度，调动各方面的积极性。其次，将加快培养非公有制经济企业家，建立企业人才流动机制，发掘和培养有发展潜力的管理人员，促进企业管理上台阶。最后，将促进非公有制企业的特色企业文化的建立，形成一套独特的思想观念、价值标准、经营理念及职业道德规范，增强员工对企业的认同感、凝聚力与向心力，为企业上档次、上水平培育可持续发展的“软”环境。

5.非公有制经济发展的环境将进一步优化

伴随着改革的深入，政府对非公有制经济的重要性的认识更加深刻，对其管理职能也逐渐完善，尤其加强了对非公有制经济的引导、服务和监督。在服务型政府建设背景下，非公有制经济发展的环境将进一步优化。首先，政府将更加明确其在非公有制经济发展中的角色和作用。未来发展过程中政府职能部门将进一步理顺公有制经济和非公有制经济的关系，发挥政府服务、引导、协调、监督的职能，建立高效、快捷的服务体系，促进非公有制经济健康发展。其次，政府将进一步提供非公有制经济发展的制度保证。按照十八大的要求，未来将进一步完善有关非公有制经济的法规、方针政策，健全行为规范，完善制度安排，为非公有制经济发展提供财产、社会地位、市场准入、资本筹措等方面的制度保证，加大制度创新支持，消除体制约束。最后，政府将进一步规范中介机构，为非公有制经济发展构建社会化服务体系。通过健全中介服务机构，为非公有制经济提供高效、快捷、全面的服务，切实发挥中介机构的作用。中介机构的服务主要包括：为企业提供工商管理培训和职业培训；为企业提供信息服务；为企业提供咨询、诊断，帮助企业实现制度和技术创新；为企业提供跨行业、跨地区、跨国的企业“联姻”和企业外贸服务等。

第四节 社会主义初级阶段的分配制度

一、按劳分配

（一）按劳分配的含义

按劳分配是指按照每个劳动者向社会所提供的劳动量来分配劳动收入的收入分配制度。要正确理解按劳分配的含义，需要作以下几点说明：

第一，劳动量是个人劳动收入分配的尺度。劳动收入的量取决于劳动量，多劳多得，少劳少得，不劳不得。

第二，收入分配的对象不是全部社会产品，而只是作了必要的社会扣除之后的国民收入中用作个人消费的部分。那么在社会总产品中要扣除哪些部分之后才可作为个人收入分配的对象呢？马克思认为应扣除以下六个部分：一是用于补偿已消耗掉的生产资料部分；二是用于扩大生产的追加部分；三是用来应付自然灾害等的后备基金或保险基金；四是与生产没有直接关系的一般管理费用，如国家行政管理和国防费用等；五是用来满足社会共同需要的部分，如学校等公共设施；六是为丧失劳动能力的人等设立的保障基金。马克思说："如果我们把'劳动所得'这个用语首先理解为劳动的产品，那么集体的劳动所得就是社会总产品。现在从它里面应当扣除：第一，用来补偿消耗掉的生产资料的部分。第二，用来扩大生产的追加部分。第三，用来应付不幸事故、自然灾害等的后备基金或保险基金。从'不折不扣的劳动所得'中扣除这些部分，在经济上是必要的。"①他说："剩下的总产品中的另一部分是用来作为消费资料的。在把这部分进行个人分配之前，还得从里面扣除：第一，同生产没有直接关系的一般管理费用。同现代社会比起来，这一部分一开始就会显著地缩减，并随着新社会的发展而日益减少。第二，用来满足共同需要的部分，如学校、保健设施等。同现代社会比起来，这一部分一开始就会极为显著地增加，并随着新社会的发展而日益增长。第三，为丧失劳动能力的人等设立的基金，总之，就是现在属于所谓官办济贫事业的部分。只有现在才谈得上纲领在拉萨尔的影响下狭隘地专门注意的那种'分配'，就是说，才谈得上在集体中的各个生产者之间进行分配的那部分消费资料。"②

第三，取得收入的劳动必须是为社会所提供的劳动，就是说这种劳动必须是为社会所需要的，是社会劳动的一部分，否则就不能取得任何劳动收入。

第四，作为劳动收入分配标准的劳动量必须是社会平均性质的劳动，等量劳动取得等量报酬的劳动是指社会平均性质的劳动，社会平均性质的劳动是劳动收入分配的共同标准，因此如果个人劳动生产率与社会平均的劳动生产率不一致，即使劳动者劳动时间相同，所获得的劳动报酬也会不一致。如果个人劳动生产率低于社会平均的劳动生产率，所付出的一部分劳动就不会被社会承认，如果个人劳动生产率高于社会平均的劳动生产率，劳动者就可获得超额收入。

第五，作为劳动收入分配依据的劳动应是流动形态的劳动。劳动有三种形态：一是劳动的潜在形态，是指劳动者的劳动力自身即劳动者的劳动能力。二是劳动的凝固形态，是指劳动的存在形态或物化形态，即劳动的凝结体——劳动成果。三是劳动的流动形态，是指劳动自身，即指劳动者劳动能力的实际使用或耗费。为什么应以流动形态的劳动作为劳动收入分配的依据呢？因为既不能以潜在形态的劳动作为劳动收入分配的依据，也不能以凝固形态的劳动作为劳动收入分配的依据。之所以不能用潜在形态的劳动作为劳动收入分配的依据，是因为潜在形态的劳动只是可能的劳动，如果劳动者不参加实际的生产活动，或者虽然参加了生产活动，但并没有全部使用其劳动能力，那么潜在的劳动就不可能转化为现实的劳动，而只有现实的劳动才能创造出使用价值和价值。之所以不能用凝固形态的劳动作为劳动收入分

---

① 马克思．哥达纲领批判［M］//马克思，恩格斯．马克思恩格斯选集：第3卷．中共中央马克思恩格斯列宁斯大林著作编译局，译．北京：人民出版社，1995：302-303.

② 马克思．哥达纲领批判［M］//马克思，恩格斯．马克思恩格斯选集：第3卷．中共中央马克思恩格斯列宁斯大林著作编译局，译．北京：人民出版社，1995：303.

配的依据，是因为凝固形态的劳动总要表现为一定的劳动成果，而劳动成果不只是受劳动者本人劳动的影响，还要受劳动条件等多种因素的制约，因此会造成投入的活劳动相同，但却会有截然不同的劳动成果量，也就是说劳动成果形式包含了各种非劳动（活劳动）因素，如果将凝固形态的劳动作为劳动收入分配的依据，就会造成劳动收入分配的极不公平。这样，作为劳动收入分配依据的劳动就只能是流动形态的劳动。不过，并不是任何形式的流动形态的劳动都能获得劳动收入，只有社会所需要的、为社会所承认的劳动才能获得劳动收入，不是任何数量的流动形态的劳动都能获得相同数量的劳动收入，只有社会平均性质的劳动消耗才能获得等量的劳动收入。就潜在形态的劳动、流动形态的劳动和凝固形态的劳动这三者的关系而言，三者可能相统一，即劳动者的劳动能力越强，付出的劳动越多，劳动成果也越多，但也可能不相统一，即劳动者的劳动能力强，付出的劳动却可能很少，劳动成果也很少，或者劳动者的劳动能力强，付出的劳动很少，但劳动成果却很多。三者不相统一的具体情况还有很多。三者不相统一的可能性存在意味着如果按照不同的劳动形态分配劳动收入，会形成不同的分配结果。这也进一步说明只有按流动形态的劳动来分配劳动收入，才可能形成公平的劳动收入分配。

需要说明的是，在实际中，分配劳动收入所依据的劳动形态是复杂的，有的可能是依据潜在形态的劳动，有的可能是依据流动形态的劳动，有的可能是依据凝固形态的劳动，有的可能是以某种形态的劳动为主，兼顾其他形态的劳动，从而也就造成劳动收入分配结果的复杂性，也意味着实际中的劳动收入分配若仅以流动形态的劳动为分配依据，那么分配结果会与以多种形态的劳动为分配依据的分配结果很不相同。由于劳动量本身难以准确地衡量，而不同种类的劳动量的比较更难以进行，尤其是无法将劳动条件等大量非劳动因素对劳动成果的影响分离出来，因此在实际中的劳动收入分配只能采取不同的分配依据，但这并不表明这种分配本身就是合理的。一般来说，劳动耗费与劳动成果之间存在着正相关关系，所以依据劳动成果进行分配与依据流动形态的劳动进行分配大体上不至于过度偏离。

按劳分配是人类历史上分配制度的一场深刻革命，是由社会主义社会生产资料公有制的基本条件决定的。实行按劳分配，可以排除凭借对生产资料的占有而占有他人劳动成果的可能，从而对实现共同富裕的目标具有重要意义；能够把每个劳动者的劳动和报酬直接联系起来，从而使每个劳动者从物质利益上关心自己的劳动成果，这有利于促进社会生产力的发展。实行按劳分配，实现了劳动平等和报酬平等，有利于实现社会分配的公平与公正，从而可以调动劳动者的积极性。从这样的意义上说，实行按劳分配是人类历史上分配制度的一场深刻革命。

（二）社会主义市场经济条件下按劳分配的特点

我国现阶段的按劳分配同马克思当年设想的未来社会的按劳分配存在着重大差别。马克思设想的按劳分配，是不存在商品货币关系条件下的按劳分配，而我国现阶段的按劳分配却是在市场经济条件下实行的，存在着商品货币关系。这种差别主要表现在：

第一，按照马克思的设想，由于不存在商品货币关系，“个人的劳动不再经过迂回曲折的道路，而是直接作为总劳动的组成部分存在着”[①]。而在市场经济条件下，个别企业中联合劳动者的劳动，也只能是局部劳动，不可能直接成为社会劳动。必须经过市场交换，产品被社会接受了，局部劳动才能实现为社会劳动。不适合市场需要的商品长期积压在仓库里，最终报废，就是局部劳动得不到社会承认，最终成为无效劳动的表现。

第二，按照马克思的设想，由于社会主义劳动者的个人劳动直接被视作社会劳动，各个生产者的个人劳动时间就是社会劳动日中他所提供的部分，劳动者的劳动贡献就可以直接用劳动时间或劳动强度来衡量。而在商品经济条件下，商品中所包含的劳动量，不能直接用劳动时间或强度来衡量，只能迂回曲折地通过价值来表现。

第三，在没有商品货币关系的条件下，马克思设想，按劳分配将借助于劳动证书或劳动券的形式来实现，而在商品经济条件下，就必须借助于货币。

第四，没有商品货币关系，就不再有价格与价值的背离，所以马克思设想，虽然消费品的按劳分配“通行的是商品等价物的交换中通行的同一原则，即一种形式的一定的劳动同另一种形式的同量劳动相交换”，但是“原则和实践在这里已不再互相矛盾”。[②]这就是说，将不会有劳动报酬与劳动贡献相脱节的情况。但是，由于商品货币关系的存在，劳动报酬与劳动贡献相符也只能是一种趋势。两者完全相符是罕见的，两者之间一定程度的背离则是大量的。

第五，马克思所设想的按劳分配在全社会按统一的标准实行分配，而在现实中，由于各个全民所有制经济单位、集体所有制经济单位都是市场主体，都以利润最大化为目标，都有自身独立的利益，因而按劳分配在全社会范围内没有统一的标准，只是以企业为单位，在各个企业内部按照各自企业内部的状况进行分配。由于社会主义的现实同马克思的设想相去甚远，所以社会主义现阶段按劳分配的实现形式也必然不同于马克思所设想的。另外，在公有制经济中，由于生产力发展的水平和公有制的形式有所不同，按劳分配的实现形式也有所不同。在全民所有制经济和城镇集体所有制经济里，按劳分配借助于货币工资形式来实现。社会主义工资是实行按劳分配的劳动报酬形式，是劳动者在必要劳动时间内创造的价值的货币表现。社会主义工资有计时工资和计件工资两种基本形式。至于选择何种工资形式，也应体现按劳分配的要求。例如，在那些劳动量可以直接通过产品数量或工业定额反映出来的工种和岗位，实行计件工资是适当的；在不适于实行计件工资的地方，实行

---

① 马克思．哥达纲领批判［M］//马克思，恩格斯．马克思恩格斯选集：第3卷．中共中央马克思恩格斯列宁斯大林著作编译局，译．北京：人民出版社，1995：303．

② 马克思．哥达纲领批判［M］//马克思，恩格斯．马克思恩格斯选集：第3卷．中共中央马克思恩格斯列宁斯大林著作编译局，译．北京：人民出版社，1995：304．

计时工资时也应尽可能使工资与劳动实绩联系起来，实行按劳分配。此外，在全民所有制经济和城镇集体所有制经济里，还有奖金、津贴等补充形式。由于全民所有制经济、城镇集体所有制经济各自具有独立的经济利益，所以，社会主义的按劳分配只能在企业内部进行，各个企业职工的工资标准也就很难一致，在这种情况下，职工个人收入不仅取决于个人提供的劳动量，而且决定于企业经济效益的高低。企业经济效益的高低，既受主观因素的影响，也受客观因素，如技术水平、自然条件等的影响。因此，在社会主义现阶段，各个企业之间劳动者个人收入分配必然会出现差别。现阶段，在我国农村合作经济中，农户的收入除劳动收入外，还包括对土地投资带来的收益等。当前我国农村实行家庭承包责任制，即以家庭为单位，通过承包合同将国家、集体和农户之间的关系固定下来。根据合同，集体将土地等生产资料包给农户使用，规定农户上缴国家和集体的任务。合同实际上是预先确定了分配方案，承包户收获的农产品在完成了合同规定的该上缴的任务以后，其余部分就是劳动者的个人收入。这种分配方式把劳动成果同劳动报酬联系起来，较好地贯彻了按劳分配原则，并有效地克服了平均主义，极大地调动了广大农民的积极性，推动了社会经济的巨大发展。

（三）按劳分配方式的主体地位

个人收入分配是生产资料所有制的实现方式。社会主义初级阶段以社会主义公有制为主体、多种所有制经济共同发展的所有制结构，决定了社会主义初级阶段的个人收入分配必然是以按劳分配为主体与多种分配形式并存。在社会主义初级阶段，由于公有制在所有制结构中居主体地位，在国民经济中占绝对优势，支配着国民经济的命脉，因此，与这种主体所有制形式相适应的分配方式，即按劳分配也就必然成为我国现阶段分配方式的主体。

按劳分配方式的主体地位包含四层含义：（1）在整个社会收入分配中，按劳分配是主体。在全社会范围内，虽然存在多种分配形式，但由于在国民经济中公有制的资产占主体部分，在公有制经济中就业的劳动者占多数，因此，按劳分配在所有分配方式中必然居主体地位。（2）在公有制企业中，按劳分配是基本的收入分配方式。公有制企业中的个人收入分配不是纯粹的按劳分配，还存在着其他分配方式，如股息和公司债券利息分配、经营分配以及按资本、技术等生产要素进行的分配。但是，在企业劳动者的收入中，体现公有制的按劳分配依然占较大比重，从其他非按劳分配形式中获得的收入只是补充。（3）劳动者的个人收入主要依靠按劳分配取得。劳动者的个人收入中还有一部分非劳动收入，如股息、债券利息收入等。但劳动者的本职工作是公有制经济的各种劳动，而不是各种投资活动。购买股票和债券的资金来源于劳动者劳动收入的储蓄，它所带来的非劳动收入只是全部收入中的一部分。（4）公有制企业劳动者按劳分配的收入量，是其他所有制形式下劳动者以及非生产部门劳动者的收入水平的参照标准。

在多种分配方式并存的条件下，坚持以按劳分配为主体具有重要意义：第一，这是巩固社会主义公有制的主体地位的要求。按劳分配的主体地位是社会主义公有制经济主体地位的客观要求，也是社会主义公有制经济主体地位的确立标志和实现分配方式。坚持社会主义生产资料公有制的主体地位，在分配领域就必然表现为坚持按劳分配的主体地位。如果否定或削弱按劳分配原则在社会主义初级阶段分配方式中的主体地位，就必然会损害和削弱社会主义公有制经济的主体地位。第二，它是实现社会主义共同富裕目标的基础。

社会主义的目标是逐步实现共同富裕，而这一目标的实现又必须以生产资料公有制和实行按劳分配为前提。如果社会收入分配中按劳分配的主体地位改变了，则会出现两极分化。因此，为了维持按劳分配的主体地位，一方面要随着公有制经济和社会生产的发展，逐步提高按劳分配收入的水平；另一方面要控制非劳动收入的增长，防止它冲击乃至取代按劳分配的主体地位。

二、按生产要素分配

按生产要素分配是与按劳分配不同的一种分配方式。它的基本要求是：按照投入的生产要素的多少来分配社会财富。一般地说，投入资本得到利润，投入土地得到地租，投入劳动得到工资，投入资金得到利息。按生产要素分配是生产资料所有制在分配领域的实现，在市场经济条件下，它是通过商品生产和商品交换实现的一种在多种社会制度中通行的分配方式。按生产要素分配是生产要素所有权或占有权在经济上的实现，也是市场经济的重要原则，即凭借要素所有权或占有权获取收益。马克思在论述地租和利息收益时指出，“不论地租有什么独特的形式，它的一切类型都有一个共同点：地租的占有是土地所有权借以实现的经济形式”①，利息是“作为资本所有权的报酬获得的”②。无论在任何社会，生产要素都具有稀缺性。按生产要素作为所有权或占有权在经济上的实现形式来分配，是市场经济运行必不可少的条件。

我国允许和鼓励资本、技术等生产要素参与收入分配，有利于社会主义市场经济的发展。按生产要素分配，并不是限于非公有生产要素参与分配，而主要包括公有生产要素参与分配。在社会主义市场经济条件下，依然是以公有制经济为主体，非公有制经济是社会主义市场经济的重要组成部分。生产要素主要归公有制经济单位占有和支配，因而主要是公有生产要素参与分配。如政府部门、国有经济和集体经济等单位的公有资产所有权或占有权，出租或让渡土地、矿山、企业等所得的地租、租金等收益，向企业投资入股、购买债券、把货币存入银行等所得的股利、债息、利息等收益，凭自己占有的有利的设备、生产资源等生产条件取得的级差收益

① 马克思．资本论［M］//马克思，恩格斯．马克思恩格斯全集：第25卷．中共中央马克思恩格斯列宁斯大林著作编译局，译．北京：人民出版社，1965：714.

② 马克思．资本论：第3卷［M］．中共中央马克思恩格斯列宁斯大林著作编译局，译．北京：人民出版社，1972：494.

等。这些公有生产要素参与收入分配，必然有利于社会主义公有制的经济实力增强和按劳分配及共同富裕的实现。

除了公有生产要素参与分配外，非公有生产要素同样要参与收入分配。例如，劳动者个人在银行存款、购买债券、投资入股所得利息、债息、股利，私人企业主所得利润，外资企业中外商所得利润等，都属非公有生产要素参与分配。当然，私营企业和外资企业的资本所有者按生产要素分配，不可避免地获取一定的剥削收入。我国社会主义处于初级阶段，要依法保护个人财产所有权及合法收益。按生产要素分配，有利于充分利用生产要素资源，提高市场配置资源的效率。

三、按劳分配和按生产要素分配相结合

在我国社会主义初级阶段，坚持以按劳分配为主体、多种分配方式并存，把按劳分配和按生产要素分配结合起来，这是由社会主义初级阶段的多种所有制结构和社会主义市场经济要求决定的。

第一，以公有制为主体、多种所有制经济共同发展的基本经济制度决定了必须坚持以按劳分配为主体、多种分配方式并存的分配制度。分配方式是由生产方式决定的。社会主义初级阶段实行以公有制为主体、多种所有制经济共同发展的基本经济制度，以公有制为主体要求实行以按劳分配为主体的分配形式，多种所有制经济共同发展要求实行多种分配方式并存的分配方式，由此决定了社会主义初级阶段的分配制度也必然是以按劳分配为主体、多种分配方式并存。

第二，社会主义市场经济的发展要求实行以按劳分配为主体、多种分配方式并存的分配制度。社会主义初级阶段的经济是市场经济，需要发展劳动、资本、技术、信息等要素市场，以发挥市场对资源配置的基础性作用。由于在商品生产过程中，活劳动创造价值，而且随着科学技术和“知识经济”的发展，掌握了科学技术、拥有知识的劳动者创造价值的作用和创造的价值越来越大，这就要求实行以按劳分配为主体；同时，由于资本、技术、信息等要素是商品生产不可缺少的重要条件，这就要允许各种要素参与收入分配，把按劳分配与按生产要素分配结合起来。

第三，社会主义初级阶段实行以按劳分配为主体、多种分配方式并存的分配制度，归根到底是由生产力的发展状况决定的。社会主义初级阶段生产力发展的低水平、不平衡、多层次的状况是分配方式呈现多样性的深层次原因。

在社会主义初级阶段和社会主义市场经济条件下，按劳分配和按生产要素分配，是并行不悖的，两者相互结合、相互促进。在商品生产过程中，劳动者运用生产资料生产出来产品，其价值可表示为c+v+m。其中，c用来补偿消耗的生产资料，v+m是劳动者劳动创造的用于分配的新价值。公有制企业劳动者按劳分配的收入和私人企业中劳动者按劳动力价值分配的收入，主要是产品价值中的v。国家、集体、劳动者个人及私人资本所有者等不同投资主体，按生产要素分配的收入，主要是产品价值中的m。按劳分配和按生产要素分配相结合，既可以调动劳动者的生

产积极性，又可以调动投资者的积极性，促进社会经济发展。特别是公有生产要素分配所得的收益，最终归公有制经济单位占有和支配，按劳动者的根本利益进行分配。其中，一部分通过积累基金形式扩大再生产和基础建设，为劳动者长远利益服务；另一部分通过消费基金形式用于科学、文化、教育、卫生、社会保障、国防等，供全体劳动者共同享用，有利于提高劳动人民物质文化生活水平。

实行按劳分配为主体、多种分配方式并存的分配制度，适应社会主义初级阶段的生产力发展水平，有利于调动社会广大成员的积极性，把分散的人力、物力、财力和技术动员起来进行现代化建设，实现社会资源的充分利用和合理配置。

四、个人收入分配的调节

（一）现阶段我国个人收入分配差距的主要表现

第一，国家统计局的统计数据显示，基尼系数①明显偏高。1970年，我国农村居民的基尼系数大致在0.21~0.24之间，城市居民的基尼系数在0.16~0.18之间，说明我国的居民收入分配基本上显现出平均主义的状况。2003—2015年中国居民收入的基尼系数分别是0.479、0.473、0.485、0.487、0.484、0.491、0.490、0.481、0.477、0.474、0.473、0.469、0.462。以上数据表明，目前我国基尼系数已超过了国际公认的0.4警戒线，超过高收入国家20世纪90年代0.338的平均水平，与经济水平相近的世界其他国家相比，也明显偏高。这表明我们现在处于贫富差距较大的阶段。

第二，改革开放以来，我国个人收入水平有了很大提高，城乡之间个人收入差距过大。1978—2015年，农村居民家庭人均纯收入由134元增长到10 772元，增长了80.39倍；城镇居民家庭人均可支配收入从343元增长到31 194.83元，增长了90.95倍，扣除物价上涨因素后，分别是1978年的7.01倍和9.05倍。虽然城乡居民收入都有较大的增长，但城乡居民收入却呈现出总体差距不断扩大的趋势。在1978年改革开放初期，城镇居民的收入是农村居民的2.56倍。农村家庭联产承包责任制实施以后，农民收入快速提高，城乡收入差距逐年下降，城镇居民在1986年的收入是农村居民的1.86倍。但是，城乡收入差距在开启城市改革之后又开始上升。在20世纪90年代早期，城乡之间的收入比是2.5的水平，除小幅度波动外，这一比例一直保持到20世纪末。从2000年开始，这一比率稳步攀升。2011年，农村居民的人均收入仅为城镇居民人均收入的约1/3。

第三，分期、分步骤的发展策略，形成了中国各个区域间较大的经济发展水平差异，地区之间个人收入差距过大。在统计口径中的东部、中部、东北部与西部4个区域中，东部的城乡收入都居首位，而西部最少。城乡收入的东部与西部之间的

---

① 基尼系数是国际上通行的衡量收入整体差距程度的重要指标。一般来说，基尼系数低于0.3，属于收入分配过分均等；0.3~0.4，属于收入分配正常差异状态；高于0.4，属于收入分配差距过大；超过0.45，则反映收入分配极度不平等，极易出现社会不稳定的状况。

比率分别大约为1.5与1.7，可以清楚地显示区域间的收入差距。如果深入省级层次，我们可以进一步看出区域之间收入的差距。收入较高的省（自治区、直辖市），包括上海、北京、浙江、天津、江苏、广东、福建、辽宁、山东等，都位于东部沿海地区；收入较低的省（自治区、直辖市），包括西藏、甘肃、贵州、云南、青海、新疆、广西等，都处在西部内陆地区。2015年，上海的城镇居民家庭人均可支配收入与农村居民家庭人均可支配收入分别为52 961.86元与23 205.20元，分别是甘肃的2.23与3.35倍。

第四，不同时期的发展战略使不同的部门得到的国家支持不同，而“双轨制”、后来的“抓大放小”以及其他策略，也造就一批部门与企业在市场中的特殊有利甚至是垄断性质的地位，这使得不同的部门在收入分配中有不同能力，垄断性行业与竞争性行业个人收入差距过大。在1990年，收入最高的两个部门是采矿和电力生产与供应。但是它们在近些年被金融、信息技术以及技术服务行业所取代。除去在技术上的领先优势，高收入部门的市场优势地位同时也有政府在背后的强力支持。这样的单位存在于电力生产与供应、通信、金融、石油化工等垄断或半垄断行业。

（二）我国个人收入分配差距产生的原因

造成个人收入分配差距的原因可分为一般性原因和特殊性原因。

一般性原因包括个人占有人力资本的差距和占有物质资本的差距两个方面。人力资本和物质资本是市场经济条件下的重要生产要素，按要素分配的制度决定了在这两个方面占有的差异必然会导致收入的差距。也就是说，如果不同的人群（地区之间、城乡之间、不同行业的企业之间等）在人力资本和物质资本占有上差距过大，必然导致收入差距过大。

特殊性原因主要是指体制、政策及其他国情等因素造成的个人收入的差距。具体来说，包括以下几个方面：

第一，市场经济体制不完善，市场机制的功能不能充分发挥，是造成收入差距的重要原因。如原材料市场、劳动力市场、资本市场等要素市场不完善，扭曲了市场价格，使价格不能成为调节收入分配的客观的指示器。

第二，初次分配和再分配的政策和手段不完善。在我国，收入分配差距过大，一个根本的原因是初次分配政策很不完善，而我们又不注重初次分配的公平问题，只是试图通过再分配来解决初次分配造成的过大差距。例如，对垄断企业的规制不够、对农村居民的某些歧视政策等，造成企业间和城乡之间个人收入差距过大，使初次分配的公平问题凸现。同时再分配政策和手段又未到位（缺位和错位），政策的效应不能充分显现。一是对高收入者调节不力，偷税严重，处罚无力。二是对低收入者有效保障基础薄弱，致使相当一部分贫困者难以获得有效援助。

第三，我国不同区域经济发展极不平衡，导致收入差距过大。

（三）我国个人收入分配差距的调节方法

第一，要建立健全市场分配机制，发挥市场机制的基础性调节作用。以市场经济的客观规律界定和制约个人收入分配，是从根本上实现分配公平和效率的保证。要建立健全劳动力市场及其客观调节机制，使在社会主义市场经济中从事各种具体劳动的每个劳动者的收入分配，都置于同一规范和调节机制之下，受客观的市场分配规律的制约，实现公平合理的分配。要建立、完善其他生产要素市场及其运行机制，特别要建立健全和完善由市场供求机制、竞争机制决定并形成的价格机制，使价格真正成为调节收入分配的客观的指示器。要通过企业改革，塑造合格的市场主体，以防止由于企业行为的扭曲而导致价格和分配的混乱和不公。

第二，要加强政府对收入分配的调节职能，调节差距过大的收入。政府要在初次分配和再分配中把效率和公平有机结合起来，在再分配中更加注重公平，具体来说：

（1）制定并实施价格政策。对一些垄断性较强的行业和部门规定最高限价或者统一定价；对一些社会公共产品，国家规定最低限价或实行价格补贴等。此外，为了维护正常的市场交易和形成合理的价格，还必须建立健全价格监督体系，贯彻实施《中华人民共和国反垄断法》《中华人民共和国反不正当竞争法》等法律、法规，规范各经济主体的价格行为，维护市场的正常秩序。

（2）加强税收政策调节。要通过完善税制，加强征管，加大调节力度，调节过高收入，规范收入分配，使收入差距趋于合理；要逐步完善个人所得税制度，调整消费税，开征遗产税等税种，防止收入分配不公和贫富过于悬殊而形成两极分化。

（3）加强法制建设。要依法保护一切合法的劳动收入和合法的非劳动收入，允许和鼓励一部分人通过诚实劳动和合法经营先富起来；依法取缔非法收入，对侵吞公有财产和用偷税逃税、权钱交易等非法手段牟取利益的，坚决依法惩处。

（4）建立健全社会保障体系。建立健全同经济发展水平相适应的社会保障体系，是社会稳定和国家长治久安的重要保证。要坚持社会统筹和个人账户相结合，完善城镇职工基本养老保险制度和基本医疗保险制度。健全失业保险制度和城市居民最低生活保障制度，多渠道筹集和积累社会保障基金。要根据实际情况合理确定社会保障的标准和水平，发展城乡社会救济和社会福利事业。要积极探索建立农村养老、医疗保险和最低生活保障制度。

主要概念

所有制　所有制结构　公有制　公有制实现形式　国有经济　集体所有制　个体经济　私营经济　外资经济　股份经济　混合所有制经济　按劳分配　按生产要素分配

基本训练

一、单项选择题

1.生产资料所有制的核心或本质是（　　）。

A.生产资料归谁所有

B.生产资料归谁占有

C.生产资料归谁支配

D.劳动者与生产资料结合的社会方式

2.社会主义生产关系的基础是（　　）。

A.公有制　　B.国有制　　C.集体所有制　　D.股份制

3.之所以要全面认识公有制经济的含义，是因为（　　）。

A.公有制有多种不同的实现形式

B.公有制在社会总资产中占优势

C.公有制是社会主义经济制度的基础

D.公有制是社会主义市场经济的基本标志

4.大力发展国有资本、集体资本和非公有资本等参股的混合所有制经济，实现投资主体多元化，使（　　）成为公有制的主要实现形式。

A.承包制　　B.股份制　　C.混合所有制　　D.集体所有制

5.我国应确立劳动、资本、技术、管理等生产要素（　　）。

A.按在资源配置中的作用进行分配的原则

B.按在增长方式中的重要程度进行分配的原则

C.按贡献参与分配的原则

D.按周转方式参与分配的原则

6.我国现阶段的外资经济的性质是（　　）。

A.公有制经济　　B.私有制经济

C.民营经济　　D.国家资本主义经济

7.国有经济在国民经济中的主导作用主要表现在（　　）。

A.国有资产在社会总资产中占有量的优势

B.国有经济能控制垄断性行业

C.国有经济对国民经济的控制力

D.国有经济在国民经济中占主体地位

8.我国现阶段个体经济、私营经济对满足人们多样化的需求、增加就业、促进国民经济的发展有重要作用。它们是（　　）。

A.公有制经济的重要组成部分

B.股份制经济的重要组成部分

C.股份合作制经济的重要组成部分

D.社会主义市场经济的重要组成部分

9.按劳分配是对（　　）。

A.社会总产品的分配　　B.国内生产总值的分配

C.个人消费品的分配　　D.国民生产总值的分配

10.在社会主义市场经济条件下，各种生产要素参与分配的依据是（　　）。

A.生产要素在生产中的地位　　B.生产要素在生产中的贡献

C.生产要素自身的价值　　D.生产要素的供求关系

二、多项选择题

1.公有制经济在国民经济中的主体地位表现在（　　）。

A.就全国而言，公有资产在社会总资产中占优势

B.国有经济控制国民经济命脉，对经济发展起主导作用

C.公有资产占优势，要有量的优势，更要注重质的提高

D.国有经济起主导作用，主要体现在控制力上

E.公有资产占优势，不同地区、不同行业可以有所区别

2.在社会主义初级阶段的所有制结构中，公有制占主体地位，公有制经济的范围包括（　　）。

A.国有经济

B.集体经济

C.混合所有制经济

D.股份制企业中的国有成分和集体成分

E.中外合资经营企业中的国有成分

3.要坚持公有制的主体地位，发挥国有经济的主导作用，加快调整国有经济布局和结构。下列关于对公有制和企业改革的叙述，正确的是（　　）。

A.大力发展国有资本、集体资本和非公有资本等参股的混合所有制经济

B.使股份制成为公有制的主要实现形式

C.需要由国有资本控股的企业，应实行绝对控股

D.建立健全国有资产管理和监督体制

E.加快推进和完善垄断行业改革

4.促进我国非公有制经济健康发展应做到（　　）。

A.实现各种经济成分的公平竞争

B.充分发挥非公有制经济的重要作用

C.在法律上保护私人财产

D.放宽民间资本的市场准入领域

E.对非公有制经济依法监督和管理

5.在社会主义初级阶段，按劳分配（　　）。

A.通过商品货币形式实现　　B.包含资金收入

C.实现程度受市场机制的制约　　D.以企业为主体进行

E.只能以货币工资形式实现

6.股份制（　　）。

A.有利于所有权与经营权的分离

B.有利于提高企业和资本的运作效率

C.是现代企业的一种资本组织形式

D.同社会制度没有关系

E.是社会主义公有制的主要实现形式

7.按劳分配和按生产要素贡献分配相结合的客观依据是（　　）。

A.社会主义公有制的要求　　B.发展市场经济的要求

C.生产社会化发展的要求　　D.非公有制经济发展的要求

E.发展对外经济关系的要求

8.所有制和所有制实现形式的关系是（　　）。

A.所有制是指人们在物质资料生产过程中对生产资料的经济关系体系

B.所有制实现形式主要是指资产或资本的组织形式和经营方式

C.所有制是内容，所有制实现形式是形式

D.所有制是表现所有制实现形式的，所有制实现形式决定所有制的内容

E.所有制的性质规定所有制实现形式的性质，所有制实现形式为所有制服务

三、判断分析题

1.公有制为主体就是国有资产和集体资产在国民经济各部门、各行业、各地区中占优势。（　　）

2.判断一种生产资料所有制结构是否合理的标准是“一大二公”。（　　）

四、简答题

1.什么是生产资料所有制和生产资料所有权？两者有什么关系？

2.谈谈你对公有制本质特征的理解。

3.什么是公有制形式？什么是公有制实现形式？两者有何关系？

4.谈谈你对股份制成为公有制的主要实现形式的认识。

5.如何理解按劳分配的主体地位？

五、论述题

1.试述社会主义初级阶段的所有制结构及其特点。

2.试述社会主义条件下按劳分配的必然性和特点。

第三章　社会主义市场经济体制

学习目标

◆ 重点掌握市场经济的含义、实质，社会主义市场经济的功能，经济制度和经济体制的关系；社会主义市场经济体制的基本框架。

◆ 掌握商品经济和市场经济的关系、社会主义市场经济形成的条件、建立社会主义市场经济体制的意义。

◆ 了解现代市场经济的类型、国外几种主要的市场经济体制模式的异同。

第一节　经济制度和经济体制

一、经济体制的含义及构成要素

经济体制是指一定区域内（通常为一个国家）由社会经济形式决定的，以一定所有制结构为基础的社会生产、分配、交换、消费等经济活动的一整套管理制度、调节方式和组织机构的总称。其中经济活动的主体主要包括个人、企业和国家；经济活动的客体主要指经济活动所运用的各种资源，包括自然资源、资金、技术、劳动力等。

经济体制的构成主要有以下几个基本要素：经济决策体制、利益分配体制、生产调节体制和信息传递体制等。其中，经济决策体制是指各个经济主体在经济运行中为实现一定目标而对自身经济行为所作的决断选择，其目的是最大化满足经济主体的利益。利益分配体制是指各个经济行为主体在对社会产品进行分配的过程中，所形成的组织体系和有关规章体制，它是任何一种生产关系实现索取权的内在动力和目的，也是经济运行活动的起点和终点。生产调节体制是指在经济运行中，经济行为主体按一定比例引导和控制社会资源配置的方式、方法体系。信息传递体制是指在一定经济系统内的各经济行为主体在经济运行活动中形成的各种经济机制和联系形式的体系。

与经济体制紧密联系的是经济运行机制。经济运行机制又叫经济机制，是指在经济运行过程中，经济组织或经济系统内部和外部各构成要素、各环节之间互相制约、互相作用的方式及运作机理。它是经济制度和经济体制的核心和基础。经济运行机制的发育、发展和成熟，是经济体制形成与完善的标志；经济体制的建设与确认，是经济运行机制正常运行与顺利发挥作用的前提和保证。经济体制是比经济运行机制更具基础性、稳定性和普遍性的制度范畴。经济运行机制以稳定的经济体制为前提。

二、经济制度与经济体制的关系

马克思在揭示社会经济制度的实质时指出："人们在自己生活的社会生产中发生一定的、必然的、不以他们的意志为转移的关系，即同他们的物质生产力的一定发展阶段相适合的生产关系。这些生产关系的总和构成社会的经济结构。"①因此，经济制度是由社会经济结构中的劳动者同生产资料结合的特殊方式构成，主要包括生产资料占有方式和个人消费品分配方式。它体现了基本的生产关系，是生产关系的第一个层次，在社会的各种生产关系中，占统治地位（或者说占主体地位）的生产关系的基本规定性决定社会经济制度的根本性质。这种生产关系的基本规定性不变，社会经济制度的根本性质也不会改变。

经济体制体现的是生产关系在生产、分配、交换、消费各个方面、各个环节、各个层次的实现形式，是生产关系的第二个层次，它具有生产关系在具体实现中基本因素的主要特点，但不受生产关系性质的制约。在同一社会经济制度中，可以有不同的经济体制模式；在不同的社会经济制度中，也可以确立相同类型的经济体制。虽然经济体制的改变不会造成社会经济制度根本性质的改变，但需要重视的是，经济体制是否合理、是否符合现阶段必然存在的社会经济形式及其运行方式的规律，直接关系着社会生产力的发展和经济制度作用的发挥。

上述情况表明，经济体制与经济制度既有联系又有区别。经济制度体现的是生产关系最基本、最本质的内容，具有经济形态的基本规定性、社会发展阶段的标志性和社会经济结构的稳定性。经济制度是随着该社会的生产关系总和的发展而发展的。这种发展变化是由社会基本矛盾推动的由初级到高级、由不成熟到成熟的变化，是自我调整和完善，不会影响基本经济制度的改变。只有占统治地位的生产关系发生变化，社会经济制度才会发生更替。经济体制体现的是生产关系具体实现形式，具有社会资源配置的社会性、具体经济关系的规定性以及经济行动框架的基本稳定性和适时变革性。它没有固定的社会属性，它的变化也不直接影响社会性质的变化。

我国建立的有中国特色的社会主义经济体制是与基本经济制度相联系的。党的十四大报告指出："社会主义市场经济体制是同社会主义基本制度结合在一起

① 马克思.《政治经济学批判》序言［M］//马克思，恩格斯. 马克思恩格斯选集：第2卷. 中共中央马克思恩格斯列宁斯大林著作编译局，译. 北京：人民出版社，1995：32.

的。”[①]这说明，这种新型的经济体制反映了社会主义条件下生产关系两个层次的有机联系，反映了公有制实现形式与市场经济运行方式相结合的特点。

经济体制既然要以一定的社会基本经济制度为依托，那么它必然被打上社会经济制度的烙印，从而在它的外在形态上显示出某些制度特征。社会主义市场经济体制也就意味着它必然带有某些社会主义制度的特殊性。这种体制的建立和不断完善必将充分发挥社会主义经济制度和现代市场经济相统一的巨大优越性。

经济体制是生产关系实现形式的总体体现。生产关系是否适应生产力发展，首先表现为经济体制是否适应生产力发展。而经济体制是否适应生产力发展，又突出地表现在所实行的社会资源配置方式和经济运行形式是否同现阶段必然存在的经济形式相一致。在经济形式仍然采取社会化商品经济所决定的市场经济的条件下，社会主义经济体制是否适应生产力发展，关键在于是否体现了社会主义生产关系实现形式同市场经济运行形式相结合。当经济体制落后或超越了生产力发展状况，脱离了现存的经济形式，必然使生产关系的某些方面、某些环节成为生产力发展的障碍。如果能自觉地认识这种矛盾，自觉地进行调整和改革，那么就会扫除生产力发展障碍，为其更加迅速地发展开辟道路。如果长期不能自觉地认识这种改革的必然性，旧的经济体制就会越来越严重地阻碍生产力发展。而生产关系一定要适应生产力状况的客观规律，迟早会强制人们认识它，尽早去进行改革，而且认识和改革得越迟，付出的代价越大。因此，如何在新的历史条件下，科学地揭示和正确对待经济体制的历史作用，关系着社会主义制度优越性能否充分发挥，也关系着社会主义的前途和命运。

邓小平在深刻总结历史经验的基础上明确指出：“社会主义基本制度确立以后，还要从根本上改变束缚生产力发展的经济体制，建立起充满生机和活力的社会主义经济体制，促进生产力的发展，这是改革，所以改革也是解放生产力。”[②]这一论断充分说明，在坚持基本经济制度的前提下，选择什么样的经济体制，对经济发展起着决定性作用。社会主义国家经济体制选择和演变的历史实践完全证明了这一科学真理。传统的计划经济体制，由于脱离了社会主义阶段特别是社会主义初级阶段的生产力发展水平，脱离了这一历史阶段必然存在的社会化商品经济的客观实际，尽管在特殊的一定时期有着积极的作用，但在长期的经济发展中越来越暴露出自身固有的弊端，越来越阻碍生产力的发展，这是沉痛的历史教训。我国在邓小平理论指引下，在重新探索中找到了把公有制同市场经济结合起来的理论和实践的途径，为发挥社会主义经济体制对经济发展的历史性决定作用，提供了新经验。

① 中共中央关于建立社会主义市场经济体制若干问题的决定.
② 邓小平. 邓小平文选：第3卷［M］. 北京：人民出版社，1993：375.

第二节 市场经济的一般规定性

一、市场经济的实质内容

人类欲望和需要的无限和经济资源可供的有限是一对矛盾。在一定的时期里，人们的生产能力相对于人们的需要来说是有限的，即在一定的有限的资源条件和技术条件下，社会可能生产的产品和服务的最大数量不能满足人类无限的需要。因此，社会要解决需要的无限与资源可供的有限之间的矛盾，就必须考虑将有限的资源如何配置才能最好和最大限度地满足人的需要。这样，资源的合理配置就成为社会经济生活的基本问题。资源是否合理配置，虽然与资源的自然特性有关，但更主要的是由资源组合的社会形式决定。资源组合的社会形式所要解决的资源配置包括三方面的内容：（1）将数量上有限的经济资源配置到社会最需要的部门和产品的生产中去，合理确定资源的使用方向与数量。（2）将具有多种用途的资源和具有同一用途的多种资源配置到最能发挥其作用的部门中去，做到投入最少、产出最多，提高资源的配置效率，减少和避免紧缺资源的低效益使用。（3）根据社会需要，合理调整资源配置，纠正资源错置，最大限度减少资源的闲置和浪费。

实现资源配置的社会形式即为资源配置机制。市场经济就是以市场为基本资源配置机制的经济活动方式。在市场经济中资源配置机制要反映如下问题：（1）经济主体（经济活动当事人）对与之相联系的资源所拥有权利的明确界定和承认。（2）经济主体参与各种市场经济活动所需遵循的规律、规则。（3）资源配置和流动的诱导力量是在竞争中形成的供求关系和价格。上述三方面构成的有机整体形成了市场经济的基本内容，市场经济的实质在于社会经济资源的配置是以市场为基础和主导，通过价值规律的作用，在以价格为中心的市场机制功能的发挥中进行资源配置，调节社会供求平衡。

二、商品经济和市场经济

（一）人类社会三种基本的社会经济活动方式

人类社会的经济活动先后经历了三种不同的方式，即自然经济、商品经济、产品经济。自然经济是一种以自给自足为特征的经济活动方式。在这种经济活动方式中，生产是为了直接满足生产者个人或经济单位自身各种需要，而不是用于交换。这种经济活动方式是适应低下的生产力水平而存在的。低下的生产力水平，使得生产中投入多、产出少，只能满足自身需要，难以形成社会分工。各经济单位分散、孤立，因而自给自足、闭关自守、墨守成规是自然经济的典型特征。

商品经济是一种为了交换而生产的经济活动方式。在这种经济活动方式中，生产的产品只有通过交换才能得到承认，也只有通过交换才能进入消费领域。生产者之间、生产者与消费者之间的相互关系是通过市场联系得到表现的。与自然经济相比较，商品经济的明显特征是：(1) 生产的直接目的是交换，是为了满足市场的需要。(2) 生产以社会分工为基础，并在商品经济的自身发展中促进社会分工的扩展和加深，表现为生产的专业化及其程度逐步提高。(3) 各生产主体相互独立又紧密相联。一方面社会分工和独立利益的产生，使各生产单位各自独立，具有自己的产品，要求自己的利益，界限分明；另一方面，社会分工和各自利益的实现又使任何一个生产单位难以独立地组织生产，而需要与其他生产单位发生联系，彼此往来，结成一个密切的整体。

商品经济就是现阶段所应采取的经济活动方式。商品经济是社会经济发展不可逾越的阶段。人类社会的发展是一个从量变到质变的演进过程，同样，社会经济活动方式本身的发展与更替也是一个渐进过程。这是因为，经济活动方式的更替总是在生产力发展的基础之上。生产力自身的发展是在人们征服自然、改造自然的无限要求与对自然界认识的有限能力矛盾运动中前进。人们总是在逐渐增长着对自然界认识的能力，社会生产力也在发生量的进步和提高。这种生产力量的积累和增长，不断克服着生产力自身的矛盾，并酝酿着生产力发生突破性的质的飞跃。与生产力量变与质变相联系，社会经济活动方式的变化也经历着这一过程。随着生产力突破性的飞跃，自然经济不能再适应飞速发展的生产力，逐渐从成熟走向衰败。只有代之以新的经济活动方式，才能适应生产力的发展，商品经济便成为适应新的生产力的经济活动方式。

产品经济是一种在生产高度社会化的基础上，生产与消费直接相联系的经济活动方式。马克思认为，在生产高度社会化的情况下，公有制将取代私有制，从而使各生产单位生产者的根本利益一致化，社会将有可能把全社会的生产组织成为“一座工厂”的生产活动，即全社会的生产由一个中心统一安排。由于科学技术水平先进，整个社会合理安排产品生产和消费的数量成了一种极为简单的工作，生产和消费的衔接无须通过任何中介环节，商品生产和商品交换自然消亡。其具体特征为：(1) 生产直接为了消费，但生产和消费的直接联系不是局限在生产单位内部，而是在全社会范围内统一安排。(2) 市场经济已经消亡，生产与消费的比例、数量的统一协调不再经过交换，而是服从于统一的社会中心的指挥和调度。(3) 全社会人民利益的一致性使社会可以直接安排符合全社会需要的生产比例，并不折不扣地得到落实，社会资源得到合理配置。从人类社会的实践看，这种理想的产品经济至今还未产生。尽管社会主义国家在历史上都力图绕过商品经济阶段，或在商品经济还未充分发展时，就实行产品经济，但由于现实条件不具备，产品经济实行的结果反而阻碍了经济的发展。

（二）商品经济和市场经济的关系

商品经济和市场经济在内容和形式、产生和发展上既相互联系，又有所区别。从相互联系的方面看：

第一，两者有共同的基础——市场。商品经济伴随着市场的产生而产生，并以市场为依托，在市场的扩大中而发展。市场经济作为以市场为社会资源配置基础性手段的经济运行方式，更是要以市场的存在和市场的完善为基本条件。

第二，两者遵从共同的经济规律。无论是商品经济还是市场经济的运行都是在价值规律、竞争规律、供求规律作用下推进的。

第三，两者反映的都是经济运行层次的经济活动方式。商品经济表明经济运行中各经济主体要通过商品交换来互换人们的劳动成果，市场经济反映的是经济活动方式中的资源配置问题。

第四，商品经济是市场经济存在和发展的前提和基础，市场经济是商品经济存在和发展的必然要求。

从两者的区别看，主要有以下几个方面：

第一，从经济活动方式来看，商品经济是从产品是否通过交换而进入消费来反映经济活动方式的特征，它是和"自然经济""产品经济"相对而言的；市场经济则是从社会资源配置的角度来界定经济活动方式，它是和"计划经济"或"命令经济"相对而言的。

第二，从历史发展阶段来看，商品经济是人类对自然经济否定之后的经济运行方式的高度抽象，涵盖面较广，它可以包括不同时期的商品生产和商品交换；市场经济则一般是指高度发达的商品经济，是经济生活达到或基本上全面市场化的商品经济，是商品经济的高度发展阶段。

第三，从经济运行的直接目的来看，商品经济强调的是以交换为直接目的；市场经济则强调经济运行的直接目的是追求利润。

三、市场经济形成的基本条件

商品经济产生和存在的客观经济条件一般可表现为两个方面：一是社会分工的产生和发展，使不同商品的交换成为必要；二是具有独立经济利益主体的形成，使其在交换中必须要求维护自己的经济利益，比较自己的劳动耗费与别人的劳动耗费的大小，从而要求等价交换。市场经济是商品经济发展的较高级阶段，因而市场经济存在的基本条件首先应该是商品经济的存在和发展，它基于社会分工和独立经济利益主体的存在。但是，毕竟商品经济的形成不能等同于市场经济的形成。因此，对市场经济形成的基本条件还应作深入分析。从历史与逻辑的角度上看，市场经济形成的条件还应当包括：

第一，商品经济成为社会经济活动中占统治地位的经济活动方式。这是市场经济产生的前提。从人类社会经济发展史看，商品经济自诞生之日起至今大约已有7 000多年的历史。但在资本主义以前漫长的社会经济发展中，尽管商品经济历经沉浮，但社会经济中占据统治地位的始终是自给自足的自然经济。从封建社会看，商品经济虽有所繁荣，并推动了手工业生产与市场的发展，但封建经济的主要形态是庄园经济，细密的庄园内部的分工使其生产与生活没有必要进入市场。因而，尽管产生了商品经济，有了市场，但由于它不占统治地位，市场便不能发挥配置社会资源的作用，也就无法形成市场经济。当社会进入了社会主义时期之后，市场规模及作用的量的发展产生了质的飞跃，商品经济取代了自然经济占据统治地位。此时，人们的经济活动便不得不主要依靠市场，社会经济运行方式才得以进入市场经济阶段。

第二，拥有独立财产和资金的营利性企业成为社会经济活动的基本组织形式。这是市场经济形成的基础条件。在商品经济发展的初级阶段，商品生产者的组织形式主要是家庭，生产和经营以手工劳动为基础，交换商品仅是以获取不同使用价值为目的。这种经济活动的组织形式使整个社会的商品生产与交换规模小、数量少，市场的发展及作用受到极大限制。随着社会生产力的发展，大约在资本主义简单协作、工场手工业时期和第一次产业革命时期，社会经济活动的组织形式由家庭演化为企业——拥有独立财产和资金的营利性的经济组织。作为营利性的经济组织，企业具有独立的经济利益，并以追求价值和利润为目标，这就意味着企业的活动舞台是市场，企业之间的关系是经济利益的关系，并为自身的经济利益展开激烈竞争。正是这种具有独立利益并追求盈利的企业组织的产生，企业成为经济活动的主体，市场机制才能与利益机制相互作用，发挥配置社会资源的功能。

第三，社会经济的活动主要通过市场展开。这是市场经济形成的基本标志。这是因为，“每一种商品都只能在流通过程中实现它的价值；它是否实现它的价值，在多大程度上实现它的价值，这取决于当时的市场状况”[①]。从社会资源配置的角度看，市场能否成为配置社会资源的基础性手段，也是取决于市场状况，取决于市场的广度和深度。其标志不是在形式上建立了多少个市场，而是在于全社会的经济活动是否主要通过市场而展开。如果有相当比重的经济活动游离于市场之外，如自然经济条件下的自给自足或传统计划体制下的行政指令分配那样，那么市场机制将是残缺不全、发育不良的，市场便无法作用于经济活动主体并使资源合理配置。因此，只有当社会经济运转依托于市场，并能从市场中反馈出经济运行的综合信息时，市场经济才最终形成。

四、市场经济的历史发展类型

从世界经济发展史看，市场经济自产生以来，已经历了不同的历史发展阶段，

① 马克思．资本论［M］//马克思，恩格斯．马克思恩格斯全集：第25卷．中共中央马克思恩格斯列宁斯大林著作编译局，译．北京：人民出版社，1995：720.

产生了不同的市场经济类型，即自由市场经济和现代市场经济。

（一）自由市场经济

自由市场经济是市场经济出现在人类经济活动舞台上的第一个历史类型。它存在于资本主义简单协作、工场手工业时期和第一次产业革命时期。它的最显著特点是经济活动中存在着广泛的自由竞争，具体表现在：

首先，商品生产者的组织形式及经济活动的目的发生了根本性的变化。在自由市场经济中，拥有独立财产和资金的众多企业代替了家庭经济组织，企业活动的主旨是为了获取价值和盈利，而不是获取不同的使用价值，因而企业之间的竞争必不可免。

其次，生产规模的空前扩大推动了市场的全社会发展。在这一历史类型中，由于生产力发展的要求，生产资料的使用由以家庭个人为单位的使用形式转化为以企业为单位共同使用的形式，从而使生产规模空前扩大，产品数量迅猛增加，由此推动了商品流通范围的增加和拓宽，使几乎全部社会经济活动都与市场相联系。市场扩大到全社会的结果，是使企业之间的所有经济联系都在市场活动中进行，必然存在多方面的激烈竞争。

最后，不存在政府对全社会经济活动的有意识的调节。在自由市场经济中，所有进入市场的企业都是独立的利益主体，有很强的利益激励和约束，彼此之间竞争激烈，且这种竞争不受到社会有意识地调节和干预，似乎存在一种超人的力量，即“看不见的手”在自发支配着整个经济活动。这种以自由竞争为基本特点的自由市场经济使人类魔术般地发展了社会生产力，又不可避免地产生了全社会生产的无政府状态、社会极不公平的分配以及竞争走向垄断等弊端。

（二）现代市场经济

现代市场经济是市场经济充分发展的历史类型。现代市场经济与自由市场经济相比较有三个突出的变化：

第一，现代市场经济微观基础——企业制度有了质的飞跃，股份制企业成了商品生产者的主要组织形式。如前所述，自由市场经济中，企业代替了家庭成为经济活动的主体，但那里企业依赖于资本家的自然人身份，企业自身的独立性和生命力受到限制，产权亦无法流动。股份制企业则不同，它的资金来源外在化、多元化，而不必完全依赖任何一个自然人，因而充满活力和发展生机。同时，股份制企业的股票可以买卖的特点表明其产权的商品化，从而使企业资产的存量和增量能根据生产发展的需要合理流动，这就使市场机制配置资源的作用能够全面发挥。

第二，现代市场经济的运行中枢——市场体系的内涵和外延大大加深和拓宽，社会经济生活全面市场化。在现代社会生产力的发展中，科学技术的巨大作用日益突出，信息在经济活动中的作用也越来越重要；随着股份制经济的发展，信用制度亦更加发达。这些都使市场体系的内容更为丰富，结构更加复杂，产生了资本市场、技术市场、商品市场、劳动力市场、信息市场等，以致全部的经济活动都必须进入市场，所有的经济组织都必须在市场中发生经济联系。市场体系的发达还表现在市场范围大大地扩大了。由于社会分工的加深和生产规模的扩大，市场已不再局限于一国范围之内，而是突破了国界，走向世界，形成了国际大市场。这就促使企业为其自身利益考虑，不仅要在国内市场上搏击，而且要面向世界市场展开竞争，经济生活市场化的程度因此而进一步加深了。

第三，现代市场经济的调节机制——市场机制基础上的宏观调节机制以多种形式存在并发挥着作用。在自由市场经济中，经济运行的调节完全由市场机制自动实现，不存在全社会的宏观调节；在现代市场经济中，普遍存在着国家对市场经济的宏观调控。这种宏观调控机制虽在各国的具体构造形式多样，但都建立在市场机制作用的基础之上。宏观调控的实行弥补了市场机制的某些“失误”，市场经济运行的盲目性虽然没有消除，但已不是自由市场经济条件下的无政府状态了。经济运行机制从总体上看是以市场机制为基础的不同程度、不同方式的市场和计划相结合的经济机制。

第三节　社会主义市场经济

一、社会主义发展市场经济的客观必然性

市场经济是商品经济发展到一定阶段的产物。因此，理解社会主义发展市场经济的客观必然性，首先应当分析社会主义经济存在商品经济的必然性。社会主义商品经济存在的经济条件是：

1.存在社会分工

社会分工的存在是商品货币关系存在亦即市场经济存在最重要的前提条件。正是由于社会分工，才会有不同的生产者生产出不同的使用价值的商品，从而才有交换的产生。正如马克思所说：“各种使用价值或商品体的总和，表现了同样多种的按照属、种、科、亚种、变种分类的有用劳动的总和，即表现了社会的分工。这种分工是商品生产存在的条件。”[①]列宁也曾指出：“社会分工是商品经济的基础。”[②]社会主义条件下，不仅社会分工广为存在，而且发展得更加细密、更为复杂，因而需要交换的产品种类更加繁多，交换活动的规模更为浩大，市场发展的广度和深度都大为提高。这是社会主义社会存在和发展商品经济的基本原因之一。

2.劳动者以及经济组织具有独立的经济利益

这是商品经济发展的直接原因。经济利益或者物质利益是人们从事经济活动的

---

① 马克思．资本论［M］//马克思，恩格斯．马克思恩格斯全集：第23卷．中共中央马克思恩格斯列宁斯大林著作编译局，译．北京：人民出版社，1975：55.

② 列宁．俄国资本主义的发展［M］//列宁．列宁全集：第3卷．中共中央马克思恩格斯列宁斯大林著作编译局，译．北京：人民出版社，1972：17.

客观动因。它是指人们通过占有一定的生产要素，从而结成一定的生产关系而获得物质或精神资料，用以满足自身需要的利益。在社会主义条件下，无论是劳动者个人还是企业等各类经济组织都占有一定的生产要素，从而具有独立的经济利益。基于满足自身经济利益的需要，人们在从事各种经济活动并发生相互的经济联系时，必然使等价交换成为交换的唯一形式，以得到收益最大化的要求。具体地说，这一直接原因在我国社会主义条件下有三种表现：

第一，从劳动者个人看，劳动者是生产力的基本要素。在社会主义条件下，劳动还是谋生手段，就是说，人们从事劳动并不主要是为了社会公共利益，而在很大程度上是为了取得满足自身生活需要的物质资料和精神资料。这样，我们就必须承认劳动者对自己的劳动能力具有所有权。每一个劳动者有权在自己提供劳动能力之后取得相应的物质利益（主要是个人物质利益，同时也包括集体利益和国家利益），也有权将自己的劳动力投向报酬最大化之处。这一客观经济条件直接导致了劳动者与他人、经济组织甚至与国家之间的经济联系首先是商品货币关系。

第二，从所有制结构看，社会主义的生产资料所有制结构是以公有制为主体、多种所有制经济共同发展。这样，不同的所有制形式包括不同的公有制形式的各个企业都拥有对生产资料的所有权，有权处置自己的资产，包括生产资料和产品，以实现自身的经济利益。也就是说，由于生产资料所有关系的不同而使不同的所有者具有各自不同的经济利益，从而不同的所有者的资源和产品都不允许无偿调拨，而必然根据价格信号完成商品交换，将产品或资源投向最能满足自身经济利益的场所和领域。

第三，从全民所有制企业看，在社会主义条件下，全民所有制经济内部各企业之间也具有独立的经济利益。由于全民所有制企业拥有法人财产权，各企业之间以及企业与国家之间的经济联系必然以市场为导向，形成商品经济的联系。在企业产权明晰化的状态下，它按照市场价格传送的信号自主作出决策，提供商品或购入商品与劳务，彼此签订合约及从事其他各类交换活动，使商品经济关系体现在企业各项经济活动中。

由以上分析可以得出结论，社会主义经济存在着发展商品经济的客观必然性。商品经济是社会主义经济发展的不可逾越的阶段。由于市场经济是商品经济的高度发展阶段，因而在分析了社会主义商品经济存在的原因后，我们需进一步分析社会主义市场经济形成的条件。

第一，商品经济成为社会经济活动中占统治地位的经济活动方式。我国的社会主义经济在改革开放后，自然经济、半自然经济的活动方式已经消除，商品经济发展迅速，指令性计划调节的比重大大缩减，市场调节是经济运行最基本的手段，商品经济已经占据统治地位，开始具有走向市场经济的前提条件。

第二，拥有独立财产和资金的营利性企业已经成为社会经济活动的基本组织形式。就其本意而言，企业就是拥有自己财产的营利性经济组织，具有独立的经济利益。这就意味着，企业必须以市场作为活动舞台，为追求价值和利润，实现自身的物质利益而接受市场机制的作用，开展生产经营活动。当企业成为社会经济的基本经济单位时，市场机制才能与利益机制相互作用，发挥配置社会资源的功能。在我国几十年的经济体制改革中，我们始终以搞活企业、深化企业改革作为中心环节，通过“两权分离”、实行多种经营方式、转换企业经营机制等改革步骤，已经和正在使企业具备和恢复着企业本来的性质，初步形成了走向市场经济的基础条件。

第三，社会经济活动主要通过市场展开，已经建立了较为完备的市场体系。市场能否成为社会资源配置的主要手段，关键是市场的发育状况。只有市场的类型发展较完备，市场机制发育较健全，形成了较为完善的市场体系，社会经济运转才能依托于市场，形成市场经济基础。从我国情况看，改革开放以来，过去受传统行政指令计划调节的经济活动比重已大大缩小，大部分经济活动开始面向市场，多类型的市场体系开始形成。这说明，我国的商品经济日趋发达，已经开始趋近市场经济。

二、社会主义市场经济的属性

市场经济的一般属性是区别于计划经济的明显标志，是其质的规定性的表现。一般而言，凡实行市场经济的国家都是采取现代市场经济的类型，我国发展社会主义市场经济也必然走发展现代市场经济之路。因此，我国的社会主义市场经济也必然具有市场经济的一般属性，主要表现为以下几点：

第一，社会资源配置调节的市场化与市场平等性。我国以市场为基础配置调节社会资源，强调资源配置中的平等竞争，反对垄断，限制垄断，各个参与主体都是平等的一员，彼此的竞争完全是公开、公平、公正的。

第二，利益主体的自主独立性。我国承认个人和企业等市场主体具有独立的经济利益，自主作出经济决策并独立承担决策的经济风险和责任。

第三，市场经济竞争的广泛复杂性。竞争的范围和规模更大、形式更复杂多样，促使现代市场经济的效率更高。

第四，宏观经济运行的调控性。我国建立起了有效的宏观经济调控机制，对市场运行采取不同方式的导向和监控。灵活有效的宏观调控制度是现代市场经济运行的一种内在调控机制，是现代市场经济体制的重要组成部分。

第五，经济运行的法制化。我国建立了较为完备的法律制度与体系，保证经济运行法制化。

第六，经济发展的国际化。经济的开放性突出表现为国家间经济交往的频繁与彼此日益紧密的联系，并普遍遵守国际经济交往中通行的规则和惯例。

我国当前正在深入进行的经济体制改革和社会主义市场经济建设发展的趋势表明，社会主义市场经济将逐步体现和具备现代市场经济的一般属性。同时，我们也看到，迄今为止，市场经济总是与各国所特有的历史条件和社会基本制度联系在一起的，因而也不能不具有各自的特征。现代市场经济的一般规定性在社会主义基本制度条件下，必须表现出自己的特殊属性。我国将社会主义基本制度同市场经济结合起来，形成了社会主义市场经济，这样一种新出现的市场经济体制所表现出来的特殊属性主要有以下几方面：

第一，从所有制结构看，社会主义市场经济的发展是建立在以公有制为主体、多种所有制经济长期共同发展的基础之上。这是社会主义市场经济不同于资本主义市场经济的根本特征，在这一所有制结构基础上建立起来的社会主义市场经济不但可以促进各种不同经济成分的经济主体在市场上共同发展，增强国家的综合实力，而且公有制的主体地位也会不同程度地影响其他经济成分的经济运行机制，最大限度地避免市场经济的非健康发展。

第二，从分配制度看，社会主义市场经济必须坚持以按劳分配为主、多种分配方式并存的原则。社会主义最终要实现共同富裕，在这一过程中我们允许一部分人、一部分企业和一部分地区依靠自身的要素禀赋先富起来，而先富的又帮后富的，逐步实现共同富裕，避免资本主义市场经济所必然带来的贫富两极分化。总之，在遵循“效率和公平并重”的原则下，我们既要运用市场机制合理拉开差距，刺激效率，又要缓解分配不公，逐步实现共同富裕，避免两极分化，这是社会主义市场经济的优越性的重要体现。

第三，从社会主义市场经济运行看，我国的基本经济制度是以公有制为主体，经济活动中是以国有经济为主导，因此，国家能更好地运用市场和计划两种手段，实现经济结构平稳快速发展。虽然资本主义社会也存在国家宏观调控和政府干预，但社会主义市场经济中的宏观调控因其所有制结构的特点而更强有力，也能更好地体现社会公平。社会主义市场经济在充分发挥市场机制作用、效率优先的前提下，能在宏观调控、体现社会公平等方面比资本主义市场经济更有成效，进而取得更好的市场经济运行效果。

三、社会主义市场经济的功能

当代国际经济发展的现实充分表明，最大限度地调动和运用市场经济的功能已成为当代各国经济发展的共同经验，社会主义在发展市场经济中也应当自觉发挥市场经济的功能，最充分地利用其积极作用，限制其消极作用，推动社会生产力更加迅猛发展。社会主义市场经济的功能主要表现在以下四个方面：

第一，对资源配置自动有效的调节功能促进生产和需求的衔接。社会主义市场经济一旦形成，市场机制自动调节资源配置功能便开始正常运转，从而将各个生产者的供给与需求及时衔接起来。与此同时，国家宏观调控的加强，又将促进社会生产和需求的基本平衡，使资源得到有效利用。

第二，对社会分工的内在深化功能促进产业结构的升级和优化。随着社会主义市场经济的发展，必然存在个别劳动时间和社会必要劳动时间的差别，在竞争机制的作用下，通过缩短个别劳动时间进而促进专业化分工的加强，深化社会分工。在社会分工的不断深化中，旧的、落后的产业衰落下去，新的、适时的产业兴旺起来，客观上促使了产业结构的升级和优化。

第三，对企业的优胜劣汰的刺激功能促进企业技术进步和管理水平的提高。社会主义市场经济的发展使优胜劣汰的功能得到发挥，这就迫使企业为成为优胜者而努力改进先进技术，组织优质产品生产，努力改善经营管理，学会充分利用资源，降低产品成本，从而推动了企业的技术进步和管理水平的提高。

第四，对劳动者和经营管理者积极性的催生功能促进人的素质的提高。社会主义市场经济必然构造起经济主体的经济利益和以广泛竞争为主的动力结构，从根本上催生劳动者和经营管理者的主动性和创造性，改变人们的生活方式和思想观念，使人的素质随着社会经济的迅速发展得到极大的提高。

第四节　建立社会主义市场经济体制

一、改革传统计划经济体制

新中国建立初期，面对西方帝国主义的封锁和破坏，我们进行社会主义经济建设没有其他现成的经验可资借鉴，于是在对马克思主义有关社会主义理论的教条主义理解后，在理论上接受了斯大林著作和苏联教科书的观点，在实践上模仿苏联的计划经济体制模式。于是，在生产资料所有制的社会主义改造基本完成以后，我国建立了高度集中的、主要用行政手段配置资源、通过指令性指标管理经济的计划经济体制。因此，我国建立社会主义市场经济体制，不仅要选择合适的体制模式，更重要的是要改革传统的计划经济体制。只有这样，我们才能参考接近我国国情的市场经济体制模式提供的有益经验，真正建立起社会主义市场经济体制。我国传统的计划经济体制在经济运行中表现出如下几个特征：

第一，政府计划决策是主要的甚至是唯一的决策方式。由于政府一身兼三职：生产资料的所有者、生产要素的控制者、政府管理职能的执行者，致使经济运行中几乎所有比较重要的经济决策包括微观决策都集中在政府特别是中央政府手中，并由中央计划机关集中制订一种无所不包的指令性计划来体现，企业没有丝毫的决策权。

第二，以“条条”为主的组织体系形成了信息纵向传递的格局。在传统体制下，指挥、协调经济运行的组织系统是由等级制的纵向行政机构所组成。中央政府设立的各个部、委、办、局层层垂直领导着各个企业，这就决定了信息的传递必然以纵向传递为主。这样，中央政府决策部门接收的信息既难以及时，又十分有限，影响了决策的科学性与正确性。

第三，市场机制被扼制，作用微弱。传统的计划经济体制虽然也使用货币、价格等价值范畴，但由于市场体系的发育受到人为的障碍，市场机制从根本上看并没有形成。货币、价格只不过是计划和实物分配的工具，对资源的配置及经济活动没有调节作用，即使在有限的消费品市场中，其作用也十分微弱。

具有上述特征的高度集中的计划经济体制是在特定的历史条件下形成的，并在我国社会主义经济建设的最初历史时期起过积极作用：

首先，它是学习参照苏联计划经济模式建立起来的。我国第一个五年计划时期，由于缺乏经验，在建立我国国民经济管理体制过程中，学习和借鉴了苏联的经验，这样，就把苏联模式中搞单一的公有制、限制商品生产和价值规律的作用、由国家集中统一决策和管理各项经济活动等搬到了我国最初建立的经济体制中。

其次，它受到我国革命战争时期革命根据地和解放区供给制的影响。在长期的革命战争中，各革命根据地和解放区处于被分割、被包围的状态中，在积累了组织和管理财经工作经验的同时，也形成了自给自足、各自为政、用行政手段管理经济的习惯，影响了新中国成立初期所逐步形成的经济体制。

最后，它在社会主义改造中基本形成。我国原有的经济体制在社会主义改造中基本形成，受到当时对资本主义工商业的社会主义改造的政策、方法和步骤的影响。因此，原有经济体制在最初形成时，虽有一定的分散性和灵活性，但其基本特征是计划管理、集中统一。

这种高度集中统一的经济体制，虽然在我国经济发展的过程中有过几次改革和变动，但都没有跳出行政管理的框框，只是企业权力下放和上收的频繁变动，没有改变高度集中的计划管理模式。随着我国的经济发展和经济结构的日益复杂以及人民需求的多样化变动，这种经济体制的弊端日益暴露，概括地说主要是：(1) 政企职责不分，国家对企业统得过多、过死，企业没有自主权；(2) 排斥商品生产、价值规律和市场的作用，经济缺乏活力；(3) 分配中平均主义严重，压抑了职工群众的积极性、主动性、创造性；(4) 所有制形式和经营方式趋向单一化，这突出表现为公有化程度越高越好，从而违背了生产关系必须适应生产力性质和状况的规律，阻碍了生产力的发展。可见，对这种高度集中的计划经济体制进行根本性的改革已势在必行。改革不适应生产力发展的传统计划经济体制，是解放生产力、发展生产力的客观要求，是一场对经济体制进行根本性变革的革命，也是社会主义制度的自我完善和发展。

二、选择适合我国国情的市场经济体制模式

由于世界各国的发展进程不同，各国的历史、社会、政治、文化与发展过程所处的国内外环境不同，各国的市场经济体制模式各有其特点，但大体上可概括为几种类型。一般认为，以下三种模式是比较成功的：

第一，美国式市场经济体制，即所谓消费者导向型模式，又称自由主义的市场经济体制。其主要特点是：十分强调市场力量对促进经济发展的作用，生产要素有

较高的流动性；认为政府对经济发展只起次要作用，政府决定是否进行调节主要以是否有利于消费者利益为目标，而较少从生产者角度出发；政府公共财政赤字严重。

第二，德国式市场经济体制，即所谓社会市场经济模式。其主要特点是：既反对经济上自由放任，又主张国家要尽可能少地干预而只给予必要的干预；既保障私人企业和私人财产的自由，又对资本的某些权力予以限制，让公众得到好处；实行主要包括失业保险、医疗保险、养老保险和工伤事故保险的完善的社会保障体系。

第三，日本式市场经济体制，即所谓政府（行政）导向型市场经济模式，又称“社团市场经济”。其主要特点是：以较强的发展战略作指导；政府通过行政干预、经济计划、产业政策等多种手段加强宏观调控；将日本文化与西方文化相结合的企业制度；政府决策与民间经济活动的相互沟通；法律法规与政策措施的相互配套。

选择经济体制模式应当注意学习和借鉴别国经验，但不能照抄照搬别国经验、别国模式，因为各种经济体制模式都有其形成的历史和文化背景，适应各国的特点和需要，各有其优点和缺点。经济体制目标模式的选择，要受到客观经济和社会条件的制约。主要应考虑以下几点：（1）生产力的发展水平，它是决定经济体制模式的最终根据；（2）经济制度的性质，它规定着经济体制模式的经济本质；（3）社会经济运行的方式，它制约着经济体制模式的调控形式和运行机制；（4）一个国家的历史和文化传统以及现实的国情，它决定着经济体制模式的各种基本要素及其相互关系。从一种经济体制模式转变为另一种经济体制模式，常常需要经历一个过程，因而在现实经济生活中时常会出现新旧体制并存、交替发生作用的情况。

上述制约经济体制模式的因素，只是为人们选择经济体制的目标模式规定了一种可行性区间，在这个区间内人们仍然有一定的选择余地。我国正处在社会主义的初级阶段，必须根据初级阶段的性质和特征，选择能够最大限度地促进社会生产力发展和充分发挥社会主义优越性的经济体制模式。这种目标模式应当是：（1）有利于经济资源的充分利用，并使资源配置有助于实现经济发展的目标；（2）有利于全体劳动者的积极性、主动性和创造性充分发挥，并得到有效组织和引向正确的轨道；（3）有利于促进科学技术的进步，并能造就更多、更优秀的人才；（4）有利于经济的良性循环和稳定增长，并保持良好的环境和生态平衡；（5）有利于较快地摆脱贫困，在促进效率提高的前提下体现社会公平。

迄今为止，社会主义经济体制模式还在探索之中，都在生产力发展的推动下进行着这样或那样的改革。建设中国特色社会主义，必须从中国的实际出发，使经济体制模式符合具体国情，体现人民的利益和愿望。从总体上来看，我国经济发展起点不高；地域广，人口多；地区经济发展不平衡；资源和资金比较短缺；技术比较落后；正处于经济体制的转轨过程中。我们必须从这些实际情况出发，作出合理的选择。这是一个艰苦的探索过程。有鉴于此，我们认为，美国式的市场经济体制模式与我国的上述国情不相适应，而日本、德国两种市场经济体制的不少特点比较适合我国需要，具有一定的参考意义。当然，这种对别国已形成的经济体制的选择，只是选择一个参照模式，借鉴其成功的做法，来形成符合我国国情的中国式的市场经济体制模式。

第一，形成既符合市场经济共性特征又结合本国经济文化特色的现代企业制度。日本的企业股份制度很有特点。在日本的私营企业中，股份有限公司（株式会社）和有限责任公司占85%以上，其中大企业居支配地位。而在大企业中，相互持股是较普遍的方式，所以法人持股占较大比重。这使得日本微观经济决策具有十分重要的意义，也便于政府与民间经济组织的沟通。在德国，企业中实行的“参与决定权”是一种很有特色的措施，它不直接影响所有制，却对资本的权力进行某些限制，从法律上给职工参与某些决策的权力，并且企业的监事会由资方和劳方的代表共同组成。这些都对我国建立符合本国特色的现代企业制度具有参考价值。

第二，在市场作用基础上，不放松宏观调控。这一方面，日本的做法尤其值得我们借鉴。日本第二次世界大战后经济的迅速崛起和高速增长，很大程度上得益于在市场作用基础上加强政府对宏观经济运行的主导作用。它表现在日本的市场经济运行构建了宏观调控和政府导向的完善机制：一是以财政政策和货币政策为主要手段的宏观调节机制；二是以政府政策性投资为重点的产业投资引导机制；三是以政府战略发展规划为指导的、各类专业审议会为支撑的发展导向机制；四是以比较健全的法律法规为保证的经济有序运作机制。日本政府在经济运行中既扮演了重要角色，又不直接干预企业的经营，取得了巨大的成功，很值得我国研究学习，吸取其经验。

第三，建立各具特色的社会保障制度。如前所述，德国社会市场经济体制具有完善的社会保障体系，它对德国市场经济稳定发展发挥了积极作用。但是，德国目前又存在社会福利的包袱太重等问题，影响了德国商品的竞争力。这种正反两方面的经验对建立我国的社会保障制度有十分重要的借鉴作用。日本的社会保障制度则明显地表现出行政管理导向型市场经济的特点，早在1955—1964年，政府财政支出就开始转向社会保障与公共事业等方面，在这以后，社会保障的费用在政府开支中不断扩大。日本政府财政政策的基本方向是更多地解决社会福利等问题，这一点也值得我们研究和思考。

三、社会主义市场经济体制的基本框架

党的十四大报告明确提出，我国经济体制改革的目标，就是要建立社会主义市场经济体制，党的十四届三中全会又对改革目标的逐步实现作了重要决定。

什么是社会主义市场经济体制？怎样理解社会主义市场经济体制的基本内容？党的十四大报告指出：我们要建立的社会主义市场经济体制就是要使市场在社会主义国家宏观调控下对资源配置起基础性作用，使经济活动遵循价值规律的要求，适应供求关系的变化。通过价格杠杆和竞争机制的功能，把资源配置到效益较好的环

节中去，给企业以压力和动力。运用市场对各种经济信号反映比较灵敏的特点，促进生产和需求的及时调整。针对市场自身的弱点和消极方面，加强和改善国家对经济的宏观调控，大力发展全国的统一市场，进一步扩大市场的作用。根据客观规律的要求，运用经济杠杆、经济政策、经济法规、计划指导和必要的行政管理，引导市场健康发展。这就是说，我们所要建立的社会主义市场经济体制是市场在社会资源配置中起基础性作用的新经济体制，而不是仅对传统体制作局部的变动；它是现代市场经济体制，而不是自由市场经济体制；它是有宏观管理的市场经济体制，而不是自发的、放任自流的市场经济体制；它是现代市场经济一般特征与社会主义制度基本属性相结合，实现社会主义生产关系的市场经济体制，而不是实现资本主义生产关系的市场经济体制。由此可见，我国的社会主义市场经济体制既根本区别于传统的计划经济体制，又区别于西方市场经济国家已形成的各种不同的市场经济体制。社会主义市场经济体制既借鉴了国际范围内现代市场经济体制的成功做法，又结合我国的国情，是具有中国特色的社会主义市场经济体制的基本模式。

我国社会主义市场经济体制基本框架是在坚持以公有制为主体、多种所有制经济共同发展的前提下，由五个相互联系、相互制约的主要环节构建而成：

第一，现代企业制度。企业改革是我国经济体制改革的难点和重点所在。新的经济体制必须建立适应社会主义市场经济发展要求的产权清晰、权责明确、政企分开、管理科学的企业制度。这种以公有制为基础的现代企业制度是社会主义市场经济的基础。

第二，全国统一开放的市场体系。市场体系建设的重点是在现行改革的基础上，在进一步发展商品市场的同时，加快生产要素市场的培育及生产要素价格的市场化进程，大力发展金融市场、技术市场、信息市场、房地产市场及劳动力市场，创建平等竞争的环境和良好的经济秩序。

第三，健全的宏观经济调控体系。国家的宏观调控作用和市场机制作用一样，是社会主义市场经济体制的本质要求，健全的宏观调控体系是社会主义市场经济体制的重要组成部分，是今后一段时期内改革的重点。要通过转变各级政府管理经济的职能，主要运用经济手段、法律手段，辅之以必要的行政手段调控国民经济运行。

第四，合理的个人收入分配制度。坚持以按劳分配为主体、多种分配方式并存的分配制度，鼓励一部分地区和一部人通过诚实劳动和合法经营先富起来，逐步达到共同富裕。建立正常的工资形成和增长机制，通过分配政策和税收调节，防止形成两极分化。

第五，多层次的社会保障。这是社会主义市场经济体制的安全阀。它包括社会保险、社会救济、社会福利、优抚安置和社会互助、个人储蓄保障等。社会保障体系的建立和健全将为城乡居民提供同我国国情相适应的社会保障，促进社会主义市场经济发展。

上述社会主义市场经济体制的主要环节是相互联系和相互制约的有机整体，它们共同构成了社会主义市场经济体制的基本框架。我国社会主义市场经济体制的建立应当围绕这些主要环节建立相应的法律体系，采取切实措施，将整体推进和重点突破相结合，全面加快我国经济体制改革的进程。

四、建立社会主义市场经济体制的历史意义

我国是世界上第一个实行社会主义市场经济体制的国家，这是一项前无古人的事业，具有重大的历史意义。

1.建立社会主义市场经济体制，是对传统社会主义经济理论的重大突破

科学社会主义的创始人马克思和恩格斯在19世纪提出了关于有计划组织全社会生产的产品经济的理论构想。在马克思看来，产品经济取代商品经济是同公有制取代私有制共生的现象。他们的设想是：由生产力高度发达的资本主义转变为社会主义之后，“一旦社会占有了生产资料，商品生产就将被消除”[①]；“在一个集体的、以共同占有生产资料为基础的社会里，生产者并不交换自己的产品；耗费在产品生产上的劳动，在这里也不表现为这些商品的价值”[②]。总之，社会主义经济不存在商品货币关系，是含有市场的计划经济。列宁从他早期革命活动时期到苏维埃国家建立后的相当时期中，一直把市场视为和公有制本性不相容的，他认为“社会主义就是消灭商品经济”[③]，“只要存在着市场经济……世界上任何法律也无力消灭不平等和剥削”[④]。尽管列宁后来的思想发生了重大的转变，但没有根本改变社会主义与市场经济关系的理论。苏联20世纪30年代以后进一步形成了一种关于计划经济等于社会主义、市场经济等于资本主义的教条，并据此在其解体前的50年间实行了高度集中的社会主义计划经济，以致在很长时期内影响了包括中国在内的几乎所有的社会主义国家。尽管我国领导人早在1956年就察觉了高度集中计划经济体制的弊端，但是由于当时整个传统社会主义理论，特别是社会主义计划经济理论难以突破，严重束缚了变革旧体制的思想和行动。

1978年以来，中国改革开放的实践及巨大成就，加深了人们对市场机制作用的认识，促使人们反思传统的社会主义经济理论和观念，不断地突破和有所创新。1984年，中国共产党十二届三中全会提出了社会主义经济是公有制基础上的有计划商品经济，突破了把商品经济同计划经济、商品经济同社会主义制度对立起来的传统观点。随着社会主义经济体制改革的逐步深入，1992年，中国共产党进一步明确确立了社会主义实行市场经济体制的崭新思想，针对传统教条，针锋相对地提

---

① 恩格斯．反杜林论［M］//马克思，恩格斯．马克思恩格斯选集：第3卷．中共中央马克思恩格斯列宁斯大林著作编译局，译．北京：人民出版社，1995：441.

② 马克思．哥达纲领批判［M］//马克思，恩格斯．马克思恩格斯选集：第3卷．中共中央马克思恩格斯列宁斯大林著作编译局，译．北京：人民出版社，1995：10.

③ 列宁．十九世纪末俄国的土地问题［M］//列宁．列宁选集：第3卷．中共中央马克思恩格斯列宁斯大林著作编译局，译．北京：人民出版社，1972：112.

④ 列宁．土地问题和争取自由的斗争［M］//列宁．列宁全集：第10卷．中共中央马克思恩格斯列宁斯大林著作编译局，译．北京：人民出版社，1995：406-407.

出了“计划经济不等于社会主义，资本主义也有计划；市场经济不等于资本主义，社会主义也有市场。计划和市场都是经济的手段”[①]，实现了对社会主义经济发展又一次认识和理论上的飞跃。

由此可见，建立社会主义市场经济体制是一次理论上的重大变革，它不仅突破了传统的社会主义经济理论，而且大大丰富和发展了马克思、恩格斯关于社会主义的学说。

2.建立社会主义市场经济体制，开辟了中国社会主义经济发展的新时期

我国现正处在社会主义初级阶段，生产力水平和商品经济的发展程度都落后于发达的资本主义国家。在新中国成立后的几十年内，尽管我国社会生产力有了较大的提高，但是长期以来计划经济体制的束缚，扼杀了企业的活力，延缓了我国生产力发展本应有的速度，降低了我国经济发展的效益与质量，这是使我国与发达国家的差距越拉越大的重要原因。

建立和实行社会主义市场经济体制，使我国社会主义经济建设历史翻开了新的一页。它将一改我国在计划经济体制下经济运行的格局，运用世界范围内一切反映社会化生产和市场经济规律的经验，实事求是地遵循客观经济规律，进入用市场的方法推动我国社会主义高效、高质量发展的历史新时期。

第一，恢复并确认企业在微观经济运行中的主体地位，推动现代企业制度的建立，这将创造出企业追求劳动生产率提高的内部条件和外部环境，推动全社会生产力进步。

第二，社会主义市场经济体系逐步得到完善，使之成为经济运行的中枢。这样，社会主义经济运行中所有经济主体的经济活动均面向市场，从而能够在现有生产力的状况下，使社会生产和社会需求较好地衔接起来。

第三，国家各级政府的职能将适应市场经济发展的要求进行转换，改变计划体制所形成的庞大的政府机构。通过以市场为中介的机制实行宏观间接调控，提高政府的宏观调控效率。

第四，促进社会主义经济成为法治经济。社会主义市场经济体制的实行必将要求抓紧制定和完善社会主义市场经济的法律体系，以保证经济运行的有序化和高效率。

第五，新型的社会保障制度逐步建立，做到效率优先，兼顾公平。社会主义市场经济体制的建立，一方面将促进经济高效率运转，提高社会经济发展的效益和速度；另一方面通过建立新型的社会保障制度，避免社会两极分化的出现，这必然使社会主义制度优越性得到充分发挥。

3.建立社会主义市场经济体制，在世界范围内创造了一种新型的市场经济模式

在西方国家的经济学者看来，市场经济是资本主义的专利，实行市场经济体制

---

① 邓小平．邓小平文选：第3卷［M］．北京：人民出版社，1993：373.

必然要改变社会主义基本的经济制度。从市场经济发展实践看，迄今为止，世界范围内存在的市场经济体制的不同类型也都是与资本主义基本制度相结合的。我国实行社会主义市场经济打破了这一长期的市场经济体制类型的格局，在经济格局中开创了社会主义公有制，使公有制在其发展过程中将市场经济作为自己的运行方式，而市场经济则通过自身的运行使公有制得以具体体现。换言之，实行社会主义市场经济体制既不改变社会主义公有制的本质规定，也不改变市场经济的基本关系及一般特征，这是与西方市场经济体制根本不同之处。它必将在推动社会主义经济以崭新面目迅速发展的同时，对世界经济格局的变化发挥重大而深远的影响，因此，对世界经济的发展具有重要的历史意义。

主要概念

市场经济　商品经济　经济制度　经济体制　自由市场经济　现代市场经济　计划经济

基本训练

一、单项选择题

1.社会主义商品经济与资本主义商品经济的根本区别是（　　）。

A.社会主义商品经济是有计划的，而资本主义商品经济是无计划的

B.两者的生产目的不同

C.两者的所有制基础不同

D.社会主义商品经济在范围和程度上受到限制

2.充分发展社会主义商品经济（　　）。

A.是补资本主义的课

B.是要逐步取消计划经济

C.是社会主义经济发展不可逾越的阶段

D.是社会主义优越性的表现

3.从经济运行来看，我国经济体制改革贯穿的中心是（　　）。

A.真正落实企业自主权　　B.正确处理计划与市场的关系

C.转变政府职能　　D.健全社会主义制度

4.体现社会生产关系性质的基本制度是（　　）。

A.经济体制　　B.社会经济制度　　C.法律制度　　D.现代企业制度

5.指令性计划发挥作用主要依靠（　　）。

A.行政指令　　B.法律约束　　C.经济杠杆　　D.思想教育

6.社会主义制度下不同商品的等价交换取决于（　　）。

A.它们有相同的效用　　B.它们有等量的价值

C.它们在市场上有相同的需求　　D.它们都是由劳动生产出来的

7.社会主义的商品经济仍然存在（　　）。

A.私人劳动和社会劳动的矛盾

B.使用价值和价值的矛盾

C.生产社会化和生产资料私有制的矛盾

D.个别企业生产有组织和整个社会生产无政府状态的矛盾

8.建立社会主义市场经济体制主要是使市场（　　）。

A.在流通领域中发挥自发的调节作用

B.在国家的宏观调控下对资源配置起基础性作用

C.自发调节生产，达到生产与需求平衡

D.完全摆脱国家对经济运行的宏观调控

9.建立社会主义市场经济，要求市场体系是（　　）。

A.统一开放的市场体系　　B.局部的市场体系

C.封闭的市场体系　　D.垄断的市场体系

10.我国经济体制改革的目标是（　　）。

A.建立比较集中的计划经济体制

B.建立社会主义市场经济体制

C.建立完全由市场自发调节的经济体制

D.建立计划调节为主、市场调节为辅的经济体制

二、多项选择题

1.社会主义商品经济存在的原因是（　　）。

A.社会分工

B.社会主义存在多种所有制形式

C.全民所有制企业经济利益的相对独立性

D.社会主义公有制

E.劳动力是商品

2.迄今为止，社会化生产中资源配置的方式主要有（　　）。

A.主要运用行政手段的市场配置　　B.主要运用经济手段的市场配置

C.主要运用行政手段的计划配置　　D.主要运用经济手段的计划配置

E.计划配置与市场配置各占一半

3.社会主义市场经济的特殊性表现在（　　）。

A.以公有制为主体、多种所有制经济共同发展

B.是一种平等、竞争的经济

C.加强政府的宏观调控

D.一切生产要素市场化

E.以按劳分配为主体的多种分配方式并存

4.在社会主义市场经济条件下，发挥市场调节作用的条件是（　　）。

A.企业要有经营自主权和完善的经营机制

B.市场价格既要反映价格又要反映供求关系

C.企业经济利益与市场经营效果紧密联系

D.企业参与市场竞争，成为市场竞争主体

E.总供给与总需求基本平衡

5.社会主义市场经济和资本主义市场经济的共同特征是（　　）。

A.一切经济活动都直接或间接和市场相联系

B.一切企业都具有生产经营自主权

C.政府部门不直接干预企业生产和经营的具体事务

D.各种经济活动都按有关法规进行

E.部门内部企业利润平均化

三、判断分析题

1.商品经济是一种以为了消费而生产为标志的经济活动方式。（　　）

2.产品经济是一种在生产高度社会化基础上，生产与消费直接相连的经济活动方式。（　　）

3.在市场经济中，市场机制是资源配置的结果，而市场机制的存在并能发挥资源配置作用的一个基本条件是市场体系逐步发育、趋向完善。（　　）

4.德国社会市场经济体制可以被中国完全模仿。（　　）

四、简答题

1.社会主义商品经济存在的原因是什么?

2.社会主义市场经济的特征是什么?

3.什么是资源配置？资源配置包括的内容是什么?

4.市场经济的一般特征是什么?

5.社会主义市场经济的功能是什么?

6.商品经济和市场经济的关系是什么?

五、论述题

1.为什么只能以社会主义市场经济体制作为我国经济体制改革的模式?

2.试述社会主义市场经济体制的基本框架。

读本视窗3-1

第二编
社会主义微观经济运行

第四章　社会主义市场经济中的企业

学习目标

◆ 重点掌握企业的性质、现代企业制度的基本特征、国有企业制度创新。
◆ 掌握企业经营管理体制、企业经营目标、企业经营机制。
◆ 了解企业制度的变迁，企业的成本、收益和利润，企业的经济行为。

第一节　企业的性质及类型

企业是国民经济的基本经济单位，也是市场经济运行的最重要的微观经济主体。在现代市场经济中，绝大部分的商品生产、流通都是通过企业实现的，并且市场机制的形成和实现也离不开企业这一经济主体，企业的数量、规模和专业化水平对市场规模和范围等也有决定性影响。

一、企业的性质

什么是企业，这一看似简单的问题却有着非常复杂的内涵，经济学家们从不同角度下过许多定义。总体来说，提高劳动生产率、节约成本是企业产生的根本原因，也是企业的目标。随着企业自身条件和企业环境的变化，企业在不同时期可能具有不同的目标。从理论上分析，学术界对企业的理解主要有两个方面的思路：一是从企业生产性角度来界定企业；二是从企业交易性角度来界定企业，由此形成了不同的企业理论。

在古典和新古典理论中，可以说是没有企业这一交易组织的，或者说，他们并不把企业看成一个组织，而是看作一个可行的计划集，看作一种生产函数，他们更注重企业生产性特征。所有的交易通过市场来完成，至于生产的主体，他们用厂商来代替，而厂商的行为被简单地抽象成在技术、市场和经济条件约束下，作出使利润最大化或成本最小化的生产计划，以达到最佳产量水平。他们还考察了最佳生产规模和最佳生产范围的决定问题，对这两个问题的研究，同样立足于技术角度。至于企业内部是怎样的，他们并不需要进行分析，只要在既定的假设条件下，观察投入与产出的关系，使生产者实现利润最大化即可。因此，在他们看来，企业无非是将投入转化为产出的装置，就像榨油机是将油料转化为油产品的装置一样，它是一个反映投入和产出的技术关系的“黑箱”。马克思主义经济学从历史发展的角度进行分析，把企业界定为协作劳动的一种组织形式，它的出现是分工发展的必然结果。生产力的发展产生分工，分工又进一步促进了生产力的扩展。有分工就有协作，分工要求开展协作劳动。随着生产力和分工的发展，协作劳动的具体形式依次经历家庭作坊、手工业工场、工厂等多种形式，逐步形成企业。企业的本质特征是资本家通过雇用工人，榨取剩余价值，获得垄断利润。诚然，马克思从当时的经济社会条件出发，强调企业的生产性，但马克思并不否认企业的交易性。马克思不仅在流通费用理论中论及了交易费用的多种具体形式，还在企业的管理监督和工资形式的选择等具体问题的分析中提出了节约交易费用的观点。很显然，对企业的界定和研究，马克思主义经济学是将企业利用社会生产力与节约交易费用这两个基本方面有机地结合起来，因而获得了比古典、新古典经济学以及新制度经济学对企业起源和演变的更深刻、更本质的把握。现代企业理论弥补了新古典理论的缺陷，将分析的重点集中于对企业交易性的考察上，从而得出企业是一组财产所有者之间契约的结论，但是它们都忽视了企业的生产性特征。

实际上，要真正理解什么是企业，即企业的性质，必须从生产性和交易性两个角度全面把握。基于此，我们对企业给出如下定义：企业是具有独立产权的资源主体在一定契约的条件下的专业生产与协作的经济组织。

企业区别于其他经济和社会组织的特殊性可以归纳为以下四个方面：

1.企业的生产性

企业是按照社会分工从事物质生产的。在一定的社会分工中，企业有多种类型，按产业部门分，有从事工业、农业生产的企业，也有从事流通和服务的企业。按所有制分，有国有制企业、集体所有制企业，也有私有制企业。不同类型的企业由于劳动对象和所有制性质不同，企业的生产经营目标和运行方式有很大差别，但是各类企业一经形成，就有它的本质规定性。企业首先是一个生产经营组织，都在从事与物质生产和服务生产有关的经济活动，它的各种功能都是通过它的生产经营来实现的。从事物质产品和服务的生产是企业的本质特征。从企业整体来看，没有基于生产的财富的增长，企业便没有资本增长的源泉，也就失去了存在的意义。

企业的生产性特征从更深层次来看，应从企业家才能利用的角度来分析，它是指企业能够使投入其中的生产要素特别是企业家才能这样的生产要素的价值得以实现，并表现为价值增值，即企业家才能是创造价值和剩余价值的重要因素，这是企业区别于市场的重要特征，因为市场不能生产，即市场不能使企业家才能这样的一种生产要素转化为产品的价值。

2.企业的营利性

企业生产的目的在于获取利益，即企业是一种营利性的经济组织。也就是说，企业作为一种由不同的人组织起来的经济组织，和其他经济组织形式一样，其存在都表现出一定的目的性。不同的组织表现出不同的目的性，非经济组织表现其非经济的目的，经济组织的形成则必定服务于一定的经济目的。经济目的也可以是多种多样的，比如公益性经济组织所表现出来的目的与消费性经济组织所表现出来的目的是不同的。在各种各样的经济组织的目的性比较中，营利目的是企业最为显著的标志。我们认为，根据营利性这一明确的目的标准，任何经济组织，只要它们是以营利为目的而组织起来的，就是企业，不管它们是法人组织还是自然人组织，也不管它们是个体所有、合伙所有还是公共所有；反之，则不是企业。

3.企业的实体性

企业是由一定的独立或相对独立的资产所组成的一个价值实体。这个价值实体也就是我们通常所说的“企业资产”，它是由进入企业的各生产要素所有者的财产有机组合而成的，其表现形式既包括机器、厂房、原材料、库存产成品，也包括企业的库存现金和各种应收款，还包括品牌、商标、专利和声誉等无形资产。企业资产与企业投入要素所有者的其他财产是完全不同的实体存在形式，对企业资产的控制和剩余收益权是独立于生产要素产权的企业所有权。因此，企业是由有形资产和无形资产构成的一个对象性实体。

4.企业的契约性

企业是一种契约网络或契约联结点，是拥有不同生产要素产权的经济主体为了最大限度地延伸各自的利益边界而形成的一种契约关系。将企业看成一种契约关系的联结的观点是深刻的，因为它揭示了企业与市场或其他经济关系一样，具有体现人与人的相互利益关系的相同的本质特征，洞察到了不同社会组织之间的深刻的内在联系。但同时，仅仅认识到企业具有契约性还是不够的。既然所有的经济关系都是一种契约关系的联结，那么，经济学研究的更重要的任务在于探究不同的契约关系有什么不同的特征，企业作为一种契约关系怎样与市场契约、非营利组织契约等区别开来。

对于企业契约的特殊性质，学者们在理解上仍然存在很大的分歧。有人（如科斯（R. H. Coase）和威廉姆森（Oliver E. Williamson）等）强调企业契约的科层性质，认为上层对下层的“权威”是企业区别于市场的特点。有的学者（如张五常等）强调企业契约的长期性，认为一个企业涉及的是要素投入者之间一系列长期契约关系。有的学者（如哈特等）则强调企业契约与市场契约相比，最大的不同之处在于企业契约的不完备性。有的学者（如周其仁等）强调企业契约的人力资本特征。在我们看来，企业作为一组契约关系的联结与市场或其他经济组织的主要区别在于：企业契约是以企业家为中心签约人，从而形成的一组契约关系。任何一种其他契约或其他组织形式，要么不存在中心签约人（如市场契约），要么不存在企业家（如其他非企业组织），只有企业才同时具备这两个条件，所以，“以企业家为中心签约人”就构成了企业区别于其他契约关系的根本特征。

综上，这四个方面的性质是相互联系、不可分割的有机统一整体，其中，生产性和营利性是最本质的特征，实体性是与生产性紧密联系在一起的特征；交易性或契约性是重要特征，生产性和交易性都以营利为目的。企业契约性和实体性是一种“灵与肉”的关系。由企业资产形成的对象性实体就好比企业的肉体，而由契约关系形成的权利、义务关系就好比企业的灵魂。

二、企业的类型

企业有多种多样的类型和形式。在现代公司产生以前，企业的主要形式有两种，即业主制和合伙制。这两种企业形式被称作古典企业形式，相对于公司制这一现代企业形式。除了上述三种典型的企业形式外，还有以下两种企业形式，无论在市场经济国家还是在非市场经济国家都是比较常见且比较重要的，即非营利企业和国有企业。其中，前者是不存在剩余索取权的企业，后者是剩余索取权不可以交换的企业。与之不同的是，业主制、合伙制和公司制企业是剩余索取权可交换的企业。

业主制（proprietorship/single proprietorship）即个体业主制企业，是最简单的企业形式，在市场经济中大量存在。业主制企业只有一个产权所有者，业主投入个人财产，直接经营，享有全部经营所得，同时对企业债务承担完全责任。如果企业经营失败，资不抵债，业主要用自己全部家财抵偿。这种企业一般规模很小，结构简单，几乎没有任何内部管理机构。它的长处是建立和结束营业的程序简便，产权能自由转让；经营灵活，决策迅速；经营者与产权关系紧密直接，因而精打细算、勤俭持家。它的缺陷在于：业主个人财力有限，难以从事大规模的生产经营活动；业主无意经营或死亡会使企业的业务中断。因此，这类企业通常在零售商业、自由职业、个体农业等领域活动，由小作坊、小商店、家庭农场、执业律师和医生等组成。

合伙制（partnership）企业是由两个或者两个以上的人共同投资，共同监督和管理，并按其投资比例分享剩余的企业。在经营管理方面，合伙人对企业的决策享有相互平等的权利。它的优点在于：由多个合伙人共同集资，可以筹集到比单个人更大规模的资金，从事更大规模的生产经营活动；合伙人共同对企业盈亏负有完全责任，因而有助于增强经营者的责任心，提高企业的信誉。其缺点则在于：合伙制企业的制度特点，如合伙人之间要相互熟识、信任等，决定了合伙人的规模不可能太大（各国法律对合伙人数目一般都有上限的规定），因而企业规模仍受限制；企业的组织结构不稳定，这突出表现在合伙人中的一个或几个人的退出，将可能导致合伙关系的终止，而企业重新议定合伙关系的程序极其复杂；各合伙人对企业债务承担无限连带责任，导致风险承担不均衡，如一个合伙人在企业总资本中仅占1%的份额，却承担企业全部债务的责任，而不论造成债务的责任人是谁，因此合伙制企业一般规模较小。只有那些业主的个人信誉和个人责任具有很大重要性的企业，如律师事务所和会计师事务所等，才在发展到几十个、几百个合伙人后仍然采取这样的企业形式。

公司制（corporation）企业是一个法人组织体。它以法人的名义行使民事权利，承担民事义务，有权举债、签订合同，能在法院起诉和应诉。公司财产以股份的形式分属于股东。股东有权按股分享公司盈利。股东不能退股，但可以转让股权。与合伙制企业相比较，公司制企业的优点是：股东们只对企业债务负有有限责任，即只在他们缴纳的股金范围内对企业的债务负责；风险的减小也有利于大规模广泛地筹资；具有独立生命，除非由于歇业、破产，否则它的生命是“永远持续”的；公司治理具有规范性，股东大会按一股一票的原则投票选聘董事，组成董事会，托管公司法人财产，董事会则聘任总经理和其他高级经理人员进行日常经营活动。公司经理人员在作为股东的代理人行使职权和承担财务责任时受到有关法律的严格限制。这样就保证了公司决策的连续性和及时性，减少了差错。所有权和经营权分离也为科学管理奠定了基础。公司制的缺点在于设立程序很复杂，另外公司成立过程中多重的产权交换关系和在此基础上的复杂的公司治理结构，使得作为投资者的股东权益受到侵害的可能性增大。

第二节　国有企业建立现代企业制度

一、企业制度及其变迁

（一）企业制度的界定

1．企业制度的内涵

企业制度是一系列用来规范和约束企业行为的权利与义务的规则和习惯，是以产权制度为基础和核心的企业组织制度和管理制度的总和。从企业的产生来看，企业制度是作为规范一种经济组织形式的基本制度而出现的；从法律形态看，企业制度是企业经济形态的法律表现；从社会资源配置方式来看，企业制度是相对于市场制度和政府直接管理制度的一种资源配置方式。构成企业制度的三项基本内容是：企业产权制度、企业组织制度、企业管理制度。其中，企业产权制度是核心，三者分别构成企业制度的不同层次。

2. 企业制度的类型

企业制度按照不同的标准，可划分为如下三种类型：第一，按照企业的法律形式，分为有限责任制度和无限责任制度两种模式。第二，按照企业出资者的多少可以划分为独资制和合资制，相对应的企业可以成为独资企业和合资企业。第三，根据出资者所有制性质及地位划分为公有企业制度、私有企业制度和混合型企业制度，对应的企业是公有企业、私有企业和混合所有制企业。

（二）企业制度的变迁

企业制度的变迁，是指在一定时期内，在确定的地域或者部门等范围内的企业产权制度、组织制度以及管理制度变革的统称。

企业制度是适应经济发展需要而产生的，并且随着社会生产力的发展而不断演化。这种变迁表现在以下两个方面：

第一，从产权制度来看，企业制度的变革是从古典的业主制等独资企业发展到现代的公司制企业。早期资本主义的产权制度是以独资企业形式出现的，在这种企业里，出资者与经营者合一，所有者不仅拥有财产权与经营决策权，还独享剩余索取权，当然也承担企业债务的无限责任。这种产权制度的安排有利于市场主体的营造，但使其规模受到严重制约。尽管在现代，国内外金融资本的互动足够支撑独资企业规模扩张的资金需求，但规模扩大会迫使雇主将经营决策权逐级委托给代理人，并且随着规模的扩大，风险也会加大，这就会迫使出资人选择风险分散机制，进而使大型独资企业逐步为公司制企业所取代。公司制企业的产权制度安排的基本特征是，出资人财产与企业法人财产相分离，委托-代理关系及法人治理结构真正形成。由于出资者只承担有限责任，风险大大分散，这就为企业规模的扩大扫清了产权制度的障碍。但公司制企业的规模扩张也不是无限制的，当规模扩大到一定程度后，委托-代理链拉长，委托成本会逐步增加，机会主义及败德行为也会随之出现，当规模边际收益小于边际成本时，就会停止扩张。近些年出现一种新型的公司制，该类公司多属科技型公司，由创业者、经营管理者、风险投资者共同创办。创立企业的主角不是资本所有者，而是具有发明冲动的创业者，他们借助别人的资本创立了企业并发展到一定规模后，再将经营管理权转交给职业经理人，就出现了创业、出资与经营管理三者分离的情况，这种公司制更有利于企业的跨国发展或与其他国家的企业制度兼容。

另外，第二次世界大战后公司制的产权制度的变革还出现了几个新特点：第一，股东多元化与股权分散化。第二次世界大战后，美国、日本等国的一些大公司的大股东持股比例多低于5%。如在20世纪80年代初，美国德士古公司前三位大股东持股比例分别为1.56%、0.38%、0.28%。第二，员工持股计划的发展。法国在1959年就在一些企业中试行员工用分享的部分利润购买股票的计划，1968年开始在大型企业中强制推行该计划。日本在1973年实行员工持股计划的公司占上市公司的6%。1974年，美国实行员工持股计划的企业只有300多家，员工人数仅10万余人，到1995年已达12 000多家，员工1 200万人。第三，法人持股增加。在1945年，日本法人持股率为36.8%，1993年上升到68.2%。美国法人持股率在1950年为12.5%，1992年上升到46%。[①]法人持股在某种意义上是对个人产权的淡化，各类基金会和商业银行信托部等机构持股的资金已不是股东的资产，而是客户的信托基金。公司法人相互持股，经多次循环后，很难找出法人股东背后的终极所有者，这就使私人资产进一步社会化了。这些方面的产权变革为企业跨国发展奠定了制度基础，甚至产权制度改革本身已把企业置于全球化之中了。

第二，从组织结构来看，企业制度的变革是从手工工场开始的，经历了传统的工厂制度，再演进为如今多单位、多职能的现代企业组织形式。在企业演变过程中，我们可以看到一系列令人瞩目的变化：一是企业内部层级管理制开始形成并逐步发育成熟，钱德勒称其为“企业管理的革命”。根据他的分析，组织结构的差异构成了现代企业与古典企业相区别的基本特征。现代企业组织通常规模较大，具备多种经济功能，经营多个系列的产品，在不同的地区经营，钱德勒称其为“多单位企业”；古典企业组织通常规模较小，只有一种经济功能，产品单一且只在一个地区经营，钱德勒称其为“单一单位的企业”。二是现代企业的高、中级决策者不再兼有资本所有者的身份，而被称为专门的“支薪管理人员”；古典企业的两权则是高度合一的。三是现代企业作为层级（hierarchy）组织包含两个以上决策层级，也就是说，包含了中间决策层级。中间层级的决策者的存在形成了较为复杂的决策分工体系，表现为企业内部的管理组织，钱德勒称其为“管理层级制”；古典企业作为层级组织通常只包含两个层级，企业管理者（老板）是最高决策层级，工人是最低决策层级，前者直接指挥后者，是一种最简单的形态。正是根据这些变化，钱德勒对现代企业给出了如下定义：它“是一组由支薪的中高级管理人员所管理的多单位企业”[②]。威廉姆森更进一步将公司组织结构划分为U形、H形、M形三种基本类型。M形是现代大公司科层结构的主流。

二、现代企业制度的基本特征

现代企业制度是社会化大生产和现代市场经济发展的产物，是用来规范或约束现代企业行为的一系列制度安排的总和。它包括现代企业产权制度、现代企业组织制度和现代企业法人治理结构等制度安排。

党的十四届三中全会提出，国有企业改革的目标是建立产权清晰、政企分开、责权明确、管理科学的现代企业制度。因此，有的学者把现代企业制度的特征归结为“产权清晰、政企分开、责权明确、管理科学”十六个字，其实，它们是针对计

---

① 盖晓峰. 公司法系列讲座之股份有限公司［EB/OL］.［2013-07-26］. http：//www.ruizhenglawyer.com/html/sw/tl/200905/04-275.html.

② 钱德勒. 看得见的手［M］. 重武，译. 北京：商务印书馆，1987：4.

划经济体制下国有企业管理体制的弊端提出来的，也就是说，传统的国有企业制度产权不清，政企不分，责、权、利不明确，管理不科学，很显然，要建立的现代企业制度就是要改变这种状况。但是，这四个特征不能把现代企业制度与古典的业主制和合伙制区分开来，业主制和合伙制也具有产权清晰、政企分开、责权明确的特征。

与古典企业制度相比较，现代企业制度的基本特征可概括为：

第一，投资主体的多元性与直接融资功能。所有权与控制权相分离，是现代企业产权制度的根本特征，也是现代企业与古典企业的根本区别所在。现代企业主要采用股份制形式。股份公司是通过投资入股的方式募集资本金而组建的企业，投资者就是股东，享有作为投资者的法定权益。这种投资主体多元性结构的首要功能是企业通过发行股票进行直接融资。这种功能在很大程度上克服了业主制、合伙制企业融资有限性的缺陷。

第二，企业法人制度。所谓法人，是指具有一定的组织机构和独立的财产，能以自己的名义进行经济活动，享受权利和承担义务，依照法定程序成立的组织。现代企业作为法人，具备法人的三个基本特征，即组织特征、财产特征和人身特征。组织特征是指企业必须依法成立，必须具有作为一个整体从事经济活动的统一组织，有自己的名称和场所，设有固定的组织机构和必要的职能部门；财产特征是指企业必须拥有自己能够独立支配和控制的财产；人身特征是指企业具有法律所虚拟、创制和认可的独立的人格。在公司制中，股票所有者与公司的实际资产相分离，投资人与企业法人相分离，既保证了公司资产的稳定性，又使得投资人可以通过资本市场的流通机制转移风险。按法定程序通过发行股票设立公司后，公司的资本及由此决定的公司财产就形成独立的法人产权，当然作为法人产权的最终产权主体是公司股东，但股东一旦入股就不得退股，因为其投资已与其他的投资主体的资本融为一个整体，形成了独立于股东的法人财产权。

第三，有限责任制度与投资风险的锁定功能。有限责任制度包含两方面的含义：一是企业以出资人出资构成的法人财产为限对其债务承担有限责任。二是出资人以其投入企业的资产额为限对企业的债务承担有限责任。股东的债务责任只以其投资额为限，在公司资不抵债时，股东不负连带清偿责任，这就锁定了股东的投资风险。

第四，委托-代理关系成为现代企业的必然关系。委托-代理关系是在企业层级组织中处理产权关系和上下级关系的一种基本方式。如在股东会与董事会之间，股东会是委托人，董事会则是代理人；在董事会与经理层的关系中，董事会则成为委托人，它把组织和管理企业日常生产经营的权力委托给经理层，经理人员成为代理人。在企业委托-代理关系下，必然会产生代理问题。由于代理问题的存在，在公司的长期运作中形成了主要为解决这一问题的法人治理结构。

第五，层级式的企业法人治理结构与专业化经营管理。由股东大会、董事会、监事会和经理层组成企业法人治理结构，各个层级具有明确的职责和权益，在经营管理和控制的分工基础上形成相互制衡的运作机制。从一定意义上说，公司制的经营管理权与投资主体相对分离，使得专业化的经营管理者有权支配运营资产，实现经营管理的专业化、职业化，使得特有的人力资本能够充分地发挥作用。

三、国有企业建立现代企业制度的关键是完善企业法人治理结构

从目前情况看，按照现代企业制度要求改制后的国有企业，能否体现出现代公司制的基本特点并有效发挥这种企业制度的功能，关键在于能否形成有效的法人治理结构。

所谓法人治理结构，即以股东为核心的利益相关者之间的互相制衡关系的泛称，其核心是在法律、法规和惯例的框架下，保证以股东为主体的利益相关者利益为前提的一整套公司权力安排、责任分工和约束机制。目前，世界各国越来越关注公司治理问题，许多国家把建立良好的公司治理结构作为提高经济效益、增强公司市场竞争力的重要手段。在我国，健全法人治理结构是深化国有企业改革的一项重要任务。

公司的产权关系及治理结构所体现的是多层级的委托-代理关系，投资主体作为委托人将企业的控制权委托给董事会，形成托管关系。董事会并不具体经营管理企业，它又作为委托人将具体经营管理权委托给经理层，经理层成为这一层次的代理人……如此结成多层次的委托-代理关系。而在委托-代理关系中，由于委托人与代理人的目标函数不一致，因而委托-代理关系中内生着“代理问题”，形成自身难以克服的矛盾。简单地说，由于公司产权结构及治理结构所显现出的不同于业主制、合伙制企业的特点，公司制企业的不同利益主体的目标是不一致的。例如，作为最终委托人的投资人（股东）追求的是利润最大化，因为公司的可分配利润越高，每股收益就越高，在股票市场上该公司的股票市值也越高，反之亦然。而作为股东代理人，也是经理层委托人的董事会成员，作为股东虽然与其他的股东在利益上有一致性的一面，但也有可能存在不一致的方面，作为大股东，有可能实施有悖于中小股东权益，而有利于大股东利益的决策。经理层的目标与以上两类主体的目标也存在不一致的方面，经理层可能通过背离利润最大化原则而实施追求个人收益最大化的措施，如盲目扩大企业规模、任意提高在职消费的档次等。

法人治理结构是否有效发挥作用，关键是组成治理结构的各个权益主体能否充分发挥经营管理的积极性，并且在他们发挥积极性的同时，能够对他们的行为实施有效的制约，使他们各自在追求个人权益最大化的过程中不会导致其他相关利益者，尤其是投资人、债权人等主体的权益损失。因而，从一般意义上讲，要形成有效的能够克服代理问题的治理结构，关键是建立和健全对代理人的有效激励监督机制，将代理人与委托人结成利益共同体和命运共同体，这就需要形成一系列的制度安排。这些制度包括以下几方面：

第一，健全的行之有效的法规体系。公司法、证券法等相关法律对于规范公司

运作机制、保护投资者及相关利益者的权益、约束企业经营管理者行为具有不可替代的作用。例如，各国公司法对于公司的治理结构包括股东大会、董事会及总经理的权利和责任都作了明确的界定，以规范企业的运作机制。

第二，形成股东可以"用脚投票"的健全的股票市场。资本市场的功能不仅表现在公司筹资和股票的转让方面，而且可以起到约束管理层行为的作用。如果因管理的原因使得公司的权益受损或使得股东面对的风险上升，股东就会在证券市场抛售股票，这种行为可以理解为股东向管理层投的反对票；如果公司股票价格大幅度下跌，企业有被其他股东集团、公司或个人收购的危险，被收购的公司在收购者收购成功后必然会改组管理层。即使不被收购，股票市场的压力也会导致公司采取措施改组管理层，从而给管理层施加压力，以约束他们的非利润最大化行为。

第三，竞争性的职业经理市场。职业经理市场的竞争压力也可以促使经营管理者在经营中以股东利益为重；否则，将存在被其他的职业经理替代的可能。

第四，有效的激励机制。设计有效的长期激励计划，使得经营管理者的收益与股东的收益紧密相关，让经营管理者在追求个人收益最大化的同时，能够促进股东收益的增加。例如，有些公司实施的股票期权计划就具有实现激励相容的目的。

第五，健全的、严格的财务及相关信息的披露制度。通过规范的财务制度及信息披露制度，防止内部人暗箱操作，损害股东权益。

在实践中，各国公司根据各自的股权结构特点、历史文化传统等因素，形成了各具特色的公司治理结构及解决代理问题的制度安排。这些制度安排在一定意义上都存在制度创新的特点。德国、日本、美国等国的公司治理结构及相关制度安排就存在明显的差异。例如，在美国公众公司中，由于股权相对分散，因而股东在股票市场上的"用脚投票"机制以及竞争性的职业经理市场所产生的压力，在约束核心管理层的行为方面发挥着重要作用。与此相对应的对核心管理层的高酬金激励（包括股票期权在内的长期激励计划的实施）在解决代理问题方面也起重要作用。而在日本，企业之间的相互持股及法人持股占有很大比重，商业银行与公司之间的关系较美国的银行与公司之间的关系更为紧密（日本实行主银行制）。在日本，不仅公司股权结构相对集中，而且相对稳定，因而股票市场的波动对经理层造成的压力相对弱化，因为一旦公司股价出现显著波动，包括主银行在内的公司主要投资主体会采取行动稳定股价。如果说美国的竞争性职业经理市场对经理的行为起着重要的制约作用，日本公司更重视通过晋级制从企业内部培养和提拔核心管理人员，并且日本公司的高层经营管理人员的薪金与普通雇员的薪金差距比美国公司要小得多。德国公司在治理结构方面也具有鲜明的特色，其监事会是核心权力机构，并且监事会法定要求有一定数量的普通雇员参加，这一点与美国有明显的不同。

我国的国有企业在通过改制向现代企业制度转轨过程中，本身在股权结构上就具有鲜明的特点。例如，国有股和大多最终属于国有产权的法人股，在经过改制后的公司中占有绝对比重。在这种情况下，如何避免由此导致的低效率甚至负效率，是在建立现代企业制度法人治理结构过程中要面对的焦点问题之一。

解决这一问题的途径，首先要加强一系列基本制度建设，包括：(1) 建立健全与公司制度相关的法规体系，尤其是要严格执法；(2) 规范证券市场，强化证券市场的监督和约束功能；(3) 形成竞争性的职业经理市场，强化经理市场的约束功能；(4) 形成有效的激励机制等。另外，更重要的是，在合理有效地借鉴具有典型意义国家的公司治理结构经验的基础上，切实从我国实际出发，在制度创新中形成具有中国特色并行之有效的治理结构，在实行企业制度创新的同时，继续深化国有资产管理体制改革。这需要我们继续大胆探索、不断创新。继续调整国有经济的布局和结构，改革国有资产管理体制。在坚持国家所有的前提下，充分发挥中央和地方两个方面的积极性。国家要制定法律、法规，建立中央政府和地方政府分别代表国家履行出资人职责，享有所有者权益，权利、义务和责任相统一，管资产和管人、管事相结合的国有资产管理体制。关系国民经济命脉和国家安全的大型国有企业、基础设施和重要自然资源等，由中央政府代表国家履行出资人职责。其他国有资产由地方政府代表国家履行出资人职责。中央政府和省、市（地）两级地方政府设立国有资产管理机构。继续探索有效的国有资产经营体制和方式。各级政府要严格执行国有资产管理法律、法规，坚持政企分开，实行所有权和经营权分离，使企业自主经营、自负盈亏，实现国有资产保值增值。

要进一步探索公有制特别是国有制的多种有效实现形式，在大力推进企业制度创新的同时，实行技术和管理的创新。除极少数必须由国家独资经营的企业外，积极推行股份制，发展混合所有制经济。实行投资主体多元化，重要的企业由国家控股。推进垄断行业改革，积极引入竞争机制。通过市场和政策引导，发展具有国际竞争力的大公司、大企业集团。进一步放开搞活国有中小企业。

第三节　企业经营管理体制与经营机制

一、企业经营管理体制

企业经营管理体制是指所有权与经营权之间关系的安排方式。它主要有以下几种形式：

1. 国营管理体制

在计划经济体制下，国营企业由中央政府和地方政府直接经营管理，企业生产什么，生产多少，如何生产等都由政府决定，产、供、销和人、财、物都由政府集中计划安排，在这种体制下，企业和职工都没有积极性、主动性和创造性。在社会主义市场经济条件下，政府作为出资者的所有权与企业法人财产权分离，国有企业成为自主经营、自负盈亏、自我约束、自我发展的市场主体。只有极少数涉及国家安全的行业、自然垄断性行业、提供重要公共品和服务的行业以及支柱产业和高新技术产业中的重要骨干企业等，有必要由政府直接经营。

2. 承包经营管理体制

承包经营管理体制，简称承包制，是以承包经营合同形式，确立国家和企业的责、权、利关系，促进企业自主经营、自负盈亏的经营管理形式。它主要有以下形式：（1）上缴利润递增包干；（2）上缴利润基数包干，超收分成；（3）上缴利润定额包干；（4）亏损企业减亏包干；（5）国家批准的其他承包形式，如全行业的投入产出包干等。承包制在一定程度上激发了企业经营者的积极性，但其作为一种制度安排，具有本质性缺陷，即它在把部分剩余控制权和剩余索取权交给承包者以后，企业产权的界定不是清晰了，而是更模糊了，发包者与承包者之间的利益冲突加剧，双方侵权的行为更容易发生。承包制没有也不可能使企业获得充分的自主经营权，也不可能实现政企分开和企业间的公平竞争。

3. 股份制经营管理体制

股份制经营管理体制简称股份制，是现代企业的经营形式。1993年后我国企业开始进入制度创新阶段，即建立现代企业制度的新阶段。

股份制已成为公有制重要的实现形式。在我国，股份制有两种主要形式，即有限责任公司和股份有限公司。两者既有区别又有共性。它们的区别是：第一，股东法定人数不同。有限责任公司为1~50人；股份有限公司应当有2~200人作为发起人，股东法定人数没有上限。第二，融资方式和股票转让方式不同。有限责任公司只能内部融资，股票转让要得到一半以上股东同意；股份有限公司可以向全社会融资并自由转让。第三，法定注册资本最低限额不同。有限责任公司为3万元；股份有限公司为500万元。第四，信息披露制度不同。有限责任公司不需要对社会作信息披露，财务信息保密；股份有限公司有严格的信息披露制度，特别是上市公司，必须定期向公众披露其财务信息。它们的共同点有：第一，两者都实行出资者所有权与企业法人所有权分离制度。第二，两者都实行有限责任制度。第三，两者有类似的治理机制。

我国国有企业除涉及国家安全、尖端技术、生产某些特殊用途产品的企业必须采取国有独资公司形式外，其他大中型企业应依照公司法逐步改制为国家控股或参股的多元股东结构的有限责任公司或股份有限公司。

4. 其他经营管理体制

其主要包括租赁经营、授权经营和资产经营责任制等形式。（1）租赁经营是承包经营的特殊形式，是指国家授权机构将企业资产出租给承租者，承租者按租约缴付租金，对企业进行自主经营。租赁经营一般在小企业中进行，承租者包括个人或企业全体员工。（2）授权经营是指中央政府和地方政府分别授权大型企业、企业集团和控股公司经营国有资产的形式。在这种经营形式下，授权经营组织是政府与原拥有国有资产的企业之间的中介。(3) 资产经营责任制是以对企业资产的盈利和增值能力的评估为基础来确立国家和企业之间责、权、利关系的经营形式。它的作用在于：一是它为企业制度向股份制这种现代企业制度形式过渡起到承上启下的历史作用。二是它力求通过对资产的连续评估和招标的方式，将承包租赁制的合理内核保留下来，并使其科学化、规范化，科学地界定了国家和经营者之间的关系。

二、企业经营机制

企业经营机制是指企业生产和经营活动的各个环节、各个方面相互制约、相互促进的内在功能体系，也可以视为激励和约束企业经济活动的基本要素的有机结合。它包括决策机制、激励机制和约束机制。

决策机制是指在企业生产经营过程中，决策系统各要素之间的有机结合。其核心是各级管理层决策权的合理分配，它们的权限要与它们所承担的责任、利益和所掌握的信息相对称。

激励机制是指激发企业内部不同利益主体的利益动机，并将此动机转化为实现企业经营目标的推动力的制度安排。企业的激励机制所表达的是通过激发企业内部的利益动机而形成企业经济运行所需要的动力机制。企业作为商品生产经营者，应当以营利为直接目标。企业激励机制的运作与完善需要处理好两个层次的经济利益关系：一是正确处理企业资产所有者同企业的利益关系；二是正确处理企业经营者同生产者的利益关系。作为企业经营机制构成要素的企业经营目标，不是指企业制定的具体的生产指标（如月度和年度计划指标），而是指由企业内部各种利益主体在追求自身经济利益过程中相互联系和制约的方式决定的企业经济活动的基本取向。要说明企业的经营目标，首先需要了解企业的利益结构，即企业的利益主体。在社会主义企业中，存在着三种基本的利益主体，即国家、企业集体和个人（包括经营者和普通职工）。这三者在根本利益一致的情况下，各自具有特殊利益。企业的经营目标表现为利润最大化。利润最大化是企业的总目标或最高目标，它是企业经济行为的内在驱动力和企业活力的源泉，这一目标无所不在地支配着企业经营管理活动的每一过程、每一环节和每一方面。但是，利润最大化的实现也要依赖于企业每一经营管理过程或环节的具体目标即分目标的实现。分目标是实现企业利润最大化的手段，是总目标的具体化和措施化。

约束机制是企业主动控制和调整自身的行为，适应各种条件和环境变化，使自己获得生存和发展的机制。它包括内部约束机制和外部约束机制。约束机制的实质也是优化自身行为的过程，保证实现自己的目标。企业对利润最大化目标的追求，受到各种内外因素的制约，其中既有经济的，也有非经济的。企业经营约束主要包括：

第一，预算约束，指企业必须以自己的收入来补偿自己的支出，其支出要受收入的约束。根据收入对其支出的约束效力，可以将其约束分为硬约束和软约束。从企业方面看，衡量是不是硬约束，至少有四个标准：第一，企业是否为自己占用的一切生产资源支付代价，是否存在资金和物质的无偿供应；第二，企业是否随意减少应上缴的资产收益，随意改变税率、税则和减免利税；第三，企业在发生亏损时是由自己承担，还是通过国家财政补贴解决；第四，企业是否严格遵守各种信用契约，包括信贷契约和商业信用契约，按期偿还债务，支付利息。

第二，市场约束，指各种市场信号对企业经济活动的制约。市场约束可分为价格信号约束和数量信号约束，主要通过商品市场和资本市场实现。发挥商品市场对企业的约束作用，必须具备以下条件：①企业负担均等；②形成全国统一的、没有地方保护封锁、充分竞争的市场环境；③市场竞争规范化，消除不正当竞争行为。资本市场对企业的约束作用主要表现在：一是股东“用脚投票”的方式；二是接管的方式；三是企业产权转让方式。如果经营者经营不善，造成企业亏损，那么优质企业可以低价收购、兼并整个企业。

第三，所有者约束，是在企业内部通过最终产权的投资者约束体现出来的。公司的这种内部管理机制实行的是纵向授权制，即股东大会授权给董事会，董事会授权给经理人员。董事会对经理人员的授权要签订经营合同，合同内阐明其权利范围及职责，使之职权统一。在这种管理体制下，企业经理人员的权利不仅受到其授权机构董事会或执行董事的约束，而且监事会也有权对经理人员在执行公司职务时违反法律、法规或公司章程的行为进行监督。

第四，法律约束，主要指法律对企业行为的规范要求。法律对企业行为约束主要包括以下方面：①市场主体的设立；②市场主体的变更；③市场主体的终止；④市场主体的权利；⑤市场主体的义务；⑥市场主体的领导体制及职权；⑦市场主体承担的法律责任。

第五，政策约束，指在市场经济体制中，国家为实现国民经济发展目标，通过调节宏观经济变量对企业实行的约束。国家在一定时期内的宏观经济政策，往往表现为一个宏观经济政策体系，它由国家的财政、税收、金融、产业、投资和收入分配等多方面政策共同组成。国家以政策影响市场，进而引导企业的经济活动。这时企业直接感觉到的是市场约束，但其中实际包含着国家的宏观信息。

第六，舆论约束，是指社会集结的评价性意见对企业的约束。舆论约束既影响企业的行为方式和能力发挥，又对企业的经营环境产生作用。舆论是指围绕在某一个人或一个集团周围的各种意见的集合体。舆论环境一般是由主体（个人、社会、集团）、客体（公众和公众传播媒介）和舆论载体（言论、文字）三个构件组成。它的特征是：广泛性、渗透性、层次性、导向性、变动性。

第四节　企业经济行为

一、企业经济行为的界定

企业经济行为是指企业受需求、动机和环境等影响和驱动，为了追求一定目标所采取的带有规律性的行动和活动的总和。企业作为社会经济的基本活动单位，在内在动力结构驱使下，对来自外部环境的刺激作出反应。企业内在动力结构表现为企业目标；企业外部环境则表现为影响企业目标实现的外部条件。企业的基本经济行为包括企业融资行为、企业投资行为、企业创新行为、企业生产行为和企业分配行为等五个方面。判断企业行为合理的标准，是在平等竞争条件下，实现企业利润，增加积累，扩大再生产，以满足社会的需要。凡是符合这一标准的，为合理的、正常的企业行为；违背这一标准的，为不合理、不正常的企业行为。从营利与否来划分，有营利性企业行为和非营利性企业行为。营利性企业行为表现为生产、流通或服务方面的行为；非营利性企业行为表现为保护资源、防止污染的活动，社会管理与协调关系方面的活动。

企业的经济行为是多种多样的，在不同的成长阶段或生命周期的不同时期，企业主体的需求、动机和经济社会环境不同，企业的经济行为会发生变化。但万变不离其宗，在市场经济条件下，企业总以追求最大化利润（或满意利润）为基本目标。因此，在分析企业经济行为时，要把握一条基本线索，即一个行为合理的企业，总是根据各种因素对企业成本与收益的影响，作出能够使收益与成本之间的差额最大，即利润最大的经营决策。

二、企业的成本、收益和利润

（一）企业的成本

企业的成本是指企业生产经营活动中事先垫支的费用，它包括从研究开发到生产再到销售整个过程中垫支的费用。企业的成本可从不同角度进行分析。

1．相关成本

在具体应用场合下应该使用的成本叫作相关成本。当企业会计人员编制本企业所得税申报单时，法律要求他们列出购置生产用劳动力、原材料和机器设备等方面所实际支出的金额。因此，为了纳税，表现为企业实际支出金额的历史成本就是相关成本。然而，对企业经营管理决策来说，历史成本就可能不适宜了。在一般情况下，现行成本和未来计划成本比历史成本较为妥帖。例如，有一家房地产公司存有1 000吨钢材，其原来进价为每吨2 500元，而现价已上涨了1倍，即每吨5 000元。如果这家房地产公司现在要投标承建一项工程，它该如何规定该工程所要使用的钢材的成本：是每吨2 500元的历史成本，还是现行成本5 000元？回答显然是现行成本。这家公司必须支付单价每吨5 000元，才能重新购置它要耗用的钢材。因此，5 000元是这家公司用于投标承建这项工程的相关成本。然而，必须注意：供纳税用的钢材成本仍为历史成本2 500元。

2.固定成本和可变成本

企业的总成本可以分为固定成本和可变成本。

不随产量增减而变动的成本叫作固定成本。固定成本包括借入资金的利息、租用厂房和设备的租金、与时间转移有关的折旧费、财产税、减产期间不能解雇的职工的工资等。然而，从长期来看，却不存在任何固定成本。

可变成本恰与固定成本相反，它随着产量增减而变动。可变成本是产量水平的一个函数，它包括：原材料费用、与使用设备有关的折旧费及水电费等的可变部分、直接生产工人的工资、销货佣金和其他随产量增减而变动的投入要素的成本。从长期来看，所有的成本都是可变的。

3.平均成本与边际成本

企业生产决策中的一个关键问题是其成本如何随着产量水平的变动而变动。这涉及两方面的问题：一是生产单位产品的成本是多少；二是每增加生产单位产品的成本是多少。前者是企业生产该产品的平均成本，后者是企业生产该产品的边际成本。它们都是从企业的总成本中派生出来的相关成本概念。

用企业的总成本除以总产量，就得到企业的平均总成本。由于总成本是固定成本和可变成本之和，因此平均总成本可以表示为平均固定成本与平均可变成本之和。平均固定成本是固定成本除以产量，平均可变成本是变动成本除以产量。

至于边际成本，它是指额外一个单位产量所引起的总成本的增加。

用数学来表示平均成本和边际成本的概念是很有用的。如果Q代表产量，TC代表总成本，ATC代表平均总成本，MC代表边际成本，那么，我们可以写出：

$$ATC=\text{总成本}/\text{产量}=TC/Q$$

$$MC=\text{总成本变动量}/\text{产量变动量}=\Delta TC/\Delta Q$$

上述公式表示如何从总成本中得出平均成本和边际成本。

企业在决定其产量时，边际成本概念起着关键作用。完全竞争企业面对既定的市场价格，可以增加其产量，直到其边际成本等于价格。这一点是企业取得最佳利润的产量点。不完全竞争企业则通过使边际成本等于边际收益来取得最佳利润。对于多数企业来说，边际成本下降一阵后即开始上升，边际成本的变动趋势依企业生产函数的性质及所购商品的价格而定。

4.短期成本和长期成本

一个企业的成本往往取决于所考虑的时间长短。特别是许多成本在短期中是固定的，但在长期中是可变的，因此，对于许多企业来说，总成本分为固定成本和可变成本取决于所考虑的时间长度。例如，海尔集团生产冰箱，在只有几个月的时间内很难调整其工厂的数量和规模，因此，它可以生产额外冰箱的唯一方法是，在已有的工厂中多雇用工人。这样，这些工厂中的成本在短期中是固定成本。与上述情况不同，在几年的时期中，海尔集团完全可能扩大工厂规模，建立新工厂或关闭旧工厂，因此，其工厂的成本在长期中是可变成本。由于许多成本在短期中是固定的，但在长期中是可变的，因此，企业的长期成本曲线不同于其短期成本曲线。

企业作生产经营决策时，还要考虑另一种性质的成本，即机会成本。从经济资源的稀缺性这一前提出发，当一个社会或一个企业用一定的经济资源生产一定数量的一种或者几种产品时，这些经济资源就不能同时被使用在其他的生产用途方面。这就是说，这个社会或这个企业所获得的一定数量的产品收入，是以放弃用同样的经济资源来生产其他产品时所能获得的收入作为代价的。由此，便产生了机会成本的概念。所谓机会成本，是指企业把资源用于生产某种产品时所放弃的另外的用途所可能获得的利润。对企业而言，生产一单位的某种商品的机会成本是指生产者所放弃的使用相同的生产要素在其他生产用途中所能得到的最高收入。

在经济学中，企业的生产成本主要应该从机会成本的角度来理解。企业的机会成本有时是明显的，有时则不那么明显。企业生产的显性成本是指厂商在生产要素市场上购买或租用所需要的生产要素的实际支出。例如，某厂商雇用了一定数量的工人，从银行取得了一定数量的贷款，并租用了一定数量的土地，为此，这个厂商就需要向工人支付工资，向银行支付利息，向土地所有者支付地租，这些支出便构成了该厂商的生产的显性成本。从机会成本的角度讲，这些支出的价格必须等于这些相同的生产要素使用在其他最佳用途时所能得到的收入；否则，这个企业就不能购买或租用到这些生产要素，并保持对它们的使用权。

企业生产的隐性成本是指厂商本身自己所拥有的且被用于该企业生产过程的那些生产要素的总价格。例如，为了进行生产，一个厂商除了雇用一定数量的工人、从银行取得一定数量的贷款和租用一定数量的土地之外（这些均属显性成本支出），还需动用自己的资金和土地，并亲自管理企业。西方经济学家指出，既然借用了他人的资本需付利息，租用了他人的土地需付地租，聘用他人来管理企业需付薪金，那么，同样道理，在这个例子中，当厂商使用了自有生产要素时，也应该得到报酬。所不同的是，现在厂商是自己向自己支付利息、地租和薪金，所以这笔价值就应该计入成本之中。由于这笔成本支出不如显性成本那么明显，故被称为隐性成本。隐性成本也必须从机会成本的角度按照企业自有生产要素在其他最佳用途中所能得到的收入来支付；否则，厂商会把自有生产要素转移出本企业，以获得更高的报酬。

显性成本与隐性成本之间的区别说明了经济学家与会计师在分析经营活动时的显著不同。经济学家注重研究企业如何作出生产和定价决策，因此，当他们在衡量成本时就包括了所有机会成本。与此不同，会计师的工作是记录和分析流入和流出企业的货币，因而他们主要关心显性成本，往往忽略了隐性成本。

（二）企业的收益

企业的收益就是企业的销售收入。企业的收益可以分为总收益、平均收益和边际收益。

总收益（TR）是指企业按一定价格出售一定量产品时所获得的全部收入。以P代表既定的市场价格，以Q代表销售总量，则有TR=PQ。

平均收益（AR）是指企业在平均每一单位产品销售上所获得的收入，则有AR=TR/Q。

边际收益（MR）是指企业增加一单位产品销售所获得的收入增量，则有MR=ΔTR/ΔQ。

边际收益概念之所以重要，是因为当生产者继续其生产直到其边际收益等于边际成本时，其便可得到最大利润。这是任何工业结构中的任何企业的最大利润点。

（三）企业的利润

利润是企业的收益减去相应的成本之后的余额，是企业经济效益的体现。从产品价值形式上看，是（c+v+m）减去（c+v）之后的余额即m部分。利润是一个企业存在和发展的基础，企业的最终目标是利润最大化，利润是生产力发展和社会进步的源泉和基础。

从机会成本的角度看，如果收益减去成本小于社会平均利润，则企业出现亏损情况。但从会计意义上看，只要收益减去成本大于零，企业就是盈利状态。

三、企业融资行为

融资行为是企业为了筹集研究与开发、直接生产和营销过程中所需要的资金而采取的融通资金的行为。根据企业的实际情况和金融市场的状况，企业可采取多种融资行为。

1．内源融资行为和外源融资行为

这是根据融资渠道对融资行为的区分。内源融资行为即企业通过自己的积累来融通资金的行为。其主要包括企业留利中的生产发展基金、企业提取的折旧基金以及企业内部职工集资等。这类资金不影响企业的独立，财务风险小，但一般融资量较小，时间较长，存在机会成本。

外源融资行为是企业通过一定途径或借助某种金融工具融入外部的资金的行为。其包括银行贷款、社会集资（发行债券和股票）、国家财政投资、海外股权融资（如发行B股、H股、N股和ADR（美国预托存款证））等。

外源融资行为包括直接融资行为和间接融资行为。直接融资行为指企业通过发行股票和债券形式融资的行为；间接融资行为指通过银行贷款形式融资的行为。相比较而言，直接融资行为的长处在于可以为企业提供长期融资手段，不受贷款期限和贷款条件的限制；其短处是融资成本较高，风险较大。间接融资行为的长处在于可以为企业提供短期融资手段，方便快捷；其短处是贷款者需要受贷款期限和各种贷款条件的限制。

2.短期融资行为和长期融资行为

这是从使用期限角度对于融资行为的区分。企业通过销售产品或提供劳务而收回的资金不可能均匀地发生，有时集中，有时则出现客户延期付款的现象，但企业购进原材料、支付各种费用、购置固定资产等却必须如期付款。这样，由于收入和支出在时间和数额上不能配比，有时会入不敷出，以至于企业必须筹措资金，产生债务，这就是短期融资行为。短期融资行为是指取得使用期限不超过一年的短期资金的活动。企业融通短期资金的方式主要有商业信用、银行借款、应付费用、短期债券等。长期融资行为是指取得使用期限超过一年的长期资金的活动。长期融资的形式主要有发行股票、发行长期债券、租赁等。

四、企业投资行为

企业投资行为是指企业在研究与开发、直接生产和营销过程中增加生产要素投入以期获得更多利润（价值增值）的行为。在投资过程中，企业要根据生产要求和市场规律选择投资方向和投资规模，同时还要受国家产业政策的调控和企业自身的预算约束。

1.投资的分类

首先，企业投资按时间长短可分为长期投资和短期投资。长期投资一般指投资时间在一年以上，用于中长期工程项目或购买中长期债券，以及长期持有其他企业股票等投资行为，其目的主要在于获取投资收益。短期投资一般指投资时间在一年以内，以融通资金为手段，以获取价差（或利差）为目的，短期购买有价证券或拆出资金的投资（融资）行为。这种分类有助于按时间长短把握投资的方向、数量和投资结构，有利于投资决策和强化投资管理，也有益于按不同投资类型预防投资风险和回避投资风险，因而是划分投资的主要标准。

其次，企业投资按投资对象（客体）还可划分为实物资产投资、无形资产投资以及金融资产投资（有价证券投资）。实物资产投资是指企业以机器设备、房屋建筑物、场地等固定资产和以原材料、工具器具、仪表以及其他流动资产为客体，向其他企业、单位所进行的投资。实物资产投资有助于企业利用闲置资源，最大限度地挖掘和利用企业的现有资源。无形资产投资是指企业以商标、专有技术、专利权、商业秘密以及商誉等无形资产向外部企业、单位所进行的投资。这种投资以不损害企业自身利益为前提，尽可能充分地利用企业所拥有的无形资产，以便为企业带来更多收益。金融资产投资是指企业购买有关部门、企业发行的有价证券，握有有关方面、企业的债权或股权，按照事先约定的条件收取利得。这种投资能够充分利用企业的财务实力，发挥现有资金的作用，同时又以不影响企业自身资金调度和运用为前提，因而是比前两种投资更为灵活的一种投资方式。

2. 投资的成本、预期收益和风险

不管哪一种投资，都会有成本。负债投资要支付利息和股息、红利，以自有资金投资也要付出成本。投资必须考虑投资成本的高低。在计划经济条件下，投资主体是国家而不是企业，不管是财政直接拨款还是企业向银行贷款，企业是很少考虑投资成本的。在市场经济条件下，绝大部分投资要成为企业的市场行为，企业成为投资主体后，能否盈利或盈利多少与投资成本高低直接相关。投资预期收益是由现期资本使用价值测算的，投资风险是由投资回收期内市场变化的不确定性引起的。为避免投资风险，企业投资可能会出现短期化趋势，其结果不仅会使经营发展缺乏后劲，而且也会在不同程度上造成资本和资源使用的低效率和浪费。有战略眼光的企业家，通过对投资风险的预测和精心设计，是敢冒风险的，通常来说，风险投资收益高于常规投资收益，风险越大，投资收益就越高。

3. 资金的时间价值

投资是较长期的市场行为。企业作为市场经济的行为主体，是根据市场信号和市场预期收益进行决策的。但市场信号是现期投资价格，它既可能失真，也可能不反映投资远期的情况和产业政策的要求，这就会为投资带来较大的风险，甚至使投资预期收益落空。这就要计算资金的时间价值。资金的时间价值是指资金在不同使用时期的价值。在一定时期内，把一定数量的资金存入银行和用于投入生产经营，带来的利息和利润数额是不同的，只有投资利润大于银行利息，企业才会投资。计算资金时间价值的公式如下：

$$F=P(1+i)^n$$

式中：F为终值；P为现值；i为年利率；n为年数。

五、企业的创新行为

企业的创新行为是指企业为了在竞争中占据优势地位，通过引入新产品、采用新生产方法、开辟新市场、获得原料的新来源、实行新的企业组织形式而获得超额利润的行为。它包括企业的制度创新行为和技术创新行为。

制度创新行为是通过变革企业组织和管理方式，以减少企业的生产成本和企业内外的交易成本来获得更多的利润的行为。

技术创新行为是指企业开发新技术和新资源，创造新产品的行为。企业技术创新的主要结果是提高了全要素生产率。此外，技术创新也改变了企业对于生产要素特别是劳动力的需求结构，改变了企业产品的性能和结构，诱发了新产品和新企业乃至新行业的产生，淘汰技术上落后的产品、企业和行业，影响企业之间的竞争方式和市场地位。

企业技术创新的过程一般可分为三个阶段：发明——设计创造新产品或新工艺；创新——把发明转化为商业应用；扩散或模仿——新技术在社会中的传播。尽管每个企业可能在任一阶段上引进或介入技术创新活动，但其核心都是特定技术的商业应用。就是说，对企业技术创新活动而言，它强调的是技术变革的商业性应用，即把技术转化为现实生产力的环节。因此，企业技术创新主要归结为两个方面：工艺创新——改进生产方法；产品创新——开发出新产品。

企业家是技术创新的主要推动者。企业技术创新主要来源于企业家的创新精神。就是说，企业技术创新总是与企业家相联系的，由企业家承担风险，开辟市场，筹集必要的资金，建立新的组织机构，并首次把新技术（包括工艺创新和产品创新）运用于生产经营活动和经济生活。

六、企业的生产行为

企业的生产行为是指企业为了实现利润最大化的目标，按照以最小的投入获得最大的收益的原则，决定怎样生产、生产多少的行为。

（一）按生产要素的最佳组合进行生产的行为

1．生产函数

企业进行生产经营的过程就是从生产要素的投入到产品的产出的过程。生产过程中生产要素的投入量和产品的产出量之间的关系，可以用生产函数来表示。生产函数表示在一定时期内，在技术水平不变的情况下，生产中所使用的各种生产要素的数量与所能生产的最大产量之间的关系。任何生产函数都是以一定时期内的生产技术水平作为前提条件的，一旦生产技术水平发生变化，原有的生产函数就会发生变化，从而形成新的生产函数。新的生产函数可能是以相同的生产要素投入量生产出更多或更少的产量，也可能是以变化了的生产要素的投入量进行生产。

假定X_1，X_2，…，X_n顺次表示某产品生产过程中所使用的n种生产要素的投入数量，Q表示所能生产的最大产量，则生产函数可以写成以下形式：$Q=f（X_1, X_2, \cdots, X_n）$。

该生产函数表示在既定的生产技术水平下生产要素组合（X_1，X_2，…，X_n）在每一时期所能生产的最大产量为Q。

在经济学的分析中，通常假定生产中只使用劳动和资本这两种生产要素。若以L表示劳动投入数量，以K表示资本投入数量，则生产函数可写为：$Q=f（L, K）$。

2．生产要素固定比例组合时的生产行为

这是指生产某种产品所需的各种生产要素组合比例不能改变，即各种生产要素之间不能相互替代。这种比例关系通常是由生产的技术条件决定的，其经济上的最优组合也就是技术上的最优组合。

3．生产要素可变比例组合时的生产行为

这是指生产某种产品所需的各种生产要素组合比例可以改变，即各种生产要素

之间可以相互替代。

在这种情况下，实现生产要素的最佳组合要同时考虑两个因素：一是生产要素组合的价格问题，即这种组合要使成本最低，要考虑用低价的生产要素来替代高价的生产要素；二是生产要素组合的产量问题，即这种组合要使边际产量最大化。满足最优生产要素组合的条件是：任意两种生产要素边际产量之比等于这两种生产要素价格之比。

（二）企业扩大再生产行为

企业扩大再生产是指由于企业生产要素的增加而导致的企业生产规模的扩大。就是说，企业扩大再生产指的是企业的再生产是在更大的规模基础上进行的，而不是简单地指企业再生产效果的变化。我们主要分析一下企业扩大再生产的规模报酬变化情况。

规模报酬变化是指在其他条件不变的情况下，企业内部各种生产要素按相同比例变化时所带来的产量变化。可以说，企业之所以扩大生产规模，在一定程度上就是看中规模报酬的增加。但是，企业的规模与规模报酬之间并不存在简单的对应关系。企业的规模报酬变化可以分规模报酬递增、规模报酬不变和规模报酬递减三种情况。

1.规模报酬递增

产量增加的比例大于各种生产要素增加的比例，称为规模报酬递增。例如，当全部的生产要素即劳动和资本都增加100%时，产量的增加大于100%。产生规模报酬递增的主要原因是企业生产规模扩大所带来的生产效率的提高。它可以表现为：生产规模扩大以后，企业能够利用更先进的技术和机器设备等生产要素，而较小规模的企业可能无法利用这样的技术和生产要素。随着对较多的人力和机器的使用，企业内部的生产分工能够更合理和专业化。此外，较多的技术培训和具有一定规模的生产经营管理，也都可以节省成本。

2.规模报酬不变

产量增加的比例等于各种生产要素增加的比例，称为规模报酬不变。例如，当全部生产要素即劳动和资本都增加100%时，产量也增加100%。一般可以预计两个相同的工人使用两台相同的机器所生产的产量，是一个这样的工人使用一台这样的机器所生产的产量的两倍。这就是规模报酬不变的现象。

3.规模报酬递减

产量增加的比例小于各种生产要素增加的比例，称为规模报酬递减。例如，当全部生产要素即劳动和资本都增加100%时，产量的增加小于100%。产生规模报酬递减的主要原因是企业生产规模过大，使得生产的各个方面难以得到协调，从而降低了生产效率。它可以表现为企业内部合理分工的破坏，生产有效运行的障碍，获取生产决策所需的各种信息不易获得等。

七、企业的分配行为

企业的分配行为是指企业生产经营所涉及的各个主体获取收入的方式及比例安排。它包括工资性收入和利润的分配。前者是劳动力的报酬，后者是各个主体对净利润的分配。

1.政府对企业征收税收

政府向企业的征税包括以下方面：一是流转税类，如增值税，这类税收是按照一定的税率，以流转额为计税基数计算的税收。二是所得税类，这类税收是按照一定的税率，以企业利润为计税基数计算的税收。其特点是，企业只有在盈利条件下才必须缴税。三是其他税收，如资源税、房产税等。

2.企业税后利润的分配

税后利润在企业投资者、企业法人和职工之间分配。投资者按照投资额，以一定的标准分得投资收益，包括利润、股息和红利，如政府向国有企业收取利润。对国有企业，政府除征税外，还要按照一定的利润率收取一定的利润，包括股息和红利，这是投资获得的收益。企业法人也要参与分配，包括提取公积金等。前者用于企业积累，扩大生产规模，包括用于物质资本和人力资本投资等；后者则是专门用于员工集体福利的准备金。经营者，包括董事、监事和经理等人员，除获得固定收入外，更多的是获得较高的风险经营薪酬。一般的员工以固定收入为主，包括工资、奖金和津贴等。

主要概念

企业　企业制度　现代企业制度　法人治理结构　公司制　股份有限公司　有限责任公司　国有独资公司　企业经营管理体制　企业经营机制　成本　收益　利润

基本训练

一、单项选择题

1.企业与市场的本质区别在于（　　）。

A.企业的生产性　B.企业的交易性　C.企业的实体性　D.企业的营利性

2.企业制度的核心是（　　）。

A.产权制度　B.组织制度　C.管理制度　D.领导制度

3.公司制是现代企业制度的一种有效组织形式，公司制的核心是（　　）。

A.企业法人制度　B.有限责任公司

C.公司法人治理结构　D.科学的管理制度

4.现代公司制企业中，公司的最高决策机构是（　　）。
A.股东大会　B.董事会　C.监事会　D.经理会

5.现代企业制度的主要组织形式是（　　）。
A.国有独资公司　B.有限责任公司
C.股份有限公司　D.有限责任公司与股份有限公司

6.我国国有企业改革的方向是（　　）。
A.建立现代企业制度　B.使企业成为法人实体和竞争主体
C.建立社会主义市场经济体制　D.转换企业经营机制

7.现代公司制企业的领导体制是（　　）。
A.经理负责制　B.董事会领导下的经理负责制
C.党委领导的经理负责制　D.股东大会领导下的经理负责制

8.企业实现利润最大化的基本条件是（　　）。
A.边际收益大于边际成本　B.边际收益小于边际成本
C.边际收益等于边际成本　D.总收益大于总成本

二、多项选择题

1.根据企业的组织形式，可以把企业划分为（　　）。
A.个人业主制企业　B.合伙制企业
C.公司制企业　D.资本密集型企业
E.劳动密集型企业

2.我国公司制的形式主要有（　　）。
A.国有独资公司　B.有限责任公司
C.股份有限公司　D.无限公司
E.两合公司

3.高度计划经济体制下，企业投资约束的特点是（　　）。
A.硬预算约束　B.软预算约束
C.市场约束　D.计划约束
E.道德约束

4.现代企业制度中出资者的所有者权益包括（　　）。
A.资产受益权　B.重大决策权
C.资产支配权　D.选择管理者的权利
E.制定公司章程的权利

5.公司法人治理结构是公司制的核心，构成公司法人治理结构的组织有（　　）。
A.常委会　B.董事会
C.股东会　D.监事会
E.经理层

6.现代产权制度的基本特征是（　　）。

A.管理科学　　B.归属清晰

C.权责明确　　D.保护严格

E.流转顺畅

7.股份有限公司的法律特征是（　　）。

A.股东人数有最低限额要求　　B.股东人数有最高限额要求

C.股东承担的责任有限　　D.公司承担的责任有限

E.股东人数没有限额要求

8.国有企业改革经历的两个阶段是（　　）。

A.政策性调整阶段　　B.承包制阶段

C.制度创新阶段　　D.利改税阶段

E.扩大企业自主权阶段

三、判断分析题

1.企业的本质在于其契约性。（　　）

2.公司制就是一种现代企业制度。（　　）

四、简答题

1.如何理解企业的性质？

2.怎样理解现代企业制度的基本特征？

3.简述企业经营机制的主要内容。

4.简述企业的创新行为。

5.简述企业的融资行为。

五、论述题

1.为什么说完善法人治理结构是国有企业建立现代企业制度的关键？

2.试述企业经济行为。

3.试述企业制度的变迁。

第五章　社会主义市场经济中的农户

学习目标

- ◆ 重点掌握家庭承包责任制为基础的双层经营体制的含义。
- ◆ 掌握农户的经营行为及经济特征。
- ◆ 了解农业产业化经营的形式及重要意义。

第一节　家庭承包制度和农户的特征

一、我国农业生产经营体制的演变

（一）农业生产经营体制的基本含义

农业生产经营体制是指农业生产经营的运行模式以及围绕农业生产经营活动所制定的一系列具体制度安排，是对农业生产过程的决策以及组织这些决策实施的基本组织制度和形式，包括农业生产经营的基本组织制度、生产经营主体和经营形式。不同的经济社会发展阶段有不同的农业生产经营体制。以农户为单位的小农经济是农业社会的一种基本经营形式，它已经有了数千年历史。我国现阶段农业生产经营的基本组织制度是“以家庭承包经营为基础、统分结合的双层经营体制”。农业生产经营主体是：农民或者农户、农业生产经营组织（包括农村集体经济组织、农民专业化合作经济组织、农业企业和其他从事农业生产经营的组织）。我国农业的经营形式是专业化合作和产业化、社会化经营。

（二）农业生产经营体制的演变

1. 从土地革命到人民公社

新中国成立后，通过“土地改革”，废除了地主的土地私有制和农奴制度，所有农户成为经济学意义上的“小农”，或者叫“自耕农”。但20世纪五六十年代的“合作化”运动和“人民公社化”运动使农户的土地被收归集体，形成了人民公社组织制度。人民公社是在高级农业生产合作社的基础上联合起来组成的劳动群众集体所有制的经济组织。人民公社成立初期，生产资料实行过单一的公社所有制，在分配上实行过工资制和供给制相结合，并取消了自留地，压缩了社员家庭副业，挫伤了农民的生产积极性，影响了农村生产力的发展。

在经过多次调整后，1962年，绝大多数人民公社实行了“三级所有，队为基础”的制度，恢复和扩大了自留地和家庭副业，但仍存在着管理过分集中、经营方式过于单一和分配上的平均主义等缺点。同时，农村人民公社一直实行“政社合一”的制度，即把基层政权机构（乡人民委员会）和集体经济组织的领导机构（公社管理委员会）合为一体，统一管理全乡、全社的各种事务。

为了克服人民公社制度上的各种弊端，1978年开始，中国进行了广泛、深入的农村改革。主要内容是实行以家庭承包经营为主的农业生产责任制，建立了集体统一经营与农户分散经营相结合的农业经营管理体制，打破了“三级所有、队为基础”的统一经营模式。另一项重要改革就是实行政社分设，重新建立乡政府，作为政权的基层单位。同时，在村一级建立了农民群众自治组织——村民委员会，村民委员会下设村民小组，分别管理本村、本组范围内的各种社会事务。经过改革，农村人民公社的体制发生了根本性的变化。

2．从人民公社到家庭联产承包责任制

在20世纪70年代末、80年代初的农村经济改革中，原来的“三级所有、队为基础”的人民公社制度被取消，形成了目前农业生产中普遍实行的以家庭联产承包责任制为基础的双层经营体制。

家庭联产承包责任制保留了土地等基本农业生产资料的集体所有制度，同时将农业生产经营的自主权赋予了农户。经过20多年的探索和实践，2002年的第九届全国人民代表大会常务委员会第二十九次会议正式通过了《中华人民共和国农村土地承包法》（以下简称《农村土地承包法》），用法律的形式把农村生产责任制固定了下来。以家庭联产承包责任制为基础的双层经营体制是我国农村的一项基本经济制度，既符合我国生产力的发展水平，也符合我国的基本国情，必须长期坚持并在形式上不断发展。所有的农村经济和社会体制改革都应在此基础上展开。

以家庭联产承包责任制为基础的双层经营体制为促进农村经济社会发展发挥了基础性作用，也为我国的城镇化和工业化奠定了坚实的基础。而随着我国近年来城镇化和工业化进程的加快，农业和农村发展的微观基础和宏观环境都发生了巨大变化，我们必须以科学发展观为统领，在不断完善家庭联产承包责任制这一基本经济制度的基础上，与时俱进地创新农业生产经营体制，开辟有中国特色的农业现代化之路。

3．以家庭联产承包责任制为基础的双层经营体制的发展

双层经营体制的发展，就是要在农村建立起经营主体明确、产权清晰、资源配置高效的农村经济运行机制、组织机构和管理体制，加快农业产业化、社会化和现代化进程。总体来看，未来一段时期我国农村生产经营体制可以在以下几个方面不断完善：

一是健全农村土地流转制度，提高土地资源的配置和利用效率。进一步强化双层体制中的“分”这一层次，赋予农民更充分的承包经营权。坚持农地农用和依法、自愿、有偿的原则，健全土地承包经营权流转市场，规范土地流转中介服务，探索建立土地流转补偿制度，引导农业集约化经营。通过土地承包经营权转让和企业化经营，提高农业生产的规模经济效益。

二是大力发展农民合作经济组织，提高农业的组织化程度。认真贯彻落实好《中华人民共和国农民专业合作社法》，出台相关配套政策措施，促进合作社规范发展。大力发展农村社区经济组织，为农民提供各类生产和咨询服务。

三是创新集体经济组织形式，重构农村集体经济组织。在新的历史条件和新的发展阶段上，发展目标明确、功能健全、形式多样的农村集体经济组织，切实发挥集体统一经营的功能。要创新农村集体经济组织的实现形式，通过承包制、股份制和股份合作制等方式改造集体企业，通过租赁、拍卖、兼并、重组等多种形式盘活集体资产。强化农村集体经济组织的服务功能，充分发挥农村集体经济组织在资产积累、管理协调、资源开发、生产服务等方面的积极作用。

二、家庭联产承包责任制与双层经营体制

1. 家庭联产承包责任制与双层经营体制的概念

家庭联产承包责任制是在土地集体所有的基础上，以家庭为基本经营单位承包集体土地，独立生产经营、自主承担经营后果的基本经营制度。

双层经营体制是指我国农业生产既体现为以家庭为基本经营单位的生产经营模式，又体现为以集体为单位、土地集体所有为基本制度特征的生产经营模式，是我国20世纪80年代农村地区实行家庭联产承包责任制之后所形成的一种农业生产经营体制，即家庭分散经营和集体统一经营两个层面。家庭分散经营和集体统一经营的关系是：前者是基础，后者是依托。

2. 家庭承包经营和集体经营的主要内容

（1）家庭承包经营的主要内容是：集体的土地由农户承包使用；承包土地的农业生产经营所需的资金、生产资料、劳动力等生产要素的投入由农户自身筹集，盈亏由农户自行负责；农业生产经营决策由农户自主作出；劳动成果在完成国家法定税收和集体提留后归农户所有。

（2）集体经营的主要内容是：集体经济组织管理集体土地、其他农业基础设施和集体财产；确定集体提留的数量和使用方向及原则；组织农户进行农业生产基础设施和农村其他公共设施的建设；为农户提供各种形式的经营服务。随着农村市场经济和社会化服务体系的发展和完善，这种集体经济组织提供的生产性范围有不断减小的趋势，被成本更低、服务更优的其他方式所替代。我国农村的集体经济组织不是纯粹的经济组织，除了经济职能之外，它还承担农村社区的大量社会管理的职能。

双层经营体制发展到现在，最为明显的表现就是，在土地承包关系保持稳定并

长久不变的基础上，赋予农民更加充分而有保障的土地承包经营权，推进了农业经营体制机制创新，加快了农业经营方式的转变。

3. 双层经营体制的改革和创新

改革开放30周年之际，党的十七届三中全会审时度势，围绕当前农村改革发展中的重要领域和关键环节，对农村制度建设和创新作出了部署。其中，一项重要内容就是要继续“稳定和完善农村的基本经营制度”，认为“以家庭承包经营为基础、统分结合的双层经营体制，是适应社会主义市场经济体制、符合农业生产特点的农村基本经营制度，是党的农村政策的基石”，并要“赋予农民更加充分而有保障的土地承包经营权，现有土地承包关系要保持稳定并长久不变”。

回顾农村双层经营体制的发展历程，我们可以看到：一方面，农村双层经营体制作为我国农民在党的领导下的伟大创举，极大地调动了农民的生产积极性，促进了农村的发展；另一方面，随着社会主义市场经济体制在农村的确立和发展以及农村改革的深入，传统农村双层经营体制的弊端与问题日益显露。在农地承包关系长久不变的情况下，双层经营体制如何创新才能更好地为农户家庭经营提供服务？双层经营体制如何创新才能更好地与现代农业发展相适应？这些问题是值得我们去认真思考和研究的。党的十七届三中全会强调“继续解放思想，必须结合农村改革发展这个伟大实践，大胆探索、勇于开拓，以新的理念和思路破解农村发展难题，为推动党的理论创新、实践创新提供不竭源泉”“抓紧在农村体制改革关键环节上取得突破”。

进行农村各项制度的创新，首先要正确认识“双层经营”，特别是集体统一经营的内涵。对双层经营的内涵认识不清是导致人们对“统一经营”理解存在巨大分歧的重要原因。双层经营体制可以分为两个经营层次：一层是“统”，即经济组织对生产经营的统一分配和调节；另一层是“分”，即家庭分散经营，农户成为拥有独立生产经营自主权的经营单位。双层经营中的“统”的职能包括生产服务、管理协调、资金积累等功能。但就目前而言，对“双层经营”的含义理解和对“统”的职能界定还没有形成清晰的认识，仍处于一种不规范的状态。对家庭经营的“分”，有时单纯将其视为“自给自足”的小农经济，有时甚至被作为“农业落后性”的同义词，成为现代化农业发展的障碍和改造对象。同样是“统”，有的人理解为搞好公共生产资源的经济开发利用，为家庭经营提供服务；有的人则把“统”理解为强化对家庭经营的行政干预，强加给家庭经营一些不合理的行政命令，使家庭经营步履维艰。

其次，我们要从集体经济“统”的层次认识双层经营的创新潜力。随着传统农业向现代农业的转化和农业产前、产中、产后的专业化分工发展，农业生产的专业性越强，农户之间和农业生产的各个环节之间的联系就越紧密，农户对各种服务的需求也就越强烈。所以，各种类型的服务必然发展起来，其形式将不是仅仅局限于传统的集体统一经营，而是表现出统一经营的多元化趋向。这是双层经营“统”的层面的创新。

三、家庭承包制下的农户经济特征

1.农户的基本含义

家庭承包制下的农户，是以血缘关系为基础而组成的从事农业生产经营活动的农民家庭。农户是一个社会与经济功能合一的单位。它既是从事农业经营和农业生产的经济组织，又是建立在姻缘和血缘关系基础上的社会生活组织。它同时具有生产、消费、生育、教育、积累、文化等多方面的社会经济职能。

2.农户的基本经济特征

农户最典型的经济特征就是，在传统技术状态下有进取精神并已最大限度利用了有利可图的生产机会和资源的人，是相当有效率的，是理性的“经济人”。

与其他市场经济主体相比，我国的农户具有自己独特的特质。第一，农户是生产组织与消费组织的统一体。作为生产组织的农户与企业类似，作为消费组织它又与城镇中的家庭类似；第二，农户是劳动者和经营者的统一，农户具有城镇个体经济的特质，但农户又不是农业生产资料特别是土地的真正所有者，与一般的个体经营户拥有自己的生产资料不同；第三，农户具有自然经济、半自然经济和商品经济主体的多重特征。由于我国目前处于向市场经济和商品经济转型的特殊历史时期，一方面，我国许多农户具有自然经济条件下的“自给自足”的小农经济特征；另一方面，大多数农户又是面对市场、从事生产经营的市场经济主体。在经济比较发达的地区，许多农户已经或正在发生这种转变。

第二节　农户的经济行为

一、农户的生产行为

农户的生产行为主要是指在一定生产经营目标和经营约束下，以土地作为主要生产要素，通过土地和劳动力，以及其他农业生产工具和生产资料等所从事的投入产出行为。

1.农户的生产经营目标和经营约束

由于我国农业生产处于向市场经济转变的重要历史时期，农户的生产经营目标往往是双重甚至是多重的。在自给自足的农业生产中，农户为解决温饱问题而追求承包土地上的产量最大化；在面向市场的农业生产中，农户就不是一味地追求产量的最大化，而是追求承包土地上的纯收入的最大化，即扣除生产要素等投入后的收入最大化。这与企业在生产经营过程中追求利润最大化是非常相似的。

农户在从事生产经营活动时也面临着种种约束。这些约束主要是：第一，其体制约束主要表现在双层经营体制下的承包制对农户经济行为形成的制约；第二，农户预算约束是硬性的，不可能在财务上转嫁风险给别人，而且农户通过融资从事生产经营活动也受到很大的限制；第三，在市场化进程中，生产约束对农户行为的影响越来越大，这主要体现在生产要素的取得已基本上受到市场的影响；第四，由于农业生产是生产过程和自然过程的高度统一，农户的经济行为还受到自然条件的约束，如气候、地理位置等条件都会对其行为产生制约作用，而且，由于我国是一个人均土地资源十分贫乏的国家，土地资源对农户经济行为的影响是巨大的。

2.劳动力、土地等生产要素的投入产出关系

农户的生产经营要依附于土地这一基本生产要素，而农户自身的劳动力也是基本的生产要素之一。由于农户的劳动力要素是属于自己的，因而通常无须支付工资成本，在劳动力要素没有其他更好的出路的情况下①，农户为追求产量的最大化或纯收入的最大化，会尽可能增加劳动力的投入，并设法用劳动力来替代其他要素，以降低生产成本。但是，当农户的劳动力有更好的出路时，如有机会从事兼营非农产业、外出打工等，农户就会在各种劳动力的投入和产出之间、收入之间进行比较，减少甚至停止对农业生产的劳动力投入。

3.农业生产要素投入的最优组合关系

农户从事农业生产活动的生产要素，除了土地和劳动力之外，还需要其他生产要素，如化肥、农药、种子等。农户实现这些要素最优组合的行为与企业的经营行为是非常类似的，即这些生产要素之间存在两种基本关系：一是固定的比例关系，各种资源之间不存在替代关系，其比例由生产技术条件决定；二是替代关系，这时农户就会对各种生产要素进行合理的组合和配置。从经济学理论上分析，这种选择应满足两种生产要素的边际产出之比（亦称边际替代率）等于这两种生产要素的价格之比。

在实际决策中，农户通常的做法是：第一，尽可能采用廉价而增产效果好的生产要素，以降低要素投入的成本；第二，当物质生产要素的价格变动时，及时调整原有的要素组合关系，以保证用最低的投入成本获取产量或纯收入的最大化。

4.不同产品的替代关系

在农业生产中，不仅不同的生产要素存在替代关系，不同产品之间也存在替代关系。其基本原理表现为，在总投入保持一定的前提下，两种可替代的农产品的最优组合是，替代产品所增加的收益等于被替代产品所减少的收益，在此基础上，任何产品的增加或减少都会使总收益减少。

二、农户的兼业行为

1.兼业行为的基本含义

兼业行为是指农户在经营农业生产之外所从事非农产业的经济行为。目前来

① 从经济学上说，就是农户从事其他经济行为的机会成本为零，没有其他事情可做。

看，在我国大部分地区，从事农业的收入相对较低，其他非农产业的生产经营活动收入相对较高。在这种背景下，农户就有很强的兼业倾向。因为农户已经基本获得自由迁徙和自由经营的权利，一旦出现兼业机会，农户就会兼营其他产业以提高其收入。而导致农户兼业的直接动因则是，农户从事农业生产的机会成本太高，农业与其他产业之间比较收益的差距较大。

2. 农户兼业的主要原因

从经济学的角度看，农户兼业活动有其深层次原因：

（1）人均土地相对较低，农业剩余劳动力较多，隐性失业率较高。虽然我国总体上土地资源丰富，但庞大的农业人口使得我国农业人均土地资源占有量很低，造成农业劳动生产率低下。受土地收益递减规律制约，我国农业劳动力和农业资本的边际收益很低，农户难以通过在土地上增加资本和劳动力投入来增加收益。

（2）农产品的需求弹性很小，市场扩展十分有限，农业生产的技术进步和农产品供应增加不能使得需求相应增加；相反，随着经济发展，农产品总体价格水平呈下降趋势。这一方面是因为我国已经告别短缺经济时代，人民生活水平不断提高，农产品市场需求日益饱和，农业生产技术进步又日益加速，农产品的供给能力在不断提高。在这样的背景下，农民往往增产而不增收。另一方面，我国加入世界贸易组织后，越来越多的外国廉价农产品逐步进入我国市场，农产品价格总水平下降的趋势还将进一步加剧。

3. 农户兼业对农业生产的影响

从我国农村目前情况来看，农户的兼业形式多种多样。如以家庭成员自然分工为基础的兼业，也就是部分成员从事农业生产，部分成员从事比较固定的非农产业。一般的分工是，妇女和老人从事农业生产，而青壮年劳动力则从事非农产业；另一种可能的情况是，同一个劳动者既从事农业生产，又从事非农产业，比如边务农边在附近企业打工就业。

农户兼业化是我国二元经济结构背景下的一种必然现象，是自然经济条件下的传统农业向商品经济条件下的现代农业逐步转变、农业剩余劳动力向非农产业转移、大批农民向市民转变的一种过渡状态。

这种过渡状态对于推动我国社会经济发展有非常积极的意义，对增加农民收入、保持消费的稳定增长、解决农村剩余劳动力的有效转移、推动城市化进程等具有非常重要的作用。但兼业化也不可避免地出现了一些问题，比如造成农户对农业生产的积极性下降，造成土地资源的利用率降低甚至会出现撂荒土地的现象，这从长期来看是非常不利于我国的农业生产和农产品价格的稳定的。要克服这些负面影响，就需要采取有效政策措施缩小农户从事农业的收入和从事非农产业的收入之间的差距，通过制度创新来实现农业生产的专业化。而要实现这一目标，又与我国目前农业的产业化经营和土地的适度规模经营密切相关。

三、农业产业化经营

1.农业产业化经营的概念

农业产业化是指以市场为导向，以产、供、销、服务一体化为基本特征的农业经营的专业化、农业生产要素和农产品的商品化、服务的社会化，实现区域化布局、专业化生产、一体化经营、社会化服务和企业化管理。它通过“龙头”企业的带动、合作社和专业协会的推动、股份合作制的联动把被分割的农业产业链条联结起来，实现农业生产、加工运输、储藏、销售等环节的一体化经营，并借以实现农业生产的规模效益，解决分散农户的“小生产”同“大市场”衔接的问题。产业化经营的方式多种多样，目前广泛兴起的工商企业进入农业，实行“公司+农户”的基本组织模式，是农业产业化经营组织的典型形式，还有把产加销、贸工农联结起来的各种联合体，提供不同程度服务的协会、研究会等。这些组织都在一定程度上解决了联结产业链条和农民进入市场等问题。

2.农业产业化经营的产生和发展

自从实行家庭联产承包责任制以来，我国农业的生产能力得到了极大的提高，农业产量增加迅速。但随着经济全球化和我国加入WTO后农业产业面临日益激烈的市场竞争，随之而来的是农产品的开发及销路问题。经营规模小而且分散的农户面对着巨大的市场是难以进行交易的，交易费用的高昂是不争的事实。在交易方式的变迁中，作为联结农户和市场的以农产品为主要生产原料的加工企业（公司）或加工企业与农户组建的股份合作制企业顺应市场的需求而不断发展，并成为农户与市场之间的有效组织形式。

自20世纪80年代中期以后，走在改革开放前沿的东南沿海地区，在市场化进程中先后开始打破农业经营的非专业化状态，走上了一条农业生产专业化的道路，这就是中国农业产业化的兴起与发展。例如，早在1983年，广州市江高镇江村养鸡场依靠技术培育出优质的“江村黄鸡”之后，向农户提供种苗、饲料、技术等产前、产中及产后的收购服务（当时部分实行最低保护价），并形成“公司+基地+农户”的产业化模式，即“江高模式”。这是改革开放之后我国最早出现的龙头企业与农户之间通过长期契约方式联结的组织形式，这种方式大大降低了农户专业化经营的市场交易费用、风险和不确定性，从而促进了区域性农业生产专业化。事实上，各种形式的农业专业户与企业、公司之间的经济联合体在一些经济比较发达的地区纷纷涌现出来。

到1992年初，山东潍坊市正式提出农业产业化的概念与思想。《人民日报》于1994年发表社论对此作了概括之后，农业产业化不仅成为农业经济学界研究的热点问题，而且开始逐步成为一些地方政府促进农业发展的战略举措。于是，各种形式的农业产业化组织在全国各地迅速发展起来，全国各地积极探索各种农业产业化的增长形式，如“公司+大户+农户”“公司+基地+农户”“公司+合作社+农户”“公司+专业协会+农户”“公司+股份合作制+农户”等在全国各地广泛存在并得到不断发展。

3.农业产业化经营的重要作用

农业产业化经营的兴起和发展，可以说是继家庭联产承包责任制和乡镇企业在中国“异军突起”之后的又一伟大创举。

农业产业化是建立在家庭联产承包责任制的推行、瓦解了计划经济时期所形成的较为完整的农村经济组织体系的基础上的，由此确立了农户家庭作为农业生产经营基本单位的地位，进而促进了农产品市场的形成和扩展。与此同时，联结市场和农户的新型产业组织体系逐步发展，农业产业化经营应运而生。

农业产业化经营对农村经济社会发展的重要作用具体体现在：

第一，把分散的农户同国内外大市场联结起来，带动和组织农户有序进入市场。目前我国农业和农村经济社会发展面临着两个难以改变的事实：一是家庭联产承包责任制，这是和我国农业生产力发展水平相适应的基本经济制度，必须长期坚持，因而农户“小生产”的格局短期难以改变；二是随着社会主义市场经济的不断深入，全球经济一体化趋势越来越明显，我国农户面临着越来越复杂的国际国内市场环境。所以，农业要发展，必须提高农户的组织化程度和市场化进程。农业产业化在这两个不能改变的基础上，通过公司带动农户等有效组织形式，把分散的千家万户同国内外大市场联结起来，带动和组织农户进入市场，使农产品的生产、加工、销售环节紧紧相扣，形成较大的市场主体和庞大的规模效应，让农户越来越能分享全球价值链增值所带来的收益和好处。

第二，极大地增强了农户的经济效益和自我积累能力。农业产业化对农业经济效益的增进体现在两个方面：一是市场牵着龙头、龙头带着基地、基地联结农户的经营方式，延长了生产链条，农业生产从过去单纯的第一产业延伸到了第二、第三产业，把农产品的生产同加工、运输、仓储、销售服务等有机结合起来，形成了一个整体，增加了农产品的附加值，大幅度提高了农业的综合效益；二是通过实行农业产业化经营，能在不改变农户作为基本生产经营主体的前提下实现专业化和适度规模经营，带动和促进农业朝着集约化方向发展，这就能使各地农村形成优势产品的密集带和专业化区域规模，提高劳动生产率和资源投入的报酬率，产生新的经济增量，提高农业的比较收益。

第三，加快农业科技进步和农村剩余劳动力的转移，推动传统农业向现代农业转变。通过农业的产业化，实现区域化布局和规模化生产，既为农业科学技术的推广和运用提供了客观需要，也为农业大规模应用科技提供了强大的动力和实现的可能性。正是由于产业化经营具有生产适度集中、规模较大、服务体系比较齐全等优势，才能够将许多实用技术和高新技术应用于生产加工过程，直接推广到户，覆盖从技术设备、良种供应、种养管理到产品收购、加工、储运和销售全过程，从而大大缩短了科学技术的推广周期。伴随着农业科技的进步和推广使用，农业生产率的不断提高也为劳动力的转移创造了基础性条件，进而带动农村商品流通和交通运输等第三产业的发展，为加快农村城镇化和城乡一体化发展创造了条件，通过农村三次产业的内在联动集中，强化了资源配置的聚集效应，动摇了城乡隔绝的经济基础。

第四，优化了产业和产品结构，延伸了农业产业链条，有利于建立高效的现代农业产业体系。农业产业化经营能够将关联效应较强的各种农产品的生产、经营、市场、科技、教育、服务等主体，通过利益联结机制形成有机的多部门复合体。这种复合体将农业产业相关各环节紧密相联，构成一体化的、涵盖其价值的形成和分配的经济系统。它是经过历史演化和市场竞争，由产业化、城镇化和市场化的互动所构成的一种新型的农业组织形式和经营机制，是农业产业化的高端形式，是我国农业产业化的发展方向。

四、农业规模经营

1.农业规模经营的含义

农业规模经营是指伴随着成本下降和收益增加的农业生产经营规模的扩大。规模经营和产业化经营互为条件、相互依存。规模经营不仅意味着农户经营规模的扩张，而且最终体现为农业劳动生产率的提高和农户收入的增长。

实现规模经营一般有两种途径：一种是诸如土地规模扩大所带来的内部规模经济，它是指农业生产经营规模扩大而导致的生产成本下降和收入增加；二是农业的外部规模经济，是指农户不再承担成本支出而获得的规模效益，比如市场条件的改善、物质技术服务的增加、社会化服务体系的健全等给农户带来的收益。

2.农业规模经营的意义

实现农业的规模化经营具有重要意义：第一，从总体而言，农民发家致富直至“三农”问题的最终解决，必须建立在土地的规模经营和集约经营的基础上；第二，农业规模经营也是农业现代化的唯一途径，是构建现代农业产业体系的基础性条件；第三，农业规模经营也是提升农产品市场竞争力的有效途径。由于农业产业的特殊性，土地的边际报酬是递减的，没有较大的经营规模难以提高农业的产出效率。另外，全球经济一体化也迫使各个国家为了加强其在世界市场上的国际竞争力，采取了包括农业补贴、财税优惠和加大投入等许多政策措施，目的都是想通过扩大生产的规模和加快技术进步来提高单位土地资本的劳动生产率。我国是一个相对落后的农业大国，应该在扩大经营规模、提高单位土地的产出效率上采取更加有力的政策措施。

3.农业适度规模经营的条件

农业的规模经营是一个不断深化的过程，由于我国农业人口规模庞大，单位劳动力占有的土地数量很少，因此，做到土地的适度规模经营还需具备以下几个基本条件：

第一，大量农业剩余劳动力从对土地的依附中解脱出来，加快非农产业的发展。由于土地资源是我国目前绝大多数农民的基本谋生手段，只有在大量剩余劳动力已经转移出去的条件下，才有可能将有限的土地集中到少量农户的手中，实现规模化经营。转移剩余劳动力目前来看有两种途径：一是大力推进城镇化进程，让更多的农民在城市找到相对稳定的工作；二是就地转移，在当地从事非农产业。

第二，建立合理的土地使用权流转机制。一方面，这种机制应确保农户对现有土地的承包权，必须在农户自愿的前提下实行土地流转；另一方面，这种流转又必须保证一定的基本农田数量，防止大量农田转为非农业用地。

第三，要逐步建立符合我国国情的农村社会保障体系。至少在目前看来，我国农村土地不仅具有生产功能，还具有社会保障功能，是农民防范风险的最后一道屏障。要实行土地的适度集中，必须以基本保障制度的建立为前提。

第四，土地的规模经营还依赖农业生产的市场化程度的提高和农村社会化服务体系的确立。土地规模经营效率的提高必须建立在社会化分工和专业化生产的基础上，这就一方面要求提高农产品和农业生产要素的商品化程度，使农业摆脱自给自足的自然经济状况；另一方面，还要把一部分农业生产项目和作业项目分离出去，由专门的契约组织、个人经营，形成农户经营加社会化服务的现代农业生产经营体系。

第三节　农村经济组织

一、农村社区合作经济组织

1.农村社区合作经济组织的含义

农村社区合作经济组织是以农村村庄或社区为单位组成的农户经济联合体。它是自农村改革以来逐步在集体经济组织基础上成长起来的一种经济组织，也是一种以地缘为基础的农民村社自治体。

社区合作经济组织是农村土地等基本生产资料的集体所有者，是农村劳动群众在基本生产资料公有的基础上进行生产经营活动所形成的经济关系在组织上的体现。凡属于社区合作经济组织集体所有的土地、山林、水面、滩涂、企业及其他公共财产，受国家法律保护，任何单位和个人不得侵犯。

2.农村社区合作经济组织和集体经济组织的比较

农村社区合作经济组织实际上是传统的、以地域为特征的“政社合一”社区组织的行政职能与经济职能逐步分离的产物，是原来集体经济组织的经济职能逐步向合作经济组织嬗变的过渡形式。从这个意义上说，它与一般的集体经济组织和新型合作经济组织既有密切的联系，又有较大的区别。

和集体经济组织相比，一方面，农村社区合作经济组织具有集体经济组织相同的地域特征，往往与集体经济组织的地域重合，并对政府有较大的依附性，甚至许多农村社区合作经济组织与原有的集体经济组织是同一组织的两种不同说法；另一方面，它又不具有集体经济组织的行政职能。与新型合作经济组织的联系是，它实行与新型合作经济组织相一致的自愿、互利、民主的原则；区别是，社区合作经济组织在产权关系上具有以地域为界限的排他性特征，外来者通常被排斥在这种合作经济组织之外，这与新型合作经济组织一般以劳动和资本（包括股份合作制）等生产要素作为经济合作的基础存在明显差异。

3.农村社区合作经济组织的基本功能

（1）生产服务功能，是指农村社区合作经济组织要为农户提供产前、产中、产后等所有生产环节的配套服务，降低农户的生产成本，为农户提供各种信息，引导农户按市场需求组织生产。

（2）管理协调功能，是指农村社区合作经济组织本身要处理好组织内外的各种关系，调动社员从事家庭经营的积极性，并发挥集体的优势，统一经营好集体经济中原已形成一定规模和生产能力、不宜分散经营的项目。

（3）资源开发功能，是指农村社区合作经济组织要发展多种形式的经济联合或专业合作，合理开发当地资源，开拓新的生产领域，发展新的集体经营项目。

（4）资产积累功能，是指农村社区合作经济组织要不断积累集体资产，为社区农户提供公共产品和公共服务，提供生产和生活保障。

二、专业合作经济组织

1.专业合作经济组织的含义

专业合作经济组织是指按照合作制原则，将分散、势力弱小的农民联合起来从事生产经营活动的组织，主要形式是合作社。专业合作经济组织能创造合作剩余，为入社的农民谋取经济利益，按社员与合作社的交易额来实行利润返还。合作社或是自身从事产前生产资料供应，农产品产后加工、销售等经营活动，成为一体化经营的直接载体和组织者；或是作为农户的代言人，以“中介人”的身份与涉农工商企业联结，将农户纳入一体化轨道。合作社农民的自由联合，首先是劳动者的劳动联合，是生产者和消费者劳动联合的约定共营组织；其次是农民以入股形式实现其资金的联合，并且合作社可以利用一定限度的非社员资金。合作社实行自愿互利、自主决策、民主管理、为社员服务的原则，资本在其中为劳动服务。合作社共同经营的宗旨和目的是增加社员收入，增进社员福利。

2.专业合作经济组织的类型

我国目前有多种类型的具有合作性质的经济组织。从组织的基本性质进行分类，有三种类型：一是实体型，它是一种相对比较紧密型的合作经济组织，比如以股份合作制组建的实体公司，它已经具有企业的基本性质。二是联营型，它是一种联系相对比较松散的合作经济组织，具有经济联合体的特征，通常只是就某个项目展开合作，如农产品销售、制种、技术服务等。三是挂钩型，它通常是独立经营的农户挂靠于各类专业协会而组成，是一种松散型的合作经济组织。

3.专业合作经济组织的功能

专业合作经济组织作为一种中介组织，其组织职能主要还是体现在经营层面上，合作经济组织联动性契约的执行力取决于双方对合作关系的态度。如果合作关系能按照合作制原则，将分散的、势力弱小的农民组织起来，通过初始约定的生产经营活动，运用合作剩余，为入社的农民谋取经济利益，按社员与合作组织的交易额来实行利润返还，则可以极大地提高农户自我履约的积极性。而如果合作组织自身通过从事产前生产资料供应，农产品产后加工、销售等经营活动，成为一体化经营的直接载体和组织者，与公司形成稳定的利益共同体，则公司履约的主动性也会提高。但合作社内部的治理结构是否合理有效，也会很大程度上影响双方契约的执行力。比如，由于农户经营的分散性，农户的社会联系不强，农户在合作组织中拥有的权力和带来的利益大小不等，“小农”意识作祟，可能导致合作社职能的发挥受到影响。另外，合作社的“政社不分、成员进退不自由”也使得农户对合作社在维护农户利益方面是否有效心存疑问。

三、农业协会

1.农业协会的含义

农业协会是农业中实行行业自我管理的非营利性社团组织，是介于农业市场主体与政府之间的社会协调性组织。农业协会和农业合作社有着重要差别，最主要的差别体现在，农业协会除了具有合作社的一定经济功能之外，还具有一种依靠成员间社会关系来保障公司和农户履约的社会功能，甚至具有一定的政治功能。农业协会与农业合作社作为农业产业化中的重要组织形式，也有一定的共性或相似之处：一是它们都是以“三农”的主体为服务对象、按照自愿原则组建的契约联结体，通过内部民主管理与协调，减少和避免组织成员的无序竞争或不正当竞争，从而加强农户之间以及农户与公司之间的契约关系；二是都以一定区域内的社会关系为载体来强化契约关系；三是都通过扩大组织规模降低外部交易成本，以增强组织整体的对外竞争能力。

2.农业协会的作用

第一，提高了农民的组织化程度，为农业社会化服务组织的改革和发展探出了新路子。农业协会促进和推动了农民的互助合作与联合，提高了农民自我服务、自我管理的组织化程度，有效解决了农民一家一户难以解决的问题，不仅从功能上弥补了社区性合作经济组织的不足，而且克服了官办组织技术的服务死角问题。

第二，农业协会的服务帮助农民打通了走向市场的多条出路，促进了一家一户小生产与社会化大市场的衔接。农业协会在实践中探索和创造了多种引导农民从事商品生产、搞活流通、发展产供销一条龙、科农贸一体化经营的行之有效的形式。农民协会本着“配套、有效、及时”的原则，服务农民，壮大自己。通过合同组织农民生产，代农民销售产品、谈判价格，使农民种养什么有合同，有销售价格保护，充分发挥了生产的龙头、加工的纽带和服务的桥梁作用，为农民走向市场创造了良好的条件。

第三，促进了农村社会化分工，提高了农业专业化生产的水平，带动了农民增收致富，加快了农民实现小康的步伐。农业协会通过公司带农户、基地连农户，有效地引导了农民走集约经营、规模经营的道路，从而形成“一村一品、一乡一业”的农村分工格局和专业化生产，带动了农村支柱产业的发展，使农民逐步走上产业化道路。

第四，最为重要的作用体现在，通过给公司和农户提供特定的服务，对公司和农户形成一定的制约，扩展了它们的自我履约范围。对公司而言，农民协会依靠其强大的信息和技术等方面的优势，以及政府赋予的一定权力，为企业开展营销活动、产品认证、树立品牌、技术服务等。如果公司违约，它在未来市场活动中将遭受这些方面的资本损失。所以，农民协会对企业的各种服务提高了公司的“私人履约收益”和违约的“机会成本”。对农户来说更为重要，因为农户加入农民协会，可以得到多种收益超过成本的服务，如生产技术指导、防治农作物病虫害、优质的投入品供应、稳定的销售渠道，甚至资金等的支持，如果违约，其未来的损失是巨大的。

四、农村社会化服务体系

（一）农村社会化服务体系的含义

农村社会化服务体系是指为独立农户从事农业生产经营活动提供产前、产中、产后服务的组织系统的总称。在更广泛的含义上，它还把诸如教育、医疗卫生、公共基础设施等农村公共服务体系包括在内。农村社会化服务体系包含的内容十分广泛，可以从不同的角度去考察。从业务内容上看，包括技术、金融、信息、经营管理、农产品加工销售、农业生产资料供应、农业生产的单项作业（如植保、耕作、收割）等。从提供服务的机构和组织看，它主要有国家经济技术部门提供的服务、集体经济组织和社区合作经济组织提供的服务、农村金融机构（如信用合作社）提供的服务、城镇工商企业提供的服务等。

（二）构建农村社会化服务体系的意义

农村社会化服务体系是处于小生产状态的农户进入市场，与社会化大生产联系在一起的重要纽带。它的建立和完善，对于我国农户的“小生产”和“大市场”有效对接、扩大农业生产经营规模、加快实现农业现代化、促进农村经济社会发展、缩小以至消除城乡差距都具有十分重要的意义。

1. 构建农村社会化服务体系是不断深化农村改革的需要

改革开放以来，农业集体经济的经营组织形式进行了深入的改革，普遍实行了以家庭联产承包责任制为主要形式的农业生产责任制，逐步形成了统分结合的双层经营体制。随着农村改革的不断深入和发展，家庭联产承包责任制遇到不少新的问题。例如，在市场经济浪潮的冲击下，一家一户经营的实力单薄，技术落后，缺乏分工协作，市场应变能力差，农业发展中小生产与大市场的矛盾日益尖锐。小规模的土地承包，使农民难以产生比较稳定和长远的经济预期，短期行为严重，容易形成对土地的掠夺式经营。单家独户的经营方式，缺乏抗拒自然灾害和市场风险的能力及规模力量。要克服家庭经营的这些弱点和不足，最根本的途径就是发展社会化服务体系，健全双层经营体制。农业社会化服务可以有效地把农户经营活动的各个环节与社会生产各部门紧密联系起来；可以通过各个领域、各个环节的服务，把千家万户联系起来，纳入社会化大生产的轨道，减少农民生产经营的盲目性，引导农村商品经济的稳定协调发展。

2. 发展农村社会化服务体系是社会化大生产的根本要求

商品经济是在分工基础上发展起来的，商品生产本质上是社会化生产，为社会生产。农业向商品化、现代化转化过程中，农业社会分工越来越细，农业生产由自我消费逐步转化为主要为交换而进行的生产，相应的，农业自我服务也应逐步由社会服务所替代。因此，农业社会化服务是农业在向商品化、社会化转化过程中的必然产物；同时，社会化服务的发展，又反过来加速农业商品化和社会化的进程。

（三）发展农村社会化服务体系应遵循的基本原则

根据我国的实际情况和客观需要，在发展农村社会化服务体系的过程中，应该遵循以下基本原则：

第一，因地制宜、量力而行、循序渐进原则。我们不能不顾各地客观上存在的社会经济差异而搞统一模式，强求千篇一律，也不能脱离现实条件的制约急于超前发展，更不能用行政命令代替经济需求，用行政力量强行推动农业社会化服务的进程。应当从实际出发，根据条件逐步扩展到产前、产后服务，从为农业生产服务扩展到全面为农村经济社会发展服务。

第二，农民接受服务实行自愿原则。为实行这一原则，在实际工作中必须做到：一是加强农业服务人员的培训工作，提高社会化服务的质量和水平；二是要通过示范、帮助等多种形式，提高农业服务效益，以吸引农民自愿接受农业社会化服务；三是农业服务的内容应是农民自身无力承担或无意愿承担的事情，社会化服务组织不能代替农户作自己可以决策和自己干得了的事情，或者暂时不愿接受的事情；四是要允许农民等待和观望，而不能采取行政手段强迫接受服务。

第三，基本实行有偿服务原则。农业社会化服务组织是农村商品经济不断发展而逐步分离出来的具有独立经济利益的自主经营的经济组织，它们与农民之间的关系应当是平等互利的商品交换关系，必须按照等价交换的商品经济原则进行有偿服务。当然，在农业社会化服务过程中，仍应提倡开展一些无偿服务，如农业水利建设等公益性很强的服务项目，不适宜开展有偿服务，应采取无偿服务的形式。

主要概念

家庭联产承包责任制　双层经营体制　农业产业化　农业规模经营　专业合作组织　合作社　农业协会　股份合作制　社会化服务体系　社区经济组织

基本训练

一、单项选择题

1.农业社会的基本经营形式是（　　）。

A.小农经济　　B.自给自足经济

C.商品经济　　D.市场经济

2.2002年，第九届全国人民代表大会常务委员会第二十九次会议正式通过了（　　）。

A.《农村土地法》　　B.《土地经营法》

C.《农村土地承包法》　　D.《土地流转法》

3.我国目前农村的基本经济制度是（　　）。

A.家庭联产承包责任制　　B.双层经营体制

C.集体经营体制　　D.三级所有体制

4.集体经营层次的内容主要体现为（　　）。

A.管理集体土地　　B.经营集体土地

C.耕种集体土地　　D.拍卖集体土地

5.从传统农业向现代农业转变的核心内容之一是（　　）。

A.土地承包经营长期保持不变　　B.稳定农村基本经营制度不变

C.统分结合，以分为主　　D.土地制度的双层经营体制创新

6.市场经济条件下的农户是（　　）。

A.理性“经济人”　　B.效率不高的经济组织

C.最不理性的群体　　D.典型的机会主义者

7.农户兼业活动越来越多的主要原因之一是（　　）。

A.人均土地相对较少　　B.农民对现行农产品价格越来越不满意

C.双层经营体制的制约　　D.二元经济结构的制约

8.土地适度规模经营需具备的重要条件之一是（　　）。

A.建立合理的土地使用权流转机制　　B.加快推进土地集体经营

C.完善个人和企业信用体系建设　　D.加快农村社会化服务体系建设

9.农业协会的重要作用之一是（　　）。

A.提升土地的适度规模经营效率　　B.促进农村社会分工和专业化程度

C.加快推进土地集体经营步伐　　D.完善个人和企业的诚信体系建设

10.农业协会和专业合作社相比，最主要的差别体现在（　　）。

A.农业生产的社会化程度较高　　B.具有保障公司和农户履约的社会功能

C.农户的自主自愿性更强　　D.具有保障公司和农户履约的经济功能

二、多项选择题

1.我国实行的家庭联产承包责任制（　　）。

A.具有小农经济特征

B.具有特定的历史特征

C.是社会化大生产的产物

D.保留了土地等基本农业生产资料的集体所有

E.将农业生产经营的自主权赋予了农户

2.以家庭联产承包责任制为基础的双层经营体制（　　）。

A.随着市场经济的不断完善应当寻求新的制度取而代之

B.为促进农村经济社会发展发挥了基础性作用

C.为我国城镇化奠定了坚实的基础

D.是我国农村工业化的物质基础

E.在实践中应当不断适应新情况和新环境而发展完善

3.未来一段时期我国农村生产经营体制应该不断完善的地方体现在（　　）。

A.健全农村土地流转制度　　B.大力发展农民合作经济组织

C.大力发展农村社区经济组织　　D.创新集体经济组织形式

E.提高农业的组织化程度

4.农村社区合作经济组织的基本功能主要有（　　）。

A.生产服务功能　　B.管理协调功能

C.资源开发功能　　D.资产积累功能

E.集体提留的数量和使用的决策功能

5.农户从事生产经营活动所面临的约束包括（　　）。

A.双层经营体制的制约　　B.预算硬化约束

C.市场化进程中的生产约束　　D.自然条件约束

E.土地资源约束

三、判断分析题

1.以家庭联产承包责任制为基础的双层经营体制是我国农村的一项基本经济制度。（　　）

2.双层经营体制是指我国农业生产既体现为以家庭为基本经营单位的生产经营

模式，又体现为以集体为单位的、土地集体所有为基本制度特征的生产经营模式。（　　）

3.根据我国的实际情况和客观需要，发展农村社会化服务体系应该遵循公益性原则。（　　）

四、简答题

1.为什么我国要大力发展农业协会？其重要作用体现在哪些方面？

2.作为我国社会主义市场经济体制中的独立经济主体，农户具有怎样的经济特征？

3.农户兼业化的经济含义是什么？目前应该怎样评价农户的兼业化行为？

4.目前我国农业产业化经营的组织形式有哪些？有何特点？

5.发展农业社会化服务体系应该遵循哪些基本原则？

五、论述题

1.论述家庭联产承包责任制是我国必须长期坚持的一项基本经济制度。

2.怎样理解在坚持家庭联产承包责任制基础上发展和完善社会化服务体系的重要意义？

第六章　社会主义市场经济中的居民

学习目标

◆ 重点掌握居民的收入形式与来源、居民收入的使用和影响居民收入的因素，居民的储蓄行为及动机、影响居民储蓄的因素，居民的消费行为及动机，影响居民消费的因素。

◆ 掌握居民投资的形式及选择；储蓄和投资的关系、消费水平及消费结构的变化趋势、消费者主权理论。

◆ 了解居民是社会主义市场经济中微观经济运行的经济主体之一，居民的经济活动与企业、农户的经济活动一起构成社会主义微观经济运行的基础。

第一节　居民的收入行为

一、居民收入的形式与来源

居民收入是居民个人在一定时期内（通常是一年），通过各种不同途径和来源获得的收入总和。居民个人获取收入的途径和来源，受社会经济制度和体制的制约。在社会主义市场经济条件下，我国实行的是以公有制为主体、多种所有制经济共同发展的所有制结构，其分配方式也是以按劳分配为主体、多种分配形式并存。因此，居民个人收入主要是通过按劳分配获得的，同时也存在其他收入来源。居民个人收入形式和来源可以分为劳动收入和非劳动收入两大类。

1．劳动收入

劳动收入是指居民凭借其为社会所提供的一定数量和质量的劳动所获取的收入。劳动可以分为直接生产劳动与经营管理劳动，因此劳动收入可分为直接生产劳动收入与经营管理劳动收入。此外，劳动收入还应包括劳动者在本职工作之外各种兼职或为社会提供服务所形成的其他劳动收入。从劳动收入采取的具体形式来看，主要有工资、津贴、奖金和其他劳动收入。对于个体、私营企业来说，企业利润实际上包含着个体劳动者和私营企业主的劳动收入，亦即利润中的一部分是劳动收入，因此对此类企业的这类劳动者来说，利润也是其劳动收入的一种表现形式。

由于津贴实际上是工资的一种形式，可以将工资与津贴统称为工资。用公式表示为：

劳动收入=直接劳动收入+经营管理劳动收入+其他劳动收入

=工资+津贴+奖金+经营管理劳动收入+其他劳动收入

或　劳动收入=工资+奖金+经营管理劳动收入+其他劳动收入

2．非劳动收入

非劳动收入是指居民不是凭劳动，而是凭借资产所获得的收入和从各种渠道所获得的转移性收入，就是说包括资产收入和转移性收入。

（1）资产收入是指居民通过向社会提供一定数量的货币形式与非货币形式的资产所获得的收入。资产收入的形式主要是：①利息收入，是指出让货币形式的资产的使用权或投资于债权性的金融资产所获得的收入，包括储蓄存款利息收入、债券利息收入、股息收入等。②金融投资利润或溢价收入，是指投资于金融资产所获得的利润或得到的溢价收入，如股份分红、股票溢价收入、债券溢价收入等。③租金收入，是指凭借实物资产所获得的收入，如房屋租金收入、农具以及其他生产资料出租收入等。④出卖收入，是指居民出卖其拥有的废旧物资、艺术品等所获取的收入。

（2）转移性收入是指一个经济单位向另一个经济单位单方面地、无偿地提供的收入。居民所获得的转移性收入主要包括：①营利性机构和非营利性机构向居民个人提供的转移性收入；②居民个人向居民个人提供的转移性收入。转移性收入的提供一般是无偿的，因此实际上就是一种收入援助。当然，居民获取转移性收入的另一个重要来源是政府，但政府向居民提供的转移性收入是政府进行收入调节（收入再分配）的一种形式，是非政府力量所决定的收入分配格局形成之后的一种收入调节，因此在这里我们不考虑此种转移性收入。非劳动收入用公式表示为：

非劳动收入=资产收入+转移性收入

=（利息收入+金融投资利润或溢价收入+租金收入+出卖收入）+（营利性机构和非营利性机构向居民个人提供的转移性收入+居民个人向居民个人提供的转移性收入）

这样在政府进行收入调节以前，居民的全部收入来源如下式所示：

居民收入=劳动收入+非劳动收入

=工资+奖金+经营管理劳动收入+其他劳动收入+利息收入+金融投资利润或溢价收入+租金收入+出卖收入+营利性机构和非营利性机构向居民个人提供的转移性收入+居民个人向居民个人提供的转移性收入

3．多种收入形式并存的原因分析

社会主义社会的发展要经历一个相当长的历史阶段，在社会主义经济发展的相当长的时期内，都会是多种收入形式并存的格局，在社会主义社会的初级阶段，必然是多种收入形式并存。只有在社会主义社会进入到发达的社会主义阶段

（社会主义社会的高级阶段）之后，在不考虑转移性收入的条件下，按劳分配才会取代其他各种分配制度而成为唯一的收入分配制度，劳动收入才会取代其他各种收入形式而成为唯一的收入形式。为什么在社会主义社会发展的相当长的时期内，会是多种收入形式并存的局面呢？存在何种收入形式，取决于存在何种收入分配制度，存在何种收入分配制度，取决于生产资料所有制结构，生产资料所有制结构取决于社会生产力的发展。从社会生产力的发展来看，社会生产力是逐步发展的，只有社会生产力取得高度发展，发展到除了生产资料的社会所有制之外，任何其他的生产资料所有制都不能容纳社会生产力的发展的条件下，生产资料的社会所有制才会成为社会唯一的所有制形式。在社会生产力发展到这个阶段以前，社会主义社会长期存在不同性质的生产资料所有制，以生产资料公有制为主、多种生产资料所有制并存的格局会长期存在，因而也就决定了在社会主义社会发展的相当长的时期内会存在这样的收入分配制度，即以建立在生产资料公有制基础上的按劳分配为主，同时存在着其他多种收入分配制度，因此也就决定了在社会主义社会发展的相当长的时期内会存在以劳动收入为主，同时存在着其他收入形式的多种收入形式并存的格局。

这里需要说明的是：

（1）社会主义社会是不断发展的，生产资料所有制结构也会不断地发生变化。在社会主义社会发展的不同阶段，生产资料的所有制结构是不同的，不同收入形式的比重也会发生变化，越是发展到社会主义社会的更高级阶段，生产资料公有制所占的比重会越高，劳动收入所占的比重会越高。因此，虽然在进入到发达的社会主义之前，总体上都是以劳动收入为主，同时存在着其他收入形式的多种收入形式并存的格局，但是劳动收入所占的比重并不相同。

（2）以上所说的在社会主义社会发展的相当长的时期内所存在的以劳动收入为主、多种收入形式并存的格局是就社会整体而言的，就居民个体而言，其收入形式会存在差别。不同收入形式在居民收入来源中的地位会存在差别，有的主要是劳动收入，有的主要是资产收入，有的主要是转移性收入，所以就居民个体而言，不一定是以劳动收入为主，但是就社会整体而言，乃是以劳动收入为主。

（3）在进入到发达的社会主义社会之前，以上各种收入形式都是存在的，进入到发达的社会主义社会之后，由于只存在单一的生产资料社会所有制，因此资产收入和来自于营利性机构的转移性收入不复存在，但其他转移性收入会继续存在，不过这时的转移性收入都是劳动收入的重新分配。

存在何种收入形式是由生产资料所有制结构所决定的，最终取决于社会生产力的发展，在进入到发达的社会主义之前，多种收入形式并存是由客观经济条件所决定的，因此人为地禁止或者限制某种收入形式的存在是违背经济规律的。不同的收入形式激励的对象不同，劳动收入可以形成对劳动的激励，资产收入可以形成对资本积累的激励，其他的收入形式可以形成对劳动或资本积累或者其他影响经济增长因素的激励。因此，允许由客观经济条件所决定的多种收入形式并存是有利于经济增长的，不能人为地否定非劳动收入等其他分配形式。

二、居民可支配收入的界定及使用

（一）居民可支配收入的界定

居民可支配收入是指一个国家在一定时期（通常指一年）内个人可支配的全部收入，也就是居民可以用来进行支出和储蓄的收入总额。具体来讲，就是一个国家所有的个人在一定的时期内（通常为一年）所得到的收入总和，减去个人或家庭的纳税部分后可以实际得到的、由个人自由使用的收入。个人收入并不是人们直接得到的可支配收入，它必须在扣除个人税和非税支付之后，才能归个人自由支配。个人税主要包括个人所得税、财产税、房产税等；非税支付主要包括罚款、教育费和医疗费等。个人可支配收入中，一部分可以用于个人消费，它包括购买食物、衣物、交通、娱乐、居住和其他各项消费的费用；另外一部分则用于个人储蓄，它包括个人存款、个人购买债券和股票等。在国民收入的分配体系中，居民可支配收入可用公式表示为：

居民可支配收入=个人收入-（个人税+非税支付）

=个人消费支出+个人储蓄

（二）居民可支配收入的使用

居民的可支配收入在使用过程中一般可分为三个部分：

1.居民消费支出

居民消费是人们消耗生活资料和生活劳务以满足需要的过程。居民消费支出是指为了满足个人和家庭的需要而支付的费用。

居民消费支出在经济和社会发展中占有十分重要的地位：①在社会再生产的四个环节中，生产、交换、分配是决定消费的，但消费对它们具有重大反作用。消费使得作为生产要素的劳动力再生产出来；消费使交换最终完成，并促进交换的扩大；消费还使分配得以最终实现。②居民消费需求是市场需求的重要组成部分，是市场经济发展繁荣的推动力量。③居民消费水平是个人生活水平的尺度，人民物质和文化生活水平的提高要通过增加消费数量、改善消费结构以及提高消费水平来实现。

2.居民储蓄存款

储蓄是指个人可支配收入中不用于当前消费的部分。居民储蓄存款的意义在于，部分个人可支配收入存入银行等金融机构，变为它们可以运用的货币资金，增加了社会资金的供给；对个人来说，则推迟了购买力的实现，推迟了消费支出。在经济比较落后的我国，社会主义现代化建设面临的困难之一就是缺乏资金，增加居民储蓄对克服资金困难具有重大的意义。

3. 手持现金

无论个人收入水平如何，人们手中总会经常持有一定数量的现金。人们手持现金的目的一是应付日常消费支出的需要；二是应付可能发生的临时、紧急的需要；三是随时购买尚未买到的商品。此外，由于其他各种原因，社会上还存在超过上述需要的现金持有额。

三、影响居民收入的因素

1. 国民收入的总量

消费者从多种不同渠道获得的收入都来自国民收入，它们是通过国民收入的初次分配和再分配实现的，因而国民收入的大小直接制约着消费者可支配收入的多少。国民收入的大小，取决于经济发展的快慢。经济发展越快，国民收入总量越大，个人收入增长越快；反之，个人收入增长越慢，甚至可能下降。如果其他条件不变，消费者个人可支配收入与国民收入成正比例变化。

2. 国民收入初次分配和再分配的方式和体制

国民收入在国家、企业和居民个人三者之间分配后，形成国家财政收入、企业收入和居民个人收入。显然，居民个人收入作为国民收入的构成部分，其变动不仅要取决于国民收入的总量，而且也取决于国民收入各个组成部分的分配比例。通常，在国民收入已定的条件下，国民收入分配比例向居民个人收入倾斜，居民个人收入就会增多；反之就会减少。国民收入分为财政收入、企业收入、居民个人收入的比例，最终取决于国民收入分配体制乃至整个经济体制状况，因而居民个人收入变动又涉及体制问题，体制是影响其变动的重要因素。工资制度、多种微观主体的纳税制度、企业税后利润的分配方式、金融制度、社会福利和保障制度等体制因素，都会影响财政收入、企业收入和居民个人收入在全部国民收入中所占的比例，从而决定着国民收入中最终留在居民个人手中的可支配收入的数量。

3. 居民个人向企业和其他经济组织提供的生产要素的数量和质量

首先是个人提供的劳动的数量和质量。在其他条件不变时，个人付出的劳动数量越多，质量越高，其收入水平就越高。其次是个人拥有的劳动以外的生产要素的数量。如个人所拥有的资金或其他资产越多，通过各种方式获得的收入也越多。最后是个人对其所有的其他要素的经营利用状况。如居民可以通过银行活期或定期存款获取利息，也可以通过股票投资取得股息、红利，还可以通过买卖股票取得价格涨跌的价差收入。在相同条件下，这些收入的水平是不相同的，这也会影响个人可支配收入的数量。

第二节 居民的储蓄投资行为

一、居民的储蓄行为

（一）居民储蓄的定义及特点

1.居民储蓄的定义

储蓄是居民因节制或延缓现期消费而持有的可支配收入的余额，并使其增值的行为。居民储蓄一般指居民收入中未被消费的部分。因此，居民储蓄在数量上等于居民个人可支配收入减去消费后的差额，主要包括居民手持现金、在商业银行以及其他金融机构的存款，以及在金融市场上购买的有价证券。

2.居民储蓄的特点

居民将可支配收入的一部分用作储蓄，一方面是对自身现期消费的节制或延期，是待实现的购买力，是延期的消费基金；另一方面，也是谋取未来收益的手段，即是一种金融资产。作为金融资产，居民储蓄表现出一些新的特点和要求。这些特点和要求主要表现在：第一，稳定性。如果不出现严重的通货膨胀，储蓄的稳定性相对比较强，对市场供求状况和物价变动的反应相对小一些。第二，安全性。随着储蓄规模的扩大，其安全性要求整体上将提款买实物转向寻求多种金融资产的组合。第三，增值性。居民无论是将货币资金存入银行还是转化为有价证券，首先考虑的是能否收回本金，起保存价值的作用，如果连本金都收不回来，储蓄的意义就失去了；其次储蓄本身是货币使用价值的暂时让渡，是一种信用行为，必须有利息或其他相当于利息的收入。因此，在当代社会经济活动中，除居民手持现金外，居民储蓄主要有两种形式，即银行存款和证券购买。在银行存款形式中，银行作为信用中介机构将居民手中暂时闲置的货币资金贷放给社会其他需要资金的主体，居民则是让渡了价值使用权；银行作为代理人将贷款利息和存款利息的差额作为代理费用，而居民则获取利息收入。在证券购买中，居民通过对有价证券的购买获取资本利得或买卖价差收入，银行或其他金融机构则收取相关的代理费用。在这两种形式中，银行存款低风险、低收益；有价证券的购买则相对风险较高、收益当然也较大。居民的储蓄行为作为居民经济活动的重要组成部分，通常具有自主性和被迫性的特点。首先，储蓄能否产生，要看可支配收入除去消费后是否还有余额。其次，为消费某种高档商品，居民通常不得不通过储蓄积累资金以待将来购买。最后，由于银行信用工具单一，居民在没有其他可选择的投资工具时，也会选择储蓄。

（二）影响居民储蓄的动机

由于居民储蓄行为受到储蓄动机的影响，因此，对居民储蓄动机的研究具有十分重要的意义。概括地来讲，居民储蓄的动机是由居民的收入水平和储蓄心理决定的，是一个由低级向高级的发展过程。那么，居民储蓄的动机究竟有多少种呢？一般说来，主要有下列几种：

（1）保险动机。在保险动机下，居民为应付突发的意外事故而进行储蓄。正常情况下，居民生活的日常消费是比较稳定的，因而消费支出是平滑的。但是，由于未来存在着许多不确定性的影响因素，意外事故的发生很有可能使支出大于当期的可支配收入，因此，居民会为了应付未来可能产生的意外事故支出而储蓄。

（2）个人负担动机。在个人负担动机下，居民为供养子女和赡养老人、支付婚丧嫁娶大笔费用以及维持退休后生活水平而进行储蓄。这种动机下的储蓄在我国尤为常见。

（3）提高生活水平的动机。在提高生活水平动机下，居民为购买住宅和家电等耐用消费品而进行储蓄。一般居民的收入不可能使自己现在的消费要求全部得到满足，住宅和一些耐用消费品的购置需要支付大量货币，靠居民现时的收入是远远不够的，必须通过储蓄进行一定时期的积累才能够实现。随着我国经济体制改革的深化和居民福利性收入的逐步减少，我国居民用于提高生活水平方面的储蓄也将随之增加。

（4）盈利动机。在盈利动机下，居民为获得一定的工资收入以外的额外收入而进行储蓄。当居民上述三个动机的储蓄满足后，居民的储蓄就会由消费领域转向收入资本化领域，以获得更多的收益（例如购买股票、债券等有价证券）。居民储蓄由结余购买力转变为金融资产，不仅反映了人们储蓄观念的变化，而且说明了实现这种转变的客观条件已经形成或正在形成。

上述四种储蓄动机是按照由低级向高级的顺序发展变化的，居民储蓄一般情况下都不可能越级进行。试想，一个连子女抚养问题都不能解决的家庭怎么能够购买耐用消费品或住宅呢？

依据上述四种动机，居民储蓄被划分为“积极储蓄”和“消极储蓄”。如果将“积极储蓄”理解为有计划的储蓄，那么，“消极储蓄”就是指生产力发展较低的时期，居民所进行的没有明确目标和动机的储蓄，这种储蓄只是消费后的一种剩余。随着居民收入水平的提高，消费后的剩余也越来越多，居民不再采取消极的态度，而是积极筹划收入的用途，以图改善以后的生活状况，或者获得更多的收益。当代社会中的储蓄，应该说大多属于“积极储蓄”。这不仅反映了社会的进步，而且也是居民收入增加和金融意识觉醒的结果。

（三）影响居民储蓄的因素分析

1．经济因素

一个国家的整体经济状况对居民储蓄有着明显的影响。影响居民储蓄的经济因素主要有国民收入水平、利率水平、物价水平以及市场供求状况。

（1）国民收入水平的高低决定着居民收入水平的高低，而居民收入水平的高低决定着居民储蓄水平的高低。一般来讲，在其他条件不变的情况下，居民的收入水平越高，储蓄额也就越大。居民收入的变动，不仅影响储蓄数量，还会影响储蓄的动机。随着收入的不断增多，储蓄动机也逐渐由低层次向高层次发展。

（2）利率水平的高低。利率水平越高，居民储蓄倾向也就越强；反之，则越弱。一般来讲，储蓄中延期消费性质的部分所占的比重越大，居民的储蓄对利率变动的弹性（即利率变动引起居民储蓄的变动量）就越小；如果储蓄总量中资产类储蓄所占比重较大，居民储蓄对利率变动的弹性就比较大。因为如果利率水平下降，居民就可以减少银行存款，转而投向其他投资方式。

（3）物价水平的高低对居民储蓄也有着十分直接的影响。当物价上涨幅度比较大、通货膨胀率比较高的时候，储蓄就面临着收益减少的风险，这时，居民就会提取存款用于购买商品，以此方式来降低由于物价上涨带来的货币购买力下降的风险。

（4）市场供应短缺，会使居民在市场上购买不到合意的消费品，从而被迫储蓄。另外，市场短缺往往不是绝对数量上的短缺，通常都是结构性矛盾的表现，而结构性矛盾不会在短时期内解决，因此，居民的被迫性储蓄将会继续下去。人们对现期市场供应的不满意，还会使人们寄希望于未来市场会作出调整和改善，从而储蓄会进一步增多。

2. 心理因素

人们的各种心理活动也会影响其储蓄行为。这些心理活动主要包括消费者的消费倾向、对未来的预期等。消费者的消费倾向是指消费者愿意将自己的收入中用于消费的部分占总收入的比重。消费者的消费倾向直接影响消费量的大小，进而影响储蓄量。在其他因素不变、收入既定的条件下，消费倾向越大，则消费者用于当前消费的部分也越大，用于储蓄的部分就越小；相反，如果说消费倾向越小，则消费者用于当前消费的部分也越小，用于储蓄的部分就越大。消费者对未来的预期主要指消费者对未来物价水平、收入等条件的预期。消费者一般愿意保持比较稳定的消费水平，因此，他就会根据未来的状况来安排现在的某些活动。如果消费者预期未来物价水平将会上升，他可能会减少现期的消费，增加储蓄，以备应付将来的消费需要；如果消费者预期未来物价水平将会下降，他可能会增加现期的消费，减少储蓄。同样，如果消费者预期未来收入水平将会上升，他可能会提高现时的消费水平，减少储蓄；如果消费者预期未来收入水平会下降，他可能会减少现时的消费，增加储蓄，以维持将来的消费水平。

3. 社会因素

社会因素主要是指除了经济因素和心理因素以外的其他因素，包括居民的年龄、职业、家庭人口负担、储蓄机构的设置情况以及社会的安定状况等。就年龄而言，人在中年时期由于收入较多，储蓄也就较多；在青年时期和老年时期，由于收入较少，储蓄也就较少。另外，年轻人比较喜欢追求时尚，进行超前消费，因而年轻人的储蓄率一般较低。就职业而言，如果职业较为稳定，收入也较稳定，其储蓄预防风险的动机也较小，因而储蓄在其收入中的比例就比较小，如公务员、教师等有固定收入者；相反，如果职业不稳定，收入也不稳定，那么居民为了维持比较稳定的消费水平及应付将来不可知的风险，就会在收入高时增加储蓄，在收入低时减少储蓄。另外，一些比较好的职业会给居民带来比较高的收入，因而居民收入中用于储蓄的部分也就相应比较大；如果一个职业带给居民的收入仅够维持居民日常生活消费，那么居民就没有多余的收入用于储蓄。就家庭人口负担而言，在收入一定的情况下，家庭的人口负担越大（消费总量大），储蓄动机就比较弱；反之，就越强。从储蓄机构的设置来看，如果储蓄机构的设置方便居民进行储蓄，在其他条件不变的条件下，居民的储蓄倾向就越大，储蓄量也就相对大；如果储蓄机构的设置不方便居民进行储蓄，则居民储蓄就会减少。此外，政治稳定、社会生活安定是保证居民储蓄安全的前提。在动荡不定的社会中，储蓄率往往很低，这是因为储蓄安全得不到保障，风险太高，所以人们往往愿意以实物的形式保存财富。

在影响居民储蓄的各种因素当中，经济因素所起的作用最大。在经济因素中，作用最直接、最明显的是利率。人们通常认为，在其他条件不变的情况下，利率上升，储蓄会增加；利率下降，储蓄会减少。但实际上，利率对储蓄的影响是不确定的。关于利率变动对储蓄的影响，主要可以从两个方面来考虑：收入效应、替代效应。收入效应是指利率的变动会引起居民总收入的变化。居民的收入在利率提高时是增加的，因此居民倾向于增加当前的消费，而减少储蓄；在利率降低时，居民的收入是下降的，因此居民倾向于减少当前的消费，而增加储蓄。替代效应是指利率的变动会引起单位货币收益的变化，从而影响消费的成本。例如，在利率上升时，消费者如果将收入用于储蓄，则他的收入将会增加；相反，如果将收入用于消费，则他会得不到利率上升所带来的收益，则他的收入将会减少。因此，在利率上升时，消费者倾向于增加储蓄，以储蓄替代消费。一般来讲，替代效应都是正的，即利率上升时，储蓄会增加；利率下降时，储蓄会减少。但对于不同的消费者来说，收入效应所起的作用是不同的。如果一个消费者是净贷者，也就是说，他是一个储蓄者，那么利率水平的提高会使他的收入增加，使他更富有，他就会增加消费、减少储蓄，即收入效应是负的；相反，如果一个消费者是净借者，即他是一个借款者，那么利率的提高就会增加他的利息负担，使他更贫穷，他就必须减少消费、增加储蓄，对他而言，收入效应是正的。因此，利率变动而导致储蓄的变化方向，首先要看这个消费者是净贷者还是净借者，如果是净贷者，还要看替代效应和收入效应哪个作用比较大。在利率提高时，对于净借者而言，替代效应和收入效应都是正的，因此，他会增加储蓄。对于净贷者而言，替代效应会使他增加储蓄，收入效应则会使他减少储蓄，那么他究竟会增加还是减少储蓄，就要看替代效应和收入效应哪个作用更大。如果替代效应大于收入效应，他就会增加储蓄；如果收入效应大于替代效应，他就会减少储蓄。

二、居民的投资行为

（一）居民投资及其主要形式

居民投资，即个人以货币增值为目的而支出货币的行为。个人投资规模，首先，取决于个人收入的总额及增长速度，这是扩大个人投资的基础；其次，取决于金融市场的发育、完善程度，完善和发达的金融市场将为个人投资提供良好的运营条件；最后，取决于投资环境的形成和改善，如观念更新、法制健全、审批手续简化、经营条件改善等。

当前我国个人投资的形式主要有：①个人出资或合伙集资购买或租借生产资料，直接从事生产经营活动；②购买有价证券，包括购买各种债券（国库券、银行债券、企业债券等）、购买股票或投资入股；③购买固定资产（房地产、汽车等）用于出租经营等。

（二）影响居民投资形式选择的因素

居民投资的目的是收益的最大化，但也考虑到投资的风险。因此，居民对投资形式的选择受到多种因素的影响。目前，影响我国居民投资形式选择的因素包括三大类，即经济因素、社会历史文化因素、经济转轨和国家政策调节因素。

1.经济因素

（1）预期个人可支配收入增量，是指个人预计选择某种投资形式后一定时期所能增加的个人税后收入。这里，作为个人投资者，追求的是预期可支配收入增量的最大化。通过各种投资形式的分析比较，个人将选择预期个人可支配收入最大的一种投资形式。如果预计某种投资形式的投资为个人带来的可支配收入增量最大，个人就倾向于选择这种投资形式，反之则不选。但需要指出的是，作为投资者个人能选择的仅仅是预期的增量，实际上市场经济中的各种因素变幻莫测，难以把握，如市场前景、利息率的变动、商品价格的变动、投资入股的公司利润等，预测和实际状况并不总是一致。因此，一定时期个人可支配收入的实际增量既可能大于预期增量，也可能小于预期增量，甚至会出现零或负值。

（2）不同投资形式的风险。在商品价格不变的条件下，个人购买保值商品、个人银行存款、个人房产投资多是风险程度小的投资选择形式，这些投资形式风险小，回报也小。个人投资于股票、期货、风险较大的高科技企业等，投资可以获得高额回报，但投资的风险也大。一般来说，在其他条件不变的情况下，居民会选择风险较小的投资形式。

（3）投资灵活性，是指所选择的某一种投资形式转移为另一种投资形式的灵活程度。个人在银行存款、投资购买股票和国债等有价证券，具有较强的灵活性；在房地产市场发达的情况下，投资于房地产也较为灵活。个人投资于生产经营活动，特别是资产专用性较高的投资，因为这种投资不容易把物质资产迅速转化为货币资金，所以其投资形式最不灵活。一般来说，在其他情况一定的条件下，居民希望选择灵活性较高的投资形式。

2.社会历史文化因素

（1）传统的储蓄习惯的影响。个人所在的国家是否有储蓄的传统，会影响个人投资的选择。在将储蓄当作传统美德大力弘扬并世代相传的国家，储蓄的传统习惯也深刻地影响了个人，致使在投资多元化情况下，个人趋向于选择风险程度较小的投资形式，如储蓄、购买公债和保险等。在我国，不少人仍然保持着传统的储蓄习惯，约有70%的个人资产仍然采取储蓄形式。但在市场经济发达的国家，储蓄观念较为淡薄，为获取较高的收益，风险较大但收益率也较高的金融产品，如股票、企业债券、期货等，大量地被个人购买。

（2）赌博和投机文化。投机文化盛行的地方对助长个人的赌性心理有一定的刺激作用。赌性心理在一定程度上也对“孤注一掷”“不服输”“永不满足”“短期行为”心理起了一定助长作用，而以上各种心理对投资市场投机气氛过浓提供了重要的心理依据。很多人纷纷放弃储蓄上的稳定收益，把个人资产的中心转向金融市场，在一定程度上就是受赌性等心理因素影响和驱使的。

（3）金融投资文化的熏陶。在市场经济发达、金融市场规范和有序的地方，金融投资文化也较为成熟，能使个人的投资行为较为规范，投资者个人主要考虑的是以投资获利，而且一般不存在只追求短期利益而损害长期利益的行为。但在金融投资文化极度落后的国家和地区，由于长期缺乏金融投资传统和投资文化的影响和熏陶，必然会对投资者的投资行为产生一定的影响，如对投资行为偏差的纠正能力上表现出先天的不足，金融投资文化难免具有投机性、短期性等特征，投资行为偏差纠正的内在机制在短期内仍难以形成。

3.经济转轨和国家政策调节因素

（1）个人对未来预期的不确定性增强的影响。经济转轨时期实质上是一个制度变迁的时期，制度的变迁对个人预期影响最大的就是对未来的收入和支出的不确定性。在计划经济体制下不必担心失业、医疗、住房等问题，甚至对子女的教育和工作都不用过多担忧，并且由于有固定工资和福利待遇作后盾，对自己在退休前后总收入和总支出变化都是可以预知的。改革开放后，个人货币收入虽有大幅提高，但总体收入水平仍然不高，并且许多新的支出和新的不确定性因素在逐步增加，如失业后收入来源问题，未来的医疗、子女教育所带来的风险都必须自己承担。制度变迁使未来各项支出的不确定性增强，迫使人们从整个生命周期角度决定其收入安排，减少个人投资的选择，加大了储备性储蓄。

（2）转轨时期个人非理性行为的影响。社会主义市场经济体制尚不完善，与市场经济体制相适应的法规体系也不完善，资本市场、产品市场及各种生产要素市场都不规范，存在着投机的可能性，加之我国社会历史文化所形成的投机心理、赌博心理的影响，居民投资的非理性行为对投资形式的选择也产生了较大的影响。投资于高风险的股市、基金、债券、期货的投资者，有的违规犯罪，有的倾家荡产、血本无归，有的跳楼自杀、一死了之。这些非理性行为导致的恶果都与转轨时期非理性选择投资形式直接相关。

（3）国家政策调节的影响。政府对个人投资的调节所利用的政策杠杆主要是税收和利率政策，通过这些政策杠杆，直接影响个人投资形式的选择。如政府用增加新税种或取消原税种、增减税率或实行差别税率、升降利息或实行差别利息率等来直接影响个人对投资形式的选择。

投资收益、投资风险、投资灵活性这三个因素的作用是有矛盾的。一般说来，收益率高的投资形式，其风险也高，灵活性较低；相反，收益率低的投资形式，其风险程度低，灵活性较高。但有些投资形式也要具体情况具体分析，如投资于股票、期货，在牛市的情况下，投资者获利很容易变现，这种投资较为灵活。在熊市的情况下，股票、期货很容易套牢，则不容易变现，这种投资又不具有灵活性。由于不同储蓄投资形式存在上述矛盾，居民的储蓄投资行为便面临着资产选择问题。一般来说，其基本规律是，在各种储蓄投资形式之间形成一种合理搭配，把资金投在多种投资形式上分散风险，以获得收益率与风险程度之间的一种最优组合。另外，居民投资形式选择，与不同投资动机有密切关系。如居民的收益动机较强，全部投资中收益率高的工具比重可能就大；如特殊消费动机较强，全部投资中灵活性高的工具比重可能就大；如个人负担动机较强，全部投资中风险程度较低的工具比重可能就大。

三、储蓄和投资的关系

储蓄和投资是辩证关系，二者相互依赖、相互促进、相互转化。首先，储蓄为投资提供了物质和资金供给，储蓄使投资成为可能。储蓄规模决定了投资规模。如果仅有投资欲望，而没有储蓄，这种投资需求是无法实现的。如在传统的计划经济体制下，有很强投资欲望和动力，存在投资“饥渴症”，但受到资源供给和储蓄的约束，投资需求的实现十分有限。所以，只有在社会储蓄不断增加时，社会投资需求才能成为现实。当其他条件不变时，储蓄规模的大小，直接决定了社会投资的规模。其次，投资对储蓄也有反作用，投资和储蓄是正相关关系，在一定条件下，投资的规模也决定了储蓄的规模。因为投资规模越大，经济总量也会增大，在正常情况下，意味着国民收入的总量增加，国民收入总量中居民储蓄部分就会增加，储蓄中转化为投资的部分也会相应增加。这一过程将持续到资源充分利用之后才会停止。最后，储蓄和投资会相互转化。按照以上所述，从储蓄和投资的相互关系来看，在一般情况下，储蓄可以直接转化为投资，投资可以间接转化为储蓄，两者互相推动、相互促进，直到社会资源充分利用为止。

第三节　居民的消费行为

一、居民消费行为及其动机

1.居民消费行为的含义

居民消费行为是指居民在日常生活（包括衣、食、住、用、行等）消费过程中，为了满足自身物质和文化生活的需要，根据其收入条件，取得消费资料并进行消费的行为总和。它包括居民消费的方式、方法、过程及变化，既是指居民从某处购得某种商品或劳务的行为，也包括从购买之前即已开始，在购买之后尚未结束，并对下一次购买具有影响的几个决策过程。具体来说，就是五“W”，即谁去消费(Who)、何时去消费（When)、到何处消费（Where)、消费何物（What）以及为什么要消费（Why)。显而易见，前三个“W”比较容易回答，而后两个“W”，即消费何物和为什么要消费却比较复杂，这也是研究居民消费行为的核心问题。

2.居民的消费动机

居民的消费行为受消费动机的支配，不同居民的消费动机千差万别，但都可以归结为三个依次发展的基本动机：生存需要、发展需要、享受需要。此外，居民的消费动机也可以划分为生理性和心理性两大动机。最后，由于消费不仅是一种个人行为，它同时也是一种社会经济行为，消费动机还受客观的经济社会因素制约。

生存需要是人们为维持生存而对物质资料和劳务的需要。生存需要是人类最基本的需要。例如食物、服装、住宅、医疗卫生、交通设备以及其他社会公认的生活必需品，人们称之为生存资料，它是人们生存所必需的。生存需要的满足是一切社会生活的前提，生存资料丰富，人们生存需要的物质资料和劳动数量会逐渐增加，质量会不断提高。

发展需要是劳动者为提高自身素质而产生的对某些物质资料和精神产品的需要。人们在从事物质资料生产的同时，自身也需要不断发展。例如人们的智力、体力的全面提高，才能和个性的充分发挥，都需要接受教育，进行科学、技术、文化、体育等方面的培养和训练。只有发展需要得到满足，才能培养出全面发展的劳动者。社会生产的发展水平决定着人们的发展需要和满足水平。随着社会生产的发展，发展资料才能源源不断地生产出来，同时才能提供更多的用于发展人类自身的自由时间，为全体社会成员发展自己的才智和体力提供条件。

享受需要是人们为追求生活享受而产生的消费需要。社会生产力发展到一定水平，生存需要、发展需要得到满足后，人们会转向追求享受。当前在我国，享受资料的主要内容是日用高级生活消费品，如色、香、味、营养俱佳食物，质地华丽的衣着，价格昂贵的系列家用电器，把一些原来自己做的家务，如洗衣等改由找人来做或让社会服务部门去做，以此增加闲暇，从事艺术欣赏、游乐等。它们会以方便、舒适、豪华的消费丰富人们的物质和精神生活，使人充分感受生活的乐趣。享受需要在不同的国家和一个国家不同的历史时期，由于生产力水平不同会有所差别。

根据各类消费资料对于实现人的全面发展的不同作用，人们的消费需要呈现出明显的次序。在实际消费中，人们首先希望得到维持其生存所必需的生存资料，其次是希望获得发展其体力、智力所需要的发展资料，然后才是希望或使生活过得舒服和愉快所需要的享受资料。另外，就维持生存所必需的生存资料而言，也有吃、穿、住、用、行等需要的明显的次序。人们消费需要的这种变动趋势具有普遍性、规律性。

人们的消费动机决定了人们的消费行为，人们的消费动机除了以上依次的三个层次的需要以外，也可以从生理动机和心理动机两个角度去理解。同时，由于个人消费是一种社会经济行为，其消费动机还要受到客观的社会经济因素的制约。为了分析和叙述的方便，我们把影响居民消费的生理需要和心理需要以及受客观社会经济条件的制约放到下文“影响居民消费需要的因素”中去论述。

二、影响居民消费需要的因素

影响居民消费需要的因素很多，但归纳起来不外乎两个大的方面：经济因素、非经济因素。经济因素是影响居民消费需要的具有决定作用的物质因素，非经济因素是影响居民消费需要的一种复杂的综合性因素。

（一）影响居民消费需要的经济因素

1.社会生产力发展状况

任何消费者总是生活在既定的社会生产条件下，因此，消费需要总是从既定的社会生产状况出发，受社会生产状况的制约。生产力是全部历史的基础，每一个社会的生产力是人们实践能力的结果，人们不能自由地选择自己的生产力。任何一个现实的消费者，都不可能超越这种生产力的发展而使这样或那样不现实的消费需要得到满足。

2.居民可支配收入

居民可支配收入对消费需要的影响主要体现在以下几个方面：

（1）收入水平。其是决定即期消费的主要因素，这似乎是一个带有普遍性的规律。在收入水平较高的时期，人们的消费情绪高涨，消费欲望强烈，消费支出增长较快；相反，在收入水平下降，预期收入不高的时期，人们的消费欲望和消费积极性就会大大减弱，消费支出也必然减少。但是，对于不同收入水平、环境、消费习惯、文化背景及年龄的居民来说，消费需要并非一定是与可支配收入同比例增减的。有些居民消费支出的增减比例可能会低于其可支配收入的增减比例，有些则可能会高于其可支配收入的增减比例。不过，无论居民的消费与其可支配收入是否同比例变化，居民的消费总是受其可支配收入数量的制约，总是与可支配收入呈同方向变化。

（2）收入波动。其对居民消费需要的影响，通常是通过人们的预期来实现的。一般来讲，收入波动的加大会降低人们的收入预期。这是因为收入增长较快时，人们会怀疑其持久性，从而加大收入增量中的储蓄比重。而当收入增长下降或收入下降时，人们则会意识到收入的不稳定性，为使未来消费水平不致降低，人们一般要增加储蓄。收入的波动通过这种心理作用来影响居民消费需要。

（3）收入差距。一定限度内的收入差距既是必要的，也是合理的。它既体现了收入与贡献挂钩的分配原则，也可以形成不同的消费需要，避免雷同消费导致的市场“同步性震荡”。但是，收入差距过大，以至于极少数人掌握了大部分国民财富，这种差距就会对居民消费需要的增加带来不利的影响。因为，一般来讲，高收入者的消费倾向较低，并且收入水平越高，消费倾向越低。

（4）预期收入，是指预期的未来时期的收入。在其他因素不变的情况下，预期收入越高，居民消费倾向或边际消费倾向越高；预期收入越低，居民消费倾向或边际消费倾向越低。

还要指出的是，虽然可支配收入制约着居民的消费需要，但消费需要也会反过来影响居民的收入。这是指居民的消费欲望具有推动居民收入创造活动的作用。比如，假定一个居民想要购买一件耐用消费品，为了筹款，他可能决定加班或兼职，也可能决定选择收入更高的工作岗位等。这样，这个居民的消费决策就引致了其收入的增加。

3．商品价格

在居民的收入水平和消费倾向既定的条件下，商品价格成为影响其消费需求的决定性因素。这里所说的价格，既指商品和服务的绝对价格，即价格水平，也指不同商品和服务的相对价格，即不同的商品比价。

一般来说，居民对某种商品的购买量是与该种商品的价格升降呈反方向变动的。价格上升，居民的购买量减少；价格下降，购买量增加。但是，商品价格水平的一定变动程度和空间会引致多大程度的购买量的反方向变化，要依商品的种类、居民的收入水平而定。用于满足居民生存需要的消费品，或生活必需品，由于它们的购买和消费具有连续性、稳定性、小批量等特点，居民难以超量购买，所以其购买量在价格升降时的变动程度比较小。而用来满足居民发展和享受需要的消费品或非生活必需品，当售价较“低”时可以刺激居民占有和享用，而售价较“高”时也可以使居民对购买和使用它们完全不抱奢望，所以它们的购买量在价格升降时的变动程度较大。另外，在价格发生升降变动时，收入水平高的居民的购买量的变动程度，小于收入水平低的居民。

相对价格或比价对居民消费的影响，与不同消费品之间存在的替代性和互补性有关。有些消费品可以相互替代，如大米与小麦、羊肉与牛肉。在这类消费品中，若前一种商品价格上涨，而后一种商品价格不变，居民就会用后一种商品替代前一种商品，即减少前一种商品的购买量而相应增加后一种商品的购买量。这时，居民的全部消费支出可能不会变动，但其消费结构，即各种消费品在全部消费中所占的比例，却发生了变化。除了替代性外，有些商品之间还具有互补性，例如鞋子与鞋带、电器设备与电源供应、网球拍和网球等。在互补的不同商品中，一种商品的价格上升，不仅会使居民对这种商品本身的购买量减少，而且会使与这种商品互补的其他商品的购买量减少；反之亦然。

4. 其他经济因素

（1）利率。一般来讲，随着银行存款利率的下调，理智的居民将会认为储蓄收益降低，因而会减少储蓄而增加消费需求，从而增加消费支出。但我们也应该看到，利率杠杆在调节居民消费需求方面是一把双刃剑。在其他条件不变的情况下，利率变动与消费需求变动呈相反方向，但我们还应考虑利率变化对居民净所得的影响以及对居民预期收入的影响。利率大幅度下调毫无疑问会减少居民当前的货币收入，从而直接影响居民的购买力，减少消费需求，而且利率的大幅度下调，使居民预期未来的货币收入会减少，为了使未来生活水平不至于下降，会减少目前的消费而增加储蓄。

（2）税和费。我国现行税制是以流转税为主体税种、多个税种为辅助税种的复税制体系，商品和劳务税类包括增值税、消费税、关税及资源税等。此类税种所取得的收入约占整个税收收入的70%，增值税基本税率为17%，是世界各国中最高的，以上这些税种的税收直接影响工薪阶层的收入水平和可支配收入。

“费”在我国财政收入中所占比重虽然很小，但由于“费”的收取不规范，收支没有分开，不是两条线，导致乱收费现象非常普遍。“费”比之“税”来讲，在更大程度上影响了居民的消费需求，它直接取之于居民收入，特别是普通居民，而这些居民的货币收入消费倾向很高。

（3）财富积累。根据生命周期理论，一生消费等于一生收入。为此，影响消费需要的因素，除了可支配收入外，还有一个实际财富的问题。与收入这一流量变量不同，财富则是一个存量变量。按照一生消费等于一生收入的观点，一个人年富力强时正忙于财富积累，因而从财富中所产生的边际消费倾向比较低，从而消费需求较低。而当一个人越接近寿终，从财富中产生的边际消费倾向就越高，从而消费需求较高。但是从整个社会来讲，总有一部分人从财富中所产生的边际消费倾向较低（正处于以财富积累为主的过程中），而另一部分人从财富中所产生的边际消费倾向较高（已处于财富消耗之中），所以其动态过程是处于均衡的。

（二）影响居民消费需要的非经济因素

1. 商品因素

影响居民消费需求的商品因素，主要是指商品本身在使用价值方面的特征，商品的购买、使用，与此商品相对应的服务，商品广告以及替代商品的丰裕程度和补充商品的供应状况等。

商品本身在使用价值方面的特征，即商品的性能、质量、外观、包装等，是影响居民消费需要的主要决定因素。消费者在决定是否购买时，往往先看商品的性能能否满足自身需要，也就是商品能带给居民的效用问题，然后在同类商品中比较质量，而漂亮的外观和包装，则会强化居民的购买欲望。

商品的购买包括购买的方式（自选、定做、邮购及网购等）、付款方法（货到付款、消费信贷等）以及获得商品的便捷程度，如商店的位置或者到货的时间。如果商品的使用方法烦琐、配套的能源供应设施不齐全，那么往往会消减居民对这种商品的消费需求。同时，与此商品相对应的服务也是重要的影响因素，如商品的保养、维修以及售后服务系统的完善程度等都会影响居民的消费需求。

商品广告通过向居民提供关于商品的各种信息以及暗示时尚的信息，从而刺激居民的消费欲望，引导居民的消费方向。从另一角度来说，广告为居民提供了消费的示范效应，也是企业对消费者的“劝说”。

同时替代商品的丰裕程度也往往影响着居民的消费需要。如果市场中替代商品供应充足，在扩大了居民选择余地的同时，也会影响这种商品的销售价格，从而导致对这种商品的消费需求量的减少，因为人们可以有多样化的选择。

补充商品的供应状况也影响居民的消费需求。补充商品的供应量充足，供应方便及时，都能增大商品的消费需求，甚至能刺激居民的消费需求，如音像市场中各种影碟极为丰富，大大促进了影碟机等音响设备的需求量。

2. 居民消费偏好

消费者在消费集合中选择自己满意的消费方案，不同的消费者对消费方案的选择可能有很大的差异，现代经济学把这些差异统称为消费偏好。同时，消费偏好也是消费心理中的一个重要概念，通俗地说，就是消费者对同类产品和服务中某些品牌的嗜好。消费偏好的差异性，同样会导致消费需求量的变换；居民对某种商品的消费偏好加强或者减弱，即使这种商品的价格不变，也会影响这种商品的消费需求量。

消费偏好与很多因素有关，不同的时代、不同的年龄阶层、不同的地域都可能导致消费偏好的很大差异，如现在的年轻人注重消费的快捷、方便、卫生。还有，即便在粮食品种齐全的中国，北方人更偏好于面食，而南方人更偏好于大米，因此北方的小麦消费需求远远超过南方。但是更多的时候，偏好仅仅是一种复杂的心理因素或者个人习惯，如在同类商品中，有的人偏好哥伦比亚咖啡而不喜欢雀巢咖啡，有的人喜欢万宝路香烟，却不习惯555香烟，这种偏好的存在也影响着居民的消费需求。

3. 居民心理预期

预期是指对未来的一种心理预测，可以是对收入状况、利率水平、各项支出的预期，也可以是对宏观环境、社会保障制度状况的预期，一般可以分为乐观和悲观两种。如果居民对未来的预期比较乐观，那么会导致即期的消费需求增大。在同等收入水平条件下，假定居民对经济前景和个人前景（如就业、物价变动、老年人的生活保障）缺乏社会保障感或安全感，也就是对未来的预期不够乐观，就会导致居民消费倾向降低，储蓄倾向增高。人们不得不多储蓄以备偶然的需要和养老需要，那么就必然会影响现期的消费需求。

目前中国原有的公费医疗、义务教育、全面就业、退休福利制度等正在发生变化，人们在日常生活中越来越多地感受到这种变化对现在和未来的收入和支出产生的重大影响，这就要求人们必须调整收支结构，有效地配置收入在消费和储蓄上的比例。这种规避风险的集中释放以及消费者对未来支出增长的预测，导致了消费者马上调整收入中的储蓄和消费的比例，消费支出被快速缩减，从而影响了现期的消费需求。

自1996年以来，我国很多企业经济效益下滑，有的亏损严重，职工收入不稳定，部分职工失业，加之社会保障体系不够完善，居民生活中的风险程度加大，从而影响了城市居民的消费需求。

此外，居民对价格的预期，也影响着居民即期消费需求，“买涨不买落”是居民的普遍消费心理，当物价上涨时因害怕再涨而出现抢购风潮，在物价下跌时则希望让物价一直跌到理想水平再进行购买，从而推迟购买。居民对利率、汇率水平的预期，使居民在投资金融资产、储蓄和消费之间作出抉择，从而对现期的消费需求产生影响。

4. 其他非经济因素

（1）消费观念和消费文化。中国人一直崇尚储蓄先行、消费滞后型的消费文化，勤俭节约、细水长流、戒物欲、崇节俭的个人消费心理和生活消费观念，在个人生活和家庭生活中仍然起主导作用。虽然生产力已有很大发展，买方市场也已形成，但由于长期以来受传统文化的影响，大部分人对“先行消费”持不认可态度。虽有降息、拓展消费信贷等一系列激励措施来刺激消费需求，但消费总是“激而不活”。当然，这与居民收入现状和收入预期、支出预期有密切的关系。

（2）人口因素。人口因素对居民消费需要的影响可以从人口总量、人口的年龄结构、人口的地区结构来看。人口总量对消费需要的影响是很明显的，人口多，人均国民收入少，居民收入少，必然会影响消费需要。人口的年龄结构对消费需要的影响也很大，不同年龄的消费者，如儿童、青年人、中年人、老年人等各有不同的消费需要。例如，青年人对现代科技产品的消费需求较大，如手机、平板电脑等。而如果人口结构老龄化，则会对医疗保健、社会保险和社会服务等方面提出一系列新的需求。老年人需要保健用品，需要更多的生活服务，这对社会消费需求结构产生着影响。人口的地区结构对消费需求也有很大的影响，如城镇居民和农村居民的消费需求就各不相同。目前，农村居民的自给性消费比重较大，而城市居民自给性消费比重较小，社会公共消费比重大，并且大部分是商品化、市场化的消费。

（3）货币幻觉。货币幻觉是指人们忽视货币的实际购买力而仅仅根据货币的名义价值即面值而对货币的价值进行估计时所产生的一种错觉。当物价发生变动时，如果一个人仅仅考虑货币的面值而忽视货币的购买力，就会发生货币幻觉。经验观察表明，货币幻觉对消费具有很大的影响。就货币收入与实际收入对比而言，居民消费主要决定于其货币收入，而不是决定于其实际收入。在货币收入上升时，如果物价水平也同比例地上升，则实际收入不变；如果物价水平上升的幅度大于货币收入上升的幅度，则实际收入下降。货币幻觉的存在也会使居民消费需求增加，从而导致消费支出增加。在货币收入下降时，如果物价水平也同比例地下降，则实际收入不变；如果物价水平下降的幅度大于货币收入下降的幅度，则实际收入上升。货币幻觉的存在也会使居民消费需求下降，从而导致消费支出减少。

（4）政府政策。政府政策对居民消费需求也会产生一定的影响。例如，如果政府积极推行消费信贷政策，而且政策宽松、手续简便、配套服务完善，就能积极促进消费需求量的扩大。同样，扩张性的财政政策、货币政策，放松外汇管制，降低消费税率，减轻消费税、个人所得税的征收，也能刺激居民的消费需求。

三、居民消费水平和消费结构

（一）消费水平及其合理化

消费水平是用于反映人们通过消费物质财富和精神财富所实现的消费需要的满足状况的综合性指标。消费水平一般有狭义和广义之分：狭义的消费水平是指平均每人实际占有或享用的消费物品和劳务的数量与质量，它反映一定时期人们物质文化生活需要的满足程度。它可以用所消费物品和劳务的使用价值量表示。广义的消费水平不仅指消费品的数量和质量，而且包括消费过程和消费效果的质量。消费过程的内在质量包括消费商品和劳务本身的质量、购买或获取消费对象的难易程度、消费过程所处的自然地理环境和社会环境、消费对象相互配合与协调情况等，这在很大程度上决定着消费生活的方便、舒适和文明的程度以及人们通过消费获取的享受与乐趣。消费过程的客观效果是指消费者通过消费获得的身体健康程度，思想、道德情操的增进程度，文化、科学知识水平的提高程度等。

消费水平合理化包括质和量两方面的规定性，其中质方面的规定性具体有四方面要求：第一，物质生活要能保证劳动者的身体素质和健康水平不断提高；第二，要有丰富的精神文化生活，能保障劳动者不断提高思想道德情操和科学文化素养；第三，要适合我国资源的特点，能促进资源的合理开发和综合利用；第四，能促进生产和消费之间的良性循环关系，促进社会主义市场经济体制及运行机制的构建和发展，有利于产业结构的合理化和生产力水平的不断提高。此外，合理的消费水平还要求在贯彻效率优先、兼顾公平的原则下，增进共同富裕，要求有利于通过市场竞争机制，增强企业在收入分配上的自我激励和自我约束机制等。

至于量的规定性，消费水平合理化，主要有下列要求：第一，合理的消费水平应与社会劳动生产率，特别是与消费资料生产部类的劳动生产率及其增长速度保持恰当的比例关系。正常情况下，人均消费水平的增长速度应低于劳动生产率的提高速度，这样才能保障生产的持续发展；第二，合理的消费水平应与国民收入的增长速度，特别是与消费资料的增长速度基本同步，避免消费滞后或超前于生产，使人民群众从生产发展中不断得到实惠；第三，合理的消费水平要求在市场上消费需求总额与消费资料价值总额及实物形态保持平衡。

（二）消费结构的含义与分类

消费结构是指全社会各类消费支出在消费支出总额中所占的比重及相互关系。消费结构可以从不同的角度进行分类。

按满足人们消费需求的不同层次来分类，可以把消费结构分为生存资料、发展资料和享受资料。这三种消费资料在实际经济生活中还很难严格划分，它们之间的发展变化虽然具有一定的规律性，但又相互交错，如今天的享受资料可能到明天仅是生存资料。目前还没有哪个国家能在这方面公布较为准确的统计资料，只能进行大概估算。

按人们实际消费支出的不同方面进行分类，可以把消费结构分为吃、穿、住、用、行等，并且这种分类还可以从各自的内部作进一步的细分。例如“吃”的消费资料可以分为主食品、副食品、饮料等；“用”的消费资料可以分为一般日用品、耐用消费品等。目前，我国统计部门和实际工作部门都是采用这种分类方法。

按照消费品本身存在的形式，消费结构又可以分为有形消费和无形消费。有形消费是指具有独立物质实体的消费品，如各种食品、服装、家用电器等。它们都是独立于生产过程之外的、可以被感触的物质实体。而另一部分消费品则不同，它们与生产过程或服务过程不可分离，生产它们的过程同时也是消费它们的过程，如教育培训，教师并不提供任何具有独立物质实体的消费品，学生所“消费”的只是教师所讲授的知识，讲授活动停止，学生的消费也告结束。这一类消费就称为无形消费。

消费结构还可以从微观、宏观的角度去考察，个人、家庭范围的消费结构是微观消费结构，不同社会团体以及全社会的消费结构则称为宏观消费结构。它们之间有着密切联系，微观消费结构是宏观消费结构的基础，宏观消费结构是微观消费结构的抽象或总括。

（三）消费结构的变化趋势

1.恩格尔系数（或恩格尔定律）

恩格尔系数是衡量消费结构的一个重要的指标，是指食品支出占消费支出的比重。根据联合国粮农组织的标准划分：恩格尔系数在60%以上的为贫困，在50%~

59%的为温饱，在40%~49%的为小康，在30%~39%的为富裕，在30%以下的为最富裕。恩格尔定律是指“食品在总支出中所占比重与家庭收入（或衡量家庭总资源的某种其他尺度）成反比”，即一个家庭收入越多，支出中用于购买食品的费用所占比例就越小；收入越少，比例就越大。

2.消费结构变化的一般趋势

居民消费结构随着生产力的发展和人们收入水平的提高逐步从低级向高级演化是一条规律。随着经济的不断发展和居民收入水平的不断提高，消费结构的变化趋势主要表现在以下几方面：

（1）人们必须在满足生存资料需求的基础上，逐步满足享受资料和发展资料的需求，伴随着经济发展水平的提高，消费结构将由生存型逐步向发展型和享受型转变。随着科学技术的进步和生产力的不断发展，居民收入水平也将不断上升，生存资料在居民消费结构中的比重将逐步下降，恩格尔系数不断降低，发展资料和享受资料将在居民消费中占据重要地位。在不久的将来，居民将进一步加快对享受性高档消费品的更新换代，并将形成新的消费热点。由于第三产业的发展，一些新的消费服务项目不断涌现，以精神产品为对象的精神消费和发展消费将日趋重要，越来越多的人将热衷于读书，并扩展户外活动、观光旅游等，发展资料在居民消费结构中的比重将会越来越高。

（2）从长期发展趋势来看，消费结构将由雷同的、单一的消费结构向多层次、多元化转变。在市场经济条件下，居民收入既有按劳分配收入又有按要素分配收入，收入差距在一定时期将不断拉大，居民消费也将呈现更多的差异性。因此，消费结构将向多层次、多元化转变。这种趋势不仅有利于减缓雷同的消费结构对市场供给造成的冲击，还将对优化产业结构提出更新、更加复杂的要求，还能够促进产业结构与消费结构之间的良性循环，从而促进生产结构的优化发展。

（3）从消费支出安排的性质来看，消费结构将由数量型向质量型转变。追求生活质量是富裕起来的人们的良好愿望，对消费质量的追求必然会出现不同于追求数量的消费结构。在未来，人们的食品消费更注重营养、保健和科学；服装消费更追求美观、舒适、大方、新潮，并体现个性、职业特性；家庭用品消费追求高档、高质量和多功能，崇尚名牌，如家用电器追求良好的听觉、视觉以及自娱自乐等多功能的享受等；居住向智能化、舒适化、艺术化方向发展，新时期的住宅和别墅将满足这些需求。

3.中国消费结构的变化趋势

改革开放以来，中国的居民生活消费结构发生了巨大变化。工业化、城市化、市场化及国际化等经济结构变动和消费体制改革的深化，对我国居民消费结构产生深远的影响。我国居民消费结构呈现以下几大变化趋势：

（1）居民消费结构变化呈加快的趋势，但城乡二元消费结构仍然存在。随着我国居民收入的快速增长，居民消费能力不断升级。城镇居民从十几年前“百元级”

“千元级”消费发展到近几年的“万元级”、“十万元级”甚至“几十万元级”消费；农村居民从“十元级”“百元级”“千元级”消费发展到近几年的“万元级”消费。消费档次越来越高，消费周期越来越短，更新换代越来越快。城镇居民消费呈现多层次、多样化的特点，汽车、住房、教育、娱乐、旅游及保健等消费渐成热点；农村居民大件耐用商品消费开始进入普及阶段。在将来，城镇消费结构升级的主题是以居住、交通、通信、教育等新消费热点逐步成熟来带动城镇居民消费走向较为宽裕的小康阶段；农村消费结构升级的主题是由温饱型消费向小康型消费阶段迈进，恩格尔系数下降，教育、文化、耐用消费品等新消费热点升温。城乡在消费结构方面的差别依然明显，城乡二元消费结构仍然是21世纪初我国居民消费最基本的结构特征。

（2）居民交通消费渐成热点，并以城镇家庭轿车、大城市轨道交通、农用车为三大发展重点。一般来讲，在人均GDP达到1 000美元以上时，汽车开始进入家庭，并随着人均GDP的不断增长，经济型轿车开始逐步在家庭中得到普及。目前我国城镇居民如果逐步普及汽车，其潜在需求极为巨大。此外，为了缓解大城市拥挤的交通和提高营运效率，公交汽车和轨道交通也将更加快捷。同时，农村居民对生产生活两用型农用车也有大量的需求。

（3）信息化对居民消费影响增大，消费类电子产品市场需求高速增长。消费类电子产品主要包括音像设备（电视机、单反相机等）、通信用品（手机、电话机、传真机等）、家用计算机及其外围设备（打印机、扫描仪等）。此外，迅速发展的各类数字化终端是潜在的消费类电子产品。我国人口众多，电子产品消费可以说才刚刚起步，市场空间还很广阔。

（4）医疗及娱乐、教育、文化消费比重将继续上升。医疗制度的改革也导致医疗支出的增加，其绝对支出额和支出比重都有上升趋势。教育投入的增加一方面表明了居民对子女教育投入的增加；另一方面还反映了整个社会文化生活水平的提高。娱乐投入的增加丰富了人们的精神生活，也反映出人们收入的增加。在将来，人们将更注重生活质量的提高，也将继续追求质量型消费，因此，在医疗及教育、娱乐等方面的消费将继续提高。

（5）居民消费结构升级将是城镇先行，城乡互动，城市经济对农民消费结构升级的影响力逐渐增大。我国未来的消费结构升级与经济扩张将大体表现为以下循环过程：城镇居民消费结构升级带动房地产业、汽车制造业、电子工业、通信业、机械工业、电子装备工业及第三产业等一批相关产业增长，进而提高经济活动的总量水平，这将促进农民向非农产业的转移和农村城市化、农民收入的提高以及在较低档次上形成消费需求，并将为现有加工产业、原材料工业和建筑业提供市场，从而使国民经济进入扩张性的良性循环。在工业化中期阶段，农村剩余劳动力向非农产业的转移是二元经济社会向商品经济社会转化的关键，农村消费升级不仅与农业、农村经济发展有关，而且与城市经济发展的关系更加紧密。城市经济对农村消费升级的影响力不断增大，必须将农民消费问题放在经济发展全局中统筹解决，必须通过城市经济对农村剩余劳动力的吸纳来提高农民收入、促进农村消费结构升级。

四、消费者主权

消费者主权是指在消费者与生产者的关系中，消费者居于主导地位，生产者按消费者的意愿和偏好来进行生产。在市场经济中，消费者主权是通过消费者的“货币选票”实现的。消费者主权的对称是生产者主权，生产者主权意味着消费者按照生产者的意愿来进行消费，它又有两种表现形式：一是计划经济条件下的生产者主权，也称“计划者主权”，它源于计划经济体制集中配置资源方式和“短缺经济”；二是市场经济条件下的生产者主权，它主要与竞争不充分和垄断有关。

消费者主权不仅是市场经济中消费者的基本权利，也是保证市场经济正常运行的基本条件。在传统的市场经济中，消费者主权是不言而喻的。但是，在现代市场经济中，消费者主权经常受到侵犯，其主要原因有：一是生产者与消费者之间信息不对称，随着市场规模扩大和技术进步，消费者越来越难以全面掌握市场情况，并难以把握复杂产品的技术性能，这使消费者占有的商业信息和技术信息少于生产者。二是随着生产组织的扩大和垄断的发展，生产者的实力越来越大，而单个消费者实力弱小而且分散的特征越来越突出，单个消费者越来越难以对抗强大的生产者。

在现代市场经济中，要切实维护消费者主权，必须做到以下几点：第一，形成总供给略大于总需求的买方市场格局；第二，生产者之间充分竞争，并消除或削弱各种形式的垄断；第三，健全维护消费者权利的法规，并存在保护消费者权益的社会机构和民间组织；第四，增强消费者自我保护意识。

主要概念

居民收入　储蓄　居民投资　居民消费行为　消费水平　消费结构　恩格尔系数　消费者主权

基本训练

一、单项选择题

1.居民可支配收入是指（　　）。

A.居民的全部收入　　B.居民全部收入减去个人所得税

C.个人消费支出+个人储蓄　　D.居民家庭的总收入

2.居民储蓄是指（　　）。

A.居民收入中未被消费的部分

B.居民在银行的存款

C.居民在金融市场上购买的有价证券

D.居民手持的现金

3.居民把储蓄作为一种金融资产，其特点和要求是（　　）。

A.稳定性　　B.安全性

C.增值性和安全性　　D.稳定性、增值性和安全性

4.影响居民储蓄的因素包括（　　）。

A.经济因素　　B.经济因素和心理因素

C.心理因素和社会因素　　D.经济因素、心理因素和社会因素

5.居民消费三个依次发展的基本动机是（　　）。

A.生存需要、发展需要、享受需要　B.生存需要、享受需要、发展需要

C.享受需要、发展需要、生存需要　D.发展需要、享受需要、生存需要

6.居民可支配收入对居民消费需要的影响主要体现在（　　）。

A.收入水平和收入波动

B.收入水平和收入差距

C.收入差距和预期收入

D.收入水平、收入波动、收入差距和预期收入

7.影响居民消费需要的非经济因素有（　　）。

A.居民消费偏好

B.居民消费偏好和居民心理预期

C.商品因素和居民心理因素

D.商品因素、居民消费偏好和居民心理预期

二、多项选择题

1.居民的劳动收入包括（　　）。

A.直接劳动收入　　B.工资+津贴+奖金

C.其他劳动收入　　D.经营管理劳动收入

E.间接劳动收入

2.居民可支配收入在使用过程中一般包括（　　）。

A.居民消费支出　　B.居民储蓄存款

C.居民手持现金　　D.居民购买股票

E.居民购买债券

3.影响居民收入的因素有（　　）。

A.国民收入初次分配和再分配的方式和体制

B.国民收入的总量

C.居民个人向企业和其他经济组织提供的生产要素的数量和质量

D.不同地区居民收入水平

E.不同行业居民收入差距

4.居民储蓄动机通常包括（　　）。

A.保险动机　　B.提高生活水平的动机

C.盈利动机　　D.个人负担动机

E.养老动机

5.居民投资的主要形式有（　　）。

A.个人出资创办企业　　B.同他人合资经营企业

C.购买股票或投资入股　　D.购买各种债券

E.购买固定资产用于出租经营

6.影响居民投资形式选择的经济因素有（　　）。

A.预期个人可支配收入增量的大小　　B.不同投资形式风险的比较

C.投资灵活性的比较　　D.个人资本总量的大小

E.资本市场是否完善

三、判断分析题

1.社会主义社会发展的相当长时期内，居民收入是以劳动收入为主、多种收入并存的局面。因此，每一个居民的收入都是以劳动收入为主。　（　　）

2.在市场经济条件下，居民个人的投资越来越多样化，居民投资是不同投资形式风险和投资灵活性比较的结果。股票投资风险较少，又具有灵活性，因此，居民都愿意投资购买股票。　（　　）

3.近年来，扩大内需一直是推动我国经济增长的一项重大方针。在我国经济快速增长、居民收入水平不断提高的条件下，扩大内需就是鼓励人们不断提高消费水平，超前消费。　（　　）

四、简答题

1.影响居民收入的因素有哪些？

2.居民储蓄的动机是什么？

3.影响居民储蓄的因素有哪些？

4.居民投资形式的选择受哪些因素的影响？

5.如何理解储蓄和投资的关系？

6.影响居民消费行为的因素是什么？

7.怎样理解消费水平的合理化？

8.消费结构变化的一般趋势是什么？

五、论述题

1.简述社会主义社会在相当长时期内居民多种收入形式并存的原因和条件。

2.运用消费结构变化的一般规律来分析我国消费结构变化的趋势和特点。

3.如何正确理解消费者主权？

第三编
社会主义宏观经济运行

第七章　国民收入的分配与社会保障制度

学习目标

◆ 重点掌握社会总产值、国民生产总值、国民收入、社会保障制度等基本概念，国民收入再分配的必要性，社会保障制度的基本内容。

◆ 掌握社会最终产值、社会净产值、国民生产净值、国民收入的初次分配和再分配等概念，国民收入再分配的途径，社会保障制度的基本模式。

◆ 了解物质产品平衡体系和国民经济核算体系，国民收入的初次分配结果，积累基金和消费基金的构成，我国社会保障体系的发展方向。

第一节　国民收入的决定

一、国民经济核算体系

宏观经济的分析对象是国民经济总量，描述国民经济总量通常使用两套指标体系：物质产品平衡体系（system of material product balances，MPS）、国民经济核算体系（system of national accounts，SNA）。

1. 物质产品平衡体系

物质产品平衡体系曾长期为苏联和东欧地区的国家、中国等实行计划经济的国家所采用，因而也被称为“东方体系”。物质产品平衡体系的理论基础是马克思的劳动价值论和社会再生产理论，在此理论基础上，物质产品平衡体系对国民经济统计核算的焦点主要集中在一个国家的社会物质生产部门，而把非物质生产部门的经济活动排除在统计范围之外。物质产品平衡体系的实践沿革，可以追溯到1924年苏联统计部门首先编制的棋盘式物质产品平衡表，后来被各社会主义国家相继采用。1971年，联合国统计处制定并发表了《国民经济平衡表体系基本原理》，它由物质、财政、人力、国民财富四大平衡表构成。1984年，原经互会统计合作常设委员会又提出并交由联合国发表了《编制国民经济统计平衡表的基本方法原则》的文件，简称新物质产品平衡体系，用以代替原来的物质产品平衡体系。

我国从20世纪50年代起至90年代初一直采用物质产品平衡体系，这与当时我国的计划经济管理体制相适应，但随着计划经济体制向市场经济体制的转变，这一核算体系的弊端也日益突出，主要表现在：物质产品平衡体系指标只反映物质生产部门的状况，而不反映非物质生产部门的发展状况；只侧重于反映实物流量，而不能系统反映社会资金运动状况；只侧重于生产核算，而对分配、消费和积累等方面的核算比较薄弱，无法反映国民经济运行的全貌。由于物质产品平衡体系种种缺陷的存在，因此，自20世纪90年代后，我国逐渐开始转向国民经济核算指标体系。但是，由于在我国的国民经济活动总量统计中，曾经长期采用物质产品平衡体系指标，而且大量的经济学文献使用的统计数据大部分是依据物质产品平衡体系统计出来的，所以，我们仍然有必要了解物质产品平衡体系中的一些相关的重要指标，如社会总产值、社会最终产值和社会净产值或者国民收入的基本含义以及它们之间的相互关系。

2. 国民经济核算体系

国民经济核算体系被西方国家普遍采用，因而也称为“西方体系”。20世纪90年代以后，原来采用物质产品平衡体系的很多国家也开始相继改用国民经济核算体系。世界银行等国际经济组织在衡量各国国民生产活动总水平时，也采用国民经济核算体系指标。

国民经济核算体系的理论基础是西方经济理论中的要素价值论和一般均衡理论，其基本思想包括：第一，生产过程中的各种稀缺性要素，如土地、劳动、资本等，均可以创造价值和国民收入，并且按照各自的贡献获得要素报酬；第二，不仅有形的物质产品具有使用价值和价值，而且无形的劳务也具有价值和使用价值。国民经济核算体系在对国民经济进行统计核算时，不仅统计范围涉及国民经济的所有部门，而且国民经济核算体系在描述国民经济运行时所使用的概念、原则等都是符合市场经济理论和市场经济原则的，这些都是国民经济核算体系的优势所在。

西方国家从威廉·配第时代就开始探索国民经济的统计和核算问题。成熟的国民经济核算体系可以追溯到1953年联合国统计处委托英国剑桥大学教授R. Stone领衔编制的“国民经济核算体系及有关表式的联合国标准体系”，该体系被称为旧国民经济核算体系。1968年，联合国又公布了在原体系基础上经过修订的“国民经济核算体系”，被称为新国民经济核算体系。其在1993年被再次修订，被称为1993

年国民经济核算体系，该体系作为联合国推行实施的国民经济核算体系，吸收了国际上国民经济核算的新的研究成果和许多国家的实践经验，目前已经为世界上大多数国家所采用。

国民经济核算体系主要包括国民生产总值（GNP）、国内生产总值（GDP）和国民收入等基本指标。自1984年以来，我国开展了建立新国民经济核算体系的各项工作，如从1985年开始开展了国内生产总值核算，从1987年开始开展了既包括物质产品生产，又包括非物质的服务生产的投入产出核算等，经过几年的努力，于1992年确定了《中国国民经济核算体系（试行方案）》。该体系在1992—1995年分两步实施：第一步，在1992年初步建立国家和省两级新核算体系的基本框架，编制了国内生产总值及其使用表、投入产出表、资金流量表和国际收支平衡表；第二步，在1995年比较完整地编制出资产负债表和经济循环账户。新国民经济核算体系的全面实施，说明我国国民经济核算体系已经正式与联合国1993年国民经济核算体系接轨。它将为我国国民经济的运行提供更加全面、系统的信息，为制定国民经济计划、财政政策、金融政策、产业政策和对外经济政策提供更加科学、翔实的基础数据，也能实现国民经济核算方法和数据资料的国际接轨。

二、社会总产值和国民收入

在物质产品平衡体系和国民经济核算体系中，国民收入包含的内容是不同的，由社会总产品（值）引申出来的国民收入是物质产品平衡体系中的国民收入的概念。

1.社会总产值

社会总产品是指在一定时期内（通常为一年）由物质生产部门所生产出来的物质产品（包括生产性劳务）的总和。物质生产部门是指直接生产物质产品和为该产品生产提供服务的辅助生产部门，后者包括物质生产过程的直接准备和生产过程的继续，如物资采购、产品分类与包装以及产品运输等。社会总产品既可以以实物形态来衡量，也可以以价值形态来衡量。从实物形态来看，社会总产品包括生产资料和消费资料，是二者之和。生产资料包括机器设备、厂房等固定资产和原材料、燃料等流动资产；消费资料则包括生活必需品和非生活必需品。社会总产品的价值形态就是社会总产值，它包括生产过程中所消耗的物质的价值和新创造出来的价值两部分，其中所消耗部分包括中间消耗（如原材料、燃料等）和固定资产折旧两项，新增价值包括劳动力价值（工资）和剩余产品价值。

在实际统计中，往往根据生产者所属部门进行统计。由于物质生产部门包括的具体部门是工业、农业、建筑业、交通运输和邮电通信业、商业（理论上，为生产提供服务的商业部门才应该统计在物质生产部门内，但由于为生产提供服务的部分和为生活提供服务的部分很难明确区分，因此在实际统计中，计算的是全部商业部门的产值）这五大部门，所以，社会总产值从部门角度看，就是这五大部门的总产值之和。

社会总产值指标不仅可以反映社会产品周转的总规模，而且可用来反映和分析物质生产部门之间的技术和经济联系，但需要注意的是，这个指标包括了重复计算和夸大成分，这是由于该指标中的中间消耗部分引起的。

表7-1反映的是棉花、布料、服装分别由不同企业生产时的中间消耗和社会总产值的情况。从表中可以看出，在计算社会总产值时，棉花的价值被重复计算了3次，这种重复计算引起的社会总产值的夸大，导致很难使用该指标描述不同时期物质生产的增长状况，这是由于社会总产值包括生产资料的全部转移价值，价值转移越大，社会总产值也越大。因此，一个时期社会总产值超过另一个时期，并不能表明实际生产成果就一定超过另一个时期，因为这完全可能是由于价值转移部分超过另一个时期所致。

表7-1 **棉花、布料、服装生产序列的中间消耗和社会总产值**

生产阶段	中间消耗	折旧	新增价值	社会总产值
棉花	5	3	2	10
布料	10	5	5	20
服装	20	10	10	40
总计	35	18	17	70

基于上述原因，在使用社会总产值这个指标时，注意它的缺陷是必要的。

2.社会最终产值

社会最终产品是指在一定时期内（通常为一年）由物质生产部门生产出来的，本期不再进行加工，可供社会最终消费和使用的产品。

与最终产品相对应的是中间产品。中间产品是指并非供最终消费和使用，而需要进一步加工才能为人们消费和使用的产品。最终产品是按产品的使用去向确定的，而不是按产品本身的完成程度来确定的，所以，同一种产品有两种不同使用去向就算是两种不同产品。例如，被电厂用来发电的煤是中间产品，而被居民用作燃料消费的煤则是最终产品。如果其被电厂买去，但在本计算期未被消耗使用，而是作为库存增加，也属于最终产品。

社会最终产品的价值形式就是社会最终产值，从价值构成来看，它是固定资产折旧和新增价值之和。社会最终产值不包括中间产品或中间消耗的价值，因此，与社会总产值相比，社会最终产值更能准确地反映一个社会生产的总规模、总水平，用它来反映国民经济的发展速度也更客观。

同样，在使用社会最终产值这个指标时，也要注意它的缺陷。由于社会最终产值包括折旧，而折旧受折旧率的影响。折旧率既可能被系统地低估，也可能被系统地高估。如果是前者，会造成社会最终产值的虚增，即账面上的社会最终产值高于同期社会实际生产出来的最终产值；如果是后者，则会造成社会最终产值的低估，即账面上的社会最终产值低于同期社会实际生产出来的最终产值。这样，以社会最终产值反映产品生产规模就会出现偏差。

3.社会净产值或国民收入

社会净产品是指在一定时期内（通常为一年）由物质生产部门所生产出来的全部产品中扣除中间产品和用于补偿已经消耗掉了的固定资产之后的产品，其实物形态包括全部消费资料和用于扩大再生产的生产资料。

社会净产品的价值形式就是社会净产值，也叫国民收入。具体来说，社会净产值或国民收入是指在一定时期内各物质生产部门新创造的价值之和，它既不包括中间消耗，也不包括折旧，是社会总产值中扣除中间消耗和折旧后的余额。

社会净产值或国民收入是一个反映一国物质生产水平和经济发展水平的重要的综合性指标，在衡量国民生产活动总水平方面有其独特的作用，具体表现在：（1）它能够真实地反映一定时期一个国家物质生产部门新创造的生产成果，因为它不包括任何的价值转移部分；（2）社会净产值或国民收入的增长速度能够更真实、更准确地反映国民经济的增长速度，因为社会净产值的增长速度就是新增价值的增长速度；（3）由于社会净产值不包括任何重复计算因素，因此，运用人均社会净产值指标可以准确反映不同时期经济效益的变化状况。

三、国民生产总值与国民收入

由国民生产总值（gross national product，GNP）引申出来的国民收入是国民经济核算体系中的国民收入的概念。

1.国民生产总值

国民生产总值是指按照国民原则，以市场价值计算的一国在一定时期内（通常为一年）国民经济各部门生产出来的社会最终产品和劳务的价值之和。

在计算国民生产总值时，不仅要注意GNP衡量的是各种最终产品和劳务的市场价值，中间产品的价值不计入GNP，还要注意GNP衡量的是一定时期内社会生产出来的而不仅仅是售卖掉的最终产品价值，例如，某企业一年生产的最终产品市场价值100万美元，销售掉80万美元，还有20万美元的库存，在计算GNP时应计入100万美元而不是只计入80万美元。此外，GNP一般仅指市场活动导致的价值，家务劳动、自给自足生产等非市场活动不计入GNP。

GNP是反映一国国民生产活动总水平、总规模的一个非常重要的综合性指标。由于该指标衡量的范围既包括物质生产部门也包括非物质生产部门，而且该指标不包括中间消耗这一重复计算成分，因此，能够比较准确地反映一国经济发展水平，在GNP基础上计算出来的人均国民生产总值，可以衡量一个国家的贫富程度和该国国民的生活水平高低。

与国民生产总值相对应的指标是国内生产总值。国内生产总值（gross domestic

product，GDP）是指按照国土原则，以市场价值计算的一国在一定时期内（通常为一年）国民经济各部门所生产出来的社会最终产品和劳务的价值量之和。与GNP类似，国内生产总值也是反映一国国民生产活动总水平、总规模的一个非常重要的综合性指标，但与GNP不同的是，GDP在衡量社会最终产品和劳务的价值时，更强调“国土”的概念，而GNP则更强调“国民”的概念。例如，一个在中国工作的美国公民的经济活动收入，要计入美国的GNP中，或者计入中国的GDP中，但不能计入美国的GDP中，也不能计入中国的GNP中。基于GNP和GDP的这种区别，要将GDP换算成GNP，就应该加上本国国民来自国外的各种要素收入，同时减去外国国民在本国获得的各种要素收入，即

GNP=GDP+（本国国民来自国外的各种要素收入-外国国民在本国获得的各种要素收入）

2．国民生产净值

国民生产净值（net national product，NNP）是指按照国民原则，以市场价格计算的一国国民在一定时期内生产出来的不包括生产资料转移价值的产品和劳务的价值量之和。

一国国民生产净值反映的是一国国民在一定时期内新创造出来的价值量，它与国民生产总值的差别在于：国民生产总值包括生产资料价值的转移即折旧部分，而国民生产净值则不包括折旧。二者的数量关系可以用下式表示：

国民生产净值=国民生产总值-折旧

与国内生产总值相对应的净值概念是国内生产净值（net domestic product，NDP)，指按照国土原则，以市场价值计算的一国范围内各经济主体在一定时期内生产出来的不包括生产资料价值转移的产品和劳务的价值量之和。国内生产总值与国内生产净值之间的数量关系也可以表示为：

国内生产净值=国内生产总值-折旧

3．国民收入和个人收入

在国民经济核算体系中，国民收入（national income，NI）是指一国国民凭借各种生产要素，在一定时期内通过提供生产性服务所获得的报酬，它是工资、利息、租金和利润的总和。在数量上，可以用国民生产净值减去间接税和企业转移支付而得到，即

国民收入=国民生产净值-间接税和企业转移支付

关于国民收入，这里还有两点需要说明：（1）由于间接税和企业转移支付构成产品的价格，但并不是要素收入，故应从国民生产净值中扣除；（2）在国民经济核算体系中，国民收入一词的含义在有些时候仅仅是一种泛称，它可能指的是国民生产总值，也可能指的是国内生产总值，也可能指的是国民经济核算体系中的其他指标，总之，需要根据这个概念出现的语境理解国民收入的确切含义。

生产要素报酬意义上的国民收入并不会全部成为个人收入（personal income，PI)。例如，一部分利润要以企业所得税的形式上缴，企业也要留下一部分利润作

为发展基金，只有一部分利润才会以红利和股息形式分给个人；职工收入中也有一部分要以社会保险费的形式上缴有关机构。另外，人们也可能以各种形式从政府那里得到转移支付，如失业救济金、职工养老金、职工困难补助等。因此，个人收入和国民收入之间的关系可以用下式表示：

PI=NI-企业未分配利润-企业所得税-社会保险税费+政府给个人的转移支付

第二节　国民收入的分配

国民收入创造出来以后，要用于社会生产和人民生活，在到达最后的使用阶段之前，还要经过一系列复杂的分配过程，这个过程分为初次分配和再分配，经过初次分配所获得的收入叫原始收入，经过再分配所获得的收入叫最终收入。

一、国民收入的初次分配和再分配

1.国民收入的初次分配

国民收入的初次分配是指按照一定的原则和通过一定的机制把国民收入分解成不同经济主体收入的过程。国民收入的初次分配是在创造它的物质生产领域进行的分配。初次分配主要由市场机制形成，政府通过税收杠杆和法律法规进行调节和规范，一般不直接干预初次分配。

由于我国社会主义初级阶段的所有制结构是以公有制为主体、多种所有制经济共同发展，因此，国民收入的初次分配是在国有经济、集体经济以及非公有制经济的各企业中分别进行的。

国有企业创造的国民收入在初次分配中分解为三部分：一是以税金形式上缴国家，成为国家集中的纯收入，由国家统筹安排，在全社会范围内使用；二是以企业基金形式留归企业支配，用于企业发展生产、集体福利、职工奖励等方面；三是以工资形式根据按劳分配原则分配给企业职工，由职工个人支配和使用。

城镇集体企业创造的国民收入在初次分配中分解为四部分：一是以税金形式上缴国家财政，形成国家集中的纯收入；二是以合作基金形式上缴集资单位，形成统一支配的集体收入；三是以企业基金形式留给企业；四是以工资形式分配给职工，形成职工个人收入。

农村集体经济由于普遍实行家庭联产承包责任制，所以，要以承包农户为单位进行国民收入的初次分配。承包农户创造的国民收入在初次分配中分解为三部分：一是以公积金、公益金形式留给集体，用于扩大再生产和农民集体福利；二是以管理费形式提留给乡村政权组织；三是以个人收入形式留归农户。需要说明的是，承包农户创造的国民收入在2006年1月1日前，有一部分要以农业税的形式上缴国家。

个体经济单位创造的国民收入在初次分配中分解为两部分：一是以税金形式上

缴国家；二是税后利润全部形成个体劳动者的个人收入。

私营企业创造的国民收入，在初次分配中分解为三部分：一是以税金形式上缴国家；二是以工资形式分配给企业职工；三是以企业主收入形式归企业主支配。

“三资企业”创造的国民收入，在初次分配中分解为四部分：除按股权或契约分配给外国投资者的利润外，其余部分的分配与一般企业相似，分别以税金、企业基金、工资形式，形成国家收入、企业收入和职工的个人收入。

国民收入经过初次分配，最终形成了国家收入、企业收入和生产部门中劳动者个人的收入三大部分，这三大收入是经济社会的三大基本的原始收入。一个国家的良性发展需要正确处理国家收入、企业收入和个人收入之间的关系及各自内部的关系，协调好国家利益、企业利益和个人利益的关系，确保社会的和谐进步。

2．国民收入的再分配

国民收入的再分配是国民收入继初次分配之后在整个社会范围内进行的分配，是指国家以社会管理者的身份通过税收和财政支出的形式参与国民收入分配的过程。

国民收入之所以必须在全社会范围内进行再分配，有下列主要原因：

第一，满足非物质生产部门发展的需要。在国民收入初次分配过程中，只有物质生产部门的劳动者获得了原始收入，而非物质生产部门要获得收入，必须通过对国民收入的再分配来解决。通过对国民收入的再分配，把物质生产部门创造的一部分原始收入，转给不创造国民收入的非物质生产部门，形成“派生收入”，以满足文化教育、医疗卫生、国家行政和国防安全等部门发展的需要和支付这些部门劳动者的劳动报酬。

第二，加强重点建设和保证国民经济按比例协调发展的需要。国民经济各部门、各地区、各企业的发展往往是不平衡的，它们的发展速度、生产增长规模、技术结构等互不相同，不可避免地会出现某些比例不协调现象和薄弱环节。同时，各物质生产部门、各地区、各企业从国民收入初次分配中得到的收入份额，往往同它们各自的经济发展的需要不相一致。因此，社会主义国家必须从宏观调控的全局出发，有计划地将国家集中的纯收入通过再分配，在不同部门、地区和企业之间调节使用，以加强重点建设，克服薄弱环节，保证国民经济按比例协调发展。

第三，建立社会保障基金的需要。劳动者的养老、医疗、失业等保障基金，以及社会救济、社会福利、优抚安置等基金，除企业、个人负担一部分外，有一部分也需要通过国民收入的再分配，建立社会保障基金来解决。这是建立社会保障体系的一项重要内容。

第四，建立社会后备基金的需要。为了应付各种突发事故和自然灾害等，需要通过国民收入的再分配，建立社会后备基金，来满足这些临时性的应急需要。

国民收入的再分配，主要通过下列途径来进行：

（1）国家预算。这是实现国民收入再分配的主要渠道。国家预算是国家制定的年度基本的财政收支计划。政府部门把各个企业上缴的利税集中起来，形成国家预算收入，然后通过预算支出形式，用于经济建设、科教文卫、国防建设、福利设施、行政管理等各方面。

（2）银行信贷。银行信贷在不改变资金所有权的条件下，把社会闲置的资金和货币集中起来，然后向单位、企业或个人发放贷款，这样就改变了资金使用的主体、使用的方向、使用的时间，从而对国民收入进行了再分配。除此之外，银行还可以通过存贷款的差别利率进一步对国民收入作出再一次的分配，即银行可以通过选择贷款对象、控制贷款金额、运用差别利息率等方式调整国民收入的再分配的规模、过程和结果。

（3）劳务费用。这主要是针对服务性行业的。在社会经济生活中，人们除了物质的需要以外，也要享受一定的服务。劳务费用就是服务性行业的从业人员因为向人们提供了服务性活动、满足了人们的生活所需，从而取得的服务报酬。劳务费用本身是从一部分人群向另一部分人群转移的一部分国民收入。也就是说，劳务费用的支付本身就是国民收入的再分配。服务性行业的具体单位在得到全部劳务费用以后，将其中的一部分作为员工的工资，用以保证员工的生存、生活与发展；一部分留作单位的提留基金，保证单位的正常运作和进一步的发展；一部分支付各种管理费用；一部分以利税的形式上缴给国家。随着经济的发展和社会的进步、人们生活水平的大力改善和提高，人们对服务的要求也越来越多，向服务性行业转移的国民收入也将越来越多。

（4）价格体系。虽然市场经济中的价格是由市场自行决定的，但是对特定的行业或者在特定的经济背景下，国家仍然可以影响到某些商品价格的最终确立。所以，国家可以利用价格体系对价格进行调整，影响由市场交易价格联结起来的买卖双方的实际收入，引起一部分国民收入重新在某些地区、部门、企业、个人之间进行转移，从而完成国民收入的再分配。例如，国家提高农副产品的收购价格或者通过限制农业生产资料价格的上涨，就可以增加农民的实际收入，从而实现国民收入在工农与城乡之间的再分配。

相对于初次分配而言，再分配着眼于社会的整体利益，它力求协调的是整个社会的利益关系。如果说初次分配领域主要体现的是效率问题，那么再分配则主要是出于维护社会公平的考虑，或者说再分配强调的是基于社会公平之上的社会整体效率。

二、积累基金和消费基金

国民收入经过初次分配和再分配，最终形成积累基金和消费基金两部分。积累基金由扩大再生产基金、非生产性基本建设基金和社会后备基金三部分构成；消费基金由社会消费基金和个人消费基金两部分构成。

在积累基金中，扩大再生产基金是最主要的部分，所占比重较大。非生产性基本建设基金主要用于文教卫生科研部门、国家行政部门和国防部门的基本建设以及生产部门的非生产性基本建设，如办公用房的建设等。社会后备基金主要用于原材料、燃料和粮食等重要物质的储备，是为应付突发事件和自然灾害等建立的。

在消费基金中，社会消费基金分为国家管理基金、科教文卫基金、社会保障基金三部分。国家管理基金包括用于国家行政管理的费用和国防费用；科教文卫基金包括用于科学、教育、文化艺术、体育卫生等事业方面的费用；社会保障基金是国家和企业用于社会救济、劳动保险、抚恤补助、退休养老等方面的费用。个人消费基金包括物质生产部门劳动者的劳动报酬基金和非物质生产部门劳动者的劳动报酬基金，其中，非物质生产部门劳动者的劳动报酬基金，如行政管理部门劳动者的劳动报酬，已经包括在社会消费基金的有关项目中，计算时应注意不要在社会消费基金中重复计算。

综上所述，积累基金和消费基金的构成如图 7-1 所示。

- 国民收入
  - 积累基金
    - 扩大再生产基金
    - 非生产性基本建设基金
    - 社会后备基金
  - 消费基金
    - 社会消费基金
      - 国家管理基金
      - 科教文卫基金
      - 社会保障基金
    - 个人消费基金
      - 物质生产部门劳动者的劳动报酬基金
      - 非物质生产部门劳动者的劳动报酬基金

图 7-1　积累基金和消费基金的构成

在一定时期内，国民收入是一个定量，积累基金安排越多，消费基金就会相应越少，反之亦然。因此，积累基金和消费基金是对立统一的关系。正确处理这种关系需要遵循以下基本原则：

第一，在国民收入增长的基础上，要使积累基金和消费基金都有所增长。积累是扩大再生产的源泉和社会进步的基础，是不断提高人民物质文化生活水平的保证，因此，必须使积累基金不断增长。消费基金的增长则可以真实提高人民的物质文化生活水平，从而进一步提高劳动者的积极性和主动性。当然，消费基金的增长，一般情况下不应超出国民收入增长的幅度，因为这样会引起积累基金的相应减少，进一步影响生产的发展。

第二，积累基金和消费基金的比例，必须同国民收入中的生产资料和消费资料的比例相适应。积累基金主要用于基本建设，它的数量和构成，必须和社会能够提供的追加生产资料数量和构成相适应。如果积累基金安排过多或者构成不当，就会造成生产资料供应不足；反之，如果积累基金安排过少，则会造成生产资料积压，延缓再生产的发展。消费基金主要用于个人消费，它的数量和构成必须和社会能够提供的消费资料的数量和构成相适应。如果消费基金安排过多，就会造成消费品供应紧张，甚至引起物价上涨；反之，如果消费基金安排过少，则又会造成消费品积压，影响人民生活的应有的改善。

第三，要正确处理积累基金内部和消费基金内部的比例关系。积累基金中的生产性积累，主要用于扩大再生产的基本建设，而非生产性积累，主要用于诸如文化、教育、科学、卫生等非生产性基本建设。扩大再生产的结果是可以更好地满足人民不断增加的物质需要，而后者的发展则可以在更大程度和更高层次上满足人民的精神需求，二者是相辅相成的。同理，消费基金中的社会消费基金和个人消费基金也应该统筹兼顾，合理安排。在社会主义初级阶段，由于生产力发展水平较低，消费基金总量比较少，劳动者的个人收入水平还比较低，因此，为鼓励劳动者的生产积极性，个人消费基金在总消费基金中应该占有较大比重，社会消费基金部分不宜增长过快。

第四，确定合理的积累率。积累率是指积累基金在整个国民收入中所占的比例。在确定积累率时，需要考虑的因素是：(1) 国民收入的水平和增长速度。正常情况下，积累率的最高限度，要以保证原有人口和新增人口的消费水平不下降为原则；积累率的最低限度，要以保证新增就业人口所需的平均资金和技术装备为原则。如果积累率过高，超过了国民收入的增长速度和承受能力，势必会影响人民生活的改善。如果过低，又会影响生产正常增长所需的资金和技术装备。(2) 国民收入的物质构成。积累主要是用来扩大再生产的，生产规模扩大，需要追加相应的生产资料和消费资料，因此，积累率的高低也要受到国民收入物质构成的制约。

三、我国国民收入分配格局的调整方向

国民收入分配格局主要是指国民收入在居民、企业和政府三者之间分配的比例及相互关系。当前我国国民收入的初次分配中明显存在着企业留利偏高、国民收入初次分配向企业严重倾斜，而劳动者所得却持续下降的现象。

需要引起重视的另一个现象是，近些年来，国民收入的分配通过财税体系出现了向政府的快速集中，具体表现为政府财政收入增长过快。

国民收入这种失衡的分配格局导致的直接后果，就是在我国的经济增长中，来自投资和出口（过度的投资形成过剩的生产能力，在内需不足的情况下，消化过剩的生产能力只有依赖出口）的贡献过大。这种经济增长模式存在不少弊端，突出表现在以下两个方面：首先，投资长期高速增长，必然形成越来越多的生产能力。而国内消费需求一直相对不振，一旦国际经济发生变化导致外需不足，将出现严重的产能过剩，并可能引发通货紧缩和经济衰退。其次，投资需求是引致需求，而消费需求是最终需求，是经济增长的真正动力，也是经济增长的终极目标所在。如果随着经济的快速增长，人民的消费水平得不到同步提高，那么经济增长就失去了意义。鉴于此，在转变经济增长模式的过程中，必须调整国民收入的分配格局。

党的十八大报告提出：要“提高居民收入在国民收入分配中的比重，提高劳动

报酬在初次分配中的比重”。提高这“两个比重”，是针对当前收入分配中存在的突出问题提出的，是对国民收入分配格局的重要调整，有利于理顺国家、企业和个人三者的分配关系，有利于增加广大劳动者收入，维护劳动者权益，改善人民生活特别是普通劳动者的生活，也有利于转变经济发展方式，合理调整投资与消费关系，促进经济社会协调健康发展。

提高居民收入在国民收入分配中的比重，涉及国民收入初次分配关系。国民收入是由居民收入、企业收入、政府收入三部分构成的，合理调整这三者在国民收入中的分配比重，是社会主义市场经济条件下宏观经济管理的一项重要任务。改革开放以来，随着经济快速发展和经济体制改革不断深化，居民收入、企业收入和政府收入在国民收入中的比重发生了较大变化，有力地促进了经济发展和人民生活水平的提高。但近几年出现的居民收入在国民收入中的比重持续下降而政府和企业所占比重持续提高的趋势，不仅使拉动经济增长的需求结构发生了较大变化，而且也影响了内需中消费与投资的合理结构以及内需与外需的合理结构，是多年来消费增长缓慢、消费率偏低的重要原因。因此，要加快改变我国经济发展的方式，促进经济增长由依靠投资、出口拉动模式转变为依靠消费、投资、出口协调拉动模式，坚持扩大国内需求特别是消费需求的方针，提高居民收入在国民收入分配中的比重。

提高劳动报酬在初次分配中的比重与提高居民收入在国民收入中的比重是密切相关的。在一般市场经济条件下，初次分配是劳动力、资本、技术、管理、土地等生产要素按贡献参与分配的关系，是按照生产要素市场价格决定的分配，政府一般是不干预的。但是从我国目前情况看，我们虽然已初步建立了社会主义市场经济体制，但尚不完善，特别是生产要素市场发育不健全，一些生产要素的价格还没有市场化。例如，在资本要素方面，反映资本价格的利率尚未真正市场化；在土地要素方面，在获得土地的机会上不均等，还有相当部分靠行政审批和政府定价，没有按市场化运作；在劳动力要素方面，城乡统一的劳动力市场还未形成等。除此之外，垄断经营、分配秩序混乱等都会使初次分配关系出现扭曲。总体来看，企业职工工资增长机制还不健全，劳动报酬在初次分配中的比重偏低。要解决这个问题，一是要建立企业职工工资正常增长机制和支付保障机制，随经济增长适时调整最低工资标准；二是要加强国家对企业工资的调控和指导，发挥工资指导线、劳动力的市场工资水平、行业人工成本信息对工资水平的引导作用；三是要通过完善法律法规、深化改革和宏观调节，规范初次分配秩序，使劳动报酬增长与经济增长和企业效益增长相适应，使那些只能凭劳动赚取收入的低收入者，更多地分享到经济发展的果实；四是要全面实行劳动合同制度和工资集体协商制度，确保工资按时足额发放。

党的十八大报告提出：深化收入分配制度改革，“初次分配和再分配都要兼顾效率和公平，再分配更加注重公平”。这是对我国收入分配制度内涵的丰富和完善，进一步明确和深化了收入分配制度改革的方向和任务，具有很强的现实针对性。认真领会和准确把握这些精神，既有利于提高经济效益，不断增加社会财富，又有利于促进社会公平正义，充分调动各方面的积极性。

合理的收入分配制度是社会公平的重要体现。改革开放以来，我国收入分配制度改革不断深化，冲破了平均主义的束缚，形成了以按劳分配为主体、多种分配方式并存的分配制度，有力地促进了经济社会发展，同时也出现了城乡、地区、行业和部分居民之间收入差距持续拉大的现象。人们往往关注初次分配解决效率问题、再分配解决公平问题，实际上目前许多分配不公问题产生于初次分配领域。这就要求我们适应新形势，正确理解初次分配和再分配都要处理好效率和公平的关系，进一步处理好效率与公平的关系问题，进而深化收入分配制度改革，调整国民收入分配结构，整顿和规范分配秩序，加快形成合理有序的收入分配格局。

实行改革开放以来，如何处理效率与公平的问题在理论界和实践层面都在认真探索。党的十四大报告确立了建立社会主义市场经济体制的目标，第一次明确提出要“兼顾效率与公平”；中共中央十四届三中全会提出，收入分配要“体现效率优先、兼顾公平的原则”；党的十五大报告提出，要坚持“效率优先，兼顾公平”；党的十六大报告提出，“一次分配注重效率，二次分配注重公平”；党的十七大报告进一步提出，“初次分配和再分配都要处理好效率和公平的关系，再分配更加注重公平”；党的十八大报告提出：“初次分配和再分配都要兼顾效率和公平，再分配更加注重公平。”这些提法所强调的重点变化，反映出中央对公平与效率问题认识的不断深化。我们只有弄清楚它们形成的历史条件和使用范围，才能准确把握这些重大提法，正确处理它们之间的辩证关系。如果说“效率优先，兼顾公平”是我们党在改革开放以后，针对传统计划经济体制下的弊端提出来的，是为了改变过去过分强调公平，解决平均主义问题，那么，党的十七大报告强调“初次分配和再分配都要处理好效率和公平的关系”，意味着更加注重与初次分配有关的机会、规则、过程等方面的公平问题，是为了既适当拉开收入差距，以发挥收入分配的激励功能，又防止收入差距过大而引起社会不稳定。这是从实际出发对效率和公平关系认识的不断深化和完善，增强了解决收入分配领域矛盾和问题的针对性，是现阶段正确处理效率和公平关系的基本原则。

第三节　社会保障制度

“社会保障”系由英语中“social security”翻译而来的，亦可译为“社会安全”。社会保障制度，是指国家为了保持经济发展和社会稳定，依据法律规定，通过国民收入的再分配，对公民在年老、疾病、伤残、失业、遭遇灾害、面临生活困难的情况下，由政府和社会依法给予物质帮助，以保障公民的基本生活需要的制度。建立和完善社会主义市场经济体制是我国经济体制改革的目标，而完善的社会保障制度是建立社会主义市场经济体制的前提和保证。

一、社会保障制度的内容

社会保障包括社会保险、社会救助、社会福利、社会优抚、社会互助等方面，其中，社会保险是社会保障的最基本内容，社会救助是社会保障的最低目标，社会福利是社会保障的最高目标。各种形式的社会保障相辅相成，构成一个完整的社会保障体系。

1.社会保险

社会保险是在既定的社会政策指导下，由国家通过法律手段对社会全体劳动者强制征缴保险基金，用以对其中丧失劳动能力或失去劳动机会的成员提供基本生活保障的一种社会制度。

社会保险由养老保险、失业保险、医疗保险、工伤保险和生育保险构成。养老保险指劳动者在达到法定退休年龄，丧失劳动能力时，按国家规定退出工作岗位并享有社会给予的一定的物质帮助和服务的一种社会保险制度。失业保险是指在劳动年龄人口中有劳动能力并有就业愿望的成员，因非自愿原因暂时失去劳动机会，无法获得维持生活所必需的工资收入时，由国家或社会为其提供基本生活保障的一种社会保险制度。医疗保险是指劳动者因疾病、受伤、生育等需要诊治时，由社会提供必需的医疗服务和物质帮助的一种社会保险制度。工伤保险指劳动者在劳动过程中因意外事故受伤、致残或职业病伤害等，暂时或永久丧失劳动能力甚至死亡时，由国家和社会对劳动者及其家属提供物质或经济上帮助的一种社会保险制度。生育保险是国家和社会对女职工因怀孕和分娩而暂时中断生产和工作时给予一定物质或经济帮助的一种社会保险制度。

社会保险具有以下基本特征：

第一，强制性。所谓强制性，是指凡属于法律规定范围内的社会成员都必须无条件地参加社会保险并按规定履行缴费义务。社会保险的缴费标准和待遇项目、保险金的给付标准等均由国家或地方政府的法律、法规统一规定，劳动者个人作为被保险人一方对于是否参加社会保险及参加的项目和待遇标准均无权自由选择与更改。社会保险这一强制性特点，可以确保社会保险基金有稳定可靠的经济来源，可以确保被保险人依法获得经济补偿的权利，从而为社会保障制度得以全面彻底的贯彻落实提供法律的和经济的保障。

第二，保障性。社会保险对所属成员负有普遍保障责任，不论其年龄、就业年限、收入水平和健康状况如何，一旦丧失劳动能力或失去劳动机会，政府作为保险人一方即应依法提供收入损失补偿，以保障其基本生活需要。社会保障以财政为后盾，因而无盈亏之虞，无停办之时，被保险人的权利始终有保障。这种特点不仅为社会成员提供了安全感，减少了后顾之忧，而且维护了社会安定。

第三，互济性。社会保险基金的来源尽管有多种渠道，但归根结底是社会劳动者共同创造的。由于社会成员是否遇到风险，以及遇到的风险的危害程度、损失大小都不尽相同，因此，每个人承担的社会保险义务与所享受的社会保险权利不可能严格对应，以致会出现多缴费少受益，或少缴费多受益，甚至不缴费也受益的情况。这种现象是社会保险互助共济原则的充分体现。

第四，福利性。社会保险不以营利为目的，各种社会保险项目的实施，目的在于保证社会成员的基本生活，安定社会，增进整个社会的福利水平。在保险基金的管理上，尽管强调保险基金的保值增值，但更应强调保险基金在进行投资等经济活动时“安全第一”原则。

2．社会救助

社会救助，也称为社会救济。通常来说，救济是一种消极的救贫济穷措施，基于一种同情和慈善的心理，对贫困者行善施舍，多表现为暂时性的救济措施；而救助则更多反映了一种积极的救困助贫措施，是国家和社会必须履行的最起码的社会保障职责。具体而言，社会救助是指国家对于遭受自然灾害和其他不幸事故的受害者以及无劳动能力和生活来源的社会成员给予临时或长期物质帮助，以维持其最低生活水平的一项社会保障制度。社会救助的目标是扶危济贫，救助社会弱势群体，对象是社会的低收入人群和贫困人群。社会救助体现了浓厚的人道主义思想，是社会保障的最后一道防护线和安全网。社会救助是社会成员应当享受的基本权利，也是政府解决社会问题的重要手段。

社会救助具有如下特点：第一，是国家和社会对被救助社会成员的单向责任和义务；第二，强调国家和社会对被救济社会成员的物质救助；第三，实施社会救助既需要被救助者提出申请，又要求按照法定程序，对被救助者的实际经济状况进行调查并经有关部门审核批准后才能实施；第四，强调最低生活需求，即这种救助一般只能解决被救助社会成员的基本生存需要。

我国目前社会救助的对象主要包括三类社会成员：第一类是无依无靠无生活来源的人，包括孤儿、残疾人、长期患病者、未参加社会保险且无子女和配偶的老人，这部分社会成员大多属于长期救助对象。第二类是因各种自然灾害造成生活暂时困难的人。这部分社会成员因遭受不可抗拒的自然力破坏而造成暂时的经济财产损失，衣、食、住等基本生存需求无法解决，因而需要国家和社会给予临时性救济。第三类是城乡贫困者。这类社会成员主要包括：因地处贫困地区而收入过少，不能保证每个家庭成员的最低法定生活标准者；家庭人口过多，缺乏劳动力及劳动技术或家庭主要劳动力生病伤残等致使生活陷于困难者等。

3．社会福利

社会福利是指国家或社会通过有关政策或立法，向全体社会成员提供的、旨在改善和不断提高其物质文化生活水平和质量的资金保障及服务保障。社会福利是社会保障体系中的高层次保障，全体社会成员不论性别、年龄、文化程度、职业、身份等，都具有均等地享受社会福利的机会。

社会福利由以下三部分组成：

第一，社会补贴。这是政府在出台某项政策措施时，为确保人们的生活水平不因实施这一政策或措施而下降，对相关社会成员提供一定的资金补助或物质补助，如物价补贴、交通费补贴等。在社会补贴中，教育福利占有很大的比重，如义务教育津贴，高等学校助、奖、贷学金，职业培训津贴等。国家财政拨款是社会补贴的唯一来源，国家财政、劳动、教育、民政部门将用于社会补贴的经费层层下拨，直接发放到享受对象手中。

第二，职业福利。这是以业缘关系为基础，为同系统、同行业、同单位职工及其家属设立的福利设施及发放的福利津贴，其覆盖范围基本涉及所有职工及其家属。如福利设施就有职工食堂、托儿所、幼儿园、浴室、理发室、体育馆、阅览室等。除了提供这些福利设施外，职工的工资单上还包括各种福利津贴，如书报费、交通补贴、洗理费、特种行业补贴等。职业福利在我国各行业和单位中普遍存在，但享受福利待遇的水平高低不一。

第三，社会服务。这是国家和社会通过社区组织和福利机构，为解决脆弱人群的实际困难，有针对性地提供设施与服务的福利项目。社会服务的载体主要是社区，社区服务带有显著的地缘性，服务对象可以在其居住地附近享受社区服务。这种服务不以营利为目的，资金来源于社会赞助、政府资助、自筹资金和一部分有偿服务收入。社区服务倡导奉献社会、不求回报，志愿者和社会工作者是社区服务的骨干力量。

4.社会优抚

社会优抚通常指政府与社会对需要帮助的特定社会成员，如残疾人和鳏寡孤独者的社会扶助。在我国，社会优抚又称军人保障，是指政府和社会组织，对革命烈士家属、军人及其家属、革命残废军人及其家属、参战致残的民兵民工、见义勇为者等特殊人群，通过资金和服务等形式所给予的优待和抚恤。社会优抚是一种带有褒扬性质的社会保障，它不仅可以保证优抚对象的生活水平达到一定的标准，还有利于增强全民的国防意识，稳定和壮大国防力量。

5.社会互助

社会互助是指在政府鼓励和支持下，社会团体和社会成员自愿组织和参与的扶弱济困活动。社会互助具有自愿和非营利的特征，其资金主要来源于社会（国内）捐赠、海外捐赠、互助基金和义演义赛义卖等，政府往往从税收等方面给予支持。社会互助主要形式包括：工会、妇联等群众团体组织的群众性互助互济；民间公益事业团体组织的慈善救助；城乡居民自发组成的各种形式的互助组织等。

二、社会保障制度的基本模式

根据社会保障基金的筹集和使用方式，可以把社会保障制度划分为现收现付型、完全积累型、部分积累型三种模式。

1. 现收现付型

这是根据一定时期内（通常为一年）现收现付的原则筹集社会保障资金的模式。所谓现收现付，是指当期征收的社会保障资金用于当期的社会保障资金的支出，以支定收是这种模式的原则，即需要多少就征收多少。通常是根据各项社会保障资金的支出情况确定相应的社会保障税额度和一般财政支出补贴水平，以求得收支平衡。这种模式的优点是：第一，不用考虑储备，基金提取额度和参与者的缴纳比例可以视需要来调整，易于预测、计划。第二，管理相对简单。因为收支平衡，积累基金不多，不存在经营社会保障基金的问题，因而也不存在社会保障基金经营风险的问题。第三，有利于实现平等，一方面，它有助于同代人之间的平等，由于收支在全社会内统筹，有助于消除地区、行业和职业差异造成的不平等；另一方面，它有助于实现代际平等，由于社会保障资金提供者与领受者在短期内是不对称的，实际上是由年轻一代供款赡养年老一代，这使退休人员也能分享经济发展的福利。

但是，这种模式也存在明显的缺点，主要是随着出生率下降和卫生保健事业的发展，人的寿命越来越长，人口老龄化已经成为一种趋势，这使得社会保障体系的供款者相对领受者来说越来越少。同时，由于社会福利刚性（福利水平易升不易降）的存在，人口年轻化时代和经济繁荣时期制定的福利措施，在人口老龄化和经济衰退时期难以调整，这不仅加大了现职人员的负担，使原来体现平等的“代际合约”有转变为新的不平等的趋势，而且增加了企业和政府的负担，削弱了企业的竞争力，而越来越庞大的社会保障资金缺口也正在成为高额财政赤字的主要原因。由于社会福利制度的刚性，改革这种制度困难重重，以致成为许多工业化国家经济社会发展的重大障碍。

2. 完全积累型

完全积累型也叫个人账户积累型，是指个人在就业时将收入的一部分连同企业应缴纳的费用一并存入社会保障账户，交由经营机构投入资本市场进行保值增值运营，需要使用时根据个人账户积累起来的资金按一定比例支付。这种模式的优点主要有：第一，个人积累账户中的资金具有很强的储蓄功能，能在较长的时间内分散风险；第二，其以收定支的原则，可以有效地防止社会保障支出的膨胀，大大减轻了社会保障体系给政府财政造成的压力；第三，由于在这种社会保障制度中个人承担主要责任，可以调动个人缴款的积极性，也有利于个人督促企业缴纳社会保障资金；第四，由于在职人员不再需要为退休人员支付保障费用，有效地避免了代际冲突。

同样，这种模式也有其缺点，主要表现在：由于不存在社会统筹，社会不再能通过社会保障制度实行收入再分配和转移支付，不利于社会公平的实现。同时，这种模式对资本市场的健全程度和基金的营运、管理水平要求较高，个人账户资金的保值增值具有较大风险。其对宏观经济环境的要求也比较高，通货膨胀和经济波动都会增大个人账户资金的风险。

3.部分积累型

部分积累型是一种把社会统筹和个人积累二者结合起来的混合模式，即在保障基金的形成上，一部分采取现收现付形式，保证当前开支的需要，另一部分采取预先筹集积累方式，以满足将来的支付需求。这种混合模式兼容了现收现付型和完全积累型模式二者的长处，既可以减少改革的阻力，降低改革成本，又增进了社会保障制度的效率和减轻了政府的财政压力，还可以保留社会统筹制度的互济机制，有助于社会平等的实现。基于部分积累型模式这种突出的优点，我国在20世纪社会保障制度转轨一开始就选择了混合模式。

三、我国社会保障制度的改革、发展和完善

改革开放以来，我国社会保障事业取得了突飞猛进的发展，社会保障制度框架基本形成。在城镇，我国已经基本建立了养老、医疗、失业、工伤和生育保险等五项社会保险制度，并且已经全面实施了最低生活保障制度；在农村，我国正在全面推进最低生活保障制度，努力探索养老保险制度，不断加快新型合作医疗改革试点的步伐，这些成就是巨大的。但是，我国社会保障制度在发展的过程中，仍然存在着很多现实的问题有待解决，社会保障体系仍然处在不断完善的过程中。

（一）我国社会保障制度的改革和发展历程

改革开放以来，我国社会保障制度的发展历程可以分为四个阶段：

1.1978—1990年的恢复性改革阶段

中国养老保障制度建立于1951年，主要覆盖城镇企业职工。根据当时的《中华人民共和国劳动保险条例》，社会保险经办机构按职工工资总额的3%提取劳动保险基金，并在全国范围内调剂使用。1955年，国家建立了机关、事业单位工作人员的养老保险制度。1958年，国家根据当时的实际情况，将企业和机关事业单位的两个养老保险制度在适当放宽养老条件和提高待遇标准的基础上作了统一规定，并一直沿用到1978年。1978年该条例被《关于工人退休、退职的暂行办法》《关于安置老弱病残干部的暂行办法》所取代。这个历史阶段的社会保险的特点是，所有的个人福利与生老病死都由企业负担。自1978年中国进行经济体制改革以后，政府针对养老保险制度存在的弊端进行了一系列改革，主要是实行了养老保险费用社会统筹，建立劳动合同制工人养老保险制度，养老保险基金实行国家、企业和个人三方负担，引入个人缴纳养老保险费机制，探索建立国家基本养老保险、企业补充养老保险和个人储蓄性养老保险多层次的养老保险体系。这一阶段的一些改革措施积极促进了“企业保险”向“社会保险”的转变。例如，从1984年开始，中国开始尝试养老保险费用的社会统筹，其目的是“还原”社会养老保险的基本职能，并在江苏省泰州市、广东省东莞市、湖北省江门市、辽宁省黑山县等地开始试行退休

人员的退休费社会统筹。

2.1991—1999年的探索性改革阶段

1991—1999年是中国社会保障制度的探索性改革阶段，也是我国社会保障制度框架形成的重要时期。1991年6月，国务院发布《关于企业职工养老保险制度改革的决定》，开始进行社会养老保险结构的尝试性改革实践。在养老保险的筹资方面，确定社会养老保险费用由国家、企业和职工三方共同筹资，职工个人按本人工资的3%缴纳养老保险费。1993年中共中央十四届三中全会通过的《中共中央关于建立社会主义市场经济体制若干问题的决定》正式决定实行社会统筹和个人账户相结合的社会保险制度，同时要求社会保障行政管理和社会保险基金经营要分开。社会保障管理机构主要是行使行政管理职能；社会保险基金经办机构则通过运营确保社会保险基金的保值增值。1995年3月，国务院发布的《关于深化企业职工养老保险制度改革的通知》具体确定"社会统筹与个人账户相结合"的实施方案，确定"统账结合"是中国城镇企业职工基本养老保险制度改革的方向，提出到20世纪末，基本建立适应社会主义市场经济体制要求，适用于城镇各类企业职工和个体劳动者，资本来源多渠道，保障方式多层次，社会统筹与个人账户相结合，权利与义务相对应，管理服务社会化的养老保险体系。1997年7月国务院颁布《关于建立统一的企业职工基本养老保险制度的决定》，明确了养老保险费的筹集方式和企业缴费的控制额度。如在养老保险费的筹集方面，按职工工资的11%建立养老保险个人账户，其中个人缴费最终上升到8%，企业缴费划入的部分最终降低到3%。在企业缴费的控制方面，企业缴费（含划入个人账户部分）的费率不得超过工资总额的20%等。

3.2000—2005年的半积累模式试点阶段

在"社会统筹和个人账户相结合"的制度模型下，由于改革前退休的"老人"，以及改革前参与工作、改革后才退休的"中人"缺乏积累，这造成统筹账户存在巨大支付缺口，各地社保部门均调用个人账户资金用于当期支付，个人账户有名无实，长年"空转"。挪用个人账户造成的新债，加之远未偿还的"隐性负债"旧债，一起将偿付责任推向了未来。个人账户的长期空转不仅严重打击了个人缴费的积极性，而且背离了社会统筹和个人账户相结合的改革方向。2000年，国务院决定选择辽宁省进行完善城镇社会保障体系试点，颁布了《关于印发完善城镇社会保障体系试点方案的通知》，决定从2001年7月开始在辽宁省进行完善城镇社会保障体系试点工作。试点的内容主要有两个方面：第一，将个人账户的规模从11%降到8%；第二，逐渐将个人账户全部"做实"。到2003年11月底，辽宁省全省参加企业基本社会养老保险人数达687万人，累计征收做实个人账户资金83.6亿元，个人账户计清率为99.9%。[①]辽宁省试点的核心内容是将一直"空账"运行的个人账

① 邹东涛．中国改革开放30年［M］．北京：社会科学文献出版社，2009．

户"做实"，实行真正的"半积累制"。2003年，党中央、国务院决定，在黑龙江和吉林两省进行扩大完善城镇社会保障体系试点工作，提出在总结辽宁省试点经验的基础上，通过两省的试点，为完善我国城镇社会保障体系进一步积累经验。

4.2006年至今的推广覆盖阶段

2005年12月，国务院发布《关于完善企业职工基本养老保险制度的决定》，从2006年起又将试点改革扩大到除东三省之外的八个省、区、市，包括天津、上海、山东、山西、湖北、湖南、河南和新疆。到2006年年末，全国基本养老保险、基本医疗保险、失业保险、工伤保险和生育保险参保人数分别达到18 766万人、15 732万人、11 187万人、10 268万人和6 459万人，有2 241万城市居民和1 509万农民享受最低生活保障。2006年，五项社会保险基金总收入8 626亿元，总支出6 472亿元。[①] 2015年，全国基本养老保险、基本医疗保险、失业保险、工伤保险和生育保险参保人数分别达到85 833万人、66 582万人、17 326万人、21 432万人、17 771万人，有1 708万城市居民和4 903.2万农民享受最低生活保障。2015年，五项社会保险基金总收入46 012亿元，总支出38 988亿元。《中华人民共和国社会保险法》由第十一届全国人民代表大会常务委员会第十七次会议审议通过，自2011年7月1日起施行。该法案确定了"广覆盖、保基本、多层次、可持续的方针"，明确了我国社会保险制度的基本框架，对社会保险的覆盖范围、社会保险费征收、社会保险待遇的享受、社会保险基金的管理和运营、社会保险经办机构的职责、社会保险监督以及法律责任等方面作了规定，有助于推动中国社会保障事业的法制化，增强社会保障制度的权威性和稳定性。

（二）我国社会保障体系未来发展的方向

社会保障是社会安定的重要保证。健全的社会保障体系，历来被称为人民生活的"安全网"、社会运行的"稳定器"和收入分配的"调节器"，是国家的一项重要社会制度，是维护社会稳定和国家长治久安的重要保障。改革开放以来特别是近些年，我国社会保障体系建设取得了重要进展，但总体来看还不够完善，存在着覆盖面小、保障水平低、制度不健全等问题。大力发展社会保障事业，是广大人民群众的新期待。

党的十八大报告指出："统筹推进城乡社会保障体系建设。""要坚持全覆盖、保基本、多层次、可持续方针，以增强公平性、适应流动性、保证可持续性为重点，全面建成覆盖城乡居民的社会保障体系。改革和完善企业和机关事业单位社会保险制度，整合城乡居民基本养老保险和基本医疗保险制度，逐步做实养老保险个人账户，实现基础养老金全国统筹，建立兼顾各类人员的社会保障待遇确定机制和正常调整机制。扩大社会保障基金筹资渠道，建立社会保险基金投资运营制度，确保基金安全和保值增值。完善社会救助体系，健全社会福利制度，支持发展慈善事

---

① 邹东涛. 中国改革开放30年［M］. 北京：社会科学文献出版社，2009.

业，做好优抚安置工作。建立市场配置和政府保障相结合的住房制度，加强保障性住房建设和管理，满足困难家庭基本需求。坚持男女平等基本国策，保障妇女儿童合法权益。积极应对人口老龄化，大力发展老龄服务事业和产业。健全残疾人社会保障和服务体系，确实保障残疾人权益。健全社会保障经办管理体制，建立更加便民快捷的服务体系。”

主要概念

国民经济核算体系　社会总产值　国民生产总值　国内生产总值　国民收入　积累基金　消费基金　社会保障制度

基本训练

一、单项选择题

1.在物质产品平衡体系中，能够比较准确地反映一国经济发展水平的重要指标是（　　）。

A.社会总产品　B.社会最终产品　C.社会净产品　D.中间产品

2.GDP与GNP的区别在于（　　）。

A.GNP强调“国土”概念，GDP强调“国民”概念

B.GNP强调“国民”概念，GDP强调“国土”概念

C.GDP计算生产出来的社会最终产品价值，GNP计算销售掉的社会最终产品价值

D.GNP计算生产出来的社会最终产品价值，GDP计算销售掉的社会最终产品价值

3.下列算式中，（　　）是错误的。

A.GDP=GNP+本国要素净收入　B.GNP=GDP+本国要素净收入

C.NDP=GDP−折旧　D.NI=NDP−间接税和企业转移支付

4.国有企业创造的国民收入在初次分配时可以分解为（　　）。

A.税金、企业留成、工资　B.税金、企业留成、奖金

C.税金、工资、奖金　D.企业留成、工资、奖金

5.下列有关消费基金的表述中，（　　）是错误的。

A.社会消费基金由国家管理基金、文教卫生基金、社会保证基金三部分构成

B.个人消费基金由物质生产部门和非物质生产部门劳动者的劳动报酬基金构成

C.消费基金总额等于社会消费基金加上个人消费基金

D.消费基金总额等于社会消费基金加上物质生产部门劳动者的劳动报酬基金

6.合理的积累率（　　）。

A.最低限度要保证原有人口的消费水平

B.最高限度要保证新增人口所需的技术装备资本

C.受国民收入物质构成的制约

D.与GDP增长速度高低关系不大

7.社会保险基金（　　）。

A.是通过法律手段强制征收的

B.是参加保险的人自愿缴纳的

C.主要来源于政府的财政和社会公益赞助

D.参与者承担的责任和享受的义务严格对等

8.现收现付型社会保障模式（　　）。

A.涉及社会保障基金的保值增值管理

B.以支定收，管理相对简单

C.不利于消除行业、地区间差异造成的不平等

D.这种模式更适合人口老龄化社会

二、多项选择题

1.在计算GNP时，（　　）是正确的。

A.GNP计算当年社会生产的全部产品和劳务价值

B.GNP计算当年社会生产的全部最终产品和劳务价值

C.GNP只计算销售掉的产品价值而不计算当年库存商品价值

D.GNP既计算销售掉的也计算当年库存的商品价值

E.家务劳动不计入GNP

2.国民收入的再分配途径主要包括（　　）。

A.政府的预算收入　　B.政府的预算支出

C.银行信用　　D.服务费用支出

E.政府的价格干预

3.在社会保障体系中，（　　）。

A.社会保险是社会保障的基本内容

B.社会救助是社会保障的基本内容

C.社会救助是社会保障的最低目标

D.社会福利是社会保障的最低目标

E.社会福利是社会保障的最高目标

4.下列有关社会保障模式的论述中，（　　）是正确的。

A.现收现付型模式由于涉及基金的保值增值，管理比较复杂

B.随着人口老龄化的到来，现收现付型模式越来越难以为继

C.完全积累型模式以收定支的原则可以防止社会保障支出的膨胀

D.宏观经济的波动会增加完全积累型模式个人账户中的资金风险

E.部分积累型模式兼顾了现收现付型模式和完全积累型模式的优点

三、判断分析题

1.在国民经济核算体系中，国民收入在不同的语境中含义可能不一样。（　）

2.在消费基金的总量中，社会消费基金所占比例应该比个人消费基金所占比例大。（　）

3.在社会保障体系中，社会保险是社会保障的最低目标，社会救助是社会保障的最高目标。（　）

四、简答题

1.物质产品平衡体系和国民经济核算体系中分别有哪些基本指标？

2.国民生产总值和国内生产总值的区别和联系是什么？

3.国民收入的再分配主要通过什么途径进行？

4.正确处理积累基金和消费基金的关系要遵循哪些原则？

5.什么是社会保障制度？它包括哪些基本内容？

6.社会保险具有哪些基本特征？

7.社会保障制度的三种基本模式分别是什么？

五、论述题

1.为什么要进行国民收入在全社会范围内的再分配？

2.试分析“一要吃饭，二要建设”这个说法所包含的基本原理。

第八章　社会主义市场经济的宏观调控

学习目标

◆ 重点掌握社会总供给、社会总需求、宏观调控、充分就业、财政政策、货币政策等基本概念，总供给与总需求平衡的含义，宏观调控的必要性，宏观调控的基本模式和基本目标。

◆ 掌握影响社会总供给和总需求的主要因素、总供给与总需求失衡的含义及其表现、政府的基本经济职能、宏观调控的手段、财政政策和货币政策作用的基本原理。

◆ 了解社会总供给和总需求的具体内容、总供给与总需求失衡的原因、市场调节与政府干预理论的分歧和融合、政府三种经济职能包括的内容、产业政策的含义和内容。

第一节　社会总供给和社会总需求

一个国家或地区在一定时期内全部经济活动的总成果表现为国民经济总量。社会总供给与社会总需求作为反映国民经济总量的综合性指标，能最集中、最概括地反映社会经济活动的总成果和总量关系。

一、社会总供给及其影响因素

社会总供给（aggregate supply，AS）是指一个国家在一定时期内（通常为一年）向社会提供的最终产品和劳务的总量。社会总供给计算的是最终产品和劳务的数量，它不包括直接从自然界获得、未经加工的资源类初级产品，也不包括需要进一步加工才能供人们消费和使用的中间产品，因此，在计算时要避免重复。此外，劳务产品虽然没有实物形态，但它们与物质产品一样具有特殊的使用价值，可以满足人们某一方面的需要。在商品经济条件下，它们也是价值的承担者，因此也构成社会总供给的一部分。

社会总供给来源于社会总产出，但是，一国的供给并非全部来自于该国的生产，或者说，一国的生产并非全部形成该国的供给。凡是能够提供给本国使用的物质产品和劳务，不论是本国生产的还是外国生产的，都是社会总供给的构成内容；本国享用不到的物质产品和劳务，即使是本国生产的，也不包括在社会总供给之内。因此，在开放的经济系统中，社会总供给是由国内供给和国外供给两部分构成的。国内供给从价值形态上说，就是国内生产总值减去不可分配的部分。这里的不可分配部分是指包括在GDP中的林业和畜牧业自然增长部分。国外供给从价值形态上说，是指海关统计的进口总值。

综上所述，社会总供给可以用公式表示为：

社会总供给=国内供给+国外供给=GDP（扣除不可分配部分）+进口总值

影响社会总供给水平的因素有很多，其中主要的有以下几个因素：

第一，生产力发展水平，特别是科技发展水平和应用程度。科技发展水平和应用程度对社会总供给的影响主要体现在：可以提高劳动生产率，降低单位产品的活劳动消耗，使现有劳动量可以生产出更多的产品；可以降低单位产品的物化劳动消耗和自然资源耗费，使有限的物质资源能提供更多的产品；还可以极大地扩张供给的种类，使新产品、新材料、新能源、新物质层出不穷。在世界各国中，发达国家的科技发展和应用研究的投入水平远远超过发展中国家，这是发达国家社会总供给能力强、国民生活水平高的主要原因。

第二，固定资本结构及利用率。在固定资本中，先进的资本所占比重越大，生产能力越强，总供给水平越高。相同结构的固定资本中，资本利用率越高，所能够生产出来的产品就越多，总供给水平越高；反之，总供给水平越低。固定资本利用率受中间产品的供应状况、劳动力质量、产品的市场销售状况等的影响。

第三，劳动力质量。劳动力是生产的第一要素。高素质的劳动力在生产过程中可以不断进行技术的创新和改造，也可以使新技术、新设备得到充分的利用，从而不断提高生产效率。从整个社会来看，则可以使社会总供给的能力不断增强。劳动力的素质受到民族原有素质的影响，包括健康水平、适应能力、创造性以及在生产中把自己组织起来并相互合作的能力；除了这些原有素质外，还包括通过教育和训练所获得的技能。

第四，企业管理水平和生产要素的组合方式。一个国家总供给能力的强弱与企业管理的总体水平存在着密不可分的关系。就微观而言，影响单个企业产出水平的诸多因素如生产成本、产品质量、生产的组织方式等都需要通过有效的管理才能更加优化，不同的管理水平会有不同的产出效果。单个企业是这样，整个社会总供给水平也是这样。此外，生产要素的组合方式会直接影响到生产的效率，进而影响到社会总供给水平。稀缺的资源必须以恰当的比例和恰当的方式组合起来，才能得到有效利用，才能避免资源浪费，提高社会总供给水平。

二、社会总需求及其影响因素

社会总需求（aggregate demand，AD）是指一个国家在一定时期内（通常为一年），社会有支付能力的条件下对各种最终产品和劳务的有效需求总和。

在开放的经济中，社会总需求包括消费需求、投资需求、国外需求和政府需求。由于政府需求从最终结果上看，不是用于投资就是用于消费，所以，一般情况下社会总需求是指前三种需求的总和。

消费需求指整个社会在一定时期内通过货币资金的支出所形成的对消费品（包括服务）的需求，又称为消费支出。消费需求包括公共消费需求和个人消费需求两部分。其中，公共消费需求主要指公共事业部门（如科学、教育、卫生体育和社会福利事业等部门）和公共服务部门（如国家机关、政党、社会团体和军队、警察等）对各种公共消费品的需求，个人消费需求是指居民个人日常生活中对各种消费品和直接为生活服务的劳务的需求。

投资需求指整个社会在一定时期内通过货币资金的支出所形成的对投资品的需求，又叫投资支出。从构成上看，社会总投资需求既包括对固定资产的投资需求，如对厂房、住宅、公共建筑、码头、水坝等建筑物的投资，也包括对固定设备如机器、仪器、器具等的投资需求，还包括对流动资产的投资需求，如增加各种库存品和国家物质储备等。

国外需求是指海关统计的出口总值。随着我国开放程度的加深和经济越来越融入世界经济一体化进程，这部分需求还会不断地增长。

综上所述，社会总需求可以用公式表示为：

社会总需求=消费需求+投资需求+国外需求

在社会总需求的构成中，由于消费需求和投资需求是社会总需求的主体，因此，影响消费需求和投资需求的因素也是影响社会总需求的因素。

影响消费需求的因素是多种多样的，概括起来，主要有以下几个因素：

（1）居民收入水平。其是决定消费需求的最主要因素，有收入才会有正常的购买支出，收入的变化或预期收入的变化都会引起居民对商品和劳务的购买发生变化。

（2）利率水平。利率的高低会影响居民收入中储蓄和消费的比例。利率提高，将诱使人们减少消费而增加储蓄；反之，人们则倾向于减少储蓄而增加消费。

（3）物价水平及对物价的预期。一般情况下，如果物价水平的变动与消费者实际可支配收入的变动比例相同，消费者的实际收入不变，则消费者的消费需求与储蓄就会保持不变。但是，如果物价水平的变动与消费者实际可支配收入的变动不是同比例的，这将导致消费者实际收入水平的上升或下降，进而引起消费需求的增加或减少。此外，如果消费者预期未来物价会上涨，他将增加当期消费支出；相反，则会减少当期消费支出。

影响投资需求的主要因素包括：

（1）预期投资收益率。在其他因素尤其是利息率不变情况下，投资的预期收益率越高，越会刺激企业增加投资，企业的投资需求水平就越高；预期投资收益率越低，越会抑制企业投资，企业投资需求水平越低。

（2）企业预算约束的性质。如果企业缺乏独立的经济利益，投资风险或者损失不是由企业承担，即企业面临的预算约束是软约束，企业就会漠视风险，盲目扩大投资的倾向就强；反之，企业如果面临的约束是硬约束，企业就会谨慎从事，而不会盲目作出投资决策，从而投资倾向就弱。

（3）投资风险程度。在其他因素一定时，投资风险越高，越会抑制企业投资需求水平；投资风险越低，越会刺激企业投资，企业投资需求水平就越高。

（4）资金的市场供求状况和利息率高低。由于企业的投资资金大部分来自于借贷，利息构成企业投资的成本，因此，市场的资金供大于求时，利息率降低，企业的借贷成本也降低，这种情况有利于企业增加投资；反之，市场的资金供不应求时，利息率提高，企业的借贷成本增加，这种情况则会抑制企业投资。

三、社会总供给与社会总需求的平衡与失衡

（一）总供给与总需求平衡的含义

严格意义上的社会总供给与社会总需求的平衡是指总需求等于总供给。这种相等至少包含几个层次的含义：

第一层：总供给与总需求在总量意义上，或者说在价值形态上是相等的，这意味着整个社会的支出总量刚好等于社会的产出总量。

第二层：总供给与总需求在结构意义上，或者说在实物形态上是相等的，这意味着整个社会生产的最终产品和服务的结构或种类，刚好与社会的需求结构或种类相符合，没有不足，也没有多余。

第三层：总供给与总需求的平衡是指同一时间上的相等。不同时间的总供给与总需求出现不平衡是正常的，因此，二者平衡与否是根据同一时间的数量关系来判断的，而不是根据不同时间的数量关系来判断。

第四层：总供给与总需求的平衡是指价格水平不变条件下的相等。从会计核算的角度看，总供给最终会等于总需求。因为如果 AD>AS，价格水平上升，AS 最终会与 AD 相等；反之，如果 AD<AS，价格水平下降也会引起同样结果。显然，这是一种事后平衡，而不是实际上的总量平衡。总供给与总需求达到实际上的平衡是指事前平衡，或者是指价格水平不发生变化条件下的平衡。

（二）总供给与总需求的失衡及其表现

在实际的经济运行中，严格意义上的总供给与总需求的平衡是很难实现的，大多数情况下，总供给与总需求是不相等的，即二者之间是失衡的。不过，当总供给

与总需求不一致的程度很轻时，其对国民经济的正常运行一般不会产生很大的影响，因此，考虑到实际经济运行，我们通常把那些总供给与总需求的不一致已经达到了一定程度，从而对国民经济的正常运行产生明显影响的状况称为总供给与总需求的失衡。

总供给与总需求的失衡有两种表现形式：

第一种，AS>AD。在假定资源得到充分利用，社会生产力水平得到充分发挥，即社会总供给处于正常状态的前提下，这种失衡意味着社会总需求严重不足而社会总供给则相对过剩。当这种失衡出现时，经济会表现出以下特征：经济增长率极低，甚至零增长或负增长；企业对劳动力的需求明显减少，社会总体就业水平下降，失业率上升；企业产品销售困难，非意愿存货水平上升；居民的收入水平下降，整个社会的消费水平受到明显的抑制等。

第二种，AS<AD。在假定物价水平未受管制，商品的供求关系影响物价水平波动的情况下，这种失衡则意味着社会总供给不足而社会总需求相对或绝对膨胀。当这种失衡出现时，经济会表现出以下现象：一般物价水平大幅度上涨，甚至出现严重的通货膨胀；商品短缺成为普遍现象，到处出现消费者排队抢购现象；投资和消费的增长超过国民收入的增长，呈现“双膨胀”的态势；信贷支出增长过快，出现信贷膨胀等。

（三）总供给与总需求失衡产生的原因

引起总供给与总需求失衡的因素有很多，我们这里主要分析AD>AS型失衡产生的原因。当然，相反的原因则可以引起AD<AS型失衡。

1.分配的名义收入总量超过产品的实际生产总量

由于分配过程能相对独立于生产过程，分配过程可以先于生产过程，分配量也就有可能超过产品的实际生产量。而且，经济的货币化程度越高，信用体系越发达，分配过程与信用体系的关系越密切，名义收入的分配量超过实际生产量的可能性越大。这里尤其需要注意的是财政分配。财政分配具有特殊性，通常都先于产品生产。如果财政分配规模过大，出现赤字，往往就会导致名义分配总量超过实际生产总量的结果，最终引起总需求大于总供给的经济失衡。

2.经济中存在着引起消费和投资需求膨胀的因素

消费需求膨胀主要来自于两个方面原因：第一，劳动者追求收入最大化。劳动者收入的主要来源是工资，其消费水平的提高依赖于工资收入的增长。如果劳动者追求收入的最大化，必然要求企业不断提高工资，在劳动者具有垄断势力的情况下，这种压力更大。企业如果没有同这种压力相平衡的约束力量，那么工资的增长必然会超过企业劳动生产率的增长。这种单纯的工资增长势必引起社会消费基金的膨胀，进而引起消费需求的膨胀以及总需求的膨胀。第二，政府社会保障支出增长过快。基于社会、政治等方面的压力，在某些时期，政府社会保障支出的增长可能会超过经济增长所允许的限度，从而引起消费基金增长过快。如果社会保障支出的增长挤占了积累基金，而投资最终依靠银行信贷的支持，那么，总需求过渡型的经济失衡就难以避免。

投资需求的膨胀既有企业的原因，也有政府的原因。从企业投资来看，如果企业具有强烈的投资意愿，但企业并非依靠自己的积累进行投资，而是依靠银行贷款进行投资，银行则是依靠其创造货币的能力满足企业的需要，就会引起企业投资需求的膨胀。从政府投资来看，如果政府具有强烈的投资意愿，但投资资金不是依靠经济性财政收入，而是依靠银行体系的贷款，那么往往就会引起政府投资需求膨胀。在政府确定的经济增长目标过高、基础设施建设规模过大、国内出现超过政府预期的灾害以及各种突发事件的情况下，政府投资需求出现膨胀几乎是难以避免的。企业和政府的投资需求膨胀最终也会引起总需求过渡型的经济失衡。

第二节　社会主义市场经济宏观调控的必要性

现代市场经济与传统自由市场经济相比，最突出的特点就是政府经常性地在经济运行中积极、主动地发挥调节作用，这也是社会主义市场经济的一个基本特征。

一、市场调节与政府干预的区别与联系

自亚当·斯密的《国富论》问世以来，“看不见的手”的理论一直成为古典学派信奉的教条。人们相信通过市场机制的自发作用可以实现资源的优化配置，经济主体在追求自身利益的同时可以实现社会福利的最大化。市场机制的这种功能，犹如一只看不见的手，促使每个人去实现并非属于他原来意图的目标。国家和政府的作用被限制在保护私有财产，防止外敌入侵，建设和维护私人无力或不愿从事的公共事业等有限的领域。

19世纪后期，自由资本主义进入了垄断时期，大型垄断企业的形成和发展妨碍了市场竞争，因此，一些市场经济的国家先后制定反垄断法律，从实践上开始积极地干预垄断企业的行为。但是，在理论上占统治地位的仍然是坚持“自由放任”的新古典学派的经济自由主义思想。1929年，西方自由市场经济国家爆发了有史以来最严重的经济危机，经济急剧下降，许多企业破产，大批工人失业。为缓和尖锐的社会矛盾，当时的总统罗斯福通过实施新政开始主动地干预经济。新政的一系列措施为现代市场经济中政府发挥积极作用提供了实践经验。1936年，英国著名经济学家凯恩斯出版了《就业、利息和货币通论》，从理论上证明了政府干预经济的必要性。凯恩斯认为，自发的市场机制不可能实现充分就业的均衡，要避免20世纪30年代那样的危机，必须通过政府的干预推行积极的财政政策，提高整个社会的有效需求水平才能做到。凯恩斯的理论宣告了信奉市场万能的经济自由主义的终结，标志着以政府干预经济为特征的现代市场经济的开始。因此，凯恩斯的这套

理论也被称为“凯恩斯革命”。

第二次世界大战后，西方市场经济国家积极奉行凯恩斯主义信条，经常主动对经济进行干预。这些积极的干预措施主要集中在两个领域：一是通过实施财政政策、货币政策等手段频繁干预经济，企图“熨平”经济周期，实现充分就业和经济增长目标；二是出于缓和社会矛盾和扩大消费需求的需要，以建立“福利国家”为目标，实施大规模的社会福利计划。

在国家积极干预经济的措施下，西方市场经济国家迎来了20世纪五六十年代的经济繁荣时期，同时，社会福利措施的广泛实施缓解了工业革命以来尖锐的社会矛盾，社会贫富两极分化的现象也有所缓和。政府主动干预经济的积极效果，让当时处于主流地位的新古典综合派的经济学家们相信，只要掌握了凯恩斯主义者提供的间接调控工具，政府就可以随意干预经济过程，以达到预期的目的。但是，20世纪70年代，西方国家出现的“滞胀”，即失业与通货膨胀的并存，给以凯恩斯主义理论为基础的新古典综合派的宏观经济理论很大的打击。因为按照该学派的理论，失业和通货膨胀是不可能同时存在的。这一结论显然与当时经济中存在的“滞胀”现象不符。在此背景下，经济自由主义的思潮又重新抬头。新自由主义的代表人物哈耶克从经济信条的哲学层面严厉抨击了国家干预主义，重树了自由市场经济的声誉；货币主义从货币理论与政策角度对凯恩斯主义进行批评，主张按照经济增长速度来增发货币，实际上是主张中央银行在货币政策上无为而治；供给学派则着重从财政理论与政策角度批驳凯恩斯主义，开出了以大幅度减税和削减社会福利为特点的财政政策药方来治理“滞胀”。

在新自由主义经济学家的努力下，西方发达国家干预经济政策的出台变得谨慎起来，市场机制的自发作用又重新得到认可。但是，由于新自由主义的经济措施大多属于“头痛医头”的权宜性手段，尤其是以刺激经济为目的的减税和削减社会福利的措施具有较高的社会成本，在市场效率提高的同时牺牲了公平，因此，不可能长期实施。随着20世纪80年代后“滞胀”的缓解，凯恩斯主义理论又渐渐恢复了其主流地位。新兴起的凯恩斯主义与原来的凯恩斯主义已经有了很大的不同：一方面，它在肯定政府干预经济必要性的凯恩斯主义前提下，承认政府作用的有限性；另一方面，它吸收了经济自由主义强化市场机制调节作用的理论和政策主张。基于这种理论基础之上的市场调节与政府干预的协调互动，为西方发达国家进入20世纪90年代后的经济发展提供了一个相对稳定的宏观经济环境。

在我国，伴随着社会主义市场经济体制模式的建立，政府适度干预市场，对经济的发展进行宏观调控有更充分的理由，这不仅因为我国还不具有一个非常完备的市场体系，更重要的是因为我国市场中还存在因制度原因导致的市场机制扭曲，如以等级界定资源配置权力的行政化竞争规则、企业创新动力不足、企业家缺乏冒险精神等。

二、社会主义市场经济中政府的经济职能

西方国家现代市场经济发展的经验表明，即使比较完善、发达的市场体系和机制也存在一定的缺陷，也有失灵的时候，因此，在经济发展的过程中，政府承担一定的经济职能，积极主动、及时而又审慎、适度地干预市场，与市场自发调节的功能相互补充是完全必要的。我国现阶段仍然是一个发展中国家，存在经济总体发展水平还比较低，市场的结构、层次不完善，市场不同类型主体面对的政策环境不统一，保证市场正常运行的法律法规的制定和执行不尽如人意等情况，因此，在建立社会主义现代市场经济体制的过程中，我国政府不仅具有一般意义上经济管理职能，而且由于市场体制的不健全，许多在发达国家由市场和社会履行的经济职能还不得不由政府代为执行，这使得我国政府的经济职能要多于发达国家。

我国政府具有的经济职能，包括三个方面：一是社会管理者应具有的职能；二是国有资产所有者应具有的职能；三是宏观经济运行调控者应具有的职能。这三种经济职能的目标是不一样的。例如，政府作为社会管理者，应直接向全体公民提供公共产品，并在一定的经济发展阶段从事基础设施、基础产业及支柱产业的投资和管理，以消除经济发展的“瓶颈”；作为宏观调控者，其最终的目标则是经过选择的如经济增长、充分就业、物价稳定、国际收支平衡等经济政策目标；作为所有者，其目标则是资产收益最大化和资产增值。但是，在传统的计划经济体制下，我国政府的这三种经济职能是合而为一的，这样，政府就很容易凭借国有资产所有者身份，通过纵向隶属的行政机构干预企业经营活动，直接实现宏观调控目标。其结果是既模糊了企业产权边界，造成政企不分，又使宏观调控目标因缺乏良好的环境而难以实现。

在现代市场经济条件下，我国政府的三种经济职能应该明确加以区分，并按照经济发展的需要，合理行使三种职能：

（1）作为社会管理者，政府应培育和发展社会主义市场体系，建立比较完善的市场规则和法律制度，监督市场运行，维护平等竞争的市场环境和社会经济秩序；建立和完善社会保障制度，调节社会分配不公；保护生态环境和自然资源；检查监督国家法律、法规的执行；直接向全体公民提供公共产品，并在一定的经济发展阶段上从事基础设施、基础产业及支柱产业、高新技术产业的投资和管理。此外，政府还保留某些“最后的控制手段”，如当发生非常严重的经济波动时，政府可以直接冻结物价、工资、利率和汇率等。

（2）作为国有资产所有者，应建立中央政府和地方政府分别代表国家履行出资人职责，享有所有者权益，权利、义务和责任相统一，管资产和管人、管事相结合的国有资产管理体制，保证国有资产的安全性，提高国有资产的整体质量，通过资本经营保证国有资产的保值与增值，防止国有资产流失，从战略高度调整国有资产的行业、地区分布，使有限的国有资产发挥最大效用。十八大报告提出：“深化国

有企业改革，完善各类国有资产管理体制，推动国有资本更多投向关系国家安全和国民经济命脉的重要行业和关键领域，不断增强国有经济活力、控制力、影响力。”

（3）作为国民经济运行的宏观调控者，政府的经济职能主要是：运用科学的方法，制订切合实际的中长期经济发展计划，向企业预示经济发展趋向；调整产业结构，规划经济布局，协调地区、部门之间的经济关系；以总量调控为主，努力保持总供给和总需求的基本平衡；综合运用财政、货币政策，把体现国家经济政策目标的经济参数输入市场，通过市场中介间接调节企业行为。

三、现代市场经济需要宏观调控

宏观调控作为政府的一项经济职能，是指政府从经济运行的全局出发，按预定的目标通过各种宏观经济政策、经济法规等对市场经济的运行从总量上和结构上进行调节、控制的活动。宏观调控的主体是政府，调控的客体和对象是市场经济运行的过程和结果。

现代市场经济都是有宏观调控的市场经济。在发挥市场基础性作用的前提下，加强宏观调控是弥补市场失灵的一般要求，在我国当前市场发育不够健全的情况下，显得尤为重要。因而，建立和完善社会主义市场经济体制，必须健全宏观调控体系。

1. 加强宏观调控是克服市场机制缺陷的需要

市场机制对于实现资源的优化配置、提高经济运行的效率、促进国民经济整体素质的提高起着强有力的推动作用。但市场机制的自发调节也有其弱点和局限性。例如：市场主体的多元化和决策的分散化，容易导致经济主体过多考虑局部利益而忽视社会整体利益；市场调节机制是一种事后调节，它不可避免地会引起经济的波动，这种波动单靠市场机制本身的力量是难以熨平的；市场机制可能造成外部不经济。有些经济活动的社会效用与私人效用之间、社会成本与私人成本之间存在差异，其结果不能在某一企业内部表现出来。一个企业自身效益可能很好，但对社会可能意味着带来伪劣产品或环境污染等。市场机制在提供公共产品方面是无效的或者是低效的。即使是最有效的市场体系也有可能产生极大的分配不公，且往往引起贫富差距，甚至出现两极分化，影响社会的公平和安定。由此看来，政府通过宏观调控的方式来弥补市场机制的缺陷是完全必要的。

2. 加强宏观调控是保障经济持续、稳定发展的客观需要

在国民经济运行中，各个部门、各个地区、各个行业已经存在密切的分工和协作关系。按照马克思关于社会资本扩大再生产的理论，要进行社会化大生产，必须使社会生产两大部类之间的比例、生产和消费之间的比例保持相对平衡。而社会生产，不管其性质怎样，都不会自发形成这种比例。这就客观上要求社会组织来协调生产、交换、分配和消费各个环节之间的关系，以适应社会化大生产的要求。国家天然具备这种能力。因此，国家的代表政府可以通过财政政策、金融政策、信贷政

策等手段，对社会经济活动进行总体规划、管理和调控。

宏观经济的周期性波动是市场经济的必然产物，这是社会化大生产本身所具有的节奏性与市场机制相互作用的结果。在市场经济条件下，各微观经济主体追求自身利益的最大化，有时会出现“合成谬误”现象，即个体理性选择的综合效果可能导致集体的非理性行为甚至灾难，从而导致经济增长速度减缓甚或停滞。当经济前景看好时，投资者争相投资，消费者争相购买，使经济更热；相反，当经济前景不妙时，投资者减少投资，消费者降低消费，使经济更冷。就单个人来讲，这都是理性的谨慎反应，但却会对经济总体的过热或过冷起到推波助澜的作用。经济增长速度的大起大落，经济运行的剧烈震荡，对经济具有极大的破坏性。因此，政府需要实行一系列政策、措施对经济进行逆向的调节，保持社会总供求的大体平衡，从而缩小经济波动的幅度，减缓经济运行的周期性震荡。

3.加强宏观调控是调节贫富差距、实现社会公平的需要

社会主义的本质，是解放生产力，发展生产力，消灭剥削，消除两极分化，最终达到共同富裕。在市场经济中，各个经济主体、各个地区的经济发展水平往往会因为资源禀赋、地理位置、劳动力整体素质、市场发育程度等的不同而出现不平衡。目前，我国贫富差距和地区差距在不断扩大。2015年，我国居民收入的基尼系数达到0.462，虽然连续7年下降，但还是超过国际警戒线0.4的水平，城乡之间人均收入之比为2.73∶1。这种差距的不断扩大，给社会稳定和经济协调发展带来了极大的压力。为此，政府必须通过实施宏观调控政策来调节行业之间、企业之间、个人之间的收入差距。政府可通过征收累进所得税、财产税、个人收入所得税和遗产税等措施抑制高收入阶层收入的过分膨胀，通过直接的转移支付及对商品和劳务的再分配政策，增加低收入阶层的收入，促进收入分配的公平。同时，政府也需要通过倾斜的财政政策、金融政策、经济计划等手段来扶持内地、山区和少数民族地区的经济，实现共同富裕。这是坚持社会主义方向、促进各区域协调发展的需要。

4.加强宏观调控是协调宏观与微观经济运行的需要

在国民经济的运行过程中，微观经济活动构成宏观经济的基础，二者之间存在着密切的联系。在市场经济条件下，企业的生产经营和个人的消费等微观经济活动是分散的，他们各自进行经济决策，企业按照利润最大化原则安排自己的生产经营活动，消费者则按效用最大化原则安排自己的消费。因而，他们的经济活动不可能自发地同宏观经济的整体利益和需要相一致。为了解决这种微观经济行为与宏观经济整体运行的矛盾，必须加强政府的宏观调控。例如，政府可以通过调整财政收支、税率、外汇储备等宏观经济变量，影响市场经济变量，如利率、汇率、工资水平等，引导微观经济主体的经济目标与社会的宏观发展战略目标相统一。

总之，加强政府宏观调控是市场经济正常运作的前提和保证。在充分发挥市场机制作用的同时，必须不断加强和改善宏观调控，实现两者的有机结合。市场机制与宏观调控都是社会主义市场经济体制不可或缺的基本内容。离开了市场机制，社会经济发展就会失去活力；离开了宏观调控，国民经济就无法保持快速、健康的发展。忽视任何一方面的作用，都会给经济发展带来极其不利的影响。

第三节　社会主义宏观调控体系

社会主义国家的宏观调控体系包括宏观调控的模式、宏观调控的目标、宏观调控的手段、宏观调控的政策等。宏观调控的过程，实质上是一个运用适当的调节方式和手段，采取有效的经济政策，使社会经济总体协调有序运行，最终实现宏观调控的政策目标的过程。

一、宏观调控的模式

社会主义国家的政府对国民经济的运行进行宏观调控，有直接调控和间接调控两种基本模式。直接调控是指政府运用行政手段和指令性计划，对国民经济运行和企业微观经济活动进行调控。间接调控是政府运用经济手段和指导性计划，通过市场机制和市场信号，从经济利益上影响和引导企业的生产经营行为而进行的调控。直接调控与间接调控的主要区别在于发挥宏观调控作用的机制不同，是否通过市场中介进行调控，是二者区别的主要标志。

在传统高度集中统一的计划经济体制下，我国政府的宏观调控主要采取直接调控方式。这种调控方式在新中国成立初期恢复和发展国民经济过程中，发挥过其历史作用。但是，随着社会主义经济的发展，原有经济体制和调控方式的缺陷，日益显露出来。其主要缺陷在于：一是政府直接掌握企业的决策权，对企业统得过多过死，企业缺乏经营自主权，压抑了企业生产经营的积极性和主动性；二是直接调控忽视市场机制的作用，在利益主体多元化和经济活动日趋复杂的情况下，不发挥市场对资源配置的基础性作用，很难实现有效的宏观调控。

现代市场经济条件下的宏观调控，大多数时间和大多数情况下都是间接的。在我国，政府对市场的调控分为中央和地方两级。中央调控是中央政府根据所要实现的全社会的战略目标、重点，通过市场中介对全国各地区、各部门供求状况进行的调控。地方调控则是地方政府根据国家计划和地方发展计划，通过市场中介对地区及地方各部门的供求状况进行的调控。在实施间接调控的过程中，政府通过掌握的各种宏观经济变量（如财政收支、税种税率、货币发行量、信贷规模、基准利率、政府直接投资额、物质和商品储备、外汇储备等）来影响市场经济变量（如市场价格、利息率、汇率、工资等），而市场信号的变化，又会从经济利益上引导企业根据市场信号的变化安排自己的生产和经营活动，包括调整企业的投资方向、规模和结构，消费者则根据这些市场信号决定自己的消费支出。所以，根据宏观经济变量影响市场经济变量，市场经济变量进一步影响微观经济主体行为这种内在的关系，政府对国民经济的间接调控就可以通过调节宏观经济变量，或者在某种特定情况下直接调节市场经济变量而得到实现。例如，中央银行通过降低存款准备金率或者降低再贴现率等积极的货币政策，增加货币供应量，从而影响利息率；利息率的变化又会进一步影响企业的投资行为以及居民家庭的储蓄和消费行为等。

二、宏观调控的目标

宏观调控的目标是一个复杂的体系，它由多个相互依存又可能相互冲突的目标构成。这个体系一般可以分为基本目标和具体目标两个层次。其中，基本目标也叫最终目标，是通过一定的价值判断而提出的规范性目标。美国经济学家阿罗认为，经济政策的基本目标可以归纳为经济稳定化、资源配置高效化和分配公平化三种。一般来说，效率、增长、稳定、公正等是公认的经济政策基本目标。

具体目标是基本目标的具体化，由于基本目标与规范的价值判断联系在一起，在实际经济运行过程中不具有可操作性，因此，通常情况下，宏观调控的目标是指从基本目标中派生出来的、可以量化的、具有可操作性的具体目标。这些具体目标主要包括充分就业、价格稳定、经济增长、国际收支平衡。政府进行宏观调控的目的，就是通过一定的调节方式和手段，采取各种有效的经济政策，最终促进这些具体宏观调控目标的实现。

1. 充分就业

充分就业在广泛的意义上是指一切生产要素都有机会以自己愿意的报酬参加生产的状态。狭义的充分就业仅指劳动力这种要素的充分就业。充分就业不是指现有的劳动力全部就业，而是指在法定的劳动年龄内有劳动能力并且愿意工作的人，都能够按照自己愿意的报酬参加生产；相反，如果符合上述条件的劳动力有些没有工作机会，则这些劳动力处于失业状态。通常情况下，以下几类人不属于失业人口：年龄规定以外的无工作者、丧失工作能力者、在校学习者、在失业界定的时间内不愿或不积极寻找工作者、未在特定机构进行失业登记的无工作者等都不属于失业者。在实际统计中，通常以失业率的高低作为衡量充分就业与否的标准。失业率是指失业者人数与劳动力人口的比例。失业的类型有很多种，按照英国经济学家凯恩斯的解释，失业一般分为三类：摩擦性失业、自愿失业和非自愿失业。摩擦性失业是指在生产过程中由于难以避免的摩擦造成的短期的、局部性的失业，如劳动力流动不足、工种转换的困难等引起的失业。这种失业通常是劳动的供给方由于换工作或寻找新工作不顺利引起的，对家庭而言，这种失业一般是短暂的、过渡性的，因此，并不是严重的经济问题。自愿失业是指劳动力不愿意接受现行工资水平或工作条件而形成的失业。非自愿失业是指劳动力愿意接受现行工资标准但仍然找不到工作的失业。

除了上述这几类失业外，西方学者还有所谓“结构性失业”和“周期性失业”等说法。结构性失业是指劳动力的供给结构与需求结构不匹配造成的失业，特点是既有失业，又有职位空缺，失业者或者没有合适的技能，或者居住地点不当，无法填补现有的空缺。结构性失业通常是由劳动力的需求状况发生变化引起的。例如，生产技术的进步导致对现有行业的就业者尤其是受教育程度较低的就业者的需求量会减少。周期性失业是指经济周期中的衰退或萧条阶段，因整个社会总需求下降而造成的各行业普遍的失业。需要说明的是，以上各类失业并不总是能截然分开，通常是从不同角度加以分类的。但不管如何分类，失业都被认为会给社会及失业者本人和家庭带来物质上的损失和精神上的痛苦。因此，降低失业率，实现充分就业往往成为宏观调控的重要目标甚至首要目标。按照凯恩斯的说法，如果“非自愿失业”已经消除，社会只存在摩擦性失业和自愿失业的话，就是实现了充分就业。显然，充分就业并不是百分之百就业，而是允许存在一个失业率的就业状态，这个仅由摩擦和自愿失业导致的失业率叫自然失业率。宏观调控要实现的充分就业目标不是消灭全部的失业，而是通过宏观经济政策使实际失业率达到或接近自然失业率水平。

由于市场经济国家经济结构有很大的差别，各国自然失业率水平或者宏观调控目标也不尽相同。例如，美国由于就业制度灵活，劳动力市场竞争激烈，其自然失业率水平较低，通常认为在4%左右。欧洲大陆国家由于就业制度和劳动力市场灵活性差，社会福利标准较高，自然失业率水平明显高于美国，许多国家接近10%。我国目前公布的城镇登记失业率，由于没有包括农村失业人口和城镇未登记失业人口，因此不能反映我国的实际失业水平。但可以肯定的是，目前和今后相当长的时期内，我国的就业形势都是很严峻的，一方面的原因是每年我国新增劳动力的数量仍然在高速增长，另一方面的原因是随着城市化的推进，大量农村剩余劳动力转移形成的就业压力。

2.价格稳定

价格稳定是指价格总水平的基本稳定，或者说既不出现价格水平持续、普遍上升，也不出现价格水平持续、普遍下降的状态。现实生活中，由于各种商品价格变化的复杂以及统计上的困难，通常用价格指数表示一般价格水平的变化。价格指数是指一组商品按当期价格计算的价值与同样一组商品按基期价格计算的价值的比率，常用的价格指数有用一组消费品计算出来的消费价格指数CPI，用一组原材料和中间产品计算出来的生产者价格指数PPI，以及用名义GDP和实际GDP比较计算出来的GDP折算指数。因此，价格稳定也可以看作是各种价格指数的相对平稳。当然，价格稳定并不是指价格总水平的一成不变，一般认为，价格水平年上涨率维持在1%~2%以内是比较理想的。如果价格总水平年变动率超过这一水平，并呈现走高趋势，意味着通货膨胀压力在增大，价格水平的走势可能演变为通货膨胀；相反，如果价格总水平年变动率低于这一水平，并呈现走低趋势，意味着有出现通货紧缩的可能。

3.经济增长

经济增长是指在一个特定时期内，社会生产出来的总产量和国民收入的持续增长，通常用一定时期内实际国内生产总值年均增长率来衡量。经济增长和失业常常是关联的。20世纪60年代，美国经济学家阿瑟·奥肯根据美国的数据，提出了著名的奥肯定律，即失业率每高于自然失业率1个百分点，实际GDP将低于潜在GDP 2个百分点。该定律揭示了经济增长与失业率之间大致的关系。因此，维持较高经济增长率以实现充分就业，是宏观调控政策追求的目标之一。

对于不同的国家来说，适度经济增长速度的具体指标是不同的。一般来说，在正常情况下，发达国家GDP的年增长速度保持在2%~3%的水平是比较理想的，如果增长速度低于1%，或者高于4%，就预示着经济增长速度过低或者过高，需要采取相应措施。

由于我国目前正处在快速工业化和城市化时期，存在巨大的国内需求潜力。同时，随着我国产品的国际竞争力不断增强，在大部分年份里出口都保持了一个较高的增长速度，因此，我国经济增长速度的正常水平要比发达国家高很多。党的十八大报告明确提出，到2020年，实现全面建成小康社会宏伟目标。从“全面建设”到“全面建成”，标志着我国已开启全面建成小康社会的决定性阶段。为全面建成小康社会，十八大报告提出到2020年实现国内生产总值和城乡居民人均收入比2010年翻一番的量化指标。从十六大报告提出2020年国内生产总值力争比2000年翻两番，到十七大提出2020年人均国内生产总值比2000年翻两番，再到如今十八大提出“国内生产总值和城乡居民人均收入比2010年翻一番”，不难发现，随着经济社会不断进步，全面建设小康社会的奋斗目标也在不断发展、完善，目标更高，标准更严。据此，有专家测算，我国在今后一段时期需要把GDP年增长率保持在7%左右。

4. 国际收支平衡

国际收支是指一国在一定时期内从国外收进的全部货币资金和向国外支付的全部货币资金的对比关系。国际收支主要由两个部分组成：一个是经常性项目，反映商品和服务的进出口贸易以及转移支付的状况；另一个是资本项目，反映一个国家的政府、金融机构、企业、居民家庭因购买实物资产和金融资产而发生的资本流入和流出状况。国际收支平衡是指经常性项目和资本项目下总的国际收支的综合平衡，而不单单是某一项目下的国际收支平衡。

一个国家的国际收支状况不外乎三种情况：收入大于支出，即顺差；支出大于收入，即逆差；收入与支出相等，即国际收支平衡。一国在涉外经济交往中保持国际收支的平衡非常重要，当然这种平衡不是绝对的，只是大体平衡，既不出现长期的大量顺差，也不出现长期的大量逆差。理论和实践表明：长期大量的顺差和逆差都不利于本国经济的发展。因为逆差会引起本国外汇储备的减少，本币贬值，外汇汇率上升或本币汇率下降，长期大量的逆差还会使本国金融实力和国家信誉下降；而顺差会引起本国外汇储备的增加，本币升值，外汇汇率下降或本币汇率上升。但是，长期大量的顺差在引起本币升值的同时，也会造成本国出口商品的国际竞争力降低，出口减少。在固定汇率制下，为了保持汇率的稳定，本国央行必须增加本币的供应以平抑汇率的变化，这有可能引发国内的通货膨胀。

对开放型经济国家而言，一国的国际收支状况不仅反映了这个国家的对外经济交往情况，还反映出该国国内的经济稳定程度。因此，通过宏观调控保持国际收支的大体平衡，对开放型经济国家来说越来越重要。改革开放以来，我国对外经济交往的范围和规模日益扩大，对外经济的依存度与日俱增，这使得国际收支平衡目标在我国宏观调控目标体系中的地位不断提高。

需要说明的是：宏观调控的四个具体目标之间，有些是相互促进的。例如，在正常情况下，经济增长速度加快，可以扩大市场总需求，有助于充分就业目标的实现；经济增长速度下降，市场总需求也会相应减少，失业率会因此增加。有些则是相互冲突的，如价格稳定与充分就业之间就存在两难选择。如果要提高就业率，实现充分就业目标，需要采取积极的财政政策或货币政策，结果通常会引起货币供应量的增加和物价水平的上涨；相反，如果要抑制通货膨胀，实现价格稳定目标，需要采取消极的财政政策或货币政策，结果通常会引起社会总需求水平的下降，失业率增加。所以，政府在运用各种政策手段进行宏观调控时，不能追求单一目标，而应该综合考虑多个目标之间的协调，才有可能达到理想的经济效果。

三、宏观调控的手段

政府在进行宏观经济调控时，需要借助一定的调控手段来实现具体的宏观调控目标。一般来说，宏观调控的手段包括计划手段、经济手段、法律手段和行政手段等。

1. 计划手段

计划手段是指政府根据国内外经济环境，在对经济社会发展趋势进行预测的基础上，对本国未来经济的发展所做的具有前瞻性、指导性的规划和安排。计划可以有不同的分类方式。从计划覆盖的范围上讲，政府计划可以分为总体计划和单项计划。前者是用于指导整个国民经济和社会发展的规划和安排；后者则只是对某一领域发展的规划和安排，如就业计划、能源计划、地区发展计划等。从计划期的长短来看，政府计划可以分为短期、中期、长期计划和发展战略。短期计划是指计划期在1年以内（含1年）的安排；中期计划通常是指计划期在3~7年的安排，我国一般是5年；长期计划是指比中期计划时间更长的远景规划；发展战略实质上是一种时间更长的长期计划，如我国在20世纪80年代初制定的一直延续到21世纪中期的经济社会发展战略。从计划的实施方式上看，计划可以分为指令性计划和指导性计划。指令性计划具有强制性，它主要通过行政手段直接干预经济主体的决策、行为；指导性计划是非强制性的，它主要通过经济手段调整市场参数，间接影响市场主体的利益，从而使他们从自身利益出发，主动调整决策和行为。

无论是在计划经济体制中，还是在市场经济体制中，计划都是政府宏观调控的重要手段。不过，这两种体制中的计划手段有很大差别。在计划经济体制下，政府的计划是社会资源配置的基本方式；各类计划中，短期年度计划的作用非常重要，中长期计划不过是多个年度计划的加总；计划无处不在，包罗万象，覆盖整个社会，既有关系国民经济发展全局的整体计划，也有涉及各个经济领域的具体计划；计划的基本方式是指令性计划，由于不存在市场或市场的作用微不足道，指导性计划缺乏间接发生作用的环境，因此基本上不存在。在市场经济体制下，市场在资源配置中发挥基础性作用，资源主要由市场配置。市场经济中虽然也有计划，但计划发挥作用的力度和范围都要比计划经济体制中小得多；各类计划中，中长期计划的地位相对提高，年度计划的地位明显下降；计划的范围主要集中在各个具体的领域，只有少数国家有指导国民经济发展的整体计划，多数国家没有明确的经济社会整体发展计划；计划的主要形式是指导性计划，指令性计划可能存在，但应该尽量限制其适用范围，减少使用频率。

2. 经济手段

经济手段是政府应用经济政策来对经济进行调节的总称，它是通过调节经济主体的利益关系，从而改变经济主体的行为来实现调控目标的。具体而言，经济手段指政府通过财政政策、货币政策、产业政策、收入政策、汇率政策等，影响价格、税率、利率、汇率、工资等市场经济变量，在市场经济变量的影响下，市场主体会从自身利益最大化出发，主动调整自己的经济行为以适应政府的调控取向。例如，利率是一个非常重要的市场经济变量。政府可以通过实施积极或消极的货币政策，影响货币供应量和利率水平，进而可以影响企业的投资规模、投资方向、投资结构等，使这种投资的改变符合政府宏观调控的目的。再如，税率也是一个非常重要的市场变量。政府可以通过实施积极或消极的财政收支政策调整税率，而税率的高低可以直接影响企业及个人的经济利益和经济行为，最终可以起到调节生产和流通、调节市场供求、调节产业结构、调节国民收入分配等作用。总之，在市场经济条件下，经济手段是政府实施指导性计划的主要工具。

政府采用经济手段调控经济，其有效性既取决于市场法规是否健全、市场体系是否完善和市场主体素质的高低，也取决于政府驾驭经济政策的能力和水平。市场法规越健全、市场体系越完善、市场主体素质越高，政府驾驭宏观经济政策的能力和水平越高，使用经济手段调控经济的效果越明显。

3. 法律手段

法律手段是指政府依靠法制力量，通过经济立法和经济司法，调节市场经济运行秩序的一种手段。与其他调控手段相比，法律手段具有四个基本特征：第一，基础性。法律不仅厘定经济体制的基本框架、经济主体的基本权利义务和基本行为方式，而且也规定政府调控经济的领域、方式，是其他政府调节手段的基础。第二，全局性。法律是覆盖全社会的，所有经济活动都要接受法律的规范。第三，强制性。法律手段以国家强制性权力为背景，经济主体的利益必须建立在合法基础之上，所有犯法和违法行为都应受到法律强制的约束或制裁。第四，稳定性。因为立法和执法都必须经过严格的程序，可以将主观性和随意性降到最低程度。

法律手段与市场经济之间存在着一种相互依存和相互促进的关系。通过法律手段可以有效地维护市场经济中各种经济形式、各个经济组织和社会成员个人的合法权益，调整各种经济组织之间横向和纵向的关系，保证经济正常的运行秩序。特别是在社会主义市场经济条件下，市场经济中各个经济主体的权利、义务、地位等要依靠法律来规范、确认和保护，市场秩序也需要法律来维系，国家对市场运行的调节也需要借助于法规和法律。因此，从一定意义上说，市场经济就是法制经济。

社会主义市场经济的法律体系主要由一系列法律构成，这包括：规范市场主体行为的法律，如公司法、中小企业法、合同法、专利法、商标法、产品质量法、会计法等；保障市场经济秩序的法律，如《中华人民共和国反垄断法》《中华人民共和国反不正当竞争法》等；规范政府调控市场行为的法律，如预算法、税法、商业银行法等；涉外经济法律，如外贸法、外汇管理法等。

4.行政手段

行政手段是指政府凭借国家行政力量，依靠行政机构，通过具有强制性的命令、指示、规定和下达带有指令性的任务等方式，按照行政系统、行政区划、行政级别来调节和管理经济活动，以达到宏观调控目标的一种手段。

与其他政府调控手段相比，行政手段具有收效快和干预力度大等特点。由于行政手段决策程序简单，并依靠垂直的行政组织实施决策，决策时滞和执行时滞短，因此，决策和执行效率较高；同时，由于行政手段是凭借国家政治权威对经济主体和经济活动的直接干预，其调节的力度也较大。这些特点是其他政府调控手段不具备的，所以，行政手段在政府的调控体系中具有不可替代的作用，当其他手段不能奏效时，行政手段可以填补调节的真空。尤其当国民经济出现重大比例失调或社会经济某一领域出现失控时，运用行政手段调节将能更迅速地扭转失控，更快地恢复正常的经济秩序。当然，由于决策程序简单，行政手段又具有随意性强、实施简单划一等缺点，因此，在使用行政手段进行调控时，要加强决策的民主化和科学化，把其可能造成的失误降到最低限度。

用行政手段干预经济的方式可以分为应急性措施和常规性措施。应急性措施主要是应对战争、自然灾害等突发事件对经济的冲击。常规性措施是指用行政办法对经济主体和经济行为进行日常管理和控制，它主要包括市场准入管制、信用管制、进口管制、价格管制、外汇管制、工资管制等。一般来说，发达国家由于市场机制、法律制度比较健全，较少使用行政手段。而在发展中国家，由于市场机制、法律制度不健全，一些经济手段因缺乏条件无法执行，许多本来应由市场承担的职能不得不由行政管理部门来完成，所以，在发展中国家行政手段的作用通常要比发达国家大。

四、宏观调控的政策

政府的宏观调控政策是一个体系，包括财政政策、货币政策、产业政策、收入政策、汇率政策等。从国内经济的角度看，最基本的宏观调控政策是财政政策、货币政策、产业政策。前两者主要调节社会总需求，后者主要调节社会总供给。

（一）财政政策

财政政策是政府运用国家预算收入和预算支出等手段促使宏观经济总量发生变化，以利于宏观调控目标实现的指导原则及其相应的措施。财政是一种以政府为主体的分配活动，包括财政收入和财政支出两方面。

1.财政收入

财政收入的主要来源是税收，它是国家为了实现其职能按照法律预先规定的标准，强制地、无偿地取得收入的一种手段，因此，税收具有强制性、无偿性、固定性三个基本特征。税收依据不同标准可以作不同的分类。按课税对象不同，税收可以分为财产税、所得税和流转税。财产税主要指对不动产即土地和土地上建筑物等所征收的税；所得税是对个人和公司所得征收的税；流转税则是对流通中商品和劳务买卖的总额征税，增值税是流转税的主要税种之一。按收入中被扣除比例的不同，税收可以分为累退税、累进税和比例税。累退税是税率随征税客体总量增加而递减的一种税；累进税是税率随征税客体总量增加而递增的一种税，所得税一般都属于累进税；比例税是税率不随征税客体总量变动而变动的一种税，即按固定比例从收入中征税，多适用于流转税和财产税。政府财政收入的多少取决于税种、税目和税率。由于税种和税目的变更涉及纳税人的利益结构，其调整需要复杂冗长的程序，不宜作为政府调控经济的工具，所以，政府通常是在既定的税种和税目下通过调整税率来调节经济。

财政收入的另一个来源是公债的发行。当政府税收不足以弥补政府支出时，即存在财政赤字时，就会发行公债。公债不同于税收，它是政府凭借信用筹集财政资金的特殊形式，包括中央政府发行的公债和地方政府发行的公债。政府债券有短期、中期和长期三种形式。短期债券的期限一般在1年之内（含1年），利息率较低；中期债券的期限一般在1年以上5年以下；5年以上的通常是长期债券。由于中长期债券的偿还时间长，风险大，所以利息率一般也比短期债券高。政府通过发行公债，一方面能增加财政收入，另一方面也能影响金融市场中货币的供求，从而调节社会的总需求水平。

2.财政支出

政府的财政支出由一个国家各级政府的许多具体的支出项目构成，从性质上可以把这些支出项目分为政府购买和政府转移支付两大类。政府购买是指政府为履行其公共职能对商品和劳务的购买，如国防支出、机关办公用品支出、政府公务员的工资报酬、公共项目工程所需的支出等。政府购买中的公共项目工程支出有时也叫财政投资，即国家财政安排的预算内投资，这是国家进行重点建设和其他大中型项目的主要资金来源。政府购买是一种实质性的支出，有商品和劳务的实际交易，直接形成社会总需求的一部分，因而，政府可以通过增加或者减少购买的支出影响社会总需求水平。

政府的财政支出中的另一部分是转移支付，这是指政府在社会福利保险、贫困救济和补助方面的支出。政府的转移支付也叫作财政补贴，可以划分为生产性补贴和生活性补贴。生产性补贴用于扶持重点行业的发展和保障特种行业的发展。例如，以保护价收购农产品、对购置农用机械的补贴等都属于对农业产业的生产性补贴。生活性补贴包括对社会弱势群体的贫困救济和补助，以及对一些需要扶持的特殊阶层，如有突出贡献的科技人员的适当补助等。政府转移支付虽然没有相应的商品和劳务交换的发生，但是转移支付却可以增加人们的可支配收入和消费水平，因而也会影响到社会总需求。

3.财政政策的内在稳定器功能

财政政策本身具有自动地抑制经济波动的作用，能够在经济繁荣时期自动抑制膨胀，在经济衰退时期自动减轻萧条，这就是财政政策的内在稳定器功能。

在经济衰退时期，个人收入和公司利润减少，在税率不变情况下，政府的税收会自动减少，留给人们的可支配收入也会自动地减少一些，从而使消费和总需求也自动下降一些。在实行累进税的情况下，经济衰退使纳税人自动进入较低的纳税层次，政府税收下降幅度会超过收入下降幅度，从而可起到抑制衰退的作用。另外，由于经济衰退和萧条时期失业增加，符合救济条件的人数增加，政府的失业救济和其他社会福利支出就会相应增加，这样就可以抑制人们可支配收入的下降，进而抑制消费需求的下降。

相反，在经济繁荣时期，由于个人收入和公司利润增加，在税率不变情况下，政府的税收会自动增加。在实行累进税的情况下，经济繁荣使纳税人自动进入较高的纳税层次，政府税收上升幅度会超过收入上升幅度，从而可起到抑制经济高涨的作用。另外，由于经济繁荣时期失业人数减少，失业救济和其他社会福利支出也会自然减少，从而可以抑制人们可支配收入和消费需求的增长。

总之，政府税收和转移支付的自动变化，能够对宏观经济的波动起到稳定作用，它们是财政制度的内在稳定器，也是抵御经济大幅波动的第一道防线。

4.相机抉择的财政政策

财政政策内在稳定器作用的大小，取决于税收结构和转移支付比例的高低。发达国家以所得税为主，转移支付比重较大，内在稳定器的作用较强。低收入国家受税收成本和国家财力的限制，一般以间接税为主，转移支付比例较低，内在稳定器作用较弱。但即使在发达国家，内在稳定器的作用也是有限的，它只能缓和经济波动的幅度，而不能改变经济发展的趋势。因此，为确保经济稳定，政府应审时度势，主动采取一些财政措施进行调节，这就是相机抉择的财政政策。当经济出现衰退时，政府应通过降低税率、削减税收、增加公共工程建设的支出、增加转移支付等手段，提高社会总需求水平，这种政策称为扩张性财政政策；反之，当经济出现过热时，政府应通过增加税收或削减开支、减少转移支付等手段，抑制社会总需求水平，这种政策称为紧缩性财政政策。究竟什么时候采取扩张性财政政策，什么时候采取紧缩性财政政策，应由政府对经济发展的形势加以分析权衡，斟酌使用。

（二）货币政策

货币政策是指中央银行为配合政府实现一定的宏观经济目标，通过调节货币供应量及其结构以影响利率，进而影响投资和整个经济格局的措施和手段。货币政策目标是通过货币政策工具的运用来实现的。通常认为，中央银行实施货币政策的主要工具有法定准备金率、再贴现率、公开市场业务。

1．法定准备金率

根据中央银行的规定，商业银行和其他金融机构必须把吸收的存款按一定比例交存中央银行，这部分交存的现金叫作存款准备金，也叫法定准备金。法定准备金在存款中所占的比例叫作法定准备金率。商业银行和其他金融机构吸收的存款中，除法定准备金之外的部分才可以用作贷款用途。由于商业银行体系具有创造货币或派生货币的能力，商业银行的每一笔原始存款经过商业银行体系的派生作用，会创造出多倍的派生存款，这些派生存款与原始存款共同构成市场的货币供应量。因此，中央银行可以通过调整法定准备金率影响商业银行和其他金融机构的贷款规模，进而影响市场的货币供应量和利息率。

理论上，假定法定准备金率为10%，一笔原始存款为1 000元。A商业银行按10%的准备金率存入中央银行100元准备金，尔后将900元贷出。假定债务人将900元存入B商业银行以备用，B商业银行就获得了900元的存款，同理，B商业银行也按10%提留90元准备金，再将810元贷出。依此类推，最终商业银行的存款总额为：

$$1\,000（1+0.9+0.9^2+\cdots+0.9^{n-1}）=10\,000（元）$$

存款总额与引起它的原始存款额的比值称为货币创造乘数。如果设k为货币创造乘数，r为法定准备金率，那么货币创造乘数可用公式表示为：$k=1/r$，即货币创造乘数为法定准备金率的倒数。现实经济中，考虑到商业银行的超额准备和现金漏出问题，实际的货币创造乘数要比理论上的小。超额准备是指商业银行因找不到可靠的贷款对象，或者企业因预期利润率太低而不愿贷款等原因，使银行的实际贷款额度低于其能够贷款的额度，这部分没有贷出去的资金就形成了商业银行的超额准备。现金漏出是指借款人只把从银行借到款额的一部分存入下一级银行，另一部分则以现金形式保留在手中。由于超额准备和现金漏出都不能进一步产生派生存款，货币创造乘数会因此减小。尽管如此，由银行体系的创造作用引起的市场货币供应量的增加仍然是巨大的。

中央银行在实施货币政策时，如果降低法定准备金率，商业银行把吸收来的存款用于贷款的比例就高，货币创造乘数就会变大，原始存款所派生出来的货币数量就多，这实际上相当于扩大了货币供应量，对经济产生扩张效应；反之，如果中央银行提高法定准备金率，商业银行把吸收来的存款用于贷款的比例就低，货币创造乘数就会变小，原始存款所派生出来的货币数量就少，这实际上相当于减少了货币供应量，对经济产生收缩效应。从理论上讲，变动法定准备金率是中央银行调整货币供应量的最简单的方法，然而，中央银行一般不愿轻易使用这一手段。这是因为变动法定准备金率的作用十分猛烈，操作不当容易引起经济的震荡，再加上其调整后果事前比较难以准确预测，所以，在实践中使用这一调节工具时，中央银行的态度十分谨慎，通常是在出现巨大通货膨胀压力和严重通货紧缩预期时才采用它。

2．再贴现率

再贴现率是指商业银行将持有的未到期的票据向中央银行贴现以换取可流通货币时支付的利息率。它实际上是中央银行作为银行的银行向商业银行提供贷款的利率，即再贷款利率。这一利率水平决定了商业银行从中央银行获取资金的成本，它会进一步影响商业银行向工商企业和个人提供贷款时的市场利率水平。中央银行可以通过调整再贴现率，间接地影响市场利息率，进而调节市场货币供求关系和宏观经济态势。另外，调整再贴现率往往表明中央银行货币政策的基本走向和松紧程度，这会对市场利率水平乃至整个金融市场产生重大影响，因此，再贴现率也被称为基准利率或主导利率。

在经济衰退时期，中央银行通过降低再贴现率，降低商业银行的融资成本，以鼓励商业银行向中央银行借款，商业银行也会相应降低市场的存贷款利息率。其结果是：一方面，由于工商企业的筹资成本下降，企业的投资需求上升；另一方面，存款利息率的降低会促使居民减少储蓄，增加消费，扩大整个社会的消费需求，投资需求和消费需求的增加最终导致总需求的扩张。相反，在经济过热时期，中央银行通过提高再贴现率，增加商业银行的融资成本，可以间接提高市场的存贷款利息率，结果，工商企业的投资需求因利息成本上升而受到抑制，存款利息率的提高则引起居民增加储蓄，减少消费，从而降低了整个社会的总需求水平。

再贴现率政策的使用有一定的局限性。这主要是因为中央银行只能被动地等待商业银行来贴现，而不能要求商业银行这样做，所以再贴现率政策不是一个主动性的政策。如果商业银行不向中央银行进行再贴现借款，那么，再贴现率政策便无法执行了。还有一个原因是，如果商业银行非常缺乏准备金，即使再贴现率很高，商业银行仍然会进行大量贴现。这些局限性使得再贴现率政策在货币政策中的重要性会打一定的折扣。

3．公开市场业务

公开市场业务是指中央银行在金融市场上公开买卖各种政府债券，如国库券、公债等，以调节货币供给和利率的政策行为。这是目前发达国家中央银行控制货币供给最重要也是最常用的工具。当经济衰退，社会总需求水平不足，失业增加时，中央银行可以在金融市场上买进政府债券，而出售政府债券的金融机构、工商企业和居民手中的可流通货币增加，实际上是增加了货币的供应量，进一步可以引起市场利率下降、投资需求和消费需求扩张，推动经济增长和就业水平增加；相反，当价格水平上升，总需求膨胀，经济过热时，中央银行则在金融市场上卖出政府债券，回笼货币，实际上是减少了货币的供应量，从而可以抑制需求扩张和通货膨胀。

在发达国家，公开市场业务之所以能成为中央银行控制货币供给最重要的、使用最频繁的手段，是因为运用这种政策手段有着比其他手段更多的灵活性。例如，在公开市场业务中，中央银行可按照一定的宏观调控目标及时地买卖政府债券，即在实行扩张性调控目标时买进政府债券，在实行紧缩性调控目标时卖出政府债券。在货币创造乘数可以测算的前提下，中央银行甚至可以根据经济变化的规模，决定买进或卖出政府债券的“准确”数量。如果中央银行发现某些政策出现了失误，也可以通过迅速地改变买进或卖出债券的方向及时地纠正失误。显然，这种操作上的灵活性是法定准备金率政策和再贴现率政策所不具备的。公开市场业务充分发挥调节功能的前提是有发达和健全的货币市场和相当规模的政府债券。在我国，由于金融市场发育程度较低，政府债券在社会金融资产中的比重低，可供交易的政府债券存量有限，这种现状大大限制了中央银行使用这一政策工具的空间。

货币政策除了以上三种政策工具外，还有道义劝告等其他一些辅助性工具。所谓道义劝告，是指中央银行运用自己在金融体系中的特殊地位和威望，通过对银行及其他金融机构的劝告，影响其贷款和投资的方向和规模，以达到控制信用的目的。例如，在经济衰退时期，鼓励银行扩大贷款规模；在通货膨胀时期，劝阻银行不要任意扩大信用。这种方法也会产生一定的效果，但由于道义劝告没有可靠的法律地位，因而并不是一种强有力的控制手段。

财政政策和货币政策都是以调节社会总需求为对象来实现社会总供求平衡的手段。但是由于它们的作用机制、作用方向、作用程度不同，因此，政府在进行宏观调控时，要根据具体的调控目标对两种政策进行不同的“松紧搭配”，以达到最佳的调控效果。财政政策和货币政策的搭配一般有四种形式：

第一，扩张性货币政策与扩张性财政政策相结合，即“双松”政策。在中央银行通过扩张性货币政策扩大信贷规模、增加货币供给的同时，政府通过扩张性财政政策刺激社会总需求的扩大。“双松”政策通常是为应对经济的严重衰退而制定的。在经济运行遭到突发的不利事件冲击导致总需求突然下降的情况下，这种政策组合的效果比较明显。例如，在20世纪末亚洲金融危机爆发后，为了抵御危机冲击和尽快从危机后的萧条中摆脱出来，包括中国在内的许多东亚国家就采取了这种政策组合。

第二，紧缩性货币政策与紧缩性财政政策相结合，即“双紧”政策。在中央银行推行紧缩性货币政策以收缩信贷规模、减少货币供应量的同时，政府通过减少财政支出和增税的方式来抑制社会总需求。“双紧”政策通常是针对严重的通货膨胀而制定的政策。20世纪90年代中期，我国为治理经济过热和严重的通货膨胀，就曾经多年实行这种“双紧”的政策组合。

第三，扩张性货币政策与紧缩性财政政策相结合，即“松”货币“紧”财政政策。在实施扩张性的货币政策刺激经济时，为缓解可能出现的通货膨胀压力，政府同时采取紧缩性的财政政策，这样做既可以使经济得到一定的扩张，又可以避免这种政策导致经济过热的发生。20世纪90年代，美国政府为了解决严重的财政赤字问题，就实行了偏紧的财政政策与积极的货币政策的组合，一方面，通过增收减支来缓解财政赤字，另一方面，通过适度增加货币供应量冲抵财政紧缩对经济造成的负面影响。

第四，紧缩性货币政策与扩张性财政政策相结合，即“紧”货币“松”财政政策。在实施扩张性的财政政策刺激经济时，为防止这种政策导致经济过热，政府同时采取紧缩性货币政策，这样做既可以使社会总需求规模得到一定的扩张，又可以避免因扩张可能出现的通货膨胀。这种政策组合在治理经济的“滞涨”现象时会有一定的效果。20世纪80年代，西方一些发达国家为了治理“滞涨”，就采取过这种政策组合。

（三）产业政策

产业政策是国家按照社会经济发展趋势和经济发展目标，确定支持、鼓励与限制的产业，以促进经济结构合理化和产业组织优化的政策措施。产业政策实施的目的主要在于调节社会总供给，即通过产业政策的引导，提高整个社会的劳动生产率水平，同时优化社会的产业结构。由于劳动生产率的提高通常与新技术的应用和固定资产投资联系在一起，往往需要较长的时间，因此，产业政策属于政府制定的长期性政策，一般不受短期供求波动的影响。

西方发达国家传统的政策体系中，主要是使用财政政策和货币政策干预总需求，并没有专门的干预总供给的产业政策。因为传统的经济理论认为，总供给是依靠市场力量自发形成的，政府只能通过政策影响总需求以适应社会总供给水平，最终达到总供求平衡的目的。第二次世界大战以后，日本为迅速恢复遭到战争破坏的经济，成功地采用一系列产业政策工具，以促进经济的快速增长，并在很短的时间内跻身于发达国家行列。日本实施产业政策成功的经验后来被许多发展中国家学习和模仿，而发达国家目前也开始在一些领域引入了产业政策。产业政策主要包括产业结构政策和产业组织政策。

1.产业结构政策

产业结构政策是指政府按照产业结构高级化和合理化的演进趋势，通过产业规划确定各个产业在未来产业结构中的大体地位和比例，确定当前需要优先发展的重点产业，如主导产业、基础产业、瓶颈产业等，对落后的和没有发展潜力的产业加以政策限制或者提出警示的一系列政策措施的总称。产业结构高级化是指一国经济发展重点或产业结构重心由第一产业向第二产业和第三产业逐次转移的过程，它标志着一国经济发展水平的高低和发展阶段、方向。产业结构合理化是指产业与产业之间协调能力的加强和关联程度的提高，如供给结构与需求结构相互适应的问题。产业结构合理化是一个动态的过程。目前，一些发达国家，如日本、法国等，其产业结构政策的重点是鼓励、扶持具有国际竞争力的优势产业的发展，而落后或缺乏竞争力的产业则靠市场自发的机制来抑制或淘汰。在我国，从三次产业贡献率（2015年第一、第二、第三产业对GDP的贡献率分别为4.6%、41.6%、53.7%）来看，一改以往第二产业居主导地位的状况，第三产业撑起半壁江山，经济结构持续优化。但是，由于我国市场抑制产业发展的机制不健全，所以，我国的产业结构政策中，过剩产业、重复建设产业、夕阳产业还占有相当重要的地位。

2.产业组织政策

产业组织政策是指政府为了实现资源的优化配置，根据各个产业的特点，对产业内部的市场组织结构和企业间关系制定和实施的政策措施。产业组织政策的调节重点是产业内的竞争关系；调节措施主要是制定市场准入和退出规则，实施反垄断和反不正当竞争的法规；调节目标是维护正常的市场竞争秩序，既要反对垄断又要防止过度竞争和恶性竞争，提高产业的市场效率。

在实施产业政策的过程中，政府的手段主要包括直接干预、间接引导和法律规制三种。直接干预是指政府通过配额制、许可证制、审批制等方式，直接干预某产业的资源分配与运行。间接引导是指政府通过提供行政指导、信息服务、税收减免、财政补贴、关税保护、出口退税等方式，引导企业在追求自身利润的过程中，自主决定服从政府的产业政策目标。法律规制是指以立法的方式来严格规范企业的行为、政策执行机构的工作程序、政策目标等，以保障预定产业政策目标的实现。

主要概念

社会总供给　社会总需求　政府的经济职能　宏观调控　宏观调控的模式　宏观调控的目标　宏观调控的手段　财政政策　货币政策

基本训练

一、单项选择题

1.在计算社会总供给时，（　　）不能计算在内。

A.消费品　　B.投资品　　C.中间产品　　D.劳务产品

2.在总供给与总需求失衡时，(　　)。

A.如果AS>AD，则意味着社会总供给不足而总需求过于旺盛

B.如果AS<AD，则意味着社会总需求不足而总供给相对过剩

C.如果AS>AD，则意味着经济的增长率和就业率均会下降

D.如果AS<AD，则意味着经济的增长率和就业率均会下降

3.(　　)不属于市场失灵范畴。

A.垄断　　B.两极分化　　C.经济波动　　D.减税

4.政府作为社会管理者应具有的职能是(　　)。

A.向社会提供公共产品　　B.在国有企业中建立现代企业制度

C.保证国有资产保值增值　　D.制订经济发展的中长期计划

5.间接调控模式的作用过程是(　　)。

A.市场经济变量影响企业的投资和居民的消费行为，进一步影响政府调整宏观经济变量

B.政府通过调整宏观经济变量影响市场经济变量，进一步影响企业的投资和居民的消费行为

C.企业的投资和居民的消费行为影响市场经济变量，进一步影响政府调整宏观经济变量

D.企业的投资和居民的消费行为影响政府调整宏观经济变量，进一步影响市场经济变量

6.(　　)属于失业人口。

A.不积极寻找工作者

B.在校学习者

C.因经济萧条想就业但未就业者

D.失业后未在指定机构进行登记者

7.结构性失业是指(　　)。

A.更换工作引起的暂时性失业

B.劳动者不具备合适的生产技能引起的失业

C.经济衰退时期引起的普遍性失业

D.不愿意工作引起的失业

8.财政政策的稳定器功能指的是(　　)。

A.政府在经济繁荣时期减税，在经济衰退时期加税

B.政府在经济繁荣时期加税，在经济衰退时期减税

C.政府在经济繁荣时期增加福利性支出

D.政府在经济衰退时期限制农产品的收购价格

9.当一国经济处于严重通货膨胀状态时，政府应该采用(　　)。

A.“紧”财政“松”货币的政策组合

B.“紧”货币“松”财政的政策组合

C.“紧”财政“紧”货币的政策组合

D.“松”财政“松”货币的政策组合

二、多项选择题

1.影响社会总需求的因素有（　　）。

A.居民收入水平　　B.利息率水平

C.固定资本利用率　　D.物价水平

E.预期投资收益率

2.引起总供给与总需求失衡的原因有（　　）。

A.名义国民收入总量超过实际生产总量

B.劳动者要求工资收入最大化

C.政府的转移支付增长过快

D.银行信用的过度膨胀

E.在财政收入不足的情况下，政府的基础设施建设规模过大

3.政府宏观调控的手段包括（　　）。

A.计划手段　　B.经济手段

C.法律手段　　D.行政手段

E.人力手段

4.中央银行在实施货币政策时，应注意（　　）。

A.由于货币创造乘数的存在，如果中央银行降低法定准备金率，将对经济产生扩张作用

B.中央银行在使用法定准备金率政策时要十分谨慎，因为其作用效果过于猛烈且后果难以事前预料

C.在实施再贴现率政策时，中央银行经常处于被动地位

D.公开市场业务由于其操作上的灵活性而成为发达国家中央银行调控货币供给量使用最频繁的手段

E.在货币创造乘数可以测算的情况下，中央银行甚至可以较准确地确定买入或卖出政府债券的数量

三、判断分析题

1.在现实经济中，社会总供给与社会总需求的平衡是指二者在价值量上完全相等。（　　）

2.宏观调控的四个具体目标之间是完全协调一致的，不存在冲突。（　　）

3.在中央银行的三大货币政策工具中，调整法定准备金率是最重要、使用最普遍的政策工具。（　　）

四、简答题

1.简述影响社会总供给的主要因素。

2. 简述影响社会总需求的主要因素。
3. 总供给与总需求平衡的含义是什么?
4. 我国政府的经济职能是什么?
5. 宏观调控的具体目标有哪些?
6. 宏观调控的手段主要有哪些?
7. 什么叫财政政策的内在稳定器功能?
8. 什么是产业政策? 主要包括哪些内容?

五、论述题

1. 为什么建立和完善社会主义市场经济体制必须加强宏观调控?
2. 试述三大货币政策工具的作用原理。

读本视窗8-1

第四编
社会主义经济发展

第九章　经济增长与经济发展

学习目标

◆ 重点掌握影响经济增长的因素、经济增长与经济发展的关系、科学发展观的内涵。

◆ 掌握经济增长的周期性、经济增长方式和可持续发展战略。

◆ 了解经济增长与经济发展的衡量指标。

第一节　经济增长

一、经济增长及其衡量标准

经济增长是指一个国家和地区生产的产品与劳务总量的增加，即国民经济的更多产出。它意味着国民经济规模的扩大和数量的增加。衡量经济增长，一般用GDP或GNP的总量或人均量，有时也采用国民收入和社会总产值等。GDP或GNP作为衡量经济增长的尺度，它的优点是能够把国民经济的全部活动概括在极为简明的统计数字之中，从而可以成为表明各国经济增长的通用指标。由于具有这一优点，目前GDP是世界各国衡量经济增长的基本量度。

但是，用GDP衡量经济增长也有不足之处：

第一，GDP不能说明产业中的产品和劳务的种类，也不能说明由于使用这些产品和劳务而获得的福利的大小，更不能说明增长过程中由于环境污染、城市化和人口膨胀所付出的社会代价。

第二，不通过市场交换的产品和劳务不能反映在GDP中，如家务劳动、自给自足，这些产品和服务无疑也是国民财富的一部分，但由于没有通过市场交换，没有用货币支付报酬，因而没有计算在GDP中。

第三，不能反映收入分配情况，一国的GDP或人均GDP可能以较快的速度增长，但可能只有一小部分人是增长的受益者，而大部分人的收入与生活水平却没有什么根本改进，不能分享GDP增长带来的好处。

第四，不能反映一国人民的生活质量和消费状况，GDP增长了，但生活质量却不一定提高，因为有可能产量在增长，而消费却在减少。

第五，不同国别的GDP难以作出真实的比较。因为各国的GDP一般是以各国货币按照汇率用美元计算的，而固定汇率往往定值过高或定值过低，如果是浮动汇率，一般只用一年的平均值计算。同时，由于各国的相对物价结构差异很大，从而以美元折算的GDP在各国的实际购买力差异也很大，GDP不易反映各国的真实情况。

由此可见，用GDP作为经济增长的指标是有缺陷的，但到目前为止，还没有找到比GDP更好的指标作为一国国民经济的综合指标，因此，这个指标仍然被广泛地使用着。不过，对这个指标的调整工作也在进行着，1993年联合国有关统计机构提出了生态国内生产总值（EDP）的概念，即绿色GDP，它是从现行GDP中扣除环境资源成本和对环境资源的保护服务费用剩下的部分。绿色GDP的提出，是为了校正传统GDP的缺陷，在关注经济增长的同时，也关注环境的保护。从20世纪70年代开始，联合国和世界银行等国际组织在绿色GDP的研究和推广方面做了大量工作。我国也在积极开展绿色GDP核算的研究。2004年，我国开展了中国环境与经济核算绿色GDP研究工作。

二、影响经济增长的因素

经济增长是一种长期持续增长的经济现象，一方面，它关系到实际生产能力的不断增长。这种不断增长的能力是建立在技术的创新、制度的调整和意识形态的改变基础之上的。其中，技术的创新是任何时代经济显著增长的先决条件，是高比率的总量增长和作为现代经济特征的结构变化的源泉。但是，科学技术本身只是经济增长的必要和先决条件，要把它转变为充分条件和现实源泉，使技术进步促进经济增长的作用得到有效的发挥，还要求对制度和意识形态作出适应生产力发展的相应调整或改变。一个顺应时代发展要求的制度安排和相应的意识形态对于现代经济增长能否实现具有决定性意义。另一方面，作为一种长期持续增长的经济现象，从动态过程看，经济增长又有某种或快或慢的速率及变化幅度，而这种增长的速率及变化幅度，与其背后起作用的经济增长方式有关。

影响经济增长的因素很多，对经济增长要素的分析也各不相同。但总结起来，主要有三大类：生产要素的投入量、要素生产率和制度。

（一）生产要素的投入量

1.劳动力投入量

劳动力是最基本的生产要素之一，是生产要素中具有能动性的推动者，特别是劳动力要素中的企业家才能，更是组织各种生产要素进行生产的灵魂和核心，是经济增长的重要决定因素。

在其他条件不变的情况下，劳动力投入量的增加会引起总产量和总收益的增加，从而促进经济增长。当然，由于边际生产力递减规律的作用，劳动力投入量不可能无限制地增加，否则将会导致总产量和总收益的减少，从而不利于经济增长。只有当劳动力的边际产量大于等于零时，劳动力投入量的增加才会促进经济增长。

2.资本投入量

资本也是最基本的生产要素之一，它是经济增长的物质条件。这里的资本主要是指实物和货币两种形态的资本。实物形态的资本是指在一定时间内用来生产其他产品的耐用品，包括厂房和其他建筑物、机器设备、动力燃料、原材料等；货币形态的资本包括现金、银行存款等形式的货币资本。在其他条件不变的情况下，资本投入量的增加会引起总产量和总收益的增加，从而促进经济增长。同样，由于边际生产力递减规律的作用，资本投入量也不可能无限制地增加，只有当资本的边际产量大于等于零时，资本投入量的增加才会促进经济增长。

3.自然资源投入量

自然资源主要包括矿产资源、土地资源、水资源、光能资源、生态资源、生物资源和森林资源等。自然资源是一个国家或地区社会的原料和燃料的来源，其分布情况也决定了社会生产力的布局，对一个国家或地区的经济增长具有重要影响。土地资源是农业生产和各种生产与生活服务设施不可缺少的要素；矿产资源为经济增长提供能源和原材料；生态资源和生物资源提供生态环境，为经济持续、稳定增长创造条件等。在其他条件不变的情况下，自然资源投入量的增加，会引起总产量和总收益的增加，从而促进经济增长。当然，自然资源的供给量从长期来看是固定不变的，自然资源的投入量也不可能无限制地增加，对自然资源尤其是对不可再生资源一定要保护，要节约使用，不可竭泽而渔，否则将会抑制经济增长。

由上面的分析可以看出，在其他条件不变的情况下，增加要素投入量可以促进经济增长。但是，由于要素的供给量在一定的时间范围内是有限的，要素的供给无法满足不断扩大的需求量。同时要注意的是，单纯而盲目地增加要素投入量，还会带来许多负面影响，甚至会引起人口、资源、环境等问题的加剧。这就需要我们在适当增加要素投入量的基础上寻找新的促进经济增长的方式。同样的要素投入，由于使用效率不同将产生完全不同的经济增长率，通过提高生产要素的使用效率来促进经济增长具有更重要的意义。

（二）要素生产率

要素生产率即生产要素的使用率，是指单位投入量的产出量。影响要素生产率的因素，主要有以下四个方面：

1. 投资的增长

资本积累或投资对经济增长有双重作用，它不仅可以使生产要素投入增加，还可以使要素生产率提高。这是因为，大量投资可以使工厂添置更先进的机器设备，可以提高每个工人的技术装备水平，从而大大提高劳动生产率。

资本积累规模最终取决于储蓄水平，这涉及储蓄和投资的关系。一般说来，储蓄水平受利率和人们对未来预期的影响，而投资水平和结构，则要受投资成本（利息）、经济环境和经济政策的影响。

2. 劳动者的素质和人力资本

一个社会或国家的劳动者的平均熟练程度标志着劳动者素质的高低，它包括劳动者的营养和健康、受教育程度和劳动技能、管理人员的管理才能、技术人员的创新能力等。这些内容构成了现代经济学中“人力资本”的概念。一般说来，人力资本由劳动者的知识、技能、体力（健康状况）等构成，它是通过人力资本投资形成的，人力资本投资最重要的两种途径是教育和医疗保健。如果人力资本多，素质较高，劳动生产率就会较高。这不仅能够促进经济增长，而且能够创造较高的价值。

在当今知识经济时代，知识劳动者是经济增长中最具决定作用的因素。掌握了一定劳动技能的人是生产力诸因素中最为积极、最为活跃的因素。劳动技能的获得并不是与生俱来的，而是要通过各种学习途径才能得到，正是人在学习过程中的各种投入才形成了人力资本，并在生产活动中发挥出持续不断的作用。现代经济学认为，人力资本对经济增长和经济发展的贡献，比物质资本和劳动力数量的增加更重要。

3. 经济结构的调整

经济结构尤其是产业结构的调整是影响经济增长的重要因素。由于预见能力不足和生产要素难以在产业间充分自由地流动，国民经济各部门之间，总是存在着要素生产率的差异。如果经济资源能够及时地从生产率低的部门或地区向生产率高的部门或地区转移，就能够在全社会范围内实现资源的最优配置，从而提高整个国民经济的平均生产率。因此，推动产业结构调整和优化，促进生产要素从生产效率低的部门或地区向生产效率高的部门或地区转移，就能够提高产出水平，促进经济增长。同时，随着人均收入水平的提高，人们的需求结构将会发生变化，如果经济结构不能随着需求结构的变化而变化，必将引起供求结构的失衡，大量的资源滞留在供过于求的衰退产业中，这必然引起经济增长率的下降；反之，如果能适时调整结构，推动资源从衰退产业向新兴产业转移，就能促进资源配置效率的提高，推动经济增长。从经济发展史来看，大多数发达国家都经历了从以传统农业为主的社会向以现代工业为主的社会的转变，这表明经济结构转换是推动经济增长的重要因素。

4.科技进步及其在生产中的应用程度

科技进步是提高要素生产率的最直接因素，从而也是促进经济增长的重要因素，其对经济增长的贡献可以用全要素生产率来表示。全要素生产率是指因科技进步而提高了的生产率，也称技术进步率。随着经济的发展和科技水平的提高，科技进步的贡献越来越大，即全要素生产率越来越高，已成为推动经济增长的主要因素。

在经济增长中，科技进步是作为一种渗透性要素作用到资本、劳动、自然资源等要素上的，它通过提高生产要素的质量和系统地改善生产要素的组合状况，从而提高生产要素的效率。也就是说，由于科技是潜在的生产力，它只有在生产过程中通过与劳动和资本等生产要素的有机结合，才能够转化为现实的生产力，才能够充分发挥作用。科技进步在经济增长中的作用，主要表现在以下三个方面：

第一，科技进步可以带动更多的生产要素。科技进步可以提高劳动者的素质，使得每个劳动者可以带动更多的生产资料；科技进步可以提高劳动资料的性能，使其带动更多的劳动对象。其结果会导致产品数量的增加，为经济增长奠定基础。

第二，科技进步可以引进新的生产方法，生产新产品，开辟新市场和新销路。新的生产方法的引进，可以提高劳动生产率，即在要素投入不变或成本不变的情况下，提高产量，或者在产量不变的情况下，降低成本。新的生产方法的引进，还可以生产出新产品，开辟出新市场和新销路。这既可以吸引更多的消费者，提高企业的市场占有率，提高企业的经济效益，又可以分散风险，降低企业的成本。

第三，科技进步可以开辟新的原料来源，形成新的生产组织。科技进步可以开辟新的原料来源，如合成化学不仅可以将无机物转化为有机物，而且还可以把原料转变得更适合于工业利用。越来越多新原料的出现，不仅可以使原有企业生产出越来越丰富的新产品，而且还可以产生新的生产组织，扩大整个社会的生产规模，推动整个社会的经济增长。

（三）制度

传统的经济增长理论一般都抽象掉制度因素，将制度因素作为“外生变量”，只考察生产要素的投入量和要素生产率对经济增长的影响。然而把制度因素排除在外，并不能真实地描述经济增长的绩效。因为在现实生活中，信息的不完全性及信息费用会影响市场机制的运行结果，低效率的产权结构会使得外部性问题和“搭便车”问题更加严重等，这些都会影响到经济增长的轨迹。因此，必须把制度作为影响经济增长的重要因素。一般来说，在生产要素投入量和生产要素生产率不变的情况下，经济增长主要表现为制度创新或制度变迁的结果。因为制度会给人们的经济活动造成一种激励效应，激发和保护经济领域内的创新活动，减少未来的不确定性因素，有效阻止“搭便车”等机会主义行为，使私人收益接近社会收益，从而促进经济增长。

以美国经济学家科斯、诺斯为代表的新制度经济学家深入地研究了制度和经济增长的关系。科斯证明了由于交易费用的存在，制度安排与资源配置和经济绩效是相关的，认为解决市场失灵的关键在于制度安排，他认为，没有适当的制度，任何有效率的市场经济都是不可能的。诺斯则认为，有效率的制度安排是经济增长的关键，制度提供了一种经济的刺激结构，随着该结构的演进，它规划了经济增长、停滞或衰退变化的方向。

三、经济增长的周期性

市场经济是以市场调节对资源配置起基础作用的。市场调节资源配置的盲目性、自发性必然导致市场运行的周期性波动。由于市场经济条件下社会生产与社会需要之间没有直接的联系，市场需要什么，只能在市场价格变动中察觉出来。

价格上涨，市场调节资源向产品供不应求的企业和部门流入，使原来供不应求的产品供过于求。价格下跌，市场调节资源从产品供过于求的企业和部门流出，使原来供过于求的产品供不应求，结果造成经济的周期性波动。市场调节是在平衡经济遭到破坏情况下发挥着资源配置作用的，伴随着资源在不同部门之间的盲目流出、流入并通过经济周期性波动，来实现社会资源配置。所以，经济周期性波动是市场调节资源配置的必然产物，是市场经济与生俱来的。经济周期是指经济活动水平的波动，经济扩展跟着就是经济收缩，而后又继之以进一步的经济扩展。

经济周期大体上经历周期性的四个阶段，即繁荣、高峰、衰退和谷底。经历这四个阶段所需要的时间是经济周期的长度。经济处于繁荣时期时，就业增加，产量扩大，经济产出逐渐达到高峰；在经历了生产高峰后，经济开始进入衰退时期，此时有大量的产品没有买主，存货不断增加，信用关系中断，一些企业倒闭，就业人数减少，产量下降，经济跌到谷底；随着时间的推移，经济进入恢复期，存货开始减少，信用逐渐恢复，就业开始增加，产量逐渐扩大，达到经济的高峰，然后又开始经济的下一个循环。

资本主义条件下的市场经济周期的制度原因产生于资本主义社会的基本矛盾，即生产社会化和资本主义私有制之间的矛盾。社会主义经济制度的建立，从根本上消除了资本主义社会的基本矛盾，因而也消除了经济发生周期性波动的制度性原因。然而，社会主义条件下虽然不存在经济周期产生的制度性原因，但还存在产生经济周期的非制度性原因。非制度性原因主要有：第一，在市场经济条件下仍然存在某种盲目性、自发性，不免出现经济周期性波动。第二，由于体制转换和经济调整也会出现经济周期性波动。第三，由于经济增长本身的阶段性，导致经济周期性波动。第四，由于政策失误，导致经济周期性波动。

经济的周期性波动如果能够稳定在国力承受的区间内，这种周期性波动并不可怕，关键是在波动中寻找发展的机会。可怕的是大起大落的周期性波动，它会给国民经济造成无法弥补的损失。因此，在社会主义条件下，要强调和实现经济的稳定增长。经济稳定增长是指在一个较长时期内经济不断平衡增长的态势，从而使经济总量和人均产量在这个时期内稳步地、显著地上升。经济稳定增长并不等于经济低速增长，主要是防止大起大落。

要实现经济的稳定增长，一是要保持适当的经济增长速度。适当的经济增长速度是经济稳定增长的基本指标，合理的增长速度有利于经济稳定增长和优化发展。稳定增长的能力使较高的平均增长速度成为可能，优化发展则可能给人们带来较多的实惠并增强经济增长的后劲。二是要保持投资和消费的适度增长。投资稳定增长是经济稳定增长的一个重要条件，投资增长率的波动不仅是经济增长率波动的直接推动因素，而且会引起居民消费增长率的反方向波动。从理论上讲，只要投资适度增长，消费就会适度增长，如果投资规模过大，消费比重就会较小，所以，在把投资增长速度控制在适度水平的条件下，还必须使消费保持适当增长速度，这样才能使经济稳定增长。三是要保持货币增长和价格水平的相对稳定。既要使货币供给与经济增长的要求相适应，又要保持一定的相对独立性。在货币供给保持适度增长的条件下，保持价格水平的相对稳定就有了客观基础。要避免价格波动幅度过大，影响经济稳定增长。四是要硬化企业和地方政府的预算约束和风险约束，弱化微观和中观的投资冲击，以保证经济总量的稳定增长。

第二节　经济增长方式的转变

一、经济增长的两种基本类型

经济增长方式是指推动经济增长的各种生产要素投入及其组合的方式，其实质是依赖什么要素，借助什么手段，通过什么途径，怎样实现经济增长。按增长机制可分为粗放型和集约型，按增长路径可分为外延型和内涵型。当前，我国转变经济增长方式，主要是针对经济增长的机制，但也涉及经济增长的路径，两者是有机结合的。一定的经济增长方式的形成及转变，是受制于一定的社会历史条件的。它取决于经济发展所处的历史阶段上的要素资源状况及相对价格水平、社会分工发展程度、技术进步及扩张能力和生产力总体水平，特别是要素资源组合规则及使用效率，即经济体制、经济运行机制及与之相关的思想观念等诸因素的综合作用及变化速度。

从增长机制的层面看，粗放型增长方式是指在技术水平或劳动生产率不变或变化不大的基础上，单纯依靠生产要素的大量投入和扩张，通过扩大生产场地、添加机器设备、增加劳动力等来实现经济的增长。这种增长方式实质就是以数量和速度的增长为中心。粗放型增长方式的主要特点是：①主要依靠劳动和资本的投入，技术水平低，要素质量和效能低，劳动生产率低，投入产出比小。②注重外延扩张，忽视内涵发展，忽视利用现有基础和对企业进行更新改造。③片面追求数量，忽视质量和效用，忽视内在价值的增加，不顾市场需求。④片面追求增长目标，追求表面的高速度，忽视其他经济和社会目标，总量失衡，结构失调，水分较多，总体效益差。⑤重短期增长，轻长期发展和可持续发展。

集约型增长方式，是指依靠生产要素质量和使用效率的提高，以及生产要素的优化组合，通过技术进步、提高劳动力素质和提高资金、设备、原材料的利用率等来实现经济的增长。这种增长方式实质就是以提高经济增长质量和经济效益为中心。集约型增长方式的主要特点是：①注重科技进步和科技含量的不断增加，提高要素质量效能，逐步减少劳动和资本投入，劳动生产率较高，投入产出比大。②注重内涵的发展，充分利用现有基础和对企业进行更新改造，在此前提下，进行必要的外延扩大。③坚持质量第一、效率优先，注重内在价值的增加，从市场需求出发，数量服从质量和效益。④追求适度的增长速度，把速度与效益统一起来，统筹兼顾各种发展目标。⑤把短期发展同长期发展、可持续发展结合起来。

在经济增长过程中，粗放型增长方式和集约型增长方式是相互联系的，前者是后者的基础和前提，后者是前者的提高和发展。一个国家的经济增长方式与其生产力水平和经济发展阶段紧密联系在一起。马克思指出："随着大工业的发展，现实财富的创造较少地取决于劳动时间和已消耗的劳动量……相反的，却取决于一般的科学水平和技术进步，或者说取决于科学在生产上的应用。"[①]经济增长的现实也表明，技术进步是提高要素效率的重要前提，在经济增长中的贡献越来越大。在欠发达阶段，生产力水平较低，技术水平不高，经济增长以粗放型为主是难以避免的；在发达阶段，生产力水平提高，技术水平较高，经济增长就主要依靠集约型方式来实现。这是由生产力发展状况决定的一般性规律。综观世界各个国家的情况，粗放型的经济增长方式，是从落后走向先进，从农业国走向工业国，从传统经济走向现代经济所必然要经历的一个阶段。

从经济增长路径看，经济增长一般表现为生产成果数量的增长。外延型增长与内涵型增长都可以在生产率提高或不变的情况下实现，但外延型增长要占用更多的资源，经济增长所依赖的生产能力的提高可以通过两种方式达到：一是外延型，即更多地利用资源以扩大生产规模；二是内涵型，即主要依靠提高原生产场所的生产能力以扩大生产。内涵式增长可能在生产率提高或不变的情况下实现，而"外延式"增长也可以通过同时提高生产效率实现。

---

① 马克思. 资本论［M］//马克思，恩格斯. 马克思恩格斯全集：第46卷下. 中共中央马克思恩格斯列宁斯大林著作编译局，译. 北京：人民出版社，1980：217.

二、经济增长方式转变的重要性

经济增长方式从粗放型向集约型转变，是生产发展的必然趋势，也与一个国家的基本国情、经济发展战略以及经济体制等有密切的关系。新中国成立后的很长一段时间里，采取了粗放型的经济增长方式，这对于改变落后的生产面貌，合理布局生产力，增强国家实力，缓解供给严重不足是非常必要的，并且取得了预期的效果。但是，当经济达到较大的规模和总量水平后，仍实行这种增长方式就会造成诸多的经济问题，导致竞争力下降。当粗放型经济增长方式已不适应生产力发展的要求时，就必须更新经济发展思路，转变经济增长方式。

（一）改革开放以来我国的经济增长方式

改革开放以来，我国社会主义现代化建设取得了举世公认的伟大成就，经济增长方式的转变也取得了很大成效。对取得的成绩和进步应当充分肯定，但也要清醒地看到，我国在经济增长方式上，还存在着高投入、高消耗、高排放、低效率的问题，在有些地区、有些行业、有些企业还相当突出。

1.高投入

我国经济的快速增长在很大程度上是依靠资金、劳动力和自然资源等生产要素的粗放投入实现的。新中国成立以来，我国GDP增长了10多倍，矿产资源消耗增长了40多倍。根据国家统计局的数据，我国资本形成额占GDP的比重，1980年为34.8%，1995年为40.3%，2000年为35.3%，2015年为46%。根据国际经验，发展中国家的投资占GDP的比重平均在20%~30%，发达国家在15%~20%。这里虽然有一些不可比的因素，但仍可反映出，我国的高增长在相当程度上是靠高投入支撑的。此外，土地和劳动力投入也同样存在粗放发展的问题。

2.高消耗

我国经济的快速增长在很大程度上是靠消耗大量物质资源实现的。我国单位产出的能耗和资源消耗水平明显高于国际先进水平，2002年，火电供电煤耗比国际先进水平高22.5%，大中型钢铁企业吨钢可比能耗高21%，水泥综合能耗高45%，乙烯综合能耗高31%。我国农业灌溉用水利用系数是国外先进水平的一半左右，工业万元产值用水量是国外先进水平的10倍，矿产资源的消耗强度也比世界平均水平高出许多。可喜的是，2011年，火电机组平均供电煤耗、线损率、厂用电率等指标已达到或接近世界先进水平，全国6 000千瓦及以上火电机组平均供电标准煤耗为333克/千瓦时，2015年下降到304克/千瓦时。

我国虽然地大物博、资源丰富，但人口众多，从人均占有量上看并不丰裕，有些方面还相当低。如人均耕地面积只相当于世界人均耕地面积的1/3，能源人均占有量只相当于世界平均数的1/2，森林面积人均占有量只相当于世界平均数的1/5。一方面，资源人均占有量大大低于世界平均水平；另一方面，原材料、能源浪费惊人，如果不转变经济增长方式，必将难以为继，将会严重影响经济发展的基础，削弱经济增长的后劲。

3.高排放

高消耗换来的高增长，必然是高排放和高污染。小机组发电比例高，耗煤就多，粉煤灰和二氧化硫排放量就多；立窑水泥比重高，矿山利用率就低，废石和粉尘排放量就多；草浆造纸比例高，耗水量就大，废水排放量就多；低效磷肥比例大，磷矿利用率就低，废渣和废石就多。我国废弃物排放水平大大高于发达国家，每增加单位GDP的废水排放量比发达国家高4倍，单位工业产值产生的固体废弃物比发达国家高10多倍。

循环经济作为一种新的、符合可持续发展理念的经济模式，在一些发达国家取得了明显成效。目前，全世界钢产量的1/3、铜产量的1/2、纸制品的1/3可以循环使用。我国资源回收率比较低，综合利用率不高，许多可以利用或再利用的资源却成了废弃物。

4.低效率

我国经济效益长期较低，这与粗放型的经济增长方式有密切的联系。粗放型经济增长方式的一个显著特点是，大量投入原材料、能源和劳动力，而产出不高，产品未经深加工，产品的附加值低，经济效益低。从第二产业来看，虽然整体水平有了很大提高，但传统产业、低技术含量和低附加值的产业仍占主导地位，高技术产业发展相对滞后，装备制造业的水平不高，许多关键设备都要依赖进口。工业技术装备水平落后，能源、原材料消耗高，产品的层次和附加值低，产业的竞争力弱，增长的代价就大。我国第二产业的劳动生产率大大低于发达国家第二产业的劳动生产率。我国资源产出效率也低于国际先进水平。我国人多地少的矛盾十分突出，但低效利用问题也十分突出，一些地方盲目兴办各类开发区，省级以下开发区征地后的土地闲置率高达40%以上。如果不转变经济增长方式，不重视成本和效益，不改变这种高投入、低产出的状况，就难以改变我国经济效益长期较低的状况。

从总体上看，粗放型经济增长方式是我国当前经济发展过程中许多矛盾和问题的症结所在，如不改变这种增长方式，这些矛盾和问题就难以解决，并且，随着经济总量和规模的扩大，这种增长方式的局限性会更加明显，所带来的矛盾和问题会更加突出。因此，我国要实现经济又好又快发展，就必须实现由粗放型增长方式向集约型增长方式的转变。

（二）转变经济增长方式的重要性

国际发展经验表明，走出低收入国家并向中等收入国家迈进的阶段，对任何国家的成长来说都是一个极为重要的历史阶段。其突出特点是，可能保持一个较长时期的经济持续快速增长和实现国民经济整体素质的明显提高。因为这一时期，随着人们基本温饱问题的解决和消费结构的升级，将会引起产业结构的大幅调整和升级，促进经济增长。在这一时期，快速发展的各种基础条件已经具备，如果处理得当，就能抓住机遇，使经济社会发展再上一个新台阶。但这一时期，往往也是人口、资源、环境等矛盾突出，瓶颈约束加剧的时期，如果处理不当，就可能丧失发展机会，导致经济停滞不前。我国目前正处在这样一个十分重要的发展阶段，因此转变经济增长方式，就显得尤为重要和迫切。

1.从近期看，转变经济增长方式是实现国民经济又好又快发展的需要

经济增长方式粗放，已经成为制约我国经济社会发展的一个突出问题。实现经济增长方式的转变，可以更好地解决经济发展面临的矛盾和问题，实现我国国民经济又好又快发展。一是可以提高经济运行质量。近几年来，我国经济的发展速度虽然很快，但实际效益较差，不改变这种状态，经济就很难良性和持久发展。二是可以改善工业化道路的路径依赖。长期以来，我国在工业发展上过度热衷于上项目、铺摊子，进行了大量的低水平重复建设，是"外延式"的粗放型增长，造成不少企业技术进步缓慢、生产能力闲置等问题。三是可以加强农业的基础地位，有助于解决"三农"问题。农业发展与工业发展有着密切的关系，目前国家对农业的基础建设投资在总投资中的比重不高，工业的粗放增长实质上已挤占了农业的发展空间，成为农业投入不足的原因之一。此外，转变经济增长方式，还将改善环境污染的状况，提高我国产品的国际竞争能力。

2.从长远看，转变经济增长方式是实现全面建成小康社会的需要

党的十八大首次正式提出全面建成小康社会的新目标，到2020年，实现国内生产总值和城乡居民人均收入比2010年翻一番，这是中央首次明确提出居民收入倍增目标。经济是基础，不转变经济增长方式，翻一番的目标很难实现。

"十三五"时期是全面建成小康社会的关键期，是全面落实国家治理体系与治理能力现代化的推进期，是经济增长模式转换的攻坚期，是落实全面科学发展的战略机遇期。这一时期，我国将继续巩固和深化经济发展方式转变，把经济增长建立在绿色增长、创新增长、包容式增长的轨道上。实施创新驱动发展战略是提升综合国力和国家竞争力的根本支撑，是适应新一轮科技革命和产业变革的必然要求，是实现"两个一百年"奋斗目标的科技支撑，也是当前中国转换经济增长模式的核心支持要素。实施创新驱动发展战略，要统筹科技、教育、人才三个规划纲要，解决影响我国未来发展的重大科学和技术问题，奠定我国从科技大国向科技强国迈进的基础。

3.从全球视野看，转变经济增长方式是实现可持续发展的需要

人类在20世纪创造的物质财富超过了以往历史的总和，同时也加速了资源消耗。全球GDP增加了18倍，石油、钢、铜、铝的年消费量分别增加了170倍、29倍、27倍和3 608倍。其中，60%以上的能源和50%以上的矿产资源是由不足世界人口15%的发达国家消耗的。进入21世纪，全球另外85%的人口将陆续进入工业

化阶段。如何解决日益紧迫的人口、资源、环境与工业化加快、经济快速增长的矛盾，是21世纪全人类共同面临的严峻挑战。随着经济的进一步发展和收入水平的提高，我国能源和主要资源的人均消费水平会进一步提高。我们不能像少数发达国家那样奢侈地消费地球上的资源，也不能因为面临资源问题而影响我国实现现代化的目标；根本的出路在于转变增长方式，降低工业化进程中人均累计的资源消耗水平，缩短工业化进程，走出一条新型工业化道路。无论从国内资源储量、地球资源储量来看，还是从中华民族和全人类未来的发展来看，都要求我们转变经济增长方式，实现可持续发展。

4.从发展的根本目的看，转变经济增长方式是以人为本的需要

发展的最终目的是要促进人的全面发展，不仅要通过经济的持续增长满足人们的物质需要，还要提高人们的生活质量。粗放的经济增长，是低效益的增长，使人们得不到与经济增长相适应的收入增长；粗放的经济增长，是高消耗的增长，必然导致过度向自然索取，生态退化和自然灾害增多，从而使社会财富减少；粗放的经济增长，是高排放、高污染的增长，必然会给人们健康带来极大的损害。人是最宝贵的资源，为了满足人们日益增长的物质、文化和身体健康的需要，也必须切实推进经济增长方式的根本转变。只有转变经济增长方式，才能实现科学发展，更好地满足人们日益增长的物质文化需求。集约型增长方式有利于人们实现与经济增长相适应的收入增长，为生活质量的提高创造物质条件，实现人与人、人与社会、人与自然的和谐。

三、经济增长方式转变的制约因素

1.经济体制模式

经济体制模式是经济增长方式最根本的决定因素。经济是集约增长还是粗放增长，主要看经济增长是靠效率提高还是靠要素投入增加，而决定经济效率高低的最基本和最根本因素，是经济体制模式。我国现行的经济体制模式离转变经济增长方式的要求还有很大的差距。其中，最为突出的问题就是政府职能的严重错位。在按照现代市场经济要求应由市场机制发挥作用的领域，政府权力过大，干预过多；在应当由政府发挥作用的领域，政府作用缺位、发挥不足或不当的问题却十分严重。这是造成市场秩序不良、价格体系扭曲和社会资源配置效率低的主要原因。

2.经济发展阶段

一定的经济增长方式总是与特定的经济发展阶段相适应的，想逾越经济发展阶段来实现经济增长方式的转变是不切实际的。我国经济相对粗放的增长特征，与我国经济当前所处的发展阶段有关。一方面，我国正处在工业化进程中，从国际经验看，在这一阶段，经济增长仍然在很大程度上依靠要素投入的增加来实现，这是由处在这一阶段的国家的生产力发展状况决定的，从而现阶段的增长呈现出高物质消耗特征。另一方面，经过改革和发展，我国经济虽然迈上了一个新台阶，但与发达国家相比，我国的技术水平和管理水平都存在较大差距，由此决定的增长方式也难以避免相对粗放的特征。

3. 资源禀赋状况

由于各种资源禀赋的相对稀缺性不同，从而其相对价格和边际生产力也不同，根据这些差异，各国都在寻找最适合本国资源状况的生产要素组合，以使产出最大。我国资源禀赋的基本特征是物质资源相对贫乏，环境保护压力大，劳动力资源过剩，劳动者面临很大的就业压力。因此，在相当长的时期内，在不影响产业和企业技术水平和竞争力的前提下，大力发展能够节约资本和物质投入而充分利用劳动力资源丰富优势的劳动密集型产业，不仅是我国的合理选择，也是转变增长方式的重要内容。增长方式本身并无优劣之分，关键在于市场机制能否灵活作用，能否充分反映各生产要素稀缺程度，从而使经济增长方式与资源禀赋状况相协调。

4. 技术进步与创新机制

技术进步已越来越成为决定一国生产力水平的主要因素，然而，我国科学技术整体水平不高，自主创新能力缺乏，正是我国经济增长中能耗高、污染严重、产出低的根本原因。无论从科研经费投入、科技人员的数量和比重、专利申请量，还是从管理体制、科技成果转化水平及创新能力看，我国离集约型增长方式的要求，离发达国家的水平都还存在很大差距。创新能力低，科技支撑不足，科技发展水平相对较低等严重制约了经济增长方式的转变。我国技术进步机制的主要问题是科技部门与企业长期脱节，由此造成技术转移中的摩擦和技术交易费用增加，科学研究和技术开发缺乏市场导向，从而导致整个国民经济进步缓慢。

此外，我国经济增长方式的转变还受到人们对经济增长的认识、人口素质、地区经济发展不平衡、粗放型增长方式的惯性等因素的影响。

四、经济增长方式转变的途径

经济增长方式的转变是一个长期艰难的过程，不可能一蹴而就，但是人们的不懈努力能积极影响这一过程，加快转变步伐。我国当前正在大力推进这一转变。

1. 摒弃传统观念

要正确地认识物质财富的增长和人的全面发展的关系，转变重物轻人的发展观念。发展应该始终把提高人们的物质文化生活水平和健康水平作为出发点和归宿。符合科学发展观的经济增长方式，是以有利于而不是有损于人的全面发展为最高标准的增长方式。要正确地认识经济增长和经济发展的关系，转变把增长简单地等同于发展的观念。经济增长是经济发展的基础，没有经济增长谈不上经济发展，但增长并不必然带来相应的发展。国际经验表明，事实上存在着“无发展的增长”甚至“负增长”。好的经济增长方式，是速度与结构、质量、效益相统一的增长方式。要正确地认识人与自然的关系，转变单纯利用和征服自然的观念。在发展过程中不仅要尊重经济规律，更要尊重自然规律，充分考虑资源和生态环境的承载能力。

2.加快体制创新

经济增长方式难以实现根本性转变，关键在于导致增长方式不合理的体制和机制还没有实现根本性转变。体制转变是经济增长方式转变的必要保障和前提，它意味着一种引导经济增长方式转变的内在激励与约束机制的形成、启动和运转；经济增长方式的初步转变，又为经济体制转变创造了较为宽松的经济环境和支持条件。经济体制改革和转变的推进，为经济增长方式的转变提供了一个诱导和驱动的机制；而经济增长方式转变的实质性进展，又进一步要求加速体制改革和根本转变的进程。

我国当前要进一步转变政府职能，研究更好地划分中央政府与地方政府之间在经济调节、市场监管、社会管理和公共服务方面的主要职责，地方政府在加强经济调节、促进经济增长工作的过程中，也要把重点放在注重规划、注重政策、注重协调、注重环境建设上来。要进一步改善宏观调控，继续推进金融、财税和投资体制改革，健全国家计划和财政政策、货币政策等相互配合的宏观调控体系。要进一步推进财税体制改革，为地方政府履行好公共服务职责提供财力保障。要完善自然资源有偿使用机制和价格形成机制，建立环境保护和生态恢复的经济补偿机制，提高水资源和土地资源的使用价格，全面征收污水处理费和垃圾处理费，通过试点逐步建立水权、排污权交易制度。

3.完善国民经济核算体系

GDP是反映一个国家经济规模、经济实力的重要指标，也是国家制定宏观调控政策的重要依据，不能忽视GDP的重要作用。但现行GDP也有其局限性，它主要反映了一个国家（地区）一定时期经济增长的产出、总量和人均量，没有或不能很好地反映其投入（特别是资源成本和环境成本的代价）、结构（包括社会财富的分配结构）和质量（包括产品和服务的质量、社会效益等）。在GDP核算存在种种缺陷的情况下，单纯地用GDP来评估一个地区的发展成果、考核领导班子的政绩，有失偏颇，容易导致一些地方不计代价片面追求增长速度，忽视结构、质量、效益，忽视生态建设和环境保护。为此，要加紧研究适合我国国情的绿色GDP核算体系，在此基础上，建立一套不仅包括物质文明，而且包括精神文明、生态文明和政治文明的科学考核体系。

4.推进科技进步

加速科技进步，形成有利于自主创新的技术进步机制，是实现经济增长方式转变的重要保证。转变经济增长方式，归根到底要依靠科技进步和产业升级，提高科学技术对经济增长的贡献率。因此，一要加快科技体制改革步伐，从体制上理顺关系。改变科研院所经费单一靠国家拨款的方式，依靠全社会投资发展科技事业，真正实现科研、设计、生产的有机结合。推动科研院所面向市场，真正使科学技术成为经济发展的主要推动力。二是企业要成为技术开发主体和中心，自己设立科技开发研究中心，使企业真正做到自主决策、自筹资金、自担风险、自求开发，增强其技术进步的动力和活力。三要提高技术改造投资在总投资中的比重，并坚持所有企业的技术改造都必须以提高产品质量和性能、扩大品种、降低消耗为中心，反对片面追求扩大生产能力，促进生产结构优化和产品结构升级。四要促进科技成果的商品化、产业化，充分发挥大中型企业在科技成果商品化、产业化过程中的主体作用，建立科技成果产业化基地，使促进企业技术进步项目尽早实现规模经济效益，尽量避免产业化过程中的资源浪费，努力形成高效的科技成果产业化机制。五要全面提高劳动者素质，充分发挥科技人员的作用。

5.调整和优化经济结构

调整和优化经济结构，是转变经济增长方式的主要途径和重要内容。世界工业化、现代化的历史，就是产业结构随着技术革命不断优化、升级的历史。科技不断进步，必然不断推出新产品、新行业、新产业，这是经济增长的强大推动力。产业结构的优化、升级必然带来整体经济效益的提高。我国正处在实现工业化、现代化的重要历史阶段，调整产业结构面临着繁重的任务，既要在现有基础上使产业结构趋向合理，又要适应世界上新的技术革命和发达国家产业重组、升级的形势，使我国产业结构朝着现代化、高级化的方向发展。当前，导致我国经济效益低的一个重要因素就是经济结构尤其是产业结构扭曲。产业结构的雷同化和地区间经济结构的趋同化，不仅导致企业结构小型化、生产劳动密集化和技术集约的低度化，而且造成资源严重浪费、经济效益低。为了提高国民经济运行效益，要切实把经济结构的战略性调整作为发展经济的主线，巩固和加强农业的基础地位，改组、改造传统产业，积极发展高技术产业，振兴装备制造业，全面发展服务业。

6.强化企业管理

企业是经济活动的主体，也是转变经济增长方式的微观基础。推进经济增长的根本性转变，必须强化企业管理，加强企业成本管理和企业信息化建设，高度重视基础管理工作。要加快国有企业和国有资产管理体制改革，加快现代企业制度建设，提高专业化、社会化水平。引导企业树立经济与资源环境和谐发展的意识，在商业目标和环境目标之间寻求最佳的平衡点。要引导企业确立突出核心竞争力、突出主业、突出整体优势的发展战略，扭转企业盲目扩张、盲目实行多元化发展的倾向。要全面加强企业科学管理，持之以恒地搞好全面质量管理，严格成本核算，降低物耗和能耗。

7.要全面提高开放型经济水平

适应经济全球化新形势，必须实行更加积极主动的开放战略，本着“亲诚惠容”的外交原则，完善互利共赢、多元平衡、安全高效的开放型经济体系；要加快转变对外经济发展方式，推动开放朝着优化结构、拓展深度、提高效益方向转变；创新开放模式，坚持出口和进口并重，提高利用外资综合优势和总体效益，加快走出去步伐，统筹双边、多边、区域、次区域开放合作，提高抵御国际经济风险能力。

习近平总书记在2013年分别提出建设“新丝绸之路经济带”和“21世纪海上丝绸之路”的战略构想，强调相关各国要打造互利共赢的“利益共同体”和共同发展繁荣的“命运共同体”。建设“一带一路”，是以习近平同志为总书记的党中央主动应对全球形势深刻变化、统筹国内国际两个大局作出的重大战略决策。当前，经济全球化深入发展，区域经济一体化加快推进，全球增长和贸易、投资格局正在酝酿深刻调整，亚欧国家都处于经济转型升级的关键阶段，需要进一步激发区域内的发展活力与合作潜力。“一带一路”战略构想的提出，契合沿线国家的共同需求，为沿线国家优势互补、开放发展提供了新的机遇。

第三节　经济发展

一、经济发展与经济增长

经济发展一般是指一个国家或地区随着经济增长而出现的经济、社会和政治的整体演进和改善。具体地说，经济发展的内涵包括三个方面：一是经济数量的增长，即一个国家或地区通过增加投入或提高效率获得更多产品和劳务的产出，它构成经济发展的物质基础；二是经济结构的优化，即一个国家或地区投入结构、产出结构、分配结构、消费结构以及人口结构等各种结构的协调和优化，它是经济发展的必然环节；三是经济质量的提高，即一个国家或地区经济效益水平、社会和个人福利水平、居民实际生活质量、经济稳定程度、自然生态环境改善程度以及政治、文化和人的现代化，它是经济发展的最终标志。

起初，人们对经济增长和经济发展不加以区别，往往混同使用。后来，人们发现，这两个概念既有联系又有区别。

第一，经济增长的内涵比较狭窄，而经济发展的内涵较为宽泛。经济增长只是指一国经济更多的产出，其增长程度仅仅以国内生产总值与国民收入及其人均值的增长率这些指标来表示。而经济发展除了包括经济增长的内容外，还包括随着经济增长而出现的经济、社会和政治等方面的进展，其发展程度需要用反映这种变化的综合性指标来衡量。

第二，经济增长是一个偏重于数量的概念，而经济发展是一个既包含数量又包含质量的概念，在质和量的统一中更注重经济质态的升级和优化。经济增长的度量指标是一个价值指标，用货币表示，而经济发展的度量指标是一个物质指标，一般用加权的方法进行加总，而给予的权数往往带有较强的主观色彩。此外，经济增长的度量指标通常只有一个，即GDP的增长率，而经济发展的度量指标是由多个指标构成的一个指标体系，并且目前缺乏公认的标准。

第三，经济增长是手段，而经济发展是目的。经济增长是经济发展的基础，经济发展是经济增长的结果。一般来说，没有经济增长是不会有经济发展的，虽然在个别条件下有时也会出现无增长而有发展的情况，但从长期看，没有经济增长就不会有持续的经济发展。推动经济发展，提高人类的能力和生活质量，满足人们日益增长的物质生活、精神生活、生态等多方面的需求，才是经济活动的目的。

可见，经济发展所包含的内容比经济增长丰富与复杂得多。虽然经济增长是经济发展的必要前提，但并不是一切经济增长都必然能带来经济发展。如果经济增长并不能体现收入分配的改善和社会结构的完善，不能反映技术进步的变化，并没有给人们带来所期望的福祉；相反，却出现了高增长下的分配不公、两极分化、社会腐败、政治动荡、环境污染和生态破坏。这种现象称为“有增长无发展”或“无发展的增长”，从而在理论上更加明确地确认了经济发展与经济增长之间的差异。

经济增长也不一定导致人类发展，人类发展体现为人的各种能力的提高，联合国计划开发署《1996年人类发展报告》曾讨论了五种“有增长无发展”的情况：一是无工作的增长（jobless growth），增长没有创造更多的就业机会，失业群体不断扩大；二是无声的增长（voiceless growth），人民的民主、自由的权利没有得到扩展；三是无情的增长（ruthless growth），虽然经济增长了，但贫富悬殊、两极分化，穷人数量有增无减；四是无根的增长（rootless growth），受外国文化的影响，本民族的文化正日趋边缘化或逐渐消失；五是无未来的增长（futureless growth），自然资源的枯竭和居住环境的恶化对后代子孙的生存造成破坏。

为谋求经济发展，必须促进经济增长，但决不能认为，只要经济增长，经济结构就会自然而然地趋于合理，人们的福利自然而然地得到提高，分配状况自然而然地走向公平，自然环境自然而然地得到保护。因此，单纯从经济增长的观点看经济工作，看见的往往只是局部的、短期的利益，可能会忽视全局的、长期的利益，而从经济发展的观点看经济工作，可以看清全局的、长期的利害得失，有利于权衡取舍，作出正确的决策。

二、衡量经济发展的指标

要真正反映一个国家的经济发展状况与水平，就必须从不同的角度运用不同的经济指标。综合已有的研究成果，一般认为，可以用经济发展速度、经济发展结构、经济发展质量、经济发展的波动及周期这四个指标来分析、考察一个国家的经济发展状况与水平。

1.经济发展速度

任何经济发展都要求有一定的速度，速度是经济发展的前提。经济发展史上众多的实例表明，各国在经济发展速度上的持续差异是造成它们之间经济实力变化的根源，发展中国家要赶超发达国家就必须提高自己的经济发展速度。经济发展速度通常用经济增长率来表示。所谓经济增长率是指报告期国内生产总值的增量与基期国内生产总值之比的百分数。其计算公式为：

GDP增长率=（报告期GDP-基期GDP）÷基期GDP×100%

稳定、合理、持续的经济发展速度是经济发展质量的显著标志，以其评价经济发展质量，能更直接、更准确地反映经济发展状况。当然，强调经济发展速度对经济发展质量的重要性，并不意味着可以过度“痴迷”国内生产总值，不顾经济效益一味追求高速度。

经常发展速度标志着一个国家或地区在一定时期内扩大再生产和提高人们生活水平的能力。只有保持较高的经济发展速度，才能够逐步赶上先进国家，实现既定的经济发展目标。但是需要指出的是，一个国家或地区经济发展速度的快慢受工业化程度、技术进步水平、现有经济结构以及自然环境、历史文化等诸多条件的制约，经济发展速度不能超过现有经济条件下可能的发展速度，在现有经济条件下，不能单纯地追求过快的经济发展速度，否则就有可能“欲速则不达”。

2.经济发展结构

任何经济发展无不与经济结构的演变相联系，经济发展的过程也就是经济结构由不合理到合理、由低级到高级的演变过程。因此，可以通过经济结构的变化是否合理来反映经济发展的状况与水平。合理的经济结构是实现经济快速增长并获得较高经济效益的基础，经济结构通常是指国民经济各部门、社会再生产各环节的相互关系，它包括产业结构、收入分配结构、消费结构、技术结构、人口结构等。产业结构在整个国民经济中居于主导地位，它的变化对经济发展起着重要作用，通常用各产业占社会总产值的比重等来衡量产业结构的变化；用基尼系数、积累基金与消费基金的构成等来衡量收入分配结构的变化；用不同类型消费资料之间的比例等来衡量消费结构的变化；用机械化、半机械化、手工操作部分所占比重等来衡量技术结构的变化；用人口年龄、性别、入学率等来衡量人口结构的变化。

一个国家的经济结构是国民经济各个组成部分以不同规模和速度发展的综合结果。一定的社会经济与技术条件，要求有与之相适应的经济结构。一个国家经济结构是否合理，主要看它是否适合本国国情，能否充分利用国内外一切有利条件；是否能合理而有效地利用人力、物力、财力和自然资源，以保证国民经济的协调发展以及推动科学技术的进步和劳动生产率的提高；是否有利于促进经济的近期和远期发展。而对社会主义国家来说，能不能最大限度地增加人们的财富，则是经济结构是否合理的最重要标志。

3.经济发展质量

经济发展的质量问题，从根本上说就是经济发展中的效益问题。它包括经济效益、社会效益和环境效益。其中，经济效益是关键。

经济效益是投入与产出的比例，它从投入产出关系的角度综合反映经济发展状况。讲究经济效益，就是用尽量少的劳动占用和劳动消耗生产出尽可能多的符合社会需要的产品。经济效益是一切经济工作的中心，其高低可反映经济发展质量的优劣。单位投入获得的产出越多，表明生产要素的使用效率和经济发展质量越高。一般来说，生产要素投入数量、配置效率及其组合方式决定了经济发展的质量和方式。如果生产要素投入数量在经济发展中起主要作用，说明经济发展质量较低，经济发展方式为数量型；如果生产要素配置效率在经济发展中起主要作用，则经济发展质量较高，经济发展方式为质量型。

通常用投入产出系数、全要素生产率、劳动生产率等来衡量经济效益的高低。其中，劳动生产率是使用较多的指标，任何经济活动都有劳动消耗，劳动生产率是衡量劳动力投入产出水平的指标，它根据一定时期国内生产总值与同期全社会平均从业人数的对比来计算，反映社会平均每个劳动者所创造的国内生产总值，即劳动者为社会创造财富的多少。其计算公式为：

劳动生产率=国家或地区国内生产总值÷全社会劳动者平均人数

劳动生产率受科技水平、劳动者素质、产业结构、规模效益、政策体制等多因素的影响，具有较强的综合性，是评价经济发展质量的重要指标。劳动生产率越高，经济发展质量越高；反之，经济发展质量越低。将劳动生产率作为评价经济发展质量的重要指标，有利于加快经济发展方式由数量型向质量型转变，把经济发展转移到提高劳动者素质的轨道上来。

经济发展的质量，最终要通过伴随着经济效益的提高而形成的社会效益提高、生态平衡和社会进步来体现，即通过诸如人们的生活水平、文化科学技术水平、健康状况、预期寿命、生态环境、政治环境等来体现。

4.经济发展的波动及周期

从现实状况看，一个国家的经济很少有平衡发展的。在经济发展过程中，不可避免地会出现周期性波动。在经济发展过程中，判断经济发展是否稳定、过程是否健康，必须给出经济增长率波动的合理区间范围。一般当经济增长波动率小于±0.5，且各方面的比例关系处于协调状态时，可以认为经济发展是平稳的、过程是健康的；当经济增长波动率大于±0.5，或经济系统各主要比例关系处于失调状态时，表明经济发展不够平稳、过程不够健康。经济增长波动率可用当年GDP增长率与上年GDP增长率之差，除以上年GDP增长率来计算。其计算公式为：

经济增长波动率=（当年GDP增长率-上年GDP增长率）÷上年GDP增长率

高质量的经济发展要求各年经济增长率具有相对的稳定性。在经济发展过程中，应该尽力保持国民经济的平稳发展，避免经济大起大落造成资源的巨大浪费。经济波动就其性质而言可分为两种类型：一种是失衡性经济波动，其基本特征是在经济发展过程的每一个周期中，或出现了经济的极度衰退，或出现了严重的“经济过热”；另一种是非失衡性经济波动，其基本特征是，尽管经济发展呈现周期性波动状况，但波动幅度不大，无论处于繁荣时期还是衰退时期，国民经济既不会发生“经济过热”或“超高速”经济增长，也不会发生严重的经济停滞或负增长。由此可见，非失衡性经济波动是经济的正常波动，而失衡性经济波动则是经济的不正常波动。

经济发展速度、经济发展结构、经济发展质量、经济发展的波动及周期是互相关联的，它们共同决定经济发展的状况。其中，经济发展质量是核心，经济发展速度是实现这一核心的前提，经济发展结构是实现这一核心的途径，经济发展的波动及周期是经济发展的制约条件。一般来说，经济波动周期较长、波动幅度较小，经济稳定、持续发展，经济结构日趋合理，经济效益不断提高，社会不断进步，是一个高质量的经济发展。

三、可持续发展与科学发展观

（一）传统经济发展模式的弊端

经济发展模式是指在一定时期内国民经济发展战略及生产力要素增长机制、运行原则的特殊类型，它包括经济发展的目标、方式、发展重心、步骤等一系列要素。一国发展模式的选择取决于当时的生产力水平、资本拥有量、自然资源状况、劳动力数量与质量、社会文化背景、国际环境等客观因素，也取决于政府的意愿和决策等主观因素。

新中国成立之初，经济基础极为薄弱。为了增强经济实力，尽快建立自己的工业基础，就必然会把快速经济增长作为自己的战略目标。采用数量速度型和以外延式为主的经济发展模式，进行大规模的经济建设，为我国的工业化奠定了雄厚的基础，这有其客观必然性。然而，当我国已经具备了相当的产业规模和产业数量后，仍然长期沿袭传统发展模式，其弊端就会越来越突出。

1.浪费资源

传统发展模式下的速度型经济增长，是在低技术组合的基础上，靠物质资源的高投入、高消耗支撑的。

从工业能源效应来看，目前我国8个主要耗能工业行业的单位产品能耗平均比世界先进水平高47%以上；我国粮食作物的平均水分生产率约为每立方米水产出1千克粮食，仅是发达国家的一半；我国工业用水重复利用率要比发达国家低15%~25%；我国矿产资源的总回收率约为30%，比国外先进水平低20%；我国节能型居住建筑仅占全国城市居住建筑面积的3.5%，单位建筑面积采暖能耗相当于气候条件相近发达国家的23倍。基于严峻的现实，我们把建设资源节约型社会作为一项重要战略。

我国水利、化肥利用率都很低。发达国家已向喷灌、滴灌发展，我们还是大水漫灌，浪费水的现象十分严重。国外灌溉水的利用系数是0.7~0.8，而我国只有0.53（2015年）。2015年我国水稻、玉米和小麦三大粮食作物的化肥利用率为35.2%，比2013年提高2.2个百分点；农药利用率为36.6%，比2013年提高1.6个百分点。尽管我国三大主粮的化肥、农药利用率出现一定程度提升，但与发达国家相比，还存在很大差距。数据显示，目前美国粮食作物氮肥利用率在50%左右，欧洲主要国家粮食作物氮肥利用率在65%左右，比我国高15~30个百分点。欧美发达国家小麦、玉米等粮食作物的农药利用率在50%~60%，比我国高15~25个百分点。

2. 污染环境

传统发展观指引下的工业化过程，是以对环境的巨大损害为代价的。为了达到经济增长的目的，人们很少甚至根本不考虑环境的承载能力，毫无节制地把各种废弃物抛洒给自然界，毫无节制地消耗自然资源，造成了环境与生态的双重破坏。

2015年，全国338个地级以上城市中，有73个城市环境空气质量达标，占21.6%；265个城市环境空气质量超标，占78.4%。338个地级以上城市平均达标天数比例为76.7%；平均超标天数比例为23.3%，其中轻度污染天数比例为15.9%，中度污染天数比例为4.2%，重度污染天数比例为2.5%，严重污染天数比例为0.7%。480个城市（区、县）开展了降水监测，酸雨城市比例为22.5%，酸雨频率平均为14.0%，酸雨类型总体仍为硫酸型，酸雨污染主要分布在长江以南和云贵高原以东地区。

2015年，全国967个地表水国控断面（点位）开展了水质监测，Ⅰ~Ⅲ类、Ⅳ~Ⅴ类和劣Ⅴ类水质断面分别占64.5%、26.7%和8.8%。5 118个地下水水质监测点中，水质为优良级的监测点比例为9.1%，良好级的监测点比例为25.0%，较好级的监测点比例为4.6%，较差级的监测点比例为42.5%，极差级的监测点比例为18.8%。冬季、春季、夏季和秋季，劣四类海水海域面积分别占中国管辖海域面积的2.2%、1.7%、1.3%和2.1%。污染海域主要分布在辽东湾、渤海湾、莱州湾、江苏沿岸、长江口、杭州湾、浙江沿岸和珠江口等近岸海域。

对生态的破坏，最典型的例子就是滥伐森林和围湖造田。1958年的"大炼钢铁"运动，使全国的树木遭受了一场空前浩劫，大片大片的林木几乎是一夜之间化为灰烬。据统计，1949年以来，我国毁掉的森林面积超过10亿亩。湖面的缩小也是有目共睹的。

3. 效益低下

我国经济的高增长仍然是靠消耗大量能源和原材料的低效益增长。2012年，我国消耗了6.8亿吨钢，约占世界的30%多；36.2亿吨标准煤，约占世界的50%；水泥产量21.84亿吨，占世界总量的55%，而GDP仅占世界总产值的约15%，单位GDP能耗约为世界平均值的3.2倍。高投入、低产出，不可避免地带来经济效益的下降。2015年我国钢材实际消费量约为6.68亿吨，同比下降4.8%，为1996年以来的首次下降，约占世界的44.5%；煤炭消费量为39.65亿吨，同比下降3.7%，但仍占世界煤炭消费量的一半；水泥产量为23.48亿吨，同比增速下降4.9%，占世界总量的57.3%，GDP占世界总产值的15.5%。

4. 影响技术进步

现代经济增长主要是由科学技术的进步来推动。同时，当前国际竞争也集中表现为科学技术的竞争。在这种竞争格局下，竞争已不完全是追求科研上的先进性，科研成果商品化的速度和质量同样成为科研追求的目标。在许多发达国家，科学技术在经济增长中所占的比重已经达到60%~80%，科技成果利用率一般都在50%左右，有的高达80%。但在我国科学技术的贡献率和利用率都比较低。1980年以来，世界银行专家组及国内众多专家学者都对我国的技术进步贡献率作过测算和分析，一个普遍的结论是我国技术进步贡献率很低，高的时期也只不过30%~40%，而个别时期还出现下降的情况。长期以来，我国追求粗放型增长的恶果之一就是固定资产技术水平不高。

传统发展模式对自然资源的掠夺式、低效率使用，对环境和生态平衡的破坏，实质上是一种威胁人类长期生存、发展的破坏性的生产行为。传统发展模式所造成的效益低、技术水平低和经济发展的大起大落，又使经济增长自身难以持续。中国正是从对传统发展模式的沉痛反思中，进一步坚定了走可持续发展道路的决心。

（二）可持续发展理论与战略

1. 可持续发展理论的产生

从历史的观点看，可持续发展的概念是在环境问题危及人类的生存和发展，传统的发展模式严重地制约了经济发展和社会进步的背景下产生的，是人们对传统发展观的反思和创新。18世纪产业革命以来确定的以工业化和经济增长为主要内容的传统发展观，乐观地看待由于科技进步和工业化引起的经济迅速增长，特别是第二次世界大战以来，世界各国出现了一股从未有过的增长热，而且这时的发展是以国民生产总值或国民收入的增长为主要内容。这种增长使社会生产力得到极大提高，经济规模得到空前扩大，创造了前所未有的物质财富。

但是，由此引发了一系列负面影响，主要是由于自然资源的过度开发和消耗、污染物的大量排放，导致全球性的资源短缺、环境污染和生态破坏。这种危机使地球和人类面临着难以长期忍受的趋势，主要表现为人口膨胀、南北差距扩大、能源危机、环境污染以及生态破坏等新的更为广泛而深刻的矛盾。还有许多问题打破了区域和国家的疆界演变为全球性的问题，暂时性的问题演变为长远的问题，潜在的问题进一步恶化蔓延为公开性的问题，如全球性的气候变化、臭氧层的耗竭与破坏、生物多样性减少速度加快、有毒化学品的污染以及越境转移、土壤退化加速、森林面积剧减等。

从20世纪60年代到80年代，在经历了一系列全球性生态环境对经济发展带来的影响和痛苦之后，人类开始积极反思和总结传统经济发展模式不可克服的矛盾，努力寻找新的发展模式，探索能在提高经济效益的同时保护资源、改善环境的政策和发展战略。于是可持续发展这一新的发展模式应运而生了。

1981年，美国学者莱斯特·R.布朗在《建设一个持续发展的社会》一书中，首次使用“可持续发展”一词，并阐述其基本观点。他认为，在资源方面，人类要保持资源基地，获得持续的资源供应；在环境方面，人类不应使其日益恶化，要减轻对环境的压力；在人口方面，要保持稳定的人口。1987年，以挪威前首相伦特兰夫人为首的“世界环境与发展委员会”发表了《我们共同的未来》的学术报告，广泛采用了“可持续发展”的概念。进入20世纪90年代以来，可持续发展的思想以其崭新的世界观和应用的光明前景，被正式列入国际社会的议程。1992年6月，联合国环境与发展大会在巴西里约热内卢召开，会议通过了《里约环境与发展宣言》《21世纪议程》等重要文件，并签署了联合国《气候变化框架公约》《生物多样性公约》，认可了可持续发展理论，充分体现了人类社会可持续发展的新思维，反映了在环境与发展领域合作的全球共识和最高的政治承诺。《21世纪议程》要求各国制定和组织实施相应的可持续发展战略、计划和政策，迎接人类社会面临的共同挑战。对《21世纪议程》的执行，促使各国走上了可持续发展的道路，加强国际合作，共同促进经济发展和保护全球环境，标志着世界可持续发展战略的确立。

2.可持续发展的内涵与原则

可持续发展，就是要正确处理经济发展同人口、资源、环境的关系，是既能满足当代人的需要，又不对后代人满足其需要的能力构成危害的发展。它包括两个关键性概念：一是人类需要，包括各种需要，特别是穷人的需要，这些需要应被置于压倒一切的优先地位；二是环境限度，环境满足现在和未来各种需要的能力是有限的，经济发展不能突破环境限度。可持续发展是在保护环境的基础上人类福利的不断增长，是对人类传统经济增长和经济发展观念的根本性变革。大致可以从三方面来理解可持续发展的内涵：

第一，可持续发展以实现经济发展，不断满足人类的各类需要为根本目标。可持续发展本身不是把保护环境和维护生态平衡作为单纯的目标，也不提倡人类为保护环境而清心寡欲或人为地压制各种生活需要。同时，可持续发展也并不否定经济增长和经济发展，不主张人类为保护环境而追求经济的零增长，而是把经济增长和经济发展作为可持续发展的条件和手段加以重视，是追求可持续发展的经济增长和经济发展。在这一点上，可持续发展同过去罗马俱乐部所主张的零增长是有本质区别的。

第二，可持续发展否定传统的经济增长和经济发展概念，追求人类全面的、长期的、持续的发展。传统经济增长一般被定义为国内生产总值的提高，它追求经济数量的增长而忽视技术进步、制度创新和经济结构的改善。还有些传统的发展观念尽管重视技术进步、制度创新和经济结构的改善，在很大程度上克服了传统经济增长方式的缺陷，但在可持续发展方面还是不够的。可持续发展把经济发展“发展”为使一系列社会目标得以实现的发展，是一种社会进步。它主要体现在以下三个方面：个人和社会福利的提高；教育、健康和总的生活质量的提高或技术、知识的进步；自尊和自重或社会独立意识的增强。另外，可持续发展不是短期的发展，而是跨越整个人类生存始终的发展。

第三，可持续发展把环境纳入了经济发展的过程。传统的经济增长和经济发展方式忽视环境因素，把环境视为免费的、无代价的。可持续发展观则明确地把环境因素及其维护和改善纳入经济发展的过程，充分肯定了环境因素在经济发展过程中的重要价值，这种价值表现在五个方面：作为舒适性资源对生活质量的直接贡献；通过影响人体健康对生活质量的间接贡献；通过环境部门对GDP的直接贡献；作为环境投入对经济活动的直接贡献；对维持生命支持系统的整体贡献。

因此，人类在进行成本核算时，不能把环境视为免费的，而必须加以充分反映和补偿。另外，可持续发展要求经济发展不能以牺牲环境为代价，而必须充分保护和改善环境。

可持续发展有着一系列的原则，其中主要包括：

第一，公平性原则。一是本代人的公平，即两代人之间的横向公平。可持续发展要满足全体人民的基本需要和给全体人民以机会，以满足他们要求较好生活的愿望。当今世界是贫富两极分化的世界，不可能实现可持续发展。因此，要给世界以公平的分配和公平的发展权，要把消除贫困作为可持续发展优先考虑的目标。二是代际公平，即世世代代人之间的纵向公平。人类赖以生存的自然条件是有限的，本代人不能因为自己的发展而损害人类世世代代满足需要的条件——自然资源和环境。要给世世代代以公平利用自然资源的权力。三是公平分配有限资源。发达国家在利用地球资源上有优势，这种由来已久的优势剥夺了发展中国家平等利用地球资源的权利。《里约环境与发展宣言》明确表明："各国拥有着按其本国的环境与发展政策开发本国自然资源的主权，并负有确保在其管辖范围内或在其控制下的活动不致损害其他国家或在各国管辖范围以外的地区的环境的责任。"

第二，可持续性原则。可持续性是指生态系统受某种干扰时能保持其生产率的能力。资源环境是人类生存与发展的基础和条件，离开了资源和环境，人类的生存和发展就无从谈起。资源永续利用和生态系统可持续性的保持，是人类持续发展的首要条件。可持续发展要求人类根据可持续性要求，调整自己的生产方式和生活方式，在生态可能的范围内确定自己的消耗标准。

第三，共同性原则。世界各国历史、文化和发展水平各异，可持续发展的目标、政策和实施步骤也会不同，但可持续发展作为全球共同的总目标，所体现的公平性和可持续性原则，则是共同的。要实现这一总目标必须采取全球的联合行动。可持续发展观体现了在国际发展事务中，发展中国家与发达国家具有共同的责任和义务，世界各国应力求平等合作、共同协调发展的思想，共同合理开发利用能源资源，共同协力克服各种能源、生态和环境危机，谋求世界各国的共同繁荣发展。

3．中国的可持续发展战略

1994年4月，中国政府正式公布了《中国21世纪议程》，它是我国可持续发展的国家战略。该议程"构筑了一个综合性的、长期的、渐进的可持续发展战略框架和相应对策，是中国走向21世纪和争取美好未来的新起点"。它明确指出："目前，中国的经济发展基本上仍然沿袭着以大量消耗资源能源和粗放经营为特征的传统发展模式，不仅造成对生态环境的极大损害，而且经济增长本身难以持续。因此，转变发展战略，依靠科技进步实现可持续发展道路，是加速中国经济发展的正确选择。”

《中国21世纪议程》是一个与联合国《21世纪议程》相呼应，按照国际规范制定的中国可持续发展战略规划，由20章78个方案组成，大体分为可持续发展总体战略、社会可持续发展、经济可持续发展、资源的合理利用与环境保护四大部分。

（1）可持续发展总体战略。其内容包括：第一，可持续发展的前提是发展。只有经济增长率达到和保持一定水平，才有可能不断消除贫困，人们的生活水平才会逐步提高，并且提供必要的能力和条件，支持可持续发展。第二，加速与可持续发展有关的立法及其实施。与可持续发展有关的立法及其实施是把可持续发展战略付诸实施的重要保障。第三，建立费用与资金机制。不断扩大各种渠道的投入，并逐步提高可持续发展活动投资所占的比例，它是实现可持续发展战略目标的关键。第四，强化可持续发展能力建设。能力建设涉及国家的决策、管理、经济、环境、资源、科学技术、人力资源等方面，必须全面加强可持续发展能力建设。第五，必须依靠公众及社会团体的支持和参与。公众、社会团体的参与方式和程度，将决定可持续发展目标实现的进程。

（2）社会可持续发展。第一，控制人口增长，引导建立可持续的消费方式，大力发展社会服务与第三产业。人口规模庞大、人口素质较低、人口结构不尽合理，是中国亟待解决的三个重大问题。改变传统的不合理的消费模式，鼓励并引导合理的、可持续的消费模式的形成与推广。提高服务的社会化、专业化水平，形成服务网络，提高服务效率和服务质量，创造就业机会；加快第三产业的发展，使之在国民生产总值中的比例有明显提高。第二，消除贫困。对贫困地区而言，消除贫困与可持续发展是统一的整体或一个问题的两个方面，不消除贫困就难以持续发展。第三，发展卫生事业，提高人民健康水平。使全体人民都能获得基本的卫生健康服务，总体上达到与小康水平相适应的健康水平。第四，人类住区可持续发展。建设成规划布局合理，配套设施齐全，有利于工作，方便生活，环境清洁、优美、安静，居住条件舒适的人类住区。第五，防灾减灾。要提高对自然灾害的管理水平，加强防灾减灾体系建设，减轻自然灾害损失；减少人为因素诱发、加重的自然灾害。

（3）经济可持续发展。第一，建立可持续发展的经济体系。要建立社会主义市场经济体制，使市场在国家宏观调控下对资源配置起基础性作用；要高度重视和加强农业发展，继续发展第二产业，大力发展第三产业；要把自然资源核算纳入国民经济核算体系。第二，实现农业与农村的可持续发展。农业和农村的可持续发展，是中国可持续发展的根本保证和优先领域。第三，实现工业与交通、通信业的可持续发展。要改善工业结构和布局；开展清洁生产和生产绿色产品；加快工业技术的开发利用。第四，建立与经济发展相适应、对环境无害的能源供应体系和消费模式。通过加强能源综合规划与管理，开发和推广先进的对环境无害的能源生产和利用技术，提高能源效率，合理利用能源资源，减少环境污染。

（4）资源的合理利用与环境保护。第一，加强自然资源的保护与可持续利用。依靠科技进步挖掘资源潜力，充分运用市场机制和经济手段有效配置资源，坚持走提高资源利用效率和资源节约型经济发展的道路。第二，生物多样性保护。建立和完善全国自然保护区网络、全国珍稀濒危动植物迁地保护网络等，通过加强管理、建立和完善监测系统、开展国际与区域合作、加强科学研究活动等，切实保护生物多样性。第三，荒漠化防治。加强荒漠化土地综合整治与管理，减少人为破坏导致的荒漠化扩展；全面贯彻实施《中华人民共和国水土保持法》，全面管护，重点治理，使水土流失恶化的状况得到有效的遏止。第四，保护大气层。重点是控制煤烟型大气污染，另外，要注意和控制机动车辆的排废。第五，固体废物的无害化管理。进一步完善固体废物法规体系和管理制度；实施废物（尤其是有害废物）最小量化；发展无害化处理、处置技术等。

总之，我国的可持续发展战略的主体思想就是实现人口、资源、环境和经济、社会发展的协调，实现经济、社会的可持续发展。对于中国这样的发展中国家来说，可持续发展的前提是发展，但同时要把控制人口、节约资源、保护环境放到重要位置，使人口增长与生产力的发展相适应，使经济建设与资源环境相协调，实现良性循环，努力走出一条具有中国特色的可持续发展道路。

4.实施可持续发展的对策

《中国21世纪议程》为中国今后的发展描绘了一幅美好的蓝图。这个蓝图能不能变成现实，有赖于富有成效的实施。

（1）控制人口增长，提高人口素质。中国的基本国情是：人口多、底子薄、耕地少。实施可持续发展战略，在很大程度上受到庞大的人口数量和不高的人口素质的制约。人口增长过快给我国的劳动就业造成了巨大压力。在我国，就业需求旺盛和就业岗位不足的问题将越来越突出，就业问题是我国长期不易根本解决的一大难题。为解决这一难题，首先应推行正确的人口政策，将人口因素纳入经济发展战略。其次应增加教育经费投入，提高人口素质，为实现可持续发展提供基础条件。适度的人口总量、良好的人口素质和合理的人口结构将促进人口与经济、社会、资源和环境的协调发展。

（2）合理利用资源，坚持开发与节约并举。资源相对短缺及有效利用不足，是制约我国经济发展的另一个重要因素。我国在资源总量上可称得上地大物博，但人均资源占有量却远远低于世界平均水平，而且资源分布很不均衡。比如，2015年，我国水资源总量2.83万亿立方米，人均占有量约2 066立方米，约为世界人均值的1/4。由于地理分布极不均匀，难以实现跨地区调水，局部地区缺水问题更严重。同时，我国工业整体水平不高，资源利用率低，加之粗放经营、管理不善，导致资源浪费严重。根据我国国情，在资源上必须坚持开发与节约并重，克服各种浪费现象。一方面，要节约资源，千方百计地减少资源的占用与消耗；另一方面，要大搞资源的综合利用，提高有限资源的利用效率。

（3）加强治理污染，保护生态环境。经济发展中所造成的生态环境的破坏，也是制约可持续发展的重要因素。我国目前的环境现状仍然是：总体恶化、局部改善、治理不及破坏、生态赤字扩大。目前，环境污染和生态破坏主要表现在：水污染严重，我国七大水系和沿海海域受到不同程度的污染；大气污染严重；工业固体废物污染、城市废水污染、噪声污染和垃圾污染严重；生态恶化。要搞好生态环境建设，第一，要加快水土流失地区的综合治理和防护林体系建设，搞好水利建设。第二，要植树造林，提高森林覆盖率，增加城镇绿地面积，发展生态农业。第三，要强化环保意识，加强法律法规建设，建立健全环境保护的管理体系和法规体系。

（三）科学发展观

世界各国的发展实践表明，发展绝不仅仅是经济增长，而应该是经济、政治、文化、社会全面协调的发展，应该是人与自然和谐的可持续发展。作为世界上最大的发展中国家，我国要完成工业化和信息化的双重任务，面临着促进经济发展和节约资源、保护环境的双重压力，这就决定了我们不能重复其他国家走过的老路，而必须走出一条具有中国特色的发展道路。

在初级阶段的基本国情、21世纪的发展特征和当代世界的发展实践与发展理念发生变化的背景之下，“为谁发展”“靠谁发展”“怎样发展”的问题摆在我们的面前，科学发展观就是在探索这些问题的过程中形成和发展起来的。

2003年10月，党的十六届三中全会通过的《中共中央关于完善社会主义市场经济体制若干问题的决定》指出：“坚持以人为本，树立全面、协调、可持续的发展观，促进经济社会和人的全面发展。”胡锦涛总书记把这样的发展观称为“科学发展观”。这是我们党的文件中第一次提出科学发展观。

十八大报告深度解读了科学发展观：

1.科学发展观的地位和作用

科学发展观是马克思主义同当代中国实际和时代特征相结合的产物，是马克思主义关于发展的世界观和方法论的集中体现，对新形势下实现什么样的发展、怎样发展等重大问题作出了新的科学回答，把我们对中国特色社会主义规律的认识提高到新的水平，开辟了当代中国马克思主义发展新境界。科学发展观是中国特色社会主义理论体系最新成果，是中国共产党集体智慧的结晶，是指导党和国家全部工作的强大思想武器。科学发展观同马克思列宁主义、毛泽东思想、邓小平理论、“三个代表”重要思想一道，是党必须长期坚持的指导思想。

面向未来，深入贯彻落实科学发展观，对坚持和发展中国特色社会主义具有重大现实意义和深远历史意义，必须把科学发展观贯彻到我国现代化建设全过程、体现到党的建设各方面。

2. 科学发展观的内涵

(1) 以发展为第一要义。全党必须更加自觉地把推动经济社会发展作为深入贯彻落实科学发展观的第一要义，牢牢扭住经济建设这个中心，坚持聚精会神搞建设、一心一意谋发展，着力把握发展规律、创新发展理念、破解发展难题，深入实施科教兴国战略、人才强国战略、可持续发展战略，加快形成符合科学发展要求的发展方式和体制机制，不断解放和发展社会生产力，不断实现科学发展、和谐发展、和平发展，为坚持和发展中国特色社会主义打下牢固基础。

发展是当代中国的主题。科学发展观是用来指导发展的，不能离开发展这个主题。离开了发展，科学发展观就成了无源之水、无本之木。邓小平强调："发展才是硬道理。"社会主义初级阶段的主要矛盾，始终是人们日益增长的物质文化需要同落后的社会生产之间的矛盾，解放和发展社会生产力始终是我们的中心任务。经过改革开放以来的发展，我国发展水平和经济实力显著提升。2015年我国经济总量居世界第二位，但按人均计算仍属于中低收入国家。

(2) 以以人为本为核心立场。必须更加自觉地把以人为本作为深入贯彻落实科学发展观的核心立场，始终把实现好、维护好、发展好最广大人民的根本利益作为党和国家一切工作的出发点和落脚点，尊重人民首创精神，保障人民各项权益，不断在实现发展成果由人民共享、促进人的全面发展上取得新成效。

经济社会发展是人的全面发展的前提和条件，没有经济社会的发展，人的全面发展就失去了基础和保障；人的全面发展是经济社会发展的根本目的，又是推动经济社会发展的最重要力量，离开了人的全面发展，经济社会发展就失去了目标和动力。经济社会发展和人的全面发展相互联系、相互促进，人越全面发展，社会的物质文化财富就会创造得越多，人们的生活就越能得到改善；而物质文化条件越充分，又越能促进人的全面发展。

坚持以人为本，就要把促进人的全面发展作为经济社会发展的最终目的，既着眼于人们现实的物质文化生活需要，又着眼于促进人的素质的提高。要在经济社会不断发展的基础上，不断提高人的素质和能力，通过不断提高人的素质和能力，不断推进经济社会的发展。

(3) 以全面协调可持续为基本要求。必须更加自觉地把全面协调可持续作为深入贯彻落实科学发展观的基本要求，全面落实经济建设、政治建设、文化建设、社会建设、生态文明建设五位一体总体布局，促进现代化建设各方面相协调，促进生产关系与生产力、上层建筑与经济基础相协调，不断开拓生产发展、生活富裕、生态良好的文明发展道路。

坚持"全面、协调、可持续"发展，就要正确处理经济与社会发展，城市与农村发展，东部与中西部发展，人与自然界发展，国内发展与对外开放，改革、发展与稳定等现代化建设中的重大关系；就要统筹安排和处理好消费与投资、供给与需求，发展的速度与结构、质量、效益，科技进步与人力资源优势的充分发挥，市场机制与宏观调控等经济发展的重大问题；就要坚持把社会主义物质文明、政治文明、精神文明、和谐社会建设以及生态文明建设和人的全面发展，看成是彼此相互联系、相互促进、不可分割的。

“全面、协调、可持续”发展要求坚持生产发展、生活富裕、生态良好的文明发展道路。生产发展，是走文明发展道路的基础环节。离开生产发展，社会进步就失去前提，生活富裕也不可能实现。生活富裕，是走文明发展道路的重要体现。不断提高整个社会的物质和精神生活水平，使社会财富得到合理分配，使全体社会成员共享发展成果，人类文明才能不断进步。生态良好，是走文明发展道路的应有之义。遵循经济规律和自然规律，合理利用自然资源，保护和优化生态环境，坚持可持续发展，实现人与自然和谐相处，人类文明才能得到持久永续发展。坚持文明发展道路，就要在经济社会发展过程中，把推进生产发展、实现生活富裕、保持生态良好有机统一起来，坚持以生产发展为基础，以生活富裕为目的，以生态良好为条件，努力实现社会经济系统和自然生态系统的良性循环。

（4）以统筹兼顾为根本方法。必须更加自觉地把统筹兼顾作为深入贯彻落实科学发展观的根本方法，坚持一切从实际出发，正确认识和妥善处理中国特色社会主义事业中的重大关系，统筹改革发展稳定、内政外交国防、治党治国治军各方面工作，统筹城乡发展、区域发展、经济社会发展、人与自然和谐发展、国内发展和对外开放，统筹各方面利益关系，充分调动各方面积极性，努力形成全体人民各尽其能、各得其所而又和谐相处的局面。

统筹城乡发展，就要坚决贯彻工业反哺农业、城市支持农村的方针，逐步改变城乡二元经济结构，加快社会主义新农村建设，着力解决好“三农”问题，逐步缩小城乡发展差距，推动农村经济社会全面发展，形成城乡经济社会一体化新格局。统筹区域发展，就要继续实施区域发展总体战略，深入推进西部大开发战略，全面振兴东北老工业基地，大力促进中部地区崛起，积极支持东部地区率先发展，逐步扭转区域发展差距拉大的趋势，形成东、中、西部相互促进、优势互补、共同发展的新格局。统筹经济社会发展，就要在大力推进经济发展的同时，更加注重社会发展，加快科技、教育、文化、卫生、体育、社会保障、社会管理等社会事业发展，不断满足人民群众在精神文化、健康安全等方面的需求，提高人的素质和能力，实现经济发展与社会进步的有机统一。统筹人与自然和谐发展，就要高度重视资源和生态环境问题，处理好经济建设、人口增长与资源利用、生态环境保护的关系，增强可持续发展的能力，推动整个社会走上生产发展、生活富裕、生态良好的文明发展道路。统筹国内发展和对外开放，就要处理好国内发展和国际环境的关系，既利用好外部的有利条件，又发挥好我们自身的优势，利用国际国内两个市场、两种资源，立足于扩大内需，把扩大内需与扩大外需、利用内资与利用外资结合起来，努力实现国内发展和对外开放的相互协调。

（5）解放思想、实事求是、与时俱进、求真务实，是科学发展观最鲜明的精神实质。实践发展永无止境，认识真理永无止境，理论创新永无止境。全党一定要勇于实践、勇于变革、勇于创新，把握时代发展要求，顺应人民共同愿望，不懈探索和把握中国特色社会主义规律，永葆党的生机活力，永葆国家发展动力，在党和人民创造性实践中奋力开拓中国特色社会主义更为广阔的发展前景。

2015年3月，第十二届全国人民代表大会第三次会议上国务院总理的政府工作报告指出，打好节能减排和环境治理攻坚战。环境污染是民生之患、民心之痛，要铁腕治理。2015年10月，中国共产党第十八届中央委员会第五次全体会议提出，坚持绿色发展，必须坚持节约资源和保护环境的基本国策，坚持可持续发展，坚定走生产发展、生活富裕、生态良好的文明发展道路，加快建设资源节约型、环境友好型社会，形成人与自然和谐发展现代化建设新格局，推进美丽中国建设，为全球生态安全作出新贡献。

主要概念

经济增长　经济周期　经济增长方式　粗放型增长方式　集约型增长方式　经济发展　可持续发展　科学发展观

基本训练

一、单项选择题

1.用现行价格计算的GDP可以反映（　　）。

A.一个国家或地区的经济效率　　B.一个国家或地区的发达程度

C.一个国家或地区的经济增长速度　D.一个国家或地区的经济发展规模

2.关于经济增长与经济发展的关系，下列说法不正确的是（　　）。

A.经济发展包括经济增长

B.经济增长包括经济发展

C.经济发展比经济增长具有更广的外延

D.经济发展以经济增长为前提

3.一个国家应选择何种经济增长方式或以何种增长方式为主，决定因素是（　　）。

A.不同经济发展阶段的经济条件　　B.经济发展战略

C.一国经济发展的基本任务　　D.国家经济政策

4.经济增长方式可以分为（　　）。

A.简单再生产与扩大再生产

B.外延的扩大再生产与内涵的扩大再生产

C.粗放型增长和集约型增长

D.外延型增长和粗放型增长

5.实现我国经济增长方式由粗放型转变为集约型意味着（　　）。

A.从低投入、高产出向高投入、低产出转变

B.从数量扩张型向质量效益型转变

C.从封闭型向开放型转变

D.从质量效益型向数量扩张型转变

6.实施可持续发展战略必须正确处理（　　）。

A.改造自然与保护耕地的关系

B.发现资源与利用资源的关系

C.经济发展与人口、资源、环境的关系

D.治理环境污染与预防疾病传染的关系

7.科学发展观的本质是（　　）。

A.以人为本　　B.全面发展　　C.协调发展　　D.统筹兼顾

8.科学发展观的基本要求是（　　）。

A.统筹兼顾　　B.保护生态环境

C.全面、协调、可持续　　D.以人为本

9.科学发展观的根本方法是（　　）。

A.统筹兼顾　　B.发展

C.全面、协调、可持续　　D.以人为本

二、多项选择题

1.经济增长不仅取决于生产要素的投入数量，而且与生产要素的效率相关。影响生产要素效率高低的因素主要有（　　）。

A.资本积累　　B.技术进步

C.制度创新　　D.管理效率的提高

E.人力资本的增进

2.经济发展与经济增长的辩证关系表现在（　　）。

A.经济发展包括经济增长

B.经济增长包括经济发展

C.经济增长是经济发展的前提、基础和核心

D.经济发展是经济增长的基础核心

E.有经济增长不一定有经济发展

3.依靠集约型经济增长方式来实现经济增长，主要途径是（　　）。

A.提高生产要素的质量　　B.提高劳动者的素质

C.扩大生产场所和劳动力人数　　D.提高资金和设备的利用率

E.技术的不断进步

4.在市场经济条件下，当一国经济景气程度下降时，可能出现（　　）。

A.投资活动萎缩　　　　B.居民收入水平呈下降趋势

C.物价持续上升，出现通货膨胀　　　　D.市场疲软

E.产品滞销

5.为实现资源、环境与经济、社会发展相协调，我国实施可持续发展战略，该战略的重要条件是（　　）。

A.控制人口　　　　B.增加投入

C.节约资源　　　　D.发展教育

E.保护环境

6.以下科学发展观的正确表述是（　　）。

A.科学发展观的第一要义是发展

B.科学发展观的第一要义是以人为本

C.科学发展观的核心是以人为本

D.科学发展观的基本要求是“全面、协调、可持续”

E.科学发展观的根本方法是统筹兼顾

三、判断分析题

1.经济增长是经济发展的基础，经济增长一定带来经济发展。（　　）

2.发展经济必然带来环境污染，治理污染必须首先发展经济。（　　）

3.科学技术的发展与应用带来了经济增长，却使全球面临资源枯竭、环境污染与生态失衡等一系列危机。（　　）

4.我国实施可持续发展战略，必须控制经济发展的速度。（　　）

四、简答题

1.用GDP反映经济发展有哪些问题？如何解决这些问题？

2.经济增长与经济发展之间的关系是什么？

3.市场经济中经济增长为什么会出现周期性波动？

4.如何转变经济增长方式？

5.如何理解可持续发展？

6.科学发展观的内涵是什么？

五、论述题

1.如何理解经济增长方式由粗放型向集约型转变？

2.论述科学发展观与传统发展观的差异。

读本视窗 9-1　　读本视窗 9-2　　读本视窗 9-3

第十章　社会主义经济发展中的结构优化

学习目标

◆ 重点掌握产业结构的基本含义、产业结构变动的影响因素、产业结构的演变及其规律。

◆ 掌握产业结构理论的形成与发展、产业发展和产业结构调整和优化的规律和过程。

◆ 了解我国产业结构演进的趋势及我国的产业政策。

第一节　产业结构

一、产业结构的内涵

产业是指生产相似或相同产品的一系列企业。结构是指某个整体的各个组成部分的搭配和排列状态。它较早地被应用于自然科学的研究中。在经济领域，产业结构这个概念始用于20世纪40年代。最初，其含义还不确定。随着对产业经济研究的不断发展和深化，产业结构的概念和研究领域逐渐明确下来。一般而言，产业结构是指产业间的技术经济联系和数量比例关系。

产业间的技术经济联系与数量比例关系可从两个角度来考察：一是从“质”的角度动态地揭示产业间技术经济联系与联系方式不断发展变化的趋势，揭示占主导或支柱地位的产业部门的不断替代的规律及相应的“结构”效益，形成狭义的产业结构理论；二是从“量”的角度静态地研究和分析一定时期内产业间联系与联系方式的数量比例关系，即产业间“投入”与“产出”的量的比例关系，形成产业关联理论。广义的产业结构理论包括狭义的产业结构理论和产业关联理论。

二、产业结构的演变规律

考察和把握产业结构演进的一般规律是研究产业结构问题的首要课题。产业结构作为以往经济增长的结果和未来经济增长的基础，成为推动经济发展的主要因素。产业结构是同经济发展相对应而不断变动的，这种变动主要表现为产业结构由低级向高级演进的高度化和产业结构横向演变的合理化。这种结构的高度化和合理化推动着经济向前发展。

从许多发达国家和新兴工业化国家的实践来看，产业结构的演进规律可以从不同角度来考察：

1.从工业化发展的阶段来看

一般来说，产业结构的演进阶段包括：前工业化时期、工业化初期、工业化中期、工业化后期和后工业化时期。在前工业化时期，第一产业占主导地位，第二产业有一定发展，第三产业的比重很低。在工业化初期，第一产业产值在国民经济中的比重逐渐降低，其地位不断下降；第二产业有较大发展，工业重心从轻工业主导型逐渐转向基础原材料工业主导型，第二产业占主导地位；第三产业也有一定发展，但在国民经济中的比重还比较小。在工业化中期，工业重心由基础原材料工业向高加工度工业转变，第二产业仍居第一位，第三产业逐渐上升。在工业化后期，第二产业比重继续缓慢下降，第三产业快速发展，其中现代服务业增长加快，第三产业产值比重加大，开始占支配地位。在后工业化时期，产业的信息化和知识化成为重要特征。

2.从主导产业的演进过程来看

主导产业是指在国民生产总值中比重较大，产业关联性强，对其他产业具有很强的带动作用的支柱产业。产业结构的演进有以农业为主导、以轻工业为主导、以基础原材料工业为重心的重化工业为主导、以低加工型的工业为主导、以高度加工组装型工业为主导、以传统服务业为主导、以现代服务业为主导等几个阶段。

3.从三大产业内部的结构变动来看

产业结构的演进是沿着以第一产业为主导到以第二产业为主导，再到以第三产业为主导的方向发展的。

第一产业从技术水平低下的粗放型农业向技术要求较高的集约型农业，再到生物、环境、生化、生态等技术含量较高的绿色农业、生态农业发展；种植型农业向畜牧型农业，野外型农业向工厂型农业方向发展。

第二产业的演进朝着轻工业—基础型原材料工业—基础型重化工业—加工型重化工业—大型装备制造业方向发展。从资源结构变动情况来看，产业结构沿着劳动密集型产业—资本密集型产业—知识（包括技术）密集型产业方向演进。从市场导向角度来看，产业结构朝着封闭型—进口替代型—出口导向型—市场全球化方向演进。

第三产业沿着传统服务业—多元化服务业—生产性服务业—现代服务业—知识产业的方向演进。

4.从产业结构演进的顺序来看

产业结构由低级向高级发展的各阶段是难以逾越的，但各阶段的发展过程可以缩短。从演进角度看，后一阶段产业的发展是以前一阶段产业充分发展为基础的。只有第一产业的劳动生产率得到充分的发展，第二产业的轻工产业才能得到应有的发展。第二产业的发展是建立在第一产业劳动生产率的大大提高基础上的，其中加工组装型重化工业的发展又是建立在原料、燃料、动力等基础工业的发展基础上的。同样，只有第二产业快速发展，第三产业的发展才具有成熟的条件和坚实的基础。

三、产业结构的优化升级

产业结构优化升级是指推动产业结构合理化和高度化。前者主要依据产业间技术经济联系的数量比例关系来调整不协调的产业结构；后者主要遵循产业结构演进的基本规律，通过创新和主导产业的转换，加速产业结构向高度化演进。产业结构优化升级过程一般是通过政府的有关产业政策调整影响产业结构变化的供求结构，实现资源优化配置与再配置，来推进产业结构的合理化和高度化发展。

（一）产业结构合理化

1.产业结构合理化的概念

产业结构合理化是指产业与产业之间协调能力的加强和关联水平的提高，是一个动态的过程。产业结构合理化要解决的问题有：供给结构和需求结构的相互适应；三次产业以及各产业内部各部门之间发展的协调；产业结构效应如何充分发挥。

产业结构合理化要求在一定的经济发展阶段上，根据消费需求和资源条件，对初始不理想的产业结构进行有关变量的调整，理顺结构，使资源在产业间合理配置，有效利用。衡量产业结构是否合理的关键在于判断产业之间是否具有因其内在的相互作用而产生的一种不同于各产业能力之和的整合能力。产业之间相互作用的关系越协调，产业结构的协整能力就会越高，与之相应的产业结构也就越合理。相反，如果结构关系不协调，结构的整合能力就会降低，那么与之相应的产业结构就是不合理的。

2.产业结构合理化的内容

协调是产业结构合理化的中心内容。产业结构的协调不是指产业间的绝对均衡，而是指各产业之间有较强的互补和谐关系和相互转换能力。只有强化产业间的协调，才能提高其结构的聚合质量，从而提高产业结构的整体效果。产业结构的协调涉及产业之间各种关系的协调，如生产、技术、利益和分配等。我们主要从产业间生产和技术相互关系的角度来考察协调问题。产业之间是否处于协调状态，一般可以从以下几个方面进行观察和分析：

（1）看产业素质是否协调。相关产业之间是否存在技术关联性的断层和劳动生产率的过度差异。一般可以用比较劳动生产率，即产业部门的国民收入份额与该部门的劳动力份额之比，来衡量产业间的协调程度。如果各产业的比较劳动生产率数值分布得比较集中而又有一定的层次性，则可以说明各产业的素质比较协调；如果各产业的比较劳动生产率数值分布得离散而无序，则说明各产业的素质不协调。

（2）看产业之间的联系方式是否协调。产业之间按照一定的技术关联性存在着投入与产出的联系，这表明了产业之间有相互依赖和相互影响的关系。相互协调的产业之间的联系方式有两个基本特征：一是相互提供产品和服务，如农业的发展为工业提供劳动力和材料，工业反过来又为农业的发展提供机械装备和技术；二是相互促进，这意味着一个产业的发展不能以削弱另一产业的发展为代价。如果各产业之间能够做到相互服务和相互促进，那么它们之间的这种联系方式就是协调的。

（3）看产业之间的相对地位是否协调。在一定的经济发展阶段上，各产业对经济增长的贡献度是不同的，相应的增长速度也有明显的差异，因而各产业在产业结构中所处地位也是不同的，这种差异性形成了各产业之间有序的排列组合。各产业相对地位的协调是指产业结构内部各产业的排列组合具有比较清晰的层次性，各产业之间的主次与发展的轻重缓急关系比较明确。若各个产业主次不分，没有一定的层次性，甚至出现产业的结构的逆转，则说明各产业之间的相对地位是不协调的。

（4）可以从供给是否与需求相适应来判断产业之间是否处于协调状态。在需求正常变动的前提下，产业结构的协调将使其具有较强的适应性和应变能力，即通过自身结构的调整适应新的需求变动，使供给和需求之间无论是在数量上还是在结构上的差距都逐渐缩小，并且使供需之间的矛盾相对缓和。相反，如果对于需求的正常变动，供给长时间不能作出反应，则说明产业间的结构是不协调的。

（二）产业结构高度化

1.产业结构高度化的含义

产业结构高度化是指产业演进过程中主导产业的依次推进和产业层次的提升，它是通过产业间优势地位的更迭来实现的。产业结构的高度化，是各个产业变动的综合结果。它是以单个产业部门的变动为基础的，因为只有单个产业部门的变化才会引起并导致整个产业结构的变化。

2.产业结构高度化的机理

（1）单个产业部门的变动。从单个产业部门的变动来看，一般会经历一个“兴起—扩张—减速—收缩”的运动过程。产业的兴起，往往与新产品的开发相联系。随着新产品的优点逐渐被人们所认识，对它的需求将日益增大；同时创新又成功地大幅度降低了该产品的成本，使该产业迅速扩张，进入一个高速增长阶段。但是，当这种高速增长达到一临界点之后，就会出现减速增长的趋势。这是由以下原因引起的：第一，技术进步速度缓慢；第二，增长较慢的产业对其增长的拖累和增长较快的产业对其竞争的压制；第三，随着产业增长，可利用的产业扩张资金的相对规模下降；第四，受到新兴国家相同产业的竞争性影响。

可见，从一个产业较长的生命周期看，任何一个产业部门的增长减速趋势，都不是偶然的，都或多或少显示出一定的规律性。

（2）创新推动产业高度化。创新是导致产业结构高度化的最主要因素。由于创新使该产业的产品成本大幅度下降，从而推动该产业迅速增长。但当产品价格已降至新的创新很难再使成本下降时，换句话说，创新对于降低成本的潜力已趋枯竭时，便会发生创新减缓，因而迫使该产业增长速度降下来。创新是产业结构高度化的直接动力。大量事实表明，哪个产业的创新活动越活跃，对创新成果的吸收和融合能力越强，产业优化升级的速度就越快。同时，创新也是促进产业结构高度化的具体途径。一般而言，影响产业结构的主要因素有国民产品的需求结构、消费倾向与消费结构、投资结构、消费和投资的比例、劳动力和资本禀赋情况、技术进步及技术结构、产业政策和经济制度等，其中最主要的因素是技术和制度，而创新，包括技术创新和制度创新，可以促进影响产业结构的因素趋于合理化，从而推动产业结构的高度化。

衡量产业优势地位主要有三种标准：一是附加价值高低，附加价值高的产业就是占有优势地位的产业；二是产业产值，产值比重大的产业就是优势产业；三是产业关联效应，受原材料供应影响较大的产业如果后向关联效应大，就说明它是具有优势地位的产业，受最终需求影响较大的产业如果前向关联效应大，就说明它是具有优势地位的产业。附加价值标准强调利润率的高低，产值标准强调产值规模的大小，关联效应标准强调产业的影响力。附加价值的提高，产值规模的扩大，产业影响力的增强都有赖于创新。也就是说，正是创新引起了附加价值、产值规模和产业影响力在不同产业间的变动。这种变化推动了产业结构的高度化。

3.主导产业的选择

（1）主导产业的作用。产业结构高度化与主导产业的发展密切相关。经济发展之所以能够长期保持，是由于主要成长部门的带动和迅速扩张的结果。主导产业的作用一般包括三个方面：第一，科学技术的进步和新的生产函数的获得；第二，持续高增长率的形成；第三，带动和扩散效应。

这三个作用反映了成为主导产业所必备的条件，它们是一个有机整体。只有少数同时兼备创新和较强带动及扩散效应的高增长产业，才能成为主导产业。

罗斯托认为，正是主导产业扩散效应“不合比例增长”的作用推动着经济的发展。同时，这种扩散效应不局限于产业间技术经济联系的效果，还包含着对经济社会发展更为广泛的影响。当然，随着科学技术的进步和生产力的发展，特别是社会分工的日益深化，带动整个产业发展的已不是单个主导产业，而是几个产业同时发挥作用。罗斯托将此称为“主导部门综合体”。他认为，主导部门综合体是由主导部门和与主导部门有较强后向关联、旁侧关联的部门共同组成的，如钢铁、机械、电力和化学工业共同构成了一个主导部门综合体。

（2）主导产业形成的条件。主导产业的形成是与一个国家和地区经济的发展阶段相适应的。发达国家工业化的经验表明，主导产业的转换具有一定的规律性。当然，各国地理条件、资源禀赋、市场需求、人文环境和经济政策等方面的差异对主导产业的形成有很大的影响，历史上不同国家的主导产业及其综合体也不尽相同。但无论哪个国家及其在何种经济发展阶段上，主导产业的形成、发展和转换，都是推动其整体经济发展的根本因素和原动力。同时，主导产业的形成是有条件的。罗斯托认为，主导产业的形成必须具备如下条件：

第一，足够的资本积累。主导产业的形成需要有足够的资本积累和投资：一国对主导产业的净投资率（投资额在国民生产总值中的比重）从5%左右提高到10%，同时要和鼓励储蓄、限制消费和引进外资结合起来。

第二，充足的市场需求。主导产业的形成要有充足的市场需求。这样，该产业才有可能不断扩大。

第三，创新，包括技术创新和制度创新。只有创新，才能使本产业和其他产业不断节约成本，提高劳动生产率，提高产出，满足潜在的市场需求。同时还要有制度创新，才能使一大批具有创新意识的企业家、工程师涌现出来，并为企业的发展提供技术、制度、管理等方面的保证。

此外，罗斯托还提出了主导增长部门、辅助增长部门和派生增长部门三个概念。主导增长部门是指与技术进步相联系、能引入新的生产函数并在经济增长中真正起主导作用的产业，它对其他产业增长具有较强的前向拉动和后向推动作用。辅助增长部门或派生增长部门都不能成为主导产业。

（3）主导产业的实现形式。从世界各国的实践来看，主导产业的实现形式一般有两种：

一种是依靠市场自发调节。市场竞争和供求关系的调节是促进具有竞争能力产业发展的决定力量。产业结构的高度化通过市场供求和价格机制来实现，没有必要制定产业规划和为对某些主导产业进行扶持而制定产业政策。政府对选择主导产业的认识不如市场力量更有权威性。在过去很长时间里，许多西方国家就是采取这种形式来实现产业的发展和主导产业的转换的。它们一般不追求产业结构的优化问题，而强调产业的自我调节，只在经济发展过程中出现问题时，才被动地采取一些补救措施和制定一些相应的产业政策。但是在今天，许多国家都加强了对产业发展的干预。例如，美国从20世纪90年代开始就制定了一系列产业技术政策，加快高科技产业的发展。

另一种是政府积极干预。国家通过制定产业政策，选择主导产业和确定产业发展序列，不断促进产业结构的高度化。日本是比较早采用这种形式的国家，它没有沿袭欧美发达国家发展产业的经验，而是选择了一条超常规发展的道路。日本主要根据“收入弹性基准”和“生产率上升基准”选择主导产业和确定产业发展顺序。

近年来，越来越多的国家开始重视第二种形式。西方发达国家采取政府积极干预的形式促进主导产业（如信息产业）的发展。发展中国家由于市场经济不发达，对主导产业采取倾斜政策显得尤为重要。这样，它们可以使主导产业获得较快发展，并不断促进产业结构的高度化，从而实现“追赶型”国家“后发优势”和持续、快速发展本国经济的目的。

（三）产业政策与产业结构优化

1．产业政策的含义

产业政策是各国的工业化过程中所采取的一种经济政策，任何有能力履行经济职能的国家都制定并实施一定的产业政策。

日本原通产省经济研究所所长小宫隆太郎认为：产业政策是“对以制造业为中心的产业部门之间的资源配置实行干预的各种政策，以及个别产业内部的产业组织对私人企业的活动水平施加影响的政策的总和”。他强调，产业政策的核心内容，是针对资源配置方面出现的“市场失败”而进行的政策性干预。

由日本一桥大学、东京大学和庆应大学教授共同主编的《经济辞典》认为：“所谓产业政策，是指与产业之间结构有关的产业结构政策和与产业内部竞争组织有关的产业组织政策。前者以产业结构变化为目的，后者以实现公平竞争为目的。现实中的产业政策总是随着经济社会的发展而不断变化的。”

《现代日本经济事典》对产业政策作了比较全面的概括：“产业政策是指国家或政府为了实现某种经济和社会目的，以全产业为直接对象，通过对全产业的保护、扶植、调整和完善，积极或消极参与某个产业或企业的生产、经营、交易活动，以及直接或间接干预商品、服务、金融等的市场形成和市场机制的政策的总称”。

2．产业政策的作用

（1）弥补市场失灵的缺陷。产业政策形成的逻辑起点，在于政府有责任弥补“市场失灵”的缺陷。由于规模经济、公共产品、外部性等市场失灵领域的存在，如果仅仅依靠市场机制，就无法避免垄断、不正当竞争、基础设施投资不足、过度竞争、环境污染、资源浪费等现象的发生与蔓延。历史经验表明，各国产业政策的最普遍作用，就是弥补市场失灵的缺陷。如通过推行产业组织政策和产业结构政策，政府可以限制垄断的蔓延，促进有序竞争的形成，加速产业基础设施的建设，治理环境污染与生态失衡，加快教育与科技的发展等等。

（2）实现超常规发展，缩短赶超时间。产业政策形成的另一个逻辑起点，是充当贯彻国家经济发展战略的工具。例如，发展中国家在经济“起飞”的初期都会遇到基础设施（交通、电力、通信等）和基础工业（重工业和基础化学工业等）薄弱的“瓶颈制约”。这些部门的“外部性”较强，它们对整个经济发展具有重大的促进作用，而本身却投资巨大、利润率低、资本回收期长，仅仅依靠市场机制肯定无法在短期内达到经济“起飞”所要求的条件。韩国效仿日本的做法，以产业政策为手段，运用政府的力量推动产业结构的优化，在短短二三十年的时间里就走完了老工业国用了一二百年才走完的历程。此外，通过有秩序地扩大对外开放、制定和实施出口导向型产业政策，政府还可以有效地促进本国产业参与国际分工，从而充分利用后发优势，在技术和管理领域较快地接近国际先进水平。实践证明，产业政策是后发国家实现超常规发展、缩短赶超时间的重要工具。

（3）促进产业结构合理化与高度化，实现产业资源的优化配置。依靠市场机制虽然可以较好地实现资源的有效配置，但市场的力量往往是盲目的，其作用也主要是事后调节，因而不可避免地伴随着大量的资源浪费。产业政策作为政府行为，完全可以根据科学的预见实现事前调节，避免不必要的资源闲置和浪费。它在产业结构领域中的作用尤其显著。通过制定和实施产业结构政策，政府这只“看得见的手”可以有效地支持未来主导产业和支柱产业的成长壮大，可以有秩序、低成本地实现衰退产业的撤退和调整，从而加速产业结构的合理化和高度化，实现产业资源的优化配置。

（4）增强产业的国际竞争力。产业的国际竞争力是建立在本国资源的国际比较优势、骨干企业的生产力水平、技术创新能力和国际市场的开拓能力基础之上的。产业政策对增强企业创新能力和开拓国际市场等都有重要作用。例如，美国政府通过加强对研究开发活动的投资，以及采取多种配套措施加快高新技术研究开发和产业化进程，有效地促进了技术创新，通过从“自由贸易政策”向“战略贸易政策”的转变，开辟了以外贸、外交、军事等手段拓展海外市场的新路等等。

（5）在经济全球化过程中趋利避害，保障国家的经济安全。这是产业政策在最近十几年间表现出来的全新功能。正如1997—1998年发生的东南亚金融危机所昭示的那样，经济全球化极有可能给没有任何防备的发展中国家造成深重的灾难。在经济全球化过程中，各国政府应当学会以产业政策为武器，尽可能地趋利避害，确保国家的经济安全。

3.产业政策的手段

（1）直接干预。它包括政府以配额制、许可证制、审批制、政府直接投资经营等方式，直接干预某产业的资源分配与运行态势，及时纠正产业活动中与产业政策相抵触的各种违规行为，以保证预定产业政策目标的实现。

（2）间接诱导。其主要是指通过提供行政指导、信息服务、税收减免、融资支持、财政补贴、关税保护、出口退税等方式，诱导企业在有利可图的情况下自主决定服从政府的产业政策目标。

（3）法律规制。法律规制通常适用于比较成熟和比较稳定的产业政策，是以立法方式来严格规范企业行为、政策执行机构的工作程序、政策目标与措施等，以保障预定产业政策目标的实现。欧美各国大都采取法律规制的手段，来实现反垄断和反不正当竞争等产业组织政策的目标。在实践中，法律规制也可能充当直接干预和间接诱导的共同依据。例如，日本的绝大多数产业政策都是以法律规制的形式出台的。随着法治原则的普及，越来越多的产业政策将以法律规制作为实现目标的主要手段。

4. 产业政策的局限性

（1）就促进产业发展的目标而言，产业政策并非对任何产业都具有同等的作用。有研究表明，产业政策只对那些所得弹性值高、生产效率好、在国际贸易上有发展前途的产业有明显效果，而对其他产业则并非如此。前者如矿业、纤维、化学、金属、机械、电子、信息等产业，后者如农林、水产、建筑、运输等产业。因此，产业的发展最终取决于产业本身的素质和发展潜力，而不是产业政策。产业政策对绝大多数产业发展来说，都首先是一种外部变量，只有当产业政策对产业内部的技术、资金、人才等的投入和运作发生积极影响时，产业才能够更好地发展。

（2）产业政策本身并非万能的魔杖，片面夸大产业政策作用是不可取的。日本的经验表明，产业政策的成功需要有高素质的公务员队伍、完备的法律体系，以及健全的企业制度等相关条件，将日本经济的成功完全归结为产业政策的功劳显然是违背事实的。有研究者指出，实际上，日本最成功的产业，即汽车和家用电器产业，并没有得到政府太多的优惠。此外，日本的工业机器人尽管已处于先导产业地位，通产省对确保它的研究开发资金却没有作过多关照，唯国内外激烈的竞争，才是真正使其获得成功的原因。

（3）产业政策的实施是需要一定的成本和代价的。通常是产业政策的力度越大，就越需要有相应的政策投入（包括资金、人力等资源）作保障。要全面、客观地认识产业政策的作用，还有赖于产业政策评估机制的建立。

四、我国产业结构的调整与优化

（一）我国产业结构的变化

1. 各次产业的国内生产总值构成

随着经济增长及人均GDP水平的提高，我国产业结构也发生了相应的变化（见表10-1）。

由表10-1可见，我国的产业结构变化基本上符合配第-克拉克定律，第一产业增加值占GDP的比重不断减少，第二产业和第三产业增加值占GDP的比重稳步上升。

2. 三次产业贡献率

我国的三次产业结构变化随着消费结构的变化而变化，而变化规律基本上符合配第-克拉克定律。然而从21世纪开始，第三产业的增长速度似乎有些放缓的迹象，这可以从三次产业的贡献率（见表10-2）上看出。产业贡献率是指各产业产值增量与GDP增量之比，产业贡献率的减少说明了该产业产值的增加速度与GDP的增长速度相比，相对于其他产业而言降低了，即跟不上GDP的增长速度。从某种程度上看，产业贡献率的减少可以说明该产业产值的增加速度有所减慢。

表 10-1　　1990—2015年中国第一、二、三产业增加值占GDP比重（%）

年份	第一产业增加值占GDP比重	第二产业增加值占GDP比重	第三产业增加值占GDP比重
1990	27.1	41.3	31.5
1991	24.5	41.8	33.7
1992	21.8	43.5	34.8
1993	19.7	46.6	33.7
1994	19.9	46.6	33.6
1995	20.0	47.2	32.9
1996	19.7	47.5	32.8
1997	18.3	47.5	34.2
1998	17.6	46.2	36.2
1999	16.5	45.8	37.8
2000	15.1	45.9	39.0
2001	14.4	45.2	40.5
2002	13.7	44.8	41.5
2003	12.8	46.0	41.2
2004	13.4	46.2	40.4
2005	12.1	47.4	40.5
2006	11.1	47.9	40.9
2007	10.8	47.3	41.9
2008	10.7	47.4	41.8
2009	10.3	46.2	43.4
2010	10.1	46.7	43.2
2011	10.0	46.6	43.4
2012	9.5	45.0	45.5
2013	9.4	43.7	46.9
2014	9.2	42.7	48.1
2015	9.0	40.5	50.5

表 10-2　**1991—2014 年中国三次产业贡献率（%）**

年份	第一产业对GDP的贡献率	第二产业对GDP的贡献率	第三产业对GDP的贡献率
1991	6.8	61.1	32.2
1992	8.2	63.2	28.7
1993	7.6	64.4	28.0
1994	6.3	66.3	27.4
1995	8.7	62.8	28.5
1996	9.3	62.2	28.5
1997	6.5	59.0	34.5
1998	7.2	59.7	33.0
1999	5.7	56.8	37.5
2000	4.2	59.5	36.3
2001	4.7	46.2	49.1
2002	4.2	49.2	46.6
2003	3.1	57.9	39.0
2004	7.4	51.7	40.9
2005	5.3	50.3	44.4
2006	4.4	49.5	46.1
2007	2.7	49.9	47.4
2008	5.3	48.4	46.3
2009	4.1	51.9	44.0
2010	3.6	57.2	39.2
2011	4.2	51.5	44.3
2012	5.3	49.3	45.4
2013	4.4	48.0	47.6
2014	4.8	47.1	48.1

资料来源　中国统计年鉴（2015）.

由表 10-2 可以看出，第一产业的贡献率相对较稳定，但有一定幅度的减少；第二产业的贡献率总的趋势是降低；第三产业的贡献率总的趋势是增长。

第三产业的贡献率有所增长，说明改革开放以来第三产业得到了长足的发展，在我国经济发展中起到越来越重要的作用。我国经济以服务业带动为主，逐步替代工业为主的经济动力。第三产业是支撑经济稳定增长的主动力。第三产业加快发展符合产业成长规律。从国际经验来看，一般会在工业化的中后期阶段出现第三产业加快发展的情况，因为工业的分工越来越细，对生产性服务业的需求不断提升；这一阶段也是居民消费结构升级的关键时期，人们对生活性服务业的需求也高涨，这两点共同推进了第三产业的发展。

（二）我国产业结构调整和优化所面临的主要问题

（1）农业基础仍然薄弱，农民收入增长缓慢。近些年来，农业和农村经济发展很快，粮食等主要农产品的产量不断提高，农业基础设施建设和生产条件得到改善。但是，从总体来看，农业的基础还很薄弱，抵御自然灾害的能力还不强。由于人均耕地少，劳动力富余等原因，农业生产的比较效益低，农民收入增长较慢。这是当前国民经济中一个带有根本性的结构矛盾，它影响着经济生活的各个方面。一方面，由于人均耕地少，农业的劳动生产率低，随着生产成本的不断上升，农民从事种植业的收入不能增加，增产不增收的现象还很普遍。虽然国家采取了敞开收购粮食和实行保护价格等措施，遏制了粮食市场价格的下跌，但从全国来看，农民从粮食增产中得到的纯收入增加不多。另一方面，农民收入增长慢，限制了农民扩大购买生活消费品和生产资料的能力。

（2）基础设施落后的问题仍然比较突出。水利、能源、交通、通信等基础设施建设取得重大进展，对国民经济的瓶颈制约有明显缓解，个别地区还出现相对宽松的状况。但从全国来看，供水、供电、交通（特别是城市交通和长途交通）、通信等基础设施还很不完善，有些地区的矛盾还比较尖锐。例如，华北、西北等地区缺水较为严重，影响工农业生产和人民生活。全国600多座城市中，有400多座缺水。

（3）加工工业水平低，市场有效需求不足。我国加工工业不仅质量和效益水平低，而且人均数量水平也不高。我国加工工业的规模迅速扩大，生产能力和产量也增长较快。从目前的供求关系看，多数产品供大于求，生产能力不能充分发挥，但按人均产量我国的水平仍然较低。据统计，除水泥等少数产品外，我国加工产品的人均产量都还低于世界平均水平，与发达国家的差距更大。当前生产能力与能够实现的有效需求不平衡，这是又一个比较突出的结构性矛盾。我国的工业企业组织规模小而分散，专业化水平较低，极大地限制了技术水平和经济效益的提高。产品结构不合理的矛盾也十分突出，一般产品相对过剩与技术含量高、附加值大的产品短缺并存。目前在主要工业品中，有80%以上的产品生产能力利用不足或严重不足，同时每年还要花大量外汇进口国内短缺产品。企业生产技术水平普遍落后，形不成规模经济，产品不能适应市场需求变化，手工劳动仍大量存在于农业和其他一些低技术产业中。不少企业仍在延续粗放型增长的老路，资源利用率极低，加之重复建设，最终导致了供求失衡的局面。

（4）第三产业需要进一步发展。与世界大部分国家相比，我国第三产业产值在GDP中所占比重较低。目前，绝大部分发达国家的这一比重为60%~80%，而我国2015年这一比重为50.5%。从第三产业内部结构看，发达国家主要以信息、咨询、科技及金融等新兴产业为主，而我国仍以传统的商业、交通运输业为主，一些基础性第三产业（如邮电、通信）和新兴第三产业（如金融保险、信息、咨询及科技等）仍然发育不足。

（三）产业结构矛盾和问题的根源

（1）第一产业矛盾的症结在于耕地、水等资源相对短缺和劳动力严重过剩。我国人均耕地和水资源低于世界平均水平。农业剩余劳动力较多，今后每年还有大量新成长的劳动力需要就业。这就使我们面临一个难题，由于资源短缺，必须不断提高资源的利用效率，这要花费大量投资，包括水利设施的建设，机械设备、动力、化肥、农药的投入等。这就使农产品的成本不断上升，而富余劳动力又使得农业的人均劳动生产率难以提高。成本的不断上升和劳动生产率的低下，使得从事农业生产的纯收入难以增加，“增产不增收”等现象还很严重。多年来，政府采取的提高粮食、棉花等农产品价格，“以工补农”等措施起到了促进农业发展的作用。但当主要农产品价格接近国际市场价格后，我们面临着政策上的新的选择：除了继续增加农业的投入，特别是科技投入外，还需要开辟新的路径，采取新的措施。

（2）第二产业供给能力大、需求相对不足矛盾的根源是农民多，收入低。我国人均拥有的主要工业品和住房，在世界上尚属低水平，具有发展的潜力。但由于农民收入水平低，目前在城市已经普及的商品在农村尚无购买能力。

（3）造成第三产业比重过低的原因，有交通等基础设施不发达等因素，但最根本的原因是我国城市化水平与经济发展的程度不相适应。由于历史原因，我国二元经济结构明显，城乡差距大。我国改革开放以来，为了避免城市人口的急剧膨胀，采取了离土不离乡、就地转移农业劳动力的对策，在广大农村发展乡镇企业，走出了一条不同于世界各国工业化时农村人口大量减少、城市人口急剧增加的道路（部分农民进城打工，并未在城市落户，基本上也属于离土不离乡）。这对于稳定经济和社会秩序起到了良好的作用，但同时也造成了大量占用耕地、制约第三产业同步发展的新问题。

（四）产业结构调整和优化的重点选择

改革开放以来，我国在产业结构的调整中，着力解决历史遗留下来的农业、第三产业和能源、交通、通信基础设施供给不足的矛盾，以解决这三个矛盾为战略方向，带动了国民经济的快速成长。今后，为了进一步推进国民经济的发展，必须以市场需求为导向，以市场竞争为动力来调整和优化产业结构。相应的，产业政策也要由倾斜式培育产能，转向开拓市场，创造和培育需求，通过市场引导产业的调整和优化。

我国除了人均耕地、人均资源相对短缺外，一部分矿产资源的人均拥有量也相对不足。随着经济总量的日益增大，资源消耗过多的矛盾日益突出。因此，目前我国经济发展方式的转变，应以节约资源和提高资源利用率为基本任务。在产业结构和行业结构、产品结构调整中，要大力节地、节水、节材、节能，以及节约消耗自然资源较多的产品，如粮食、电力、钢铁、燃料、化工等产品。要通过节约资源，推动各个产业经济效益的提高。

我国产业结构调整和优化，其重点和战略方向应当放在“三农”，即农村经济、农业和农民上。其原因是：在三次产业中，第一产业仍是基础最薄弱的产业，也是风险最大，比较利益最差的产业。加上我国人均耕地等自然资源相对较少，农业的发展，面临增加投入、提高效益、调整结构等一系列难度较大的问题。在国民经济长期发展中，始终把农业放在首位，是我国必须坚持的基本方针。

（五）优化我国产业结构的途径

产业结构调整和优化升级是经济结构战略性调整的重点，要突出以下几个方面：

（1）用高新技术改造提升传统产业。积极采用高新技术、先进适用技术和现代管理技术改造提升优势传统产业，推动产业链条向高附加值的两端延伸。要把传统产业的改组改造放在重要位置，以市场为导向，以企业为主体，以技术进步为支撑，抓好几个环节：①围绕增加品种、改善质量、节能降耗、防治污染和提高劳动生产率，在能源、冶金、化工、轻纺、机械、汽车、建材及建筑等行业，支持一批重点企业进行技术改造，切实提高工艺和装备水平。②通过自主创新和引进技术，加快对推动结构升级的一般性技术、关键技术和配套技术的开发，振兴装备制造业，开发制造急需的大型高效和先进成套技术装备。③按照专业化分工协作和规模经济的原则，促进产业组织结构调整。通过上市、兼并、联合、重组等形式，在主要行业形成若干拥有自主知识产权、主业突出、核心能力强的大公司和企业集团，使之成为调整结构、促进升级的骨干和依托。在国家的宏观调控下，充分发挥市场机制的作用，逐步形成大、中、小企业协调发展的格局。④积极支持和促进老工业基地改造，充分发挥其基础雄厚、人才聚集的优势，努力提高产业水平。⑤综合运用经济、法律和必要的行政手段，依法关闭产品质量低劣、浪费资源、污染严重、不具备安全生产条件的厂矿，淘汰落后和压缩过剩生产能力，并严禁转移重建。对长期亏损、资不抵债、扭亏无望的企业和资源枯竭的矿山，要实施破产关闭。为此，应积极疏通和逐步规范企业退出市场的渠道。

（2）发展高新技术产业，以信息化带动工业化。加强信息技术在工业领域的应用，提升生产过程自动化、智能化、网络化水平，提高劳动生产率和企业综合竞争力。加快发展信息产品制造业，提高自主开发能力和系统集成能力，积极发展软件产业，加强信息基础设施建设。要在企业技术开发和生产营销、社会公共服务、政府行政管理等方面广泛应用数字化、网络化技术。

（3）加强水利、能源、交通和通信等基础设施建设，高度重视资源节约问题，构建开放、多元、清洁、安全、经济的能源保障体系。水资源短缺，是我国经济和社会发展的严重制约因素。要把节水放在突出位置，建立合理的水资源管理体制和水价形成机制，全面推行各种节水技术和措施，搞好污水处理和利用，加紧南水北调等重大项目的规划和建设。要加强公路、铁路、港口、航道、机场及管道系统的建设，建立健全畅通、安全、便捷的现代物流体系。

（4）大力发展服务业。这是促进产业结构升级和增加就业的重要途径。我们必须采取有力措施加快服务业发展：扩大总量，优化结构，拓宽领域，提高质量，使服务业产值占国内生产总值的比重和从业人员占全社会从业人员的比重明显提高。其具体表现在：①以科学发展观为指导，通过规划引导、技术创新、法制保障、人才支撑、品牌引领、产业集聚、开放带动、政策扶持，加快发展以现代物流业、商贸流通业、旅游业、金融服务业、房地产业为重点的现代服务业。②传统服务业要运用现代经营方式和服务技术进行改造，提高服务质量和经营效益。③发展服务业要面向城乡引导居民消费。进一步发展以经济适用房和廉租房为重点的房地产业，推广和规范物业管理。积极发展旅游产业，开发和保护旅游资源，丰富旅游产品。加快发展社区服务业，提供便民利民服务。引导文化娱乐、教育培训、体育健身、卫生保健等产业发展，满足服务性消费需求。发展农村服务业，增加服务内容，改善消费环境。④加快服务业市场化、社会化步伐。积极推进流通体制改革，打破服务行业中的垄断经营，放宽市场准入，引进竞争机制，鼓励企业优化重组。实现中介机构与行政部门脱钩和改制。加快企事业、机关单位服务社会化。

第二节　区域经济结构

一、区域经济结构的含义

区域经济结构是指国民经济中各个经济区域之间的经济发展关系和结合状况，是国民经济结构的一个重要方面。如果说产业结构的调整是生产要素在各个产业之间的合理配置，它使各个产业能够按照客观经济规律协调地发展，因而是实现经济发展目标的重要物质基础的话，那么，区域经济结构的调整则是生产要素在各个区域之间的合理配置。它使各个区域在国民经济整体活动中，能够充分发挥各自的优势，同时相互配合、相互补充、协调一致地发展，因而也是实现经济发展目标的重要条件。

中国幅员广阔，由于历史和现实诸多方面的原因，中国各地区之间存在发展水平的巨大差异。研究区域问题，必须把中国分成若干不同的经济区域。如何从社会经济发展的角度来界定我国的社会经济区域，不仅关系到社会资源的整体优化配置和区域经济结构的战略布局，而且对不同经济区域的经济规划、产业布局有直接影响，同时对包括市场结构、消费结构等在内的经济活动也有直接影响。目前，对中国区域划分的方法有很多种，其中影响最大的是三大地带划分法。这一方法将祖国大陆划分为东、中、西三大地带，但不同的时期，每个地带覆盖的地域范围不同。在三大地带的概念提出之初，广西曾被视为属于东部，内蒙古曾被视为属于中部。随着西部大开发战略的实施，三大地带覆盖的地域范围逐渐被确定了下来。东部地带包括北京、天津、河北、辽宁、上海、江苏、浙江、福建、山东、广东和海南等11个省、市；中部地带包括山西、吉林、黑龙江、安徽、江西、河南、湖北、湖南等8个省；西部地带包括重庆、四川、贵州、云南、西藏、陕西、甘肃、青海、宁夏、新疆、广西、内蒙古等12个省、市、自治区。

二、区域经济结构的演变规律

根据区域经济的研究，区域经济的发展呈现着梯度的规律。所谓梯度推移或梯度发展，是指整个国家的发展过程中，只有那些发展条件最好的少数地区才能集中和吸引大量的资本及其他资源要素，获得迅速的经济增长。在这个经济发展阶段，其他地区的各种资源和生产要素会不断流向经济发展条件最好的地区，并会出现地区之间贫富差距的拉大，这种情况要持续到经济发达地区的市场和投资环境出现相对饱和的状况，经济发展的余力已经不大的时候，各种生产要素才会逐步向经济不发达的地区转移，使这些地区的经济开始发展。也就是说，地区之间的经济发展是从经济发展条件好的地区开始发展，然后逐步向不发达地区推移的。整个国家经济在区域之间的发展就呈现出由经济发展水平高的地区向经济发展水平低的地区逐步推进的梯度状态，在这个过程中相应地出现地区之间经济发展水平不断拉大的局面。这里，市场经济所要求的优化资源配置的利润最大化原则得以贯彻，整个国家经济的发展呈现非均衡发展的态势。

上述梯度推移的区域经济发展理论是有局限性的，它无法说明经济欠发达或不发达地区中一些部门和行业经济较快发展的原因，也无法解释发展过程中区域经济发展水平差距拉大的问题。发展极-增长点理论弥补了梯度推移理论的局限。该理论认为，在经济发展的过程中，每一地区经济增长的速度之所以不相同，是因为某些大城市有创新能力的主导部门和行业首先高速发展起来，成为这个地区经济发展的发展极和增长点。在这些发展极和增长点的带动下，使经济比较落后的地区能够实现超常的发展，不断缩小和经济发达地区的差距，最后赶上甚至超过经济发达的地区，实现整个国民经济的协调发展。

三、我国区域经济结构现状与问题

（一）区际差异

从总体上看，我国的经济技术发展水平由东向西依次递减，而自然资源的丰裕程度则由东向西依次递增，客观上存在着东、中、西部三大经济地带（区），地区经济发展不平衡问题，即区际差异问题异常突出。我国有非常发达的地区，比如长江三角洲，以占全国1%的土地和5.9%的人口，创造出占全国17.1%的国内生产总值，也有广大的落后地区，比如西部10省（区、市），拥有56%的国土面积和25%的人口，但只提供15%的国内生产总值，同时集中了全国半数的贫困县和90%的贫困人口。各地区人民的收入状况和生活水平也有着非常大的差异，2015年农村居民家庭人均可支配收入全国平均水平是11 421.71元，最高的上海为23 205.2元，而甘肃仅为6936.21元；城镇居民家庭人均可支配收入全国平均水平是31 194.83元，最高的上海为52 961.86元，而甘肃仅为23 767.08元。

我国经济区际差异的成因比较复杂，有历史的因素，有资源禀赋的制约，还与国家政策密切相关。

（二）地区产业结构趋同

1. 产业结构趋同的表现

产业结构趋同是指各地区产业结构发展过程中表现出来的某种相似倾向。产业结构趋同是产业布局不合理的表现之一，这主要表现在以下几个方面：

第一，各地区之间轻重工业的比重趋于接近。原来轻工业比重最大的东部地区下降也最快，中部次之，西部最慢，从而导致三大地带的霍夫曼系数趋于接近，即轻重工业的比重趋于接近。

第二，行业结构的严重趋同，这又突出地表现在制造业的内部，各地区都在追求“大而全”“小而全”的产业结构，这使得我国东部、中部与西部地区之间的工业结构相似度非常高。

第三，各地区的支柱产业结构相似，使许多支柱产业的集中程度很低。例如，大多数省份都将汽车、电子、机械和石化等列为“十一五”期间重点发展的支柱产业。其中将汽车列为支柱产业的省、区、市有22个，而且整车是绝大多数省份发展的重点；将机械工业列为支柱产业的省份有16个；将化工工业列为支柱产业的省份有16个，其中又都以石化为重点；有24个省份将电子工业列为支柱产业，其中又以通信设备、计算机、电子声像等作为发展的重点；有14个省份将冶金工业列为支柱产业。这样可能出现新一轮地区支柱产业及相关产业结构的趋同化。这必然会造成小规模、高成本、低收益的产业格局，造成资源的巨大浪费，并会加剧业已存在的地区分割和地方保护主义。

2．产业结构趋同的危害

第一，不能发挥各地区的比较优势，从而造成地区资源优势的巨大浪费。国际贸易的基础是比较优势，各个国家根据本国所具有的比较优势进行专业化的分工并进行贸易，从而在贸易中获益。同样道理，一个国家的不同地区之间的产业布局的前提基础也是比较优势，各地区只有依据本地区的比较优势来安排产业结构，才能促进地区经济的充分发展，进而使全国的经济得到协调发展。而我国现阶段各地区产业结构的趋同正是违背了按照比较优势来进行产业布局的基本原则，不仅在长期内不利于地区经济的发展，而且会扭曲产业结构，使整个国家的产业结构的优化难以实现。

第二，不能形成规模经济。规模经济要求一定程度的产业集中，企业的规模要达到相当的水平。而各地区产业结构的趋同则意味着片面追求“大而全”“小而全”“撒胡椒面”，把各地有限的资源用来进行低水平的重复建设，摊子铺得太大，财力过于分散，不能形成规模经济。此外，企业的平均规模与规模经济的差距较大的产业多是近年来各地区发展较快的新兴产业，如彩电、电冰箱、集成电路等知识密集型的产业。

第三，地区产业结构的趋同加剧了我国原有的原材料短缺和加工能力过剩的矛盾。

第四，造成了地区间的市场分割，使全国统一的市场体系难以形成。统一的市场依赖于社会化的合理分工，而在产业结构趋同的条件下，对于原材料的需求和产品的销售都容易形成地区分割和地方保护主义，其结果是区域间的要素无法自由流动，一方面保护了区域内的落后产业，另一方面使全国范围内产业结构不能优化，导致整体经济效益的下降。

3．产业结构趋同的成因

形成这种问题的原因是多方面的，主要有：一是受我国传统的经济发展战略和经济增长方式的影响。由于粗放型的经济布局和发展方式，在20世纪80年代各地争上电冰箱、洗衣机、彩电等家电项目，90年代争上化工原料、石油化工等项目，到了21世纪又争先恐后上钢铁、装备制造等重化工业。各地片面追求高速度、高产值，盲目上项目、铺摊子、重复投资、重复建设。二是受传统的财税体制的影响，多搞项目就能开辟财源，在多元利益驱动下，导致“重复引进”“地方市场封锁”以及地区产业结构趋同的产生和发展。三是传统封闭型所有制结构的限制。我国的国有资产被部门和地区分割，资产固化严重，缺乏有效的流动，难以形成跨地区、跨部门、跨行业、跨所有制资本联合和重组的体制基础。四是国家产业政策和区域政策不完善。既缺乏明确的产业导向，又缺乏配套的财税、金融、投资、价格政策的支持，政策的软约束，使得我国的区域经济结构问题始终得不到很好解决。

四、我国区域经济结构的调整与优化

1.加强地区之间的经济分工协作

我国各地区的自然资源条件和经济条件差异显著，客观上要求实现劳动的地域性分工，充分利用各地有利的资源条件，各自发挥地区优势，彼此协作。这既可以促进资源在整个国民经济各地区、各部门的优化配置，提高宏观经济效益，又可以利用专业化分工带来的好处实现各地区生产率的增长、经济效益的提高，从而促进地区经济更快的发展。具体来说，我国西部经济落后地区不仅资金短缺，更重要的是技术、知识的匮乏，但这些地区资源相对丰富；东部地区经济发达，有雄厚的技术力量，管理经验丰富，资金充裕，但资源相对贫乏。这些不同地区可以相互协作、相互补充、共同发展。但是，要实现区际分工协作，落后地区需要具备两个条件：一是为吸引外地投资创造良好的条件，最重要的是要健全市场体系，降低投资的系统性风险；二是为吸引优秀人才营造氛围。

2.加快市场化改革步伐，形成统一、开放、竞争、有序的市场体系

只有通过加快市场化改革步伐，形成更加统一、开放、竞争、有序的市场体系，才能在地区之间打破市场壁垒，通过市场形成真正的竞争主体，才能通过跨区域的企业兼并、联合、重组、收购等有效的市场手段实现产业的整合，提高产业的集中度，形成跨区域的产业集群，提高行业的综合竞争力。同时，统一的市场可以实现生产要素的有序流动，从低效率的地区向高效率的地区流动，从低效率的行业流向高效率的行业。

3.强化政府政策的调节力度

区域经济结构的调整和优化离不开政府政策的调节。要把产业政策和区域政策有机结合起来，做好产业政策的区域化和区域政策的产业化，引导社会资源流向国家鼓励发展地区的优势产业，引导各个地区发展比较优势产业和特色经济。实行规范的财政转移支付制度，扶持落后地区的经济发展，包括投资建设基础设施，提供税收优惠和信贷支持，提供信息、技术、资金，帮助落后地区提高人力资源的素质等。按照社会主义市场经济的总体要求，充分发挥国家投融资政策在地区经济结构调整中的调控作用，逐步调整国家的投资布局，促进地区产业布局和专业化分工的合理化。基本的原则是，在保持东部地区持续快速发展的条件下，经济建设的重点更多地向中西部地区倾斜。在西部地区投资更多的关系国计民生的、跨地区的重大基础设施、重大基础工业项目和大型公益项目。确保国家支持的重点产业向优势地区集中，促进资源加工型和劳动密集型产业向中西部资源丰富的地区转移。同时，通过推动国有企业改革、深化价格改革和财税等体制改革，从体制机制上保障地区产业结构的合理布局和优势互补。

第三节　二元经济结构

一、二元经济结构的含义与特征

1．二元经济结构的含义

二元经济结构是指发展中国家国民经济中以城市为主的现代部门和以农村农业为主的传统部门并存的状况。二元经济结构理论最早是由美国发展经济学家阿瑟·刘易斯提出的，现已为国际上通用。这一理论把经济分为两个部门：一个是现代的城市工业部门，其特征是现代工业和商品经济比较发达，技术水平、劳动生产率和收入较高；另一个是传统的农村农业部门，其特征是以传统农业和手工业为主，以简单工具和手工劳动为基础，处于自给半自给经济状态，劳动生产率和收入低。一国经济中现代部门与传统部门并存的状况，被称为二元经济结构。

二元经济是发展中国家由传统经济向现代经济演进过程中普遍存在的现象，这是由这些国家发展经济时所面临的落后的经济技术基础和巨大的外部压力决定的，具有必然性。因此，如何正视现实并从现实出发，促进经济的协调发展，使二元经济逐步走向一元的现代化经济，最终改变二元经济结构，实现整个国民经济的现代化，是我国经济社会发展面临的重大问题。

2．我国二元经济结构的基本特征

我国作为一个发展中的人口大国，二元经济结构是基本国情，同时也正是目前城乡经济结构矛盾最突出的体现。目前我国城乡经济发展极不平衡，收入水平差距过大。2015年城镇居民家庭人均可支配收入为31 194.83元，农村居民家庭人均可支配收入只有11 421.71元，前者是后者的2.73倍。收入水平的差距导致城乡消费严重失衡。不仅如此，供电、供水、交通等基础设施发展滞后，也使农村消费潜力难以释放。根据统计资料，2011年农村人口占全国人口的比重约48.73%，而农村社会消费品零售额却仅占全社会消费品零售额的约30%。城乡经济结构矛盾已成为影响国民经济良性循环的一个重要因素。因此，努力消除二元经济现象、促进城乡经济协调发展是我国经济结构调整与优化的应有之义。

我国二元经济结构的产生是与国家制定的赶超型发展战略密切联系的，受1949年新中国成立初期国际环境和国情的制约，在苏联经济发展模式的影响下，我国选择了以重工业优先发展为特征的赶超型发展战略。这一发展战略的核心是试图通过重工业的优先发展加速实现国家的工业化。但是我国推进工业化的生产力基础十分薄弱，主要表现为：一是人均国民收入水平十分低下，储蓄率低，资本积累能力不足，资金严重匮乏；二是传统农业在国民经济中占有较大的比重，技术落后，劳动生产力不高，产出率低，剩余有限，在正常情况下难以支撑工业化的高速进程。而重工业资本高度密集的特点，无疑使得以重工业优先发展为特征的赶超型发展战略与我国的劳动力丰裕、资本稀缺的资源禀赋特点相矛盾。

二、二元经济结构对经济发展的影响

二元经济的存在是发展中国家社会生产力发展不足而又要求进一步发展的必然结果，是国家不平衡发展战略的具体体现，因而对经济发展既有积极影响又有消极影响。

对发展中国家来说，二元经济在经济成长的一定阶段和一定限度内是生产力发展的客观需要，因而是有助于经济发展的。首先，现代部门作为一种新技术、新的组织形式以及高效率的典范，随着它的建立和发展，将有助于促进人们思想观念的转变，从而推动传统部门的现代化；其次，现代部门的劳动者能够获得比传统部门的劳动者更高的工资收入，这将对传统部门的劳动者产生很大的吸引力，促使传统部门的劳动力及资金向现代部门转移和流动，这将有利于加速现代部门的发展；最后，随着资本的转移和利润的平均化，现代部门可以将自己所创造的新技术（包括设备、工艺等）、新经验等提供给传统部门，同时，通过政府将现代部门所创造的一部分收益以财政转移支付方式转移给传统部门用于增加投资，有利于推动传统部门的发展和向现代部门的演进。这些都有利于二元经济逐渐弥合，最终过渡到一元经济，实现国民经济的现代化。

二元经济的长期存在会给经济社会发展带来一些消极影响，特别是在推行以牺牲传统部门发展为代价换取现代部门积累所需资金的赶超战略，而导致二元经济差异不断扩大的背景下，其消极影响就会愈加严重。

首先，国民经济各部门按比例发展是一条客观规律。农业是传统部门的主体，又是国民经济的基础，如果农业过分落后，势必会在诸如粮食、原料、农副产品、资金及市场等许多方面制约现代部门乃至整个国民经济的进一步发展。

其次，在现代市场经济条件下，如果传统农业部门同现代工业部门在技术和效率上差距悬殊，势必造成传统农业部门越来越用附加值低的大量农产品去交换现代工业部门附加值高的少量工业品的趋势，这不仅不利于提高农民的生活水平，还会削弱农业的积累能力，限制农业的发展。

最后，如果二元经济的差距过大，不同部门劳动者收入上的差距也会扩大，在利益动机的驱动下，会导致传统农业部门的劳动力向现代工业部门过度转移，这势必造成两个严重后果：一是使本来就落后的农业因生产要素过度流失而进一步萎缩；二是城市因人口剧增，交通、粮食、能源和水的供应全面紧张，城市拥挤、污染、贫富悬殊、治安混乱等问题随之产生。这种后果对传统农业部门和现代工业部门的发展显然都非常不利。

三、我国二元经济转换与城乡协调发展

（一）我国二元经济转换的特征

作为一个发展中的社会主义大国，我国二元经济结构的转换，除具有与其他发展中

国家一般的共同之处外，还因为所面临的国内外环境不同，而具有自己的突出特点。

1．就业结构的转换严重滞后于产值结构的转换

我国三大产业的产值结构与就业结构在变动的方向上基本是一致的，但数值上却存在着较大的差异，这在第一产业中表现得最为突出。2015年，我国第一产业占国内生产总值的比重为9.0%，第一产业就业人员占全部就业人员比例为28.3%，二者相差-19.3个百分点；第二产业占国内生产总值的比重为40.5%，第二产业就业人员占全部就业人员比例为29.3%，二者相差11.2个百分点；第三产业占国内生产总值的比重为50.5%，第三产业就业人员占全部就业人员比例为42.4%，二者相差8.1个百分点。

由于各产业技术进步的速度不一致，在经济发展过程中，产值结构与就业结构的绝对对称是不可能的。由于发展中国家人口增长过快，劳动力的供给远远超过了非农产业对劳动力的需求，加之在其经济结构转换的过程中，第二产业的技术进步速度远远大于第一产业，因此，一般说来，发展中国家就业结构的转换要慢于产值结构的转换。但我国与其他发展中国家相比，就业结构滞后性更为突出。

从工农业产值构成看，到20世纪80年代末，我国的工业已占国内生产总值的3/4，已基本实现了农业社会向工业社会的转变。然而从就业结构来分析，到世纪之交，我国的第一产业仍占劳动力份额的近1/2，基本上还是一个以农民为主体的农业社会。就业结构与产值结构严重偏离，说明劳动力在社会各个产业之间的转移还存在着较大的阻碍，同时也表明不同产业间的劳动生产率水平存在着较大的差距。从这个意义上说，就业结构的转换严重滞后于产值结构的转换，是我国二元经济结构存在的直接原因。

2．第三产业发展严重滞后于经济发展

根据国际经验，大多数发达国家的经济结构转换表现为由第一产业向第二产业、第三产业依次渐进的结构演变模式。而发展中国家与发达国家相比则表现为第三产业的更快发展。与此相反，我国二元经济结构转换过程中存在着第三产业发展严重滞后的特点，产值结构中第三产业所占的比重，不仅远远低于中等收入国家的水平，甚至低于印度等低收入国家的平均水平。

3．城市化发展严重滞后于工业化进程

从历史上看，城市化与工业化是一个相互影响、相互推动的发展过程。在一国的工业化发展过程中，劳动力、资本和技术等生产要素不断向第二、第三产业转移，与此同时，在空间结构上则不断向区位条件相对优越的地区聚集，这种伴随着工业化而产生的人口聚集效应是城市化发展的根本动力。我国的城市化进程严重滞后于工业化水平。

（二）二元经济转换的基本途径

要实现我国二元经济结构的转换，最根本的途径是农村剩余劳动力在农业增

产、农民增收基础上的转移。

在农业现代化进程中，必然游离出越来越多的农业剩余劳动力，从而出现劳动力从农业部门向非农产业转移的现象，这是现代农业和现代非农产业发展的共同需要，也是一条规律。但各国家人口规模、耕地规模和现代非农产业发展规模不同，其转移的难度也是明显不同的。我国是一个农业人口多而人均耕地少的农业大国，农村人口自然增长率又很高，在传统农业中就存在着大量的“隐蔽性失业者”，随着农业的现代化，其数量会急剧增加。此外，农业劳动生产率和收入水平仍然很低，我国虽已走过了单一传统农业经济发展阶段，但距离一元经济还甚远。

根据我国的实际情况，农业剩余劳动力向非农产业转移必须是多层次、多渠道的。可选择的出路大致有三个：（1）“离土不离乡”，即到小城镇就业。（2）“不离土也不离乡”，即在经营农业的同时兼营家庭工业、家庭运输业等。（3）“离土离乡”，即到城市和工业中心就业。其中，“离土不离乡”是我国农业剩余劳动力转移的主渠道。

通过“离土不离乡”的途径转移农业剩余劳动力，有赖于小城镇和乡村经济的发展。乡村经济不仅是剩余劳动力转移的主渠道，而且对农业现代化的资金积累，对增加农民的收入和国家的财政收入，对调整农村产业结构，实现工业的合理布局和缩小工农、城乡之间的差别，对促进工业和科研事业的发展，对壮大集体经济的实力，推动农村商品经济的发展等，都起着重要的推动作用。

可喜的是，我国农业劳动力向非农产业转移的速度明显加快，就业结构发生了较大的变化。我国就业结构总的趋势是第一产业的就业比重持续大幅度下降，从1978年的70.5%下降到2015年的28.3%，下降了42.2个百分点；第二产业的就业比重稳步上升，从1978年的17.3%上升到2015年的29.3%，上升了11.7个百分点；第三产业的就业比重持续快速上升，从1978年的12.2%上升到2015年的42.4%，上升了30.2个百分点。

（三）城乡协调发展

造成我国城乡分割的原因很多，既有农业农村和工业城市相比自身就处于弱势地位的自然规律，更有我国长期以来城乡有别的体制性原因，特别是城乡有别的户籍管理制度，各种社会福利、公共服务、财政税收等一系列政策，使本来就处于弱势地位的农业和农村更是雪上加霜，造成我国城乡之间的差距不断拉大，而且城乡差距拉大的幅度也不断加大。因此，推进城乡协调发展，需要统筹考虑当前制约城乡协调发展的各种因素，重点解决其中的关键问题。

1. 城乡协调发展必须加快城市化进程

城市化是指人类的生产和生活方式由乡村型向城市型转化的历史过程，表现为乡村人口向城市人口转化及城市不断发展和完善的过程。城市化滞后、农村剩余劳动力多是我国经济社会发展面临的最大结构性问题。根据国际经验，发达国家在人均国内生产总值达到3 000美元以后才出现买方市场，而我国2001年人均国内生产总值还不到900美元就出现了工农业产品低水平过剩。这里很重要的原因就是农民收入上不去，巨大的农村市场没有活跃起来。农民消费占城乡居民消费的比例是下降的。农民收入上不去，最根本的原因是城乡二元经济结构，城市化严重滞后于工业化。虽然改革开放以来，我国城镇化步伐逐步加快，到2015年城镇化率已经上升到56.1%，但仍然滞后于工业化的进程。

大量的农村剩余劳动力滞留在有限的土地上，农村人均二亩耕地，户均七八亩耕地，即使土地回报率很高，收入总量也难以有较大增长。因此，解决农村问题，促进城乡协调发展，必须统筹考虑，打破城乡分割的二元格局，加快推进城镇化，相应地加快农村劳动力向非农产业和城镇转移，逐步减少农民人数，增加农民的就业机会，增加农村人均资源占有量，实现工业与农业、城市与乡村发展的良性互动。这是促进国民经济良性循环和社会协调发展的重大措施。随着农业生产力水平的提高和工业化进程的加快，我国推进城镇化条件已逐渐成熟，要不失时机地实施城镇化战略，不断提高城镇化水平。要使农民富裕必须减少农民，要繁荣农村必须推进城镇化，这是世界各国走向现代化的基本经验，是一个大方向。

2.加快户籍管理制度改革

目前，我国户籍制度对于推进城乡协调发展的阻碍主要表现在以下几个方面：一是依附于户籍制度上的城乡有别的各种劳动就业、教育培训、社会保障等制度，这一系列的政策保障大部分都是政府应该提供的基本公共服务，但实际上却是拥有城市户口的可以享受，农村户口的则不能享受。二是户籍制度中对居民户口身份迁转的严格限制。根据政策规定，只有少数几种特殊情况才有资格申请将农村农业户口转为城市非农业户口并迁入城市享受相应待遇。三是城乡有别的户口管理制度削弱了户籍制度在人口信息统计方面的功能。我国户籍管理制度是根据居民的城市户口或农村户口身份建立的，这样，在城市基础设施和服务设施建设方面，就不能很好地考虑城市的实际居住人口规模，造成城市特别是大城市的教育、医疗、交通基础设施建设落后，不能满足当地居民特别是长期居住在当地而没有当地户口居民的需要。

3.建立城乡均衡发展的基本公共服务体系

建立城乡统一的基本公共服务体系是推进城乡协调发展的根本保障。我国基本公共服务框架尚在完善之中，建立覆盖城乡的公共服务体系将是一个渐进的过程，必须分阶段进行，集中财力优先安排。

（1）义务教育体系。建立城乡均衡的义务教育体系，关键是要建立稳定的农村义务教育财政资金渠道，减少城乡之间的巨大差别。提高农村义务教育的根本途径在于继续加强和完善“以县为主”的农村义务教育管理体制，突出县级管理职能，提高省及中央政府的投入比例。按照“明确各级责任、中央地方共担、加大财政投入、提高保障水平、分步组织实施”的原则，推行农村义务教育经费保障机制改革，提高公用经费保障水平。同时启动建立农村义务教育阶段中小学校舍维修改造长效机制，逐步将农村义务教育全面纳入公共财政保障范围。

（2）医疗卫生体系。构建城乡均衡的医疗卫生体系，要以推进新型农村合作医疗、农村医疗救助制度和城市医疗保险为契机，积极推进城乡协调的医疗卫生体系建设，逐步建立全民统一的医疗卫生保险体系。一是加大省及中央政府对农村卫生服务的财政支持，明确政府在乡镇卫生机构建设中的财政支出范围，加强政府对乡镇卫生院公共卫生服务的预算支出，缩小卫生服务的城乡差距。二是建立与个人收入相联系的政策性医疗卫生保障体系。考虑到国家财政实力和个人支付能力，可以在既有的农村合作医疗制度以及城市医疗保险制度的基础上建立起与个人收入相联系的缴费机制，即在国家政策性投入为主的基础上，个人收入越高，缴费越高。三是建立全国可以自由流转的医疗卫生保障体系，特别是要建立新型农村合作医疗和城市医疗保险之间的流转机制，逐步推行全国统一的医疗卫生保障体系。

（3）养老保险体系。随着城镇养老保险由企业养老保险到区域保险再到全国统一养老保险的演变，城乡养老保险体系开始走向社会化，这为推进城乡统一的养老保险体系提供了契机。目前，农村的养老保险基金筹资方式是以个人缴费为主、集体补贴为辅，城市的养老保险基金筹资方式则采取“国家、企业、个人”的“三三制”原则。从城乡协调发展和公平的角度考虑，今后应根据国家财政实力情况，逐步建立起全民统一的养老保险体系。一是在养老基金筹集上，要建立城乡统一的国家财政补助体系，来负责城乡居民的基本养老保险，城乡居民基本养老保险采取小额度、广覆盖的原则，居民还可以根据自己的经济状况，缴纳不同的商业性养老保险。二是要建立全国可以相互流转的养老保险体系，为构建全国统一的劳动力市场提供保障。

我国城乡分割，时间跨度长，城乡差异巨大，涉及人口政策、财税政策、土地政策等方方面面，很难一时全部解决。尽管为了推进城乡之间的协调发展，国家已经作出了几十年的努力，但是一直到目前为止，城乡之间的差距仍然呈现不断扩大的趋势，城乡之间分割的局面仍然没有得到根本扭转，推进城乡协调发展，对于我国来说将是一个长期的艰巨任务，需要逐步推进。

主要概念

产业结构　二元经济结构　规模经济　区域经济结构　产业发展　产业发展规律　产业政策　产业结构优化　产业结构高度化　主导产业

基本训练

一、单项选择题

1.产业结构和经济发展的关系是（　　）。

A.产业结构演进会促进经济发展

B.经济发展可以加速经济结构调整

C.产业结构调整是经济发展的必要条件

D.经济发展是产业结构调整的必要条件

2.产业结构是指（　　）。

A.在经济领域的使用始于20世纪50年代

B.产业间的技术经济联系和联系方式

C.产业内部的企业关系结构

D.产业关联和投入产出关系

3.没有对经济发展中的结构因素进行深入分析的经济学家是（　　）。

A.克拉克　　B.罗斯托　　C.钱纳里　　D.哈罗德

4.我国二元经济结构的转换有自己的突出特点，体现为（　　）。

A.第二产业比第一产业发展迅速

B.城市化和工业化进程基本同步

C.第三产业的发展非常迅速，但慢于第二产业的发展速度

D.就业结构的转换严重滞后于产值结构的转换

5.从我国现阶段的主导产业转化过程看，我国的主导产业转化具有的特征是（　　）。

A.农业为主导，农业产业占有绝对地位，第二、三产业的发展很有限

B.轻纺工业为主导，基础工业为重心

C.工业高度发展，第三产业特别是信息产业为主导

D.工业体系比较完整，以高度加工组装工业为主导

6.配第-克拉克定理的核心内容是（　　）。

A.随着全社会人均国民收入的不断提高，农业产值占国内生产总值的比重将逐步下降

B.随着全社会人均国民收入的不断提高，就业人口由第一产业向第二产业转移，但人均国民收入进一步提高时，就业人口便大量向第三产业转移

C.随着全社会人均国民收入的不断提高，第三产业的产值比第二产业的产值增长快

D.比起商业的收入而言，工业部门的收入要高得多

7.产业结构优化的最终目的是（　　）。

A.实现国民经济的持续、快速、健康发展

B.实现经济结构的合理化和高度化

C.发挥经济发展中的结构调整效应，促进充分就业

D.保持经济运行中的供求平衡和物价的稳定

8.促进区域经济协调发展的思路和重点体现在（　　）。

A.进一步加强中西部基础设施和生态环境建设

B.进一步加强农业的国民经济基础地位

C.推动经济结构调整，积极发展各具特色的比较优势产业

D.推进科技进步和创新，加快科教发展和人才开发

9.从发达市场经济国家的发展经验来看，产业政策的最为基本的作用体现在（　　）。

A.弥补市场的缺陷，实现超常规发展

B.增强一个国家的国际竞争力

C.在经济全球化的进程中趋利避害，保障国家的经济安全

D.促进产业结构的合理化和高度化，实现资源的优化配置

二、多项选择题

1.产业和企业这两个经济概念的区别体现在（　　）。

A.产业是指同类企业的集合，而企业是一个实体和法人单位

B.产业分析是基于中观经济，企业分析是基于微观经济

C.产业分析主要是解决结构性问题，而企业分析主要是解决制度性问题

D.产业和企业分析的对象是一致的，只是从不同的角度而已

E.企业是一种组织形式，而产业是指不同的行业和部门

2.产业结构理论的基本体系包括（　　）。

A.产业结构形成理论　　B.产业结构演化理论

C.主导产业选择理论　　D.产业结构优化理论

E.产业升级理论

3.产业结构演化的动因体现在（　　）。

A.消费结构的变化趋势　　B.产业政策的实施

C.生产力水平和状况　　D.政府的发展战略和资源禀赋

E.国内外的市场竞争

4.从三大产业的内在变动看，（　　）。

A.产业结构从技术低下的粗放型向技术水平不断提高的集约型经济结构调整

B.产业结构的演进朝着轻纺工业—基础型重化工业—加工型重化工业方向发展

C.产业结构沿着劳动密集型产业—资本密集型产业—知识和技术密集型产业方向演进

D.产业结构朝传统型服务业—多元化服务业—现代型服务业—信息产业—知识产业方向演进

E.产业结构从第一产业向第二、第三产业演进

5.产业结构高度化具有的特征是（　　）。

A.产业结构的发展沿着第一、二、三产业优势地位顺向递进的方向演进

B.产业结构的发展沿着劳动密集型、资本密集型、知识和技术密集型产业分别占优势地位顺向递进的方向演进

C.产业结构的发展沿着低附加值产业向高附加值产业方向演进

D.产业结构的发展沿着低加工度产业占优势地位向高加工度产业占优势地位方向演进

E.产业结构从产品的制造环节转向研发、设计、营销环节

三、判断分析题

1.现阶段，我国调整和优化产业结构必须积极采用高新技术、先进适用技术和现代管理技术改造提升优势传统产业，推动产业链条向高附加值的两端延伸。（　　）

2.加快市场化改革步伐，形成统一、开放、竞争、有序的市场体系是促进我国区域结构调整和优化的重要途径。（　　）

3.二元经济结构的存在是发展中国家社会生产力发展不足而又要求进一步发展的必然结果，是国家不平衡发展战略的具体体现。（　　）

四、简答题

1.什么是产业结构？产业结构演变的一般趋势是什么？

2.产业结构演变规律的理论基础是什么？查阅资料，对中国和美国的三次产业结构的变化趋势进行比较分析。

3.产业结构优化的含义和内容是什么？

4.我国区域经济结构存在的基本问题是什么？

5.如何从以人为本的高度逐步改变城乡二元经济结构？

五、论述题

1.试述二元经济理论及其对我国经济结构转型的意义。

2.试述我国产业结构的矛盾和问题，以及如何调整和优化我国产业结构。

读本视窗 10-1　　读本视窗 10-2

第十一章　社会主义经济的对外开放

学习目标

◆ 重点掌握经济全球化、国际分工理论、国际价值、对外贸易和我国对外开放的特点。

◆ 掌握当代世界市场的特点、国际市场价格、对外资本交流、对外技术交流。

◆ 了解世界市场的形成、社会主义国家对外经济关系的原则、我国对外开放的必要性和历程。

第一节　经济全球化与国际分工

一、经济全球化与世界市场

（一）经济全球化

1.经济全球化的形成与发展

经济全球化是指生产要素或资源在全球范围内的自由流动与配置，各国经济相互依赖性日益增强的过程。它包括贸易全球化、资本全球化和生产全球化等多方面的内容。经济全球化是世界经济发展的一个非常重要的趋势，它伴随现代经济的出现而出现，伴随现代经济的发展而发展。

经济全球化的实质是商品经济越出国界在全球范围内的发展，即竞争和价值规律在国际范围内发挥作用。从生产力发展的角度看，经济全球化是生产高度社会（国际）化、国际分工不断深化和世界各国经济联系不断增强的结果。从生产关系的角度看，经济全球化是资本主义生产方式在世界范围内不断扩张的必然产物。

尽管经济全球化问题在20世纪80年代末90年代初才开始引起人们的特别关注，但实际上它具有久远的演变史，在世界经济史上曾经有过三次发展较为迅速的高潮时期。

从15世纪开始到18世纪中叶，世界贸易和世界市场初步建立，已有经济全球化的萌芽了。从18世纪到19世纪70年代，世界经济进入了新的发展阶段，世界市场和全球经济体系基本建立，经济全球化形成了第一次高潮，其标志是工业革命。工业革命直接导致了世界性分工的产生，促进了对外直接投资的发生和发展，使得15世纪开始的潜在的世界市场成为现实的世界市场。从19世纪80年代到1914年第一次世界大战前，经济全球化受周期性经济危机的影响，发展势头有所减缓。第一次世界大战打断了经济全球化的进程，1929—1933年的世界性经济危机和此后的第二次世界大战，进一步影响了经济全球化的发展势头。第二次世界大战后，经济全球化迎来了第二次高潮，它在宏观上的特征是以美国实力支撑的国际金融和国际贸易体制，在微观上的特征则是跨国公司，尤其是美国跨国公司活跃于世界经济舞台。如果说经济全球化第一次高潮的主要特征是商品资本流动的话，那么第二次高潮则是以借贷资本和直接投资的流动为特征的。

从20世纪70年代开始持续到现在，新一轮技术革命、制度创新、世界各国经济政策的调整等因素，组成了经济全球化的第三次高潮。其根本动因，是从20世纪60年代后期开始加速的技术创新。科学技术革命造成的巨大生产力突破了民族经济的地理界限，不断走向国际化，成为名副其实的世界生产力。如果说，“资产阶级在它不到一百年的阶级统治中所创造的生产力，比过去一切时代创造的全部生产力还要多，还要大”①，那么，可以认为，第二次世界大战以后的科学技术革命，不论是它给生产力带来的巨大进步，还是生产力这一巨大进步给国际经济关系带来的深远影响，都是过去一切时代的总和所不能比拟的。

2.经济全球化发展的原因

经济全球化的根源是价值规律在世界市场发生作用的必然结果。进入20世纪90年代，经济全球化获得了巨大的发展，原因主要有：

第一，新自由主义为经济全球化提供了理论基础。20世纪70年代后期，凯恩斯主义失宠，新自由主义兴起。在新自由主义理论的指导下，西方国家纷纷放弃了对金融资本的管制，国际资本开始自由流动，企业扩大了对外投资，开始跨国经营，把经济全球化推向高潮。

第二，科学技术革命是经济全球化的物质技术条件。20世纪80年代以来，经济全球化迅猛发展，与微电子技术、通信和信息技术的迅速发展息息相关。技术革命不仅改变了人类的思想观念、思维方式、生活方式，而且改变并创造出新的生产和交易方式，加快了信息流通，加强了地区之间的联系，大大降低了交易成本，成为推动当前经济全球化的重要物质杠杆。近些年来，各种新型的金融工具与交易技术不断涌现，为巨额资金在国际上的快速流动提供了极大便利。随着互联网的飞速发展，电子商务大量增加，网络成为社会信息沟通的基本工具和国际商贸的主要手

① 马克思．共产党宣言［M］//马克思，恩格斯．马克思恩格斯选集：第1卷．中共中央马克思恩格斯列宁斯大林著作编译局，译．北京：人民出版社，1977：256．

段，资金、货物和服务的数字化交付大大推动了经济全球化的发展。

第三，国际贸易的高度发展为经济全球化提供了现实基础。国际贸易活动把世界各国的生产、分配、交换和消费联结起来，加强了各国间的经济依赖和经济联系，促进了国际分工的发展。第二次世界大战后，国际贸易的规模不断扩大，参与的国家也逐渐增多；国际贸易的商品结构发生了变化，即工业制成品的比重趋于上升；技术贸易和服务贸易迅速增长，如技术知识商品，包括专利和专有技术以"许可证贸易"形式进行的交易有了显著增长；贸易的形式也有了新的拓展，除了结汇贸易外，转口贸易、补偿贸易、加工贸易、租赁贸易等形式得到了迅速发展。

第四，跨国公司的发展对经济全球化起着直接的推动作用。跨国公司的生产经营活动是通过对外直接投资，综合资本、技术、管理、人才等众多因素，实现整个生产行业的跨国转移的。跨国公司在全球范围内充分利用各地的资源优势来组织生产，大大地促进了人才、技术、商品和资本等要素的全球化流通，并由此促进了国际水平分工和垂直分工。正是跨国公司在全球范围内的生产经营活动，相应带动了资本、技术、商品、人力、服务等在全球范围内的流动，才极大地推动了经济全球化的进程。20世纪80年代以来，跨国公司的直接投资在世界经济中的作用和地位表明，对外直接投资正取代国际贸易成为世界经济增长的发动机。

第五，不断强化的国际经济规则为经济全球化提供了制度保障。世界银行、国际货币基金组织以及关贸总协定奠定了第二次世界大战后国际经济秩序的基本规则。尤其是进入20世纪90年代以来，随着世界经济中的全局性问题日益突出，国际经济组织的职能都在不断加强，它们在协调各国经济、地区经济和全球经济发展，应对全球突发性经济事件，稳定国际金融秩序和地区金融市场等方面发挥着越来越重要的作用，极大地促进和保障了经济全球化发展。1995年WTO取代了GATT，使全球贸易、投资与金融自由化的规则大大强化，WTO的有关协议使自由化从货物贸易领域迅速扩展到服务贸易、与贸易相关的投资和知识产权保护等领域。与此同时，其成员从GATT签署之初的23个增加到162个（截至2015年7月），标志着越来越多的国家和地区接受了经济全球化的规则。WTO所遵循的非歧视的、更自由的、可预见的、更具竞争性的、更有利于欠发达国家的原则，为经济全球化的发展规定了方向，使经济全球化成为一种难以逆转的潮流。

第六，各国政府积极和广泛的参与是经济全球化加速发展的保证。20世纪80年代特别是90年代以来，世界政治环境急剧改变，和平与发展成为世界主题。冷战结束后，缓和的国际关系为世界经济发展提供了有利的国际环境，发展经济成为各个国家，特别是发展中国家面临的迫切任务。亚洲新兴工业化国家（地区）经济发展的成功范例，促使越来越多的发展中国家效仿对外开放、加强国际贸易的发展模式。苏联解体后，大多数社会主义国家都走上改革开放的道路。这促成了世界范围内的经济市场化趋势，创造了经济全球化必需的体制前提，各国主动积极地参与而不是被动消极地参与是经济全球化发展的重要基础和保证。

（二）世界市场的形成与发展

世界市场也叫国际市场，是指世界各个国家和地区之间进行商品和劳务交换的场所。它包括由国际分工联系起来的各个国家商品和劳务交换的总和。世界市场是国内市场在范围上的延伸。各国国内市场发展到一定程度，才可能使商品和劳务交换关系突破国界扩大到世界范围，所以说国内市场的形成是世界市场形成的前提。

从世界市场的形成看，大致可以分成三个阶段：

第一阶段为世界市场的萌芽阶段。世界市场萌芽于十六七世纪。地理大发现以前，人们对世界的认识是很不全面的，因此当时只有区域性市场，还没有世界市场。地理大发现为世界市场的产生和形成奠定了基础。欧洲航海事业的发展，使各区域性市场不断扩大范围，并使各区域性市场彼此联系起来。于是，亚洲、美洲、非洲、大洋洲的许多商品都开始卖到欧洲市场，而其他地方对欧洲国家的各种产品，特别是工场手工业产品的需求也增加了，这导致国际贸易额迅速增加，并开始形成世界市场。欧洲各国为了争夺市场而开展激烈竞争，最终由大西洋沿岸的一些城市取代了原来地中海沿岸的一些城市，成为当时世界市场的中心。与世界性贸易相适应，海上运输、银行、保险公司、交易所和股份公司相继出现。这时在世界市场上交易的商品大多数是奢侈品，占支配地位的是商业资本，它对开拓市场和资本原始积累起了很大作用。

第二阶段为世界市场的形成阶段。18世纪60年代在英国开始的产业革命，标志着资本主义生产方式的胜利。产业资本取代了商业资本的地位，开始在世界市场占据统治地位，世界市场的发展进入了一个新的时期。大机器工业既需要不断扩大世界销售市场，同时也需要不断扩大原材料的供应来源。大机器工业成为吸纳各种农产品和矿产品原料的巨大市场。英国等国产业革命以后工业迅速增长，它们越来越多地到世界市场，特别是到殖民地、半殖民地购买大生产所需的原材料。这样，资本主义大机器工业把越来越多的原材料来源卷入到世界市场上来了。产业革命以后，工厂规模和数量的扩大使人口不断向城市集中，在发达资本主义国家形成了许多大的工业中心城市。这些工业中心城市所需的大量食品及其他消费品，已不可能单靠国内生产来供应，因而需要不断从世界市场采购输入。大机器工业为加强国内以及国际经常性经济联系所需的交通运输工具，提供了物质技术基础。大工业需要把大量原材料及产品作远距离的运输。蒸汽机的发明和应用，推动了铁路的大发展；轮船取代了帆船；电报的发明极大地便利了世界市场各部分之间的联系。商品生产和交换越来越具有世界规模，世界各国之间的经济联系以及它们之间的相互依赖程度都加强了。

第三阶段为国际市场迅速发展阶段。第二次世界大战后，在第三次科技革命的推动下，社会生产力进一步提高，国际分工进一步扩大，使当代世界市场迅速发展，并呈现出一些新的特点。

第一，世界市场的规模迅速扩大。第二次世界大战后，一系列殖民地国家独立，不再由宗主国安排进入世界市场，而以独立主权国家的身份进入世界市场，世界市场的参加主体大大增加了。另外，各国卷入世界市场的深度也在增加，表现为各国对外贸易额占其国民生产总值的比重（即外贸依存度）有提高的趋势。国际贸易方式也呈现多样化。第二次世界大战后的各国间贸易除了传统的商品贸易外，还在国际上开展多种形式的资金、技术、服务等合作和联合投资，共同开发生产各种新产品，开发新市场已屡见不鲜。国际经济合作形式的多样化促进了国际贸易方式的多样化，像补偿贸易、来料加工贸易、租赁贸易等新的贸易形式得到很大发展。

第二，国际贸易的商品结构发生了重大变化。由于第二次世界大战后国际分工格局变化，国际贸易商品结构也发生了相应的变化。第二次世界大战前初级产品与工业制成品在世界贸易中所占的比重大约是60%与40%，战后这个比例开始倒过来了，在工业制成品中，机械产品、电子产品等与新技术有关的产品比重在加大。造成这种情况的根本原因是科技革命带来国际分工的深化；部门内分工的发展使国际贸易中的中间产品大大增加；发达资本主义国家的新技术使它们的农产品自给率提高，在产品价值含量提高的同时使所消耗的物质量减少；世界GDP在增长，但单位GDP消耗的能源是下降的。

第三，国际服务贸易发展迅速。第二次世界大战后的科技革命和经济高速增长，在加深国际分工的同时也使各种生产要素在国家间的流动加强，于是国际服务贸易迅速发展起来，不但传统的服务贸易项目，如银行、保险、运输等随着国际贸易的发展而发展，其他的服务项目，如国际租赁、提供国际咨询和管理服务、技术贸易、国际旅游等也得到快速发展，服务贸易的增长速度大于同期商品贸易的增长速度。目前，世界服务贸易总额已相当于世界商品贸易额的1/4左右。

第四，区域经济一体化和跨国公司给世界市场以巨大影响。世界各国经济联系日益加强，一部分国家通过结成地区性经济集团，在一个区域范围内追求更加紧密的国际经济联系。于是，在一个世界市场范围内，存在许多跨国家的区域性市场。这些地区性经济集团对内实行程度较高的自由贸易，对外则实行一定程度的歧视或排斥，如欧盟、北美自由贸易区等就是这样的区域经济一体化组织。第二次世界大战后的贸易自由化打破了国际关税和非关税壁垒，使国与国之间或板块与板块之间的经济联系进一步增加。因此，第二次世界大战后的地区经济一体化并没有使世界市场变小，而是在世界自由贸易程度提高的同时，在某一区域内实行更高程度的自由贸易，因而区域经济一体化起着促进世界市场发展的作用。

第二次世界大战后跨国公司的大发展也给世界市场以巨大影响。跨国公司利用其雄厚的资本和科学技术优势，通过对外直接投资，绕过别国的关税和非关税壁垒，进入别国市场。它们采用多种组织形式和策略，垄断世界销售市场和原料产地，从而垄断了世界市场上很大一部分贸易。有人估计，当今世界上国际贸易的80%与跨国公司有关，而跨国公司的内部贸易在资本主义世界贸易中的比重约占1/3。

第五，不同社会制度的国家在世界市场上的联系不断加强。第二次世界大战前，唯一的社会主义国家苏联对参与世界市场是持警惕态度的。第二次世界大战结束后，出现了十几个社会主义国家，东西方处于冷战状态，社会主义国家与资本主义国家的经济关系受到严重影响。我国1978年实行改革开放以后，与其他国家、地区建立和发展了多层次的经贸关系，恢复了在世界银行、国际货币基金组织的合法席位，2001年又加入了世界贸易组织。自从党的十四大确立我国建立社会主义市场经济体制目标之后，我国在世界市场上的竞争力不断增强，与世界市场的联系也更加紧密。作为最大的发展中国家，我国与广大发展中国家一起，积极要求改变原来不合理的国际经济秩序，建立新的国际经济秩序，以便更有利于世界各国的发展。

二、国际分工理论

国际分工是指各国之间的劳动分工，已有几百年的历史。从世界经济格局来看，各个国家或地区在经济上都与其他一些国家或地区既有联系又有分工。一个国家与外界发生经济贸易往来，实际上就是参与了国际分工。21世纪，在经济全球化背景下，几乎没有一个国家可以孤立地自己供给自己消费，取而代之的是日益密切的国际贸易。

分工的发展是与生产力的发展紧密相连的。生产力的发展是分工的发展的前提条件；反之，分工的发展又有利于提高工作的熟练程度，改进技术及提高劳动效率。国际分工的迅速发展使国际分工理论也逐渐系统和完善。贸易在经济发展中发挥重要的推动作用，而对于贸易能够促进经济发展的原因进行分析的学说即国际分工理论，因而国际分工理论是直接通过国际贸易理论来表达的。

1. 绝对优势理论

绝对优势理论又称绝对成本说、地域分工说，该理论将一国内部不同职业之间、不同工种之间的分工原则推演到各国之间的分工，从而形成了国际分工理论。绝对优势理论是最早主张自由贸易的理论，由亚当·斯密在《国民财富的性质和原因的研究》(1776) 一书中提出。

绝对成本是指某两个国家之间生产某种产品的劳动成本的绝对差异，即一个国家所耗费的劳动成本绝对低于另一个国家。绝对成本说主要阐明了如下内容：

(1) 分工可以提高劳动生产率，增加国民财富。斯密认为，交换是出于利己心并为达到利己目的而进行的活动，是人类的一种天然倾向。人类的交换倾向产生分工，社会劳动生产率的巨大进步是分工的结果。他以制针业为例说明其观点：分工前，一个粗工每天至多能制造20枚针；分工后，平均每人每天可制造4 800枚针，每个工人的劳动生产率提高了几百倍。由此可见，分工可以提高劳动生产率，增加国民财富。

(2) 分工的原则是成本的绝对优势或绝对利益。分工既然可以极大地提高劳动生产率，那么每个人专门从事他最有优势的产品的生产，然后彼此交换，则对每个人都是有利的。他以家庭之间的分工为例说明了这个道理：如果一件东西购买所花费用比在家庭生产的少，就应该去购买而不要在家庭生产。裁缝不为自己做鞋子，鞋匠不为自己裁衣服，农场主既不打算自己做鞋子也不打算缝衣服。他们都认识到，应当把自己的全部精力集中用于比邻人更有利的职业，用自己的产品去交换其他物品，这会比自己生产一切物品得到更多的利益。

（3）国际分工是各种形式分工的最高阶段，在国际分工基础上开展国际贸易，对各国都会产生良好效果。斯密由家庭推及国家，论证了国际分工和国际贸易的必要性。如果外国的产品比自己国内生产的要便宜，那么最好是输出在本国有利的生产条件下生产的产品，交换外国的产品，而不要自己去生产所有产品。他举例说，在苏格兰可以利用温室种植葡萄，并酿造出同国外一样好的葡萄酒，但要付出比国外高30倍的代价。如果真的这样做，显然是愚蠢的行为。如果每一个国家都按照其绝对有利的生产条件（生产成本绝对低）去进行专业化生产，然后彼此进行交换，则对所有国家都是有利的，世界的财富也会因此而增加。

（4）国际分工的基础是有利的自然禀赋或后天的有利条件。自然禀赋和后天的条件因国家不同而不同，这就为国际分工提供了基础。有利的自然禀赋或后天的有利条件可以使一个国家生产某种产品的成本绝对低于别国，而在该产品的生产和交换上处于绝对有利的地位。各国按照各自的有利条件进行分工和交换，将会使各国的资源、劳动和资本得到最有效的利用，将大大提高劳动生产率和增加物质财富，并使各国从贸易中获益。

但若一国没有一种产品在生产上处于绝对优势，那该如何？斯密没有解释。可见，绝对优势理论只说明了国际贸易中的一种情形，即在生产上各具绝对优势地位的国家参与国际分工和国际贸易能获得利益，但他没能阐释国际贸易的普遍规律。

2.比较优势理论

大卫·李嘉图在其代表作《政治经济学及赋税原理》（1817）中提出了比较优势理论。比较优势理论认为，国际贸易的基础是生产技术的相对差别（而非绝对差别），以及由此产生的相对成本的差别。比较优势理论在更普遍的基础上解释了贸易产生的基础和贸易利得，大大发展了绝对优势理论。

根据比较优势理论，一国在两种商品生产上较之另一国均处于绝对劣势，但只要处于劣势的国家在两种商品生产上劣势的程度不同，处于优势的国家在两种商品生产上优势的程度不同，则处于劣势的国家在劣势较轻的商品生产方面具有比较优势，处于优势的国家则在优势较大的商品生产方面具有比较优势。两个国家分工专业化生产和出口其具有比较优势的商品，进口其处于比较劣势的商品，则两国都能从贸易中得到利益。这就是比较优势原理，也就是说，每个国家都应根据“两利相权取其重，两弊相权取其轻”的原则，集中生产并出口其具有比较优势的产品，进口其具有比较劣势的产品，结果两国都可以提升福利水平。

比较优势理论为自由贸易提供了有力证据，并从劳动生产率差异的角度成功地解释了国际贸易发生的一个重要起因。直到今天，这一理论仍然是许多国家，尤其是发展中国家制定对外经济贸易战略的理论依据。

但是，比较优势理论也存在较大的不足：第一，从比较优势理论和贸易互利模型出发，劳动生产落后者不仅不会因竞争而被淘汰，反而仍可能从国际贸易中获利，这就与价值规律的作用产生了深刻的矛盾。第二，该理论解释了劳动生产率差异如何引起国际贸易，但没有进一步解释造成各国劳动生产率差异的原因，即对比较优势的来源没能加以说明。第三，忽视了国际贸易对于国内收入分配的影响，并据此认为国家作为一个整体是始终能从贸易中获利的。第四，忽视了自然资源和规模经济在国际贸易中的作用。第五，它的分析方法属于静态分析。该理论认为世界是永恒的，是一个静态均衡的世界，是一个各国间、各经济集团间利益和谐一致的世界，不存在技术进步和经济发展，国际经济是静态的。

同时，根据其结论进行推导，两国比较优势差距越大，则贸易的空间越大。那么，当前的国际贸易应该主要发生在发达国家与发展中国家之间。但现实情况是，国际贸易主要发生在发达国家之间。不过，该理论对国际经济发展的作用仍然是不可低估的，其所提出的比较优势原理，在现实经济中有重要的意义。

3.要素禀赋理论

俄林吸取了赫克歇尔《对外贸易对于收益分配的影响》（1919）的基本观点，并且加以补充和发展，在其《区际贸易与国际贸易》（1933）中，从各生产要素的角度对比较优势理论作了进一步阐述。

他们认为，资源禀赋不同是造成各国生产同一产品的劳动生产率有差异的原因。各国在生产要素的拥有方面情况不同，若一国的某种要素比较丰富，价格就相对便宜。生产要素的丰富与稀缺是导致国际贸易产生的原因之一。导致国际贸易产生的另一个原因是，各国在生产各种不同商品时所使用的生产要素的比例也是不同的。根据产品所需的生产要素的多少，可以将产品分为劳动密集型产品、资本密集型产品、技术密集型产品等。

据此，俄林得出的结论是，贸易的首要条件是某些商品在某一地区生产要比在另一地区生产便宜。在每一个地区的出口商品中，包含该地区比其他地区较便宜的相对大量的生产要素，而进口的商品则是别的地区能较便宜生产的。在国际分工体系中，一个国家应该生产那些大量使用本国供给丰富、价格低廉的生产要素的商品，并以此来出口换取那些用供应稀缺、价格较高的生产要素生产出来的商品。

根据生产要素禀赋理论，在各国生产同一产品的技术水平相同的情况下，两国生产同一产品的价格差来自产品的成本差别。这种成本差别来自生产过程中所使用的生产要素的价格差别，而生产要素的价格差别则决定于该国各种生产要素的相对丰裕程度。由于各种产品生产所要求的生产要素的比例不同，一国在生产密集使用本国比较丰裕的生产要素的产品时，成本就较低；而生产密集使用别国比较丰裕的生产要素的产品时，成本就比较高。这就形成了各国生产和交换产品的价格优势，进而形成了国际贸易和国际分工。此时本国专门生产自己有成本优势的产品，而换得外国有成本优势的产品。

4.新贸易理论

第二次世界大战以后，国际贸易出现了许多新的倾向：发达工业国家之间的贸易额大大增加，到20世界90年代初，发达国家之间的贸易占世界贸易总额的4/5，成为国际贸易的主要部分；同类产品之间的贸易额大大增加，出现了许多同一行业既出口又进口的双向贸易，即行业内贸易。经典的比较优势理论由于假设的局限已经不能解决这些问题了。20世纪80年代，这些问题得到经济学家的关注，新贸易理论诞生了。

新贸易理论是指20世纪80年代初以来，以保罗·克鲁格曼（Paul Krugman）为代表的一批经济学家提出的一系列关于国际贸易的原因、国际分工的决定因素、贸易保护主义的效果以及最优贸易政策的思想和观点。新贸易理论从供给、需求、技术差距论等不同角度分析了国际贸易的动因与基础。

（1）新贸易理论从供给角度揭示了规模经济和不完全竞争市场结构下的企业垄断竞争行为是贸易产生的重要动因与基础。贸易并不仅仅是技术或要素禀赋差异的结果，而可能是扩大市场和获取规模经济的一种途径。在不完全竞争市场结构下，规模经济是引起专业化与国际贸易的重要原因。即使各国的偏好、技术和要素禀赋都一致，也会产生差异产品之间的产业内贸易，并且国家间的差异越大，产业间的贸易量就越大。

（2）新贸易理论还强调需求因素对贸易产生和贸易结构的影响。从需求角度进行探索，填补了贸易动因研究上的一大空白。规模经济容易在各国有代表性的需求产品上产生，因此收入水平越相似，国家之间的产业内贸易越多。

（3）技术差距论以不同国家之间的技术差距为分析前提，认为技术差距和模仿时滞决定了现实的贸易格局。即使两个发达国家在技术开发方面具有相同的能力，所开发出来的技术与产品仍会有差异，从而促成国际贸易的产生。技术水平接近的国家会因为追求产品的差异性而产生贸易，这就解释了发达国家之间的产业内贸易。

新贸易理论怀疑现实中市场的有效性，提出了两个干预贸易的论点：利润转移论和外部经济论，在此基础上提出了战略性贸易政策理论，即应当对那些对本国经济有重要促进作用的战略性产业进行扶持补贴。

新贸易理论认为，贸易利益不仅来自比较优势，还来自规模经济、不完全竞争产业的竞争程度、产品的差异性等。同时，新贸易理论指出，尽管存在潜在贸易得益，但不完全竞争市场同时也产生了风险，使一国经济有可能不仅无法利用潜在的贸易得益而且在实际上遭受损失。当贸易使得本国以递增规模生产的行业和高度垄断的行业收缩，而带来的其他利益不足以弥补这种收缩带来的损失时，贸易使本国受损。这说明，参加贸易并不是总能得到利益。

5.国家竞争优势理论

迈克尔·波特在1990年出版的《国家竞争优势》一书中，通过对国际重要的贸易国家的上百种产业的历史研究，提出了一整套解释一个国家、地区产业或企业获得竞争优势的竞争力理论，即钻石理论。

钻石理论认为，一国特定产业具有竞争优势取决于该国国内六个要素的组合与动态作用过程，它们一起构成了“钻石模型”。其中关键因素有四个：生产要素条件，需求条件，相关和辅助产业情况，企业策略、结构与竞争者；辅助因素有两个：机遇和政府行为。

（1）生产要素条件。它分为基本要素和高级要素，具体表现为自然资源、资本资源、人力资源、知识资源和基础设施等。

（2）需求条件。国内需求市场是产业发展的动力，国内市场与国际市场的不同之处在于企业可以及时发现国内市场需求者的需要，而国外竞争者则无法做到，所以波特认为全球性竞争并没有减少国内市场的重要性。内需市场因其对规模经济的影响而提高产业效率，刺激企业改进和革新。

（3）相关和辅助产业情况。波特提醒人们注意“产业集群”现象，即一个优势产业不是孤立存在的，而是同国内相关强势产业一同崛起的。本国供应商是产业创新和升级过程中不可缺少的一环，这也是它最大的优点所在，因为产业要形成竞争优势，就不能缺少世界一流的供应商，也不能缺少上下游产业的密切合作关系。

（4）企业策略、结构与竞争者。波特指出，推进企业走向国际化竞争的动力很重要，创造与维持产业竞争优势的最大关联因素是国内市场强有力的竞争对手。

（5）机遇。机遇来自企业外部，是可遇而不可求的，机遇影响四大要素发生变化。对企业发展来说，形成机遇的可能情况大致有以下几种：科技发明创造，传统技术出现断层，外因导致生产成本突然提高，金融市场或汇率重大变化，市场需求剧增，政府重大决策，战争，重大自然灾害等。

（6）政府行为。在经济全球化的新形势下，政府的角色应当是市场竞争的催化剂，政府应当鼓励企业竞争，激励企业提高产业竞争力，并且提供企业所需要的资源，创造产业发展的环境。波特还认为，政府保护会拖延产业竞争优势的形成，使企业停留在缺乏竞争的状态，那么企业就会在国际市场中失去竞争力。

波特的钻石体系是一个动态的、双向强化的系统，每个因素都是关键要素，对竞争优势有重要作用。国家或地区的关键因素以及机遇和政府行为，综合成一个复杂、动态的系统。产业要保持并发展其竞争优势，需处理好六个要素的关系，形成其他国家或地区难以模仿的有自身特色的产业环境。

三、国际价值与国际市场价格

（一）商品国际价值的形成

商品的国际价值量是国际商品交换的基础。在一国范围内，商品的价值量是由该国范围内的社会必要劳动时间决定的。由于不同国家在资源、技术和劳动等方面具有很大的差别，各国生产同一商品的劳动生产率各不相同，同一种商品在不同国家就有不同的国内价值量，但它不能成为国际商品交换的基础。在国际贸易中，世界性的商品交换使社会劳动具有国际性质。

商品的国际价值是在国别价值的基础上形成的。资本主义机器大工业的建立、资本主义生产方式的最终确立，使社会分工发展为国际分工，市场发展为世界市场，货币发展为世界货币，商品交换成为世界性交换，社会劳动变成国际性劳动，国别价值也就自然而然地演变成国际价值。因此，以国际分工为联系的世界市场的发展和形成是使国内劳动具有世界劳动的价格的最重要条件。

商品的国别价值和国际价值一样，都是由抽象的社会劳动所决定的。作为一般人类劳动的结晶，两者在本质上是相同的。但在量的规定性上，两者又有原则区别。国别价值量是由该国生产该商品的社会必要劳动时间决定的；国际商品价值量则是由世界劳动的平均劳动单位决定的，这个平均劳动单位是在世界经济的一般条件下生产某种商品所必需的社会必要劳动时间。二者的表现形式也不同，商品的国别价值以该国货币表示，而国际价值是以世界货币表示的。

由此可见，同一种商品在一国的国内市场上和在世界市场上具有国内价值和国际价值两种不同的价值尺度。一是国内社会必要劳动时间决定的国别价值（国民价值、国内价值），二是国际社会必要劳动时间决定的国际价值。商品在国内交换时以国内价值作为衡量的尺度，而在国际交换中则以国际价值作为衡量的尺度。由于各国的经济发展程度不同，不同国家在相同劳动时间内所生产的同种商品的量不同，因而相同的劳动生产出不同的国际价值。

（二）影响商品国际价值量变化的因素

国际价值的变动受多种因素的影响和制约，主要影响因素有劳动强度、劳动生产率和贸易参加国的贸易量。

1.劳动强度

劳动强度是指劳动的紧张程度和繁重程度或复杂程度，即在单位时间内劳动力的消耗程度。劳动强度的提高，就是劳动者在同一时间内劳动消耗的增加，即支出更多的体力和脑力，把更大量的劳动压缩在同一时间内。而这种压缩在一定时间内的较大量的劳动，通常应被算作较多的劳动量，应算作劳动时间的延长。

劳动强度与商品的价值量成正比例变化。在一国范围内，在其他条件相同的情况下，在同一时间内，强度较大的劳动同强度较小的劳动相比，要支出较多的劳动，即付出较多的体力和脑力，从而提供较多的商品，创造较多的国民价值。从国际范围来看，情况也是如此。马克思指出："强度较大的国民劳动比强度较小的国民劳动会在同一时间内生产出更多的价值。"[①]这就是说，由于劳动强度较大的国家的劳动者在同一时间内支出了较多的劳动并提供了较多的商品，因而在创造较多的国民价值的同时，也创造较多的国际价值。现假定甲国劳动强度为乙国的2倍，在同一劳动时间内，乙国生产出某种商品一个单位，则甲国生产两个单位，甲国生产的国际价值也为乙国的2倍。在这种情况下，乙国一单位商品与甲国一单位商品相交换，可能表现为不等劳动时间的交换（甲国半小时强度较大的劳动交换乙国1小时强度较小的劳动）。但是，正因为甲国劳动强度为乙国的2倍，所以甲国半小时劳动所生产或创造的国际价值就和乙国1小时所生产或创造的国际价值相等，因而两者的交换是等价交换。

2.劳动生产率

劳动生产率的高低通常用同一劳动在单位时间内生产某种产品的数量来表示；或者用生产单位产品所消耗的劳动量（劳动时间）来表示，在同一劳动时间内生产的产品数量愈多，或单位产品所消耗的劳动时间愈少，则劳动生产率愈高，反之则愈低。

劳动生产率的高低取决于许多因素，如劳动者的劳动熟练程度、生产资料特别是生产工具的装备水平、劳动组织和生产组织的状况、科学技术发展和应用的程度及各种自然因素等。就一国范围来说，单位商品的价值量与劳动生产率成反比例变化，即国民劳动生产率与国民价值成反比。

从世界范围来看，单位商品的国际价值量也是随着世界劳动生产率总水平的高低而成反比例变化的，世界劳动生产率越高，单位时间内生产的商品就越多，单位商品所含的国际价值量也就越少。科技革命推动世界劳动生产率不断提高，因此，它具有使单位商品的国际价值量不断下降的作用，即国际劳动生产率与国际价值成反比。

但是，商品的国际价值量与国民劳动生产率的关系和上述的情况有所不同。马克思指出："价值规律在国际上的应用，还会由于下述情况而发生更大的变化，只要生产效率较高的国家没有因竞争而被迫把它们的商品出售价格降低到和商品价值相等的程度，生产效率较高的劳动在世界市场上也被算作强度较大的劳动。"[②]劳动生产率较高的国家与劳动生产率较低的国家相比，在同一时间内能生产出更多的商品。若甲乙两国劳动强度相等，而甲国的劳动生产率高于乙国1倍，则在同一劳动时间内乙国生产1单位A商品，甲国能生产2单位A商品。从表面上看，这同强度较大的国民劳动在同一时间内生产更多商品的情形是一样的。在世界市场上，同种

---

① 马克思．资本论：第1卷［M］．中共中央马克思恩格斯列宁斯大林著作编译局，译．北京：人民出版社，1975：614．

② 马克思．资本论：第1卷［M］．中共中央马克思恩格斯列宁斯大林著作编译局，译．北京：人民出版社，1975：614．

商品是按照相同的国际价值进行交换的，甲国的劳动生产率高，在单位时间内能生产更多的商品，所以在世界市场上能够实现更多的国际价值。由此可见，国民劳动生产率高低与单位商品价值量大小的关系在国内外交换中有截然不同的表现。在一国之内，国民劳动生产率提高，则单位商品所含的国民价值量随之降低，两者是反比关系；在世界市场上，国民劳动生产率较高的国家单位商品的国际价值量并没有随之降低，两者不是反比关系。这就是说，由于劳动生产率高，单位商品所含的国民价值量事实上已经减少，而在交换中实现的国际价值量并没有相应减少。

3.贸易参加国的贸易量

商品的国际价值量不是国别价值量的简单平均，而是由参加国际贸易各国的出口量来加以调节的。由于各国经济发展水平的差异，生产同一商品的劳动耗费是不等的，这就使得投到世界市场上的同种商品总量中，在优等、中等、劣等条件下生产的商品所占的比重不等，并且这种比重还是经常变化的。为了反映这种变化，某一商品的国际价值量的决定就应该是一个加权平均数。这个加权平均数是由参加国际贸易的有关国家的国别价值以其在世界市场上所占的比重为权数来考虑的。

具体有以下几种情况：第一，如果各国的商品出口量在该商品总出口量中所占份额相等，则单个商品的国际价值量由各国商品的国内价值量的平均值决定。第二，劳动生产率较低国家的出口商品量同劳动生产率较高国家的出口商品量在该商品总出口量中所占份额相近的情况下，商品的国际价值量主要由出口国中具有中等生产条件的国家的国内价值量决定。第三，劳动生产率较低的国家的出口商品量在该商品的世界市场交易总量中占有较大份额，而劳动生产率较高的国家占有较少份额，则商品的国际价值量主要受劳动生产率低的国家出口商品数量及国内价值所调节，且高于中等生产条件国家的商品的国内价值量。第四，劳动生产率较高国家的出口商品量在该商品的世界市场交易总量中占有较大份额，而劳动生产率低的国家占有较少份额，则商品的国际价值量主要受劳动生产率较高的国家的出口商品数量及国内价值量所调节，且低于中等生产条件国家的商品的国内价值量。

（三）国际市场价格及其影响因素

商品的国际市场价格是商品国际价值的货币表现，或者说是以（世界）货币表现的商品的国际价值。它是在一定条件下形成的在国际市场上实际买卖商品所依据的价格，它一般以国际交易中心、商品交易所的成交价格或主要出口国的正常出口价格为代表。

影响商品国际市场价格变动的基本因素有以下几个方面：

（1）国际价值是商品世界市场价格变动的基础和中心。商品的价值是商品价格变动的基础和中心，价值决定价格，价格是价值的货币表现。同样，商品的国际价值也是商品国际市场价格变动的基础和基本轴心，商品的国际价值也决定国际市场价格的变动。假如生产某种商品所耗费的国际社会必要劳动时间减少，商品的国际价值就降低，商品的国际市场价格也将随之下降；相反，如果生产某种商品所耗费的国际社会必要劳动时间增加，商品的国际价值就提高，商品的国际市场价格也随之提高。

（2）货币价值的变化对世界市场价格的影响。在商品价值不变的情况下，商品的价格会随着货币价值的升降而呈反比例变化。货币贬值、通货膨胀，则商品价格上涨；货币升值、通货紧缩，则商品价格下跌。

（3）供求关系也是影响国际市场价格变动的重要因素。当商品的供给超过需求时，世界市场价格会低于国际价值；反之，当商品的需求超过供给时，世界市场价格就可能高于国际价值。影响供求变化的一些因素也会间接地对国际市场价格起重要影响作用，如垄断和竞争、经济周期、各国政府所采取的干预价格的政策措施和自然灾害、战争、政治动乱、投机之类的非经济因素。

（四）价值规律在世界市场中的作用

在世界市场上与在国内市场上一样，价值规律也是起主导作用的经济规律。商品的国际市场价格围绕国际价值（国际生产价格）上下波动，波动程度受国际市场上的供求关系影响。价值规律在世界市场中起作用，主要原因有以下四个方面：

（1）调节国际分工和各国出口商品生产。首先，价值规律在发达国家与发展中国家的国际分工中起了重要作用。第二次世界大战以后，随着生产和资本国际化过程的加快，发达国家与发展中国家的国际分工方式发生了变化，发达国家利用劳动者的劳动熟练程度和高科技的发展与应用，发展那些高精尖、用料少、污染轻的资本集约工业，而把用料多、污染重的工业放到第三世界国家。其重要原因是所创造的国际价值量前者远远高于后者，从两者交换中可以得到更多的利益，这就刺激了新型国际分工的形成。其次，价值规律也调节了发达国家之间的分工。发达国家的产业资本家总是面对世界市场的，他们把自己的成本价格同国内和全世界的市场价格相比较。当他们的成本价格低于世界市场价格时，就会继续生产该种商品；当他们的成本价格高于世界市场价格时，就通过改进生产技术，提高劳动生产率，使其生产成本等于或低于世界市场价格。另外，发达国家充分利用各自的优势，相互分工和协作，得以从事项目巨大的研究和发展，将产业各部门之间的分工向各个部门内部分工发展，取得规模经济效果。

（2）促进贸易各国改进出口和销售技术。由于商品的国际价值取决于国际社会必要劳动时间，那些劳动生产率较高、国别社会必要劳动时间较少，即商品的国别价值较低的国家，按照国际价值出售其商品，便可以获得较多的利益。它们甚至可以在国际价值以下出售商品，不仅可以获利，而且还可以打击竞争对手。反之，就只能获得较少的收入，甚至不能弥补自己的支出。

为了获得较多的利益，在竞争中争取主动，贸易各国采用各种方法提高劳动生产率，降低生产成本。此外，竞争还迫使各贸易国在降低生产成本的同时，在商品的质量、装潢、外形、包装、消费者的现代化需求和趣味、销售条件、交货条件、信贷的提供上下功夫，结果是改进了国际交换手段，使之更加现代化。

（3）加深了世界各国间的不平衡发展。首先，加深了发达国家与发展中国家的两极分化。发展中国家由于长期遭受发达国家的剥削，劳动生产率低下，工业制成品和半成品的生产劳动耗费巨大，在国际市场竞争中处于不利地位，很难进入发达国家市场，影响了资金积累和民族工业的发展。发达国家生产力水平高，劳动生产率高，产品的劳动耗费远远低于发展中国家，因而在世界市场竞争中处于有利地位，能获得较多的利润，从而使经济发展得更快。其次，加深了发达国家之间的经济发展不平衡。发达国家由于各自的生产状况、原材料供应、流通和需求的核算及对外贸易政策不同，使它们的商品生产价格不同，竞争能力的强弱是决定发达国家贸易地位的重要因素。

（4）促进了一些国家对外贸易政策的调整。任何一个国家在制定对外贸易政策时，除去政治因素，都要考虑其出口商品价格的竞争能力。商品竞争能力强的国家主张或执行自由贸易政策，一旦其商品竞争能力减弱，就转而拥护保护贸易政策。商品竞争能力弱的国家基本上都拥护或执行保护贸易政策，而在其出口商品竞争能力提高后，它们又转向自由贸易政策。价值规律的作用成为资本主义国家制定和改变贸易政策的重要基础。

第二节　社会主义国家的对外经济关系

一、发展对外经济关系的基本形式

社会主义国家发展对外经济关系的中心内容是同世界各国或地区进行商品、资本、技术、劳务的交流，发展对外经济的基本形式是对外贸易、对外资本交流、对外科学技术交流、对外人员交流和发展国际旅游等。

1.对外贸易

对外贸易是商品经济发展的产物，它是指一个国家或地区同其他国家或地区间的商品和服务交换活动，由进口贸易和出口贸易两部分组成。对外贸易是对外经济关系的最基本形式。对外贸易对于经济发展具有重要作用，主要表现在：

（1）可以获得比较利益。我国的劳动生产率水平和资源禀赋从整体上来说，与发达国家相比有较大差距，但我们通过对外贸易可以发挥比较优势，生产和出口我国劳动生产率和资源禀赋方面具有相对优势的产品，同时进口我国具有相对劣势的产品，以节约社会劳动，获得比较利益。

（2）可以促进经济增长。现代经济理论研究表明，对外贸易对于经济增长具有“发动机”作用，也就是说，通过对外贸易的出口可以为本国产品开拓国际市场，增加对本国产品的需求，而这种需求的增加又产生一系列的前向和后向联系，从而带动整个经济的增长。根据一些专家的分析和计算，我国出口每增长1%，则国民生产总值增长0.1%；进口每增长1%，则国民生产总值增长0.125%。

（3）可以促进技术进步。一方面，通过对外贸易可以引进国外先进技术和设备，加速生产部门特别是出口产业部门自身的技术改造，不断提高国民经济的技术装备水平；另一方面，通过对外贸易，参与国际竞争，可以发现我国产品在品种、规格、质量、包装等方面的差距，有利于我们改进生产工艺和管理技术。

（4）可以“调剂余缺”。由于资源禀赋的差异性，我国的产品生产结构必然存在相对的长线和短线，有一些产品会相对过剩，另一些产品则相对不足。通过对外贸易尽可能出口长线产品和进口短线产品，就可以调剂余缺，促进国内市场供求平衡，更好地满足国内生产和生活的需要。

对外贸易的形式多种多样，主要有：①易货贸易，是指把出口和进口直接联系起来，要求交易双方有进有出、货物品种相当、对等交换、进口和出口平衡的对外贸易方式。这种形式有利于克服由于外汇不足而造成的贸易障碍。②补偿贸易，是指在信贷基础上买进外国机器、设备和生产技术等，用投资后的其他产品清偿贷款的一种贸易形式。③转手贸易，是指利用双边清算外汇进行多边关系的贸易形式。此外，对外贸易还有单进单出、逐笔售定的方式和来料加工、来件装配、来样加工出口等贸易方式。在对外贸易中，我们要根据需要和可能，争取采用灵活多样的方式。

我国对外贸易实行的是平等互利的原则。平等互利是指：进出口商品的品种、质量和规格均符合双方的要求，不允许倾销；商品的价格公平合理，反对掠夺性贸易；进出口商品不附加任何政治上的不平等条件，不损害双方的主权和领土完整。

2．对外资本交流

对外资本交流是国与国的信贷活动和生产投资经营活动，它包括资本的流入和资本的流出。对于资本短缺的发展中国家而言，主要是引进外资。

现阶段，各国利用外资的渠道较多，形式灵活多样。我国利用外资的形式主要有两种：一是外国贷款，包括外国政府、国际金融机构和外国商业银行的贷款，出口信贷，民间商业贷款和发行国际债券等。外国贷款构成我方的对外债务，要用外汇或出口产品来偿还本金和利息。二是外商直接投资，包括中外合资经营企业、中外合作经营企业、中外合作开发资源企业、外商独资企业等。我方对这些外来投资一般不承担偿还义务，而是由参加合营的双方共负盈亏、共担风险。这种外资不构成对外债务。此外，我国还采用补偿贸易、来料加工、来件装配、国际租赁等形式利用外资。通常，在外国贷款和外商直接投资这两种形式中，一般更看重外商直接投资。因为吸收外商直接投资，尤其是兴办合资企业，除了可以解决资金不足的问题外，还可以在不花费外汇的情况下引进一些用其他办法难以引进的先进技术、设备和管理经验，同时还能利用外商的销售渠道将产品打入国际市场，赚取外汇。

积极而慎重地利用和引进外资，对像我国这样的发展中大国来说，具有特别重要的意义和作用。①利用外资可以有效弥补国内建设资金不足。我国的建设虽然只能以国内积累为主，但像我国这样人口多、经验基础相对薄弱的国家，要加快自身的经济发展速度，不可避免地会受到投资短缺的制约。通过多种形式、多种渠道，尽可能利用外资，就成为我国社会主义建设过程中的必然选择。②利用外资可以带动技术引进。在利用外商直接投资的过程中，外商也带来了国外的先进技术和管理经验，所以利用外资的过程也是一个很好的学习过程，有利于提高我国的科学技术水平和管理水平。③利用外资可以促进国内资源的开发。我国有许多自然资源需要大量的投资才能得到开发，仅凭我们自己的力量在短期内是很难做到的。通过引进外资，在平等互利的原则下共同开发，就能有效地利用国内资源，加速我国的现代化建设步伐。

在经济全球化条件下，外资的流入和流出、外汇市场的波动对一国经济特别是金融系统的影响是非常大的，我们必须加强对外资和外汇的管理。①要合理利用外资，加强对外汇的管理，注意外资结构的优化。一般情况下，外商直接投资主要投向实物经济部分，具有流动性弱的特点，不会轻易抽逃资本；间接投资正相反，金融风险也较大。在外债上，中长期外债稳定性较好，短期外债稳定性较差。我们应侧重于利用直接外资和中长期外债，将金融风险降低到尽可能低的程度。②坚持有管理的浮动汇率与保持人民币币值的相对稳定相结合。作为发展中国家，我们面临的是变动中的国际经济秩序和不稳定的国际汇率体系。因此，要防范金融风险，就必须对本国经济实行有效的宏观调控，学会运用灵活的货币政策来保护本国的经济。根据我国的实际，今后应继续坚持灵活的有管理的浮动汇率制度，同时保持人民币币值的相对稳定。③保持充足的外汇储备。足够的外汇储备可以保证政府平衡外汇市场的干预能力。因此，我们要注重外汇储备的不断积累，并形成科学的外汇积累与管理机制。

3.对外科学技术交流

对外科学技术交流是指科学技术引进或出口。各个国家在科技方面都有优势，但总的来看，发达国家在科技方面居领先地位，因此，发展中国家在科技贸易中以引进为主。科技引进的方式有非贸易性和贸易性。非贸易性形式有：国际学术会议、科技人员互访、聘请外国专家讲学、派遣留学生、各国研究机构交流文献和情报，以及举办外国设备展览会等。贸易性形式有：许可证贸易，其中包括专利许可、技术许可、商标许可；咨询服务；进口成套设备等。科技引进的形式是多种多样的，我国应根据具体国情，选择最佳引进方式，以便取得最佳经济效益。

引进技术必须坚持正确的原则：一是最新技术、尖端技术和适用技术相结合，硬件与软件相结合。重点是引进先进技术和关键设备，并以引进软件为主。二是必须量力而行，讲求经济效益。在确定引进项目时，要考虑国内的配套能力、利用能力和偿还能力。三是技术引进与消化吸收、改进创新相结合。引进技术要与独创结合起来，在引进的基础上加以改造、创新，不能盲目照抄照搬，要真正做到“洋为中用”。四是搞好综合平衡，防止盲目引进和重复引进。

我国引进技术的主要形式有三种：①引进“硬件”，即进口各种设备。在工业基础薄弱、技术比较落后的情况下，引进一定数量的设备是必要的。考虑到一国的创汇能力，重点应放在引进关键设备上，这样花钱少、收效大。②引进“软件”，即通过技术转让、生产合作、科技合作、技术咨询和技术服务等方式引进技术，如购买专利、技术资料等。一般来说，在引进技术和引进设备的关系上，应以引进技术为主。③引进智力。这包括聘请外国专家来我国企业担任顾问或领导；组织外国专家来我国讲学，交流技术；选择技术人员、学者到国外学习和考察等。利用外国智力为我国的经济建设服务，有利于促进我国的科研水平和经营管理水平的提高。

4. 对外人员交流

在国际市场上，人员交流主要表现在以下三个方面：

（1）对外承包。在国际承包市场上，承包工程项目普遍采取招标投标方式进行。这是一个激烈的国际竞争过程。为在竞争中获胜，我们必须千方百计降低成本，提高工程质量，以高质量、低成本的办法占领越来越多的国际承包市场，为祖国的现代化建设服务。

（2）对外劳务合作，主要是指：向国外的工厂、企业提供管理人员和生产技术工人；向国外承包工程公司提供工程技术人员、生产技术工人和管理人员；向海外提供海员；向医院提供医务人员；向中餐馆提供厨师和其他劳务合作人员。我国劳动力资源丰富，扩大劳务出口有利于劳动者脱贫和增加国家的外汇收入。

（3）引进外国智力。在世界新技术革命浪潮的推动下，国际经济合作关系发生了很大变化，国际经济竞争在很大程度上表现为技术力量的竞争，而技术实力的强弱主要看掌握先进技术知识的人才数量。在社会生产中，人才也是一种资本，而且是很重要的资本。一个国家如果拥有大批掌握科学技术的专家、工程师、设计师和高级管理人才，那么这个国家就掌握了最重要的资本，它的经济发展也就有了希望。一些发达国家历来将人才视为无形投资，千方百计引进科学家和技术人员，促进本国经济发展。美国从1865年南北战争结束以后，一直以引进人才著称。第二次世界大战后，有30万左右的科学家、工程师、科技人才流入美国，这对美国经济的发展起了巨大的推动作用。我国的智力引进一方面是鼓励广大留学人员回国创业，另一方面是聘请外国的专家、学者。智力引进已经对我国社会经济的发展起到了积极的促进作用。

5. 发展国际旅游

旅游业是第三产业中最具发展潜力的新兴行业，具有投资少、见效快、利润高的特点。发展国际旅游业也是对外开放的一种重要形式。国际旅游业是各国对国外旅游者的旅游活动提供服务设施和系列服务的行业，主要包括旅游业、饮食业、交通运输业、商业、娱乐业等。第二次世界大战后，随着世界经济的发展和各国经济交往的扩大，被称“无烟工业”的国际旅游业发展迅速，成为许多国家对外经济关系中的重要行业。

发展国际旅游业的积极作用包括：①可以增加外汇收入。发展国际旅游业，可以用较少的投资在短期内获取大量外汇收入。对于像我国这样的发展中国家来说，外汇需求量大，而创汇能力又相对不强，发展国际旅游业是获取外汇的一种极为重要的手段。②可以推动和促进与旅游业相关的许多经济部门和行业的发展。国际旅游业不是一个孤立的行业，它涉及国民经济的许多部门和行业，如旅店、餐饮、交通、通信、特色产品等，国际旅游业的发展可以带动这些部门和行业的发展。③可以带动商品出口。在旅游中，外国游客除了支付服务费外，还会购买各种商品，特别是特色商品，这就等于增加了商品出口。④可以增加就业。旅游人数增加，必然需要大量的服务人员和管理人员，增加了就业机会。⑤可以扩大本国在国际上的影响，从而有利于推动本国与各国经济、科技和文化等方面的交流，对促进本国经济、科技和文化发展及与各国人民的友谊起着积极的作用。

我国无论是自然资源还是人文资源都具有独特优势，旅游资源十分丰富，具有开发国际旅游业的优势条件。我们应充分利用这一优势，大力加强旅游基础设施建设，不断提高旅游管理和服务的质量，发展有中国特色的国际旅游业。随着我国对外开放的不断扩大，国际旅游业的前景十分广阔。

二、社会主义国家发展对外经济关系的原则

在经济全球化趋势下，任何国家都不可能也不应该使自己孤立于世界经济体系之外，只有积极发展对外经济关系，才能摆脱贫困，促进经济发展，实现现代化。

我国自改革开放以来，进出口贸易迅速扩大，资金和技术的引进步伐也逐步加快，国际市场已经成为中国经济发展的重要依托。中国是一个大国，具有一定的内向发展的优越条件，同时，作为一个大国，单纯依靠国际市场是不可能的，也是不现实的。因此，中国的国情决定了其在发展对外经济关系中，必须坚持以下原则：

第一，正确处理好内向与外向的关系。中国不可能完全依赖国际市场来解决自身的发展问题，而中国自身的产业成长还需要一定的环境，这就决定了中国必须掌握开放度，把内向发展与外向发展有机地结合起来。同时，由于国内的改革尚未配套，市场体系还不完善，企业的竞争能力有限，基础建设也明显不足，这一切都加大了中国对外开放的成本，也表明中国在开放过程中需要正确处理内向与外向关系的重要性。我国应该注意对外开放中的政策配套，有选择地逐步开放国内市场，加强宏观调控，实行有效的保护政策，以保证国民经济的独立性和自主性。

第二，根据生产要素结构特点，决定对外开放的战略重点。中国的劳动力资源丰富，而且成本较低，这是中国对外开放的比较优势。在开放过程中，要大力发展劳动密集型产业，利用国际比较利益，振兴经济。但是，单纯依赖劳动密集型产业的发展是有局限性的。近几年来，随着中国经济的发展，资源和原材料与加工工业

之间的缺口明显加大，这在客观上反映了中国资源开发能力不足的状况。通过扩大对外资金和技术合作，加快资源开发的步伐是对外开放战略的一个重要组成部分。另外，从对外开放的长期趋势看，未来国际市场的竞争将主要表现为技术竞争，一国如果不能在技术竞争中获得一席之地，必然在国际市场上处于不利地位。中国各地的技术水平差异很大，虽然已建立了一定规模的高技术产业，并拥有一支实力雄厚的科技队伍，但整体技术水平还比较落后。在开放过程中，中国应该以现有的高技术产业为基础，通过引进和消化吸收国外技术，不断提高国民经济的整体技术水平，为参与未来国际市场的技术竞争奠定基础。

第三，根据生产力发展不平衡的特点，采取多层次对外开放格局。中国幅员辽阔，各地资源、人口和文化存在较大差异，生产力发展水平也不平衡。相对而言，沿海和东、南部地区经济发展水平较高，内地及西部地区经济发展比较落后。根据这种经济发展特点，中国应该采取多层次、全方位的对外开放，充分利用各种资源，积极参与国际分工和竞争，将国民经济置于世界经济体系之中。这里关键的问题是，先进部门和地区要利用国家给予的优惠政策，有效地打入国际市场，适时地加强对落后地区和部门的拉动作用。国家要加强宏观调控，在实行多层次开放的过程中，支持落后地区的发展，加强地区间的横向经济联系，开展区域间的分工与合作，形成全方位对外开放的格局。

三、经济全球化与我国对外经济关系

经济全球化对我国经济发展既有积极的一面也有消极的一面，既有利也有弊，既是机遇也是挑战。积极影响体现在：

第一，有助于促进我国市场经济制度建设。在经济全球化背景下，通过加快与国际惯例接轨，可使我国经济体制改革的目标更加清晰，建立社会主义市场经济体制的步伐更加稳定。抓住经济全球化的机遇，可以借助外力扫除市场化改革中的障碍，有效解决改革和发展动力不足的问题。经济全球化将引入外来竞争机制，带来压力和紧迫感，这成为推动改革和发展的巨大动力，有利于更好地建立和完善社会主义市场经济体制。

第二，有利于我国有效利用国内外两种资源和两个市场。我国是一个人力资源大国，在经济全球化背景下，为充分发挥我国人力资源优势，要大力发展劳动密集型产业，不断扩大劳动密集型产品在世界市场的份额。同时，我国又是一个资金及技术相对紧缺的国家，经济全球化可以使我国弥补国内资金、技术等生产要素的不足，实现产业升级、技术进步、制度创新和经济发展，利用后发优势赶超发达国家。

第三，可有效促进我国经济的增长。通过发挥比较优势，使资源配置效率不断提高；通过出口扩大总需求，带动经济增长；通过外资弥补我国现代化建设的资金缺口；通过外资改善我国原有资产存量，促进经济增长，并进一步通过新建企业形成高质量资产；通过收购或兼并提高原有资产存量；进口或吸引外资都可以带来先进实用的技术、设备和科学的管理方式，获得溢出效应；通过外资对我国人力资源的开发，可以为经济增长积累人力资本。

第四，有助于缩小我国与经济发达国家的差距。通过积极引进外资，促进出口贸易增长，充分利用和享受国际分工及比较优势的好处，使外国投资和国际贸易成为经济增长的发动机，成为创造新增就业的主要来源和提高竞争力的主要途径。经济全球化可以降低我们学习管理经验的成本，跨国公司前来攫取利润的同时，也必然带来其管理经验，我们将有更多机会从管理中学习，从学习中创新。

经济全球化是一把双刃剑，在给我国经济发展带来巨大机遇的同时，也带来了巨大的挑战：

第一，经济全球化使国内经济发生波动的可能性大大增加。经济全球化使我国经济与世界经济的联系越来越紧密，在这一背景下，我国国内经济的稳定将不仅取决于国内因素，而且也受到国际因素的巨大影响。进出口贸易状况和国际收支状况直接影响整个国民经济的运行状况，国际性的经济波动如通货膨胀、通货紧缩、金融危机等将通过国际经济的传导机制影响我国。

第二，对国内产业和市场将造成一定冲击。经济全球化把国内市场和国际市场联系在一起，通过封闭市场来保护本国产业的做法越来越不可能，过去受保护的不具有比较优势的产业将面临外国竞争者的巨大冲击。外资大量涌入，使国内企业的竞争力和市场份额受到严重影响：对外贸企业过于优惠的政策，削弱了国内企业的市场竞争力；对外商投资形式变化的反应不及时，导致对外资企业的管理逐步失控，从而使国内市场渐渐落入跨国公司手中；内外资企业争夺国内人才现象日趋严重，导致国内企业人才大量流失。

第三，可能诱发国内金融风险。经济全球化使国际资本流动的速度大大加快，短期资本即"游资"占很大比重，它最大的特点是投机性强。金融风险主要表现在三个方面：一是金融市场可能受到国际游资的冲击。我国的金融体制改革滞后，金融体系不够发达，金融监管能力较弱。二是给金融机构的业务发展带来强有力的挑战。我国金融市场发展相对滞后，金融机构缺乏竞争力，在与发达国家金融机构的竞争中明显处于劣势。三是国家的宏观调控难度加大。在金融市场开放程度较高的情况下，国家汇率和利率的变化将被相应的资本流动效应所抵消，从而加大了金融调控的难度。

第四，可能加剧地区发展的差距，拉大贫富差距，加大生态环境压力。在经济全球化背景下，如果不及时采取相应措施，我国东西部差距将进一步拉大。我国东部地区在投资环境、基础设施、技术水平、人力资源和地理条件等方面都强于中西部地区，东部仍是外商投资的主要地区。在经济全球化背景下，以粮棉等种植业为主要收入的农民将受到冲击，加上农产品价格下跌，农村贫困问题将加剧。随着城镇失业人口的增加，城镇贫困问题也会更加严重。经济全球化不仅会加重对环境和资源的负担，而且会带来发达国家转移污染产业等问题。

我国作为世界上最大的发展中国家，只有采取适当的改革措施，趋利避害，充分利用经济全球化给我国经济发展带来的有利条件，才能在激烈的国际竞争中立于不败之地。

第一，坚持“引进来”和“走出去”相结合，全面提高开放水平。我国经济领域的对外开放起步于“引进来”。通过对外开放，我国有效地利用大量国际资金，吸收国际上先进的技术和管理经验，逐步与世界经济接轨，从而加快了工业化进程。当前，国内外经济环境发生了巨大变化，我国对外开放也必须提高水平，尽快实现从“引进来”到“走出去”的对外开放战略的转变。从国际方面看，经济全球化趋势日益明显，世界经济结构加快调整，科技进步日新月异，企业竞争日趋激烈；从国内看，国内资源相对短缺、产品相对过剩的问题依然严重，亟待通过开发国内外两种资源、开辟国内外两个市场来解决。我国加入WTO有利于国内企业走向世界，开拓更为广阔的国际市场。只有“走出去”才能扩大经济发展空间，增强经济发展后劲，弥补国内资源不足。

第二，提高利用外资的质量与水平，加快产业结构调整。我国作为一个大国，必须有门类比较齐全的产业结构，特别是应在世界上最新的产业部门占有一席之地。通过经济全球化进程，许多发达国家已经实现了技术和资金密集型产业的升级。我国可以通过吸引外资特别是与资金和技术实力雄厚的跨国公司合作，在发展劳动密集型产业的同时，建立自己的技术和资金密集型产业。这一点关起门来是不可能做到的，必须在开放的环境中发展这些产业，其捷径就是利用外资，充分发挥外国先进技术对我国技术进步的辐射和带动作用，加速我国产业结构调整和优化的步伐。因此，我们要把利用外资和国内经济结构调整紧密联系起来，发挥自己的比较优势，不断提高自己的竞争能力。

第三，逐步推进金融市场开放，防范金融风险。一个国家金融市场的稳定，直接关系到经济发展、社会稳定和国家经济主权的安危。我国金融市场的开放是逐步推进的，这一过程同样充满了风险，因此，要加紧研究对策，以有效地防范金融风险。金融市场适度自由化与开放是全球经济一体化的必然结果，为保障金融安全，有效防范金融风险，我国在这个过程中应趋利避害，积极应对。要加强对国际游资的防范与管理；要深化金融体制改革，加快银行体系建设，提高国内银行的竞争力；要完善宏观调控机制，保持宏观经济稳定；对外资金融机构开放人民币业务要循序渐进；尽快完善外资金融机构管理法规，严格监督外资金融机构的经营行为，消除对内资的歧视政策。

第四，积极参与国际经济合作与协调，提高国际竞争力。经济全球化是世界经济发展的客观趋势，任何国家都难以在封闭的状态下得到发展，尤其是发展中国家。要实现后来居上，必须积极参与国际经济合作，善于利用经济全球化带来的有利于我国生产力发展的一切因素，以提高国际竞争力。实践证明，关起门来搞改革、搞建设是不能成功的，只有大胆吸收和借鉴世界各国先进的经营方式、管理方法以及其他一切文明成果，大胆利用国外的资金、人才和先进技术，才能不断提高国际竞争力，促进经济发展。

第三节　我国的对外开放

一、我国经济对外开放的必要性

我国经济对外开放适应了经济全球化发展的大趋势，也有利于建立和发展社会主义市场经济。

1.只有实行对外开放才能获得国际分工带来的经济利益

每个国家都有自己的优势和劣势，同时还有自己的特点。各个国家的生产条件、技术水平不同，生产同类产品的劳动生产率也就有高有低。面对经济全球化趋势，任何一个国家，即使地域十分辽阔，资源比较丰富，也难以具备经济增长所需要的全部资源，总是需要或多或少地从其他国家取得这样或那样的原料以补充本国资源的不足。任何一个国家，除了需要他国的资源外，还需要他国的市场。只引进不输出或只输出不引进，都不利于社会经济的平衡发展。经济全球化趋势要求一国的社会再生产不仅要以国际交流和合作为条件，而且要融入世界经济发展中去，在全球范围内实现资源的合理配置，享受经济国际化的好处。社会主义国家应根据自己的特点，扬长避短，多生产那些适宜本国生产的产品，并用这些产品换取自己需要的其他国家的产品。这样就可以充分利用国际分工，大大提高经济效益。

2.只有实行对外开放才能分享世界科技革命的成果

科学技术是生产力，在现代生产中的作用越来越重要。在人类社会发展过程中，每次科技革命的出现都推动了世界在更大范围内的开放和生产力的提高，使越来越多的国家分享科技革命带来的好处。任何一个国家无论其科学技术力量多么雄厚，也不能拥有经济发展所需要的全部技术，更不可能在一切科学技术领域都居于领先地位，完全靠自身力量去解决本国经济发展中的一切科学技术问题已经不可能。各个国家都有必要吸收其他国家的先进科学技术成果，以便较快地提高本国的科技水平，将本国经济纳入世界经济中。积极开展科学技术交流，才能分享世界科技革命的成果，才能有力地促进生产力的发展。

3.实行对外开放有利于摆脱贫穷落后

纵观中国历史和现实，在对外开放问题上我们吃过长期闭关自守的苦头。新中国成立以后，第一个五年计划时期是对外开放的，不过那时只是对苏联、东欧国家开放。当时，我国从苏联获得了约14亿美元的贷款，用于引进156项成套设备。20世纪60年代中期，我国通过延期贷款方式，利用西方国家几亿美元，引进了一批急需的石油、化工、冶金、电子精密机械技术设备。这些措施对于建设社会主义经济起了重要的促进作用。可是，60年代初中苏关系恶化，加之我们指导思想上出现“左”的错误，曾一度开放的大门又关了起来。特别是到了“文化大革命”期间，我国的经济建设同飞速发展的世界经济完全隔绝开来。根据历史的经验和对现实的反思，把自己孤立于世界经济之外是不利的，中国的发展离不开世界。

4.实现我国经济跳跃式发展必须实行对外开放

在世界科技革命蓬勃发展的今天，一个后进国家要在较短的时间内，在经济和技术上赶超先进国家，必须大力推行对外开放政策，积极地、广泛地利用和吸收世界上一切文明成果。第二次世界大战后，日本经济高速增长，在不太长的时间内一跃成为资本主义世界第二经济大国，正是大力推行对外开放政策的结果。在发展中国家和地区，实行对外开放使经济迅速发展起来的也不乏其例。最引人注目的是20世纪60年代后崛起的新兴工业化国家或地区，主要以被人们称为“亚洲四小龙”的韩国、新加坡、中国香港和中国台湾为代表。它们除了大量吸引外资，还利用发达国家传统产业向海外转移的机会，积极发展出口加工业，参与国际分工与交换，促使国民经济迅速发展。此外，拉丁美洲的智利和巴西、东南亚的泰国等国家，也都在发展外向型经济、推进国内经济建设中取得了明显成效。事实证明，拓展国际交流、实行对外开放，是实现国民经济跳跃式发展的必由之路。

二、中国对外开放的历程

我国的对外开放，采取了由东而西，由南而北，有计划、有重点、稳步发展的战略，即经济特区—沿海开放城市—沿海经济开放区—内地—边疆民族地区，形成了全国范围内多层次的对外开放格局。

1.经济特区的建立

经济特区，是指在一个主权国家（或地区）内，划出一定的区域，在经济运行和对外经济活动中，实行特殊政策和灵活措施的特别经济区。经济特区的主要形式有：自由港、自由贸易区、出口加工区、过境自由区等。

改革开放初期，我国政府决定参照世界各国的成功经验，创办经济特区。1980年，我国正式批准在广东省的深圳、珠海、汕头和福建省的厦门成立经济特区；1988年，海南岛从广东省划出，独立建省，并同时确立为经济特区。1990年开辟的上海浦东新区，实际上是非特区的特区。在我国对外开放的格局中，经济特区是对外开放的最高层次。

经济特区实行特殊的经济政策和特殊的经济管理体制，具体表现在：①特区的所有制结构，以中外合资、中外合作和外商独资经营为主；②特区的投资来源结构，以利用外资为主；③特区的产品销售结构，以外销为主；④特区的经济活动，从一开始就以市场调节为主；⑤特区政府在经济决策上有较多的自主权；⑥对外来投资企业，在税收、土地使用费、人员出入境和物资进出口方面，给予特殊优惠和方便。目前，随着我国经济市场化的发展，经济特区在改革上的优势逐渐消失，特区不特是一种必然趋势。

经济特区的建立对我国改革开放和社会主义现代化建设的发展，起着十分重要的作用。邓小平曾把经济特区的作用概括为“四个窗口”：一是技术的窗口，即通过特区引进先进技术，经过消化吸收后不断向内地扩散，推动内地企业的技术改造；二是知识的窗口，即通过特区全面了解世界各国的政治、经济、文化动态，尤其是熟悉和掌握国际经济运行的规则和惯例；三是管理的窗口，这里的管理应作广义的理解，即以特区作为我国经济体制和企业管理体制改革的试验场，在取得成功的管理经验后，再向内地推广；四是对外政策的窗口，即一方面通过特区的运作来检验我国的对外开放政策，另一方面也让世界充分了解我国的对外开放政策。

2. 沿海港口城市的开放

1984年5月，在总结对外开放经验的基础上，国务院进一步开放了大连、天津等14个沿海港口城市。在这些城市，经批准还可兴办经济技术开发区。到2015年9月，国家级经济技术开发区已有219个。这14个城市是我国对外开放的第二次层次，其开放和市场化程度低于经济特区。国家给它们的优惠政策是：（1）扩大自主权。凡利用外资建设新厂和改造老企业的，天津、上海每个项目的审批权限放宽到3 000万美元以下，大连放宽到1 000万美元以下；非生产性项目不论其投资额多少，由各市自行审批。（2）对前来投资的外商，实施优惠政策。这具体表现在：外商作为投资进口的机器设备、用于出口产品生产的原材料及企业自用的交通工具、办公用品免征关税；凡属技术、知识密集型项目或交通、能源等建设项目，只征收15%的企业所得税；属于一般性工农业生产项目，按24%征收所得税；在经济技术开发区内，大体执行经济特区规定的外商投资所享受的优惠待遇。

3. 沿海经济开放区的设立

为了扩大上述优惠政策的实施范围，1985年1月，国务院又决定将长江三角洲、珠江三角洲、闽南三角地带开辟为沿海经济开放区。1987年以来，又将胶东半岛，辽东半岛，济南市，广东的韶关、河源、梅州，以及福建、浙江、江苏、河北、广西壮族自治区的许多沿海城市、县列入沿海经济开放区。目前，沿海经济开放区共包括293个市县，由珠江三角洲、长江三角洲、闽南厦漳泉、胶东半岛、辽东半岛、河北、广西7个沿海经济开放区组成。至此，我国东部由北而南连接成近万里的一大片狭长的对外开放前沿地带。这是我国对外开放的又一重大步骤，在沿海经济开放区，除实施沿海港口城市通行的优惠政策外，还对外商投资经营加工工业和为促进农业发展而投资经营的农、林、牧、副和养殖业（渔）等，给予优惠。沿海经济开放区使我国广大以农业为主的地区走上了市场经济的道路。

4. 沿江、沿边和内陆城市的开放

20世纪90年代，国家决心进一步推进广阔内地的对外开放。1990年6月，国务院批准建设上海浦东新区。1992年年初，在邓小平南方谈话的鼓舞下，我国掀起了对外开放的又一个高潮，除继续推动5个经济特区、14个沿海港口城市和沿海经济开放区进一步扩大开放外，1992年6月，又沿长江进一步开放了芜湖、九江、武汉、黄石、岳阳、重庆6市和合肥、南昌、长沙、成都4个省会城市。至此，长江沿岸10个主要中心城市已全部开放，形成了以省会城市为中心的内陆开放区和以上海浦东开发为龙头的长江流域开发带。

国务院给予内陆开放区的省会城市和其他城市，在吸引外资项目上实行沿海开放城市的有关政策。在这些城市，凡经国家批准建立的高新技术开发区，其中符合产业政策的重大项目和高新技术项目，均可享受类似经济技术开发区的优惠，实行产业倾斜政策；允许拓宽利用外资的形式，采取更灵活的方式吸引外资。内陆地区的开放，在打开各省、市封闭的门户，调动各省、市吸引外资、引进先进科技和先进管理经验，促进我国从计划经济向市场经济转轨，加快全国市场经济体制的形成中均起到了不可估量的作用。

1992年，国务院又先后决定开放珲春、绥芬河、黑河、满洲里、二连浩特、伊宁、塔城、博乐、河口、畹町、瑞丽、凭祥、东兴等13个边境市、县、镇。国务院允许这些边境城市实行沿海开放城市的优惠政策，为其创造良好的投资环境，并赋予这些城市更大的发展边贸自主权。截至2015年2月，我国已拥有293个口岸。其中，按照运输方式分，水运口岸135个、航空口岸68个、铁路口岸20个、公路口岸70个；按照地域分，沿海地区口岸148个，沿边地区口岸116个（含沿边境线我国与陆路毗邻国家对等设立的边境口岸79个）、内陆地区口岸29个。一个以沿边开放城市为窗口，边境市、县为前沿，省会等中心城市为依托，面向东北亚、中亚和东南亚市场的多层次沿边开放格局正在逐步形成。沿边的开放，对进一步完善我国的对外开放格局，对市场经济体制在我国的全面推进，对缩小东西部经济差距，意义重大。

这样，在我国就形成了沿海、沿江、沿边及东西南北中多层次、多渠道、全方位的对外开放局面，使我国的对外开放进入了一个新的、更高的阶段。

5．全面对外开放

经过艰难谈判，我国于2001年年末加入世界贸易组织，这标志着我国对外开放进入了一个崭新的阶段。我国将由以前有限范围和有限领域内的开放，转变为全方位的开放；由以试点为特征的政策主导下的开放，转变为法律框架下可预见的开放；由单方面为主的自我开放，转变为与世贸组织成员之间的相互开放。这一时期我国对外开放的主要特点是：

第一，由地域的全方位开放走向产业的全方位开放。20世纪90年代中期以来，我国的对外开放已经不仅是沿海开放城市和开放区域，而是形成了东西南北中全方位的开放格局，使我国经济的开放程度和范围都有了极大的提高。更重要的是，我国已由地域性的全方位开放进一步走向产业的全面开放，竞争性行业将实行全面的开放，允许外国商品和资本在一定的条件下进入。

第二，生产和资本国际化程度进一步提高。在世界经济一体化趋势越来越明显的背景下，不仅我国的市场将向全面开放的方向发展，使国际资本和商品在更大范围内进入中国市场，我国的资本也将以更快的速度进入国际市场，我国将有更多的企业从事跨国生产和经营，“引进来” 和“走出去”将成为我国对外开放的两个轮子，有力地推动我国对外开放向纵深发展。随着我国经济的不断发展及与外部世界的联系日益加强，目前我国企业已经越来越多地有了跨国发展的需要，虽然真正意义上的中国跨国公司目前尚很少，但我国跨国企业的发展必然与更多的外资进入中国一样，有一个较大的发展，我国企业生产和资本的国际化程度必定进一步提高。

第三，我国的金融市场将不再与国际金融市场相割裂，我国金融市场与国际金融市场的一体化程度会大幅度提高。改革开放使中国经济具有开放型经济的特征，商品市场的开放度和国际化都已达到了较高的水平。但是，中国的金融业和金融市场迄今仍保持着相对封闭的状态，它与日益一体化的国际金融市场存在相当的隔离度。金融业和金融市场作为国民经济的关键部门和核心环节，通常在对外开放的进程中排在较后的顺序，在发达国家开放经济走过的历程中也是如此。全面开放和高度国际化的金融市场可以被看成开放型经济的发达形态。按照中国加入WTO的协议，我国金融业对外开放已日益临近，但我国金融业整体上竞争能力还不强，金融安全值得高度关注。

第四，我国的经济管理制度将进一步规范化并与国际接轨。改革开放以来，中国市场经济体制的建设是与对外开放共同发展的，并都取得了很大的成就。但应该看到，我国对市场进行调控的各种管理手段、规章制度，尚未按照开放型市场经济的要求进行重构和重组。这里面既有上层建筑适应经济基础有滞后性这一规律起作用，也与中国渐进性改革的特点有关。中国要在建立全新市场经济体制时，最大限度地发挥市场对经济发展的促进作用，同时又要尽量避免体制转型带来的震荡和冲击，使经济增长的代价降至最低。

三、我国对外开放的主要特点

实行对外开放，是我国在党的十一届三中全会后坚持实事求是的思想路线，依据马克思主义关于国际经济关系发展的基本原理，总结国际、国内的历史经验作出的重大战略决策。回顾我国对外开放的实践，主要有以下几个特点：

第一，我国的对外开放是渐进式开放。我国对外开放是在不断总结经验的基础上，由点到面、由浅入深，以经济特区和沿海开放城市为重点，逐步向中、西部内陆地区推进的，这既保证了对外开放的不可逆转，又避免了盲目开放给产业带来的巨大冲击。

第二，我国的对外开放是独立自主、平等互利的开放。我国对外开放强调独立自主、自力更生、平等互利，在此前提下，充分利用国际、国内两个市场、两种资源，积极发展与世界各国的经济贸易往来。同时，在对外开放中坚决维护国家的主权、尊严和安全。

第三，我国对外开放是以经济开放为基础的全方位对外开放。我国的对外开放首先是从经济领域开始的，以后也以经济开放为基础和重点。同时，对外开放还包括积极发展同其他国家在科学、技术、文化、教育等方面的交流与合作。

第四，我国对外开放是向世界上所有的国家和地区开放。无论哪个国家或地区，也无论是穷国还是富国，我国都愿意在平等互利的基础上发展同它们的经济贸易关系。

主要概念

经济全球化　世界市场　国际分工　绝对优势理论　比较优势理论　钻石模型　国际价值　国际市场价格　对外贸易　经济特区

基本训练

一、单项选择题

1.马克思说："资产阶级，由于开拓了世界市场，使一切国家的生产和消费都成为世界性的了。"这说明（　　）。

A.世界市场是各国国内市场的总和

B.世界市场的发展使各国经济失去了自己特点

C.世界市场的形成与发展加强了各国的经济联系

D.资本主义社会产生了世界市场的萌芽

2.世界市场形成和发展的根本原因是（　　）。

A.产业革命　　B.资本主义生产方式占统治地位

C.科技进步　　D.社会生产力和国际分工的发展

3.20世纪90年代以来，我国的技术贸易（包括软技术出口和大型成套设备）和高技术产品出口平均每年以超过40%的速度增长。这表明（　　）。

A.开放的中国正走向世界

B.世界市场对中国的发展起着越来越重要的作用

C.我国对外开放水平不断提高

D.我国商品经济的发展程度越来越高

4.跨国公司在世界贸易和各国出口中占有举足轻重的地位，它们控制全球贸易的50%~60%。这说明（　　）。

A.跨国公司是国际市场形成的前提

B.跨国公司有力地推动了世界市场的发展

C.国际贸易出现了多样化的形式

D.跨国公司在全球范围内生产和经营

5.跨国公司为争夺国内外市场，获取高额研究费用，把巨额资金投入研究和发展费用，进行新技术开发，并且把得到的科技成果应用于各工业部门。这表明（　　）。

A.跨国公司是资源优化配置的重要手段

B.跨国公司是科技发展的重要力量

C.跨国公司引起国际贸易总额增大

D.跨国公司是全球经济的支柱

6.随着经济全球化的发展，资本在国际的流动日趋频繁。资本国际流动的内在动力是（　　）。

A.发达国家资本过剩和发展中国家资本短缺

B.给资本流出国和流入国都带来收益

C.利用货币利差及汇率变动获得收益

D.平衡国际收支

7.无论是社会主义国家还是资本主义国家，实行对外开放、发展对外经济关系的客观要求是（　　）。

A.生产社会化　　B.国际资本流动　　C.经济全球化　　D.竞争国际化

8.在对外贸易中，一个国家或地区同其他国家或地区之间进行交换的是（　　）。

A.商品和服务　　B.商品和资本　　C.资本和劳务　　D.资本和服务

9.下列属于国际技术贸易方式的是（　　）。

A.技术援助　　B.咨询服务　　C.合作开发　　D.科技人员交流

10.2008年，由美国次贷危机引发的全球金融危机，导致石油价格大跌。这一现象表明（　　）。

A.经济全球化以发达资本主义国家为主导

B.经济全球化是一把双刃剑

C.经济全球化也意味着风险全球化

D.经济全球化给世界经济造成巨大损失

二、多项选择题

1.我国实施“走出去”战略，可以（　　）。

A.利用国际资源和市场来发展自己

B.在更大范围、更高层次上发展外向型经济

C.从根本上解决我国资源短缺问题

D.进一步发展对外经济关系

E.积极利用外资

2.2008年，由美国次贷危机引发的全球金融危机，使全球经济遭受重大损失。这表明（　　）。

A.经济全球化不利于经济发展　　B.要高度重视国家经济安全

C.要放慢金融业的对外开放步伐　　D.应增强抵御金融风险的能力
E.消费模式已经全球化

3.我国经济特区的作用有（　　）。
A.技术窗口的作用　　B.管理窗口的作用
C.知识窗口的作用　　D.对外政策窗口的作用
E.消费窗口的作用

4.社会主义国家发展对外经济关系的形式有（　　）。
A.对外贸易　　B.对外技术交流
C.利用外资　　D.承包工程
E.国际劳务合作

5.经济全球化已成为当今世界经济发展的重要趋势，其明显表现有（　　）。
A.跨国公司越来越成为世界经济的主导力量
B.国际贸易成为各国经济发展不可缺少的组成部分
C.资本全球流动
D.国际直接投资迅速增长，投资格局多元化
E.劳动力全球自由流动

三、判断分析题

1.区域集团化会加强地区经济联系，但也会阻碍经济全球化的进程。（　　）
2.外国商品在我国低价倾销可以使我国消费者受益，因此不应反对。（　　）
3.社会主义国家发展对外经济关系，必然会影响本国的独立自主。（　　）

四、简答题

1.经济全球化发展的原因是什么？
2.国际价值是如何形成的？
3.新贸易理论“新”在哪里？
4.对外贸易的作用是什么？
5.我国应如何应对经济全球化带来的挑战？
6.简述我国对外开放的特点。

五、论述题

1.试分析近期国际市场石油价格的基本走势和影响因素。
2.请对我国经济特区的发展现状以及未来的发展机遇与挑战作出客观评价。

读本视窗 11-1

主要参考文献

［1］马克思．资本论［M］．中共中央马克思恩格斯列宁斯大林著作编译局，译．北京：人民出版社，1975．

［2］程恩富．现代政治经济学［M］．2版．上海：上海财经大学出版社，2006．

［3］刘诗白．社会主义市场经济理论［M］．成都：西南财经大学出版社，2006．

［4］宋涛．政治经济学教程［M］．北京：中国人民大学出版社，2006．

［5］于良春．政治经济学［M］．北京：经济科学出版社，2006．

［6］洪银兴．现代经济学通论［M］．北京：高等教育出版社，2007．

［7］逄锦聚．政治经济学［M］．北京：高等教育出版社，2007．

［8］沈越．政治经济学与社会主义经济研究［M］．北京：经济日报出版社，2007．

［9］卫兴华，张宇．社会主义经济理论［M］．北京：高等教育出版社，2007．

［10］张雷声，顾钰民．社会主义经济理论与实践［M］．北京：中国人民大学出版社，2007．

［11］张维达．社会主义市场经济导论［M］．长春：吉林大学出版社，2007．

［12］张秀生，曾国安．政治经济学：社会主义部分［M］．武汉：武汉大学出版社，2007．

［13］张宇，卢荻．当代中国经济［M］．北京：中国人民大学出版社，2007．

［14］白永秀，任保平．现代政治经济学［M］．北京：高等教育出版社，2008．

［15］本书编写组．科学发展观重要论述导读［M］．北京：人民出版社，2008．

［16］谢地，宋冬林．政治经济学［M］．北京：高等教育出版社，2008．

［17］杨干忠．社会主义市场经济概论［M］．2版．北京：中国人民大学出版社，2008．

［18］杨瑞龙．社会主义经济理论［M］．2版．北京：中国人民大学出版社，2008．

［19］杨圣明．社会主义市场经济基本理论问题研究［M］．北京：经济科学出版社，2008．

［20］朱炳元．中国特色社会主义经济理论热点问题研究［M］．北京：中央编译出版社，2008．